面向21世纪课程教材

Textbook Series for 21st Century

U0750641

环境与资源保护法学

（第四版）

主　编　金瑞林　汪　劲

副主编　严厚福

中国教育出版传媒集团

高等教育出版社·北京

内容提要

　　本书是在第一版(1999 年)、第二版(2006 年)、第三版(2013 年)的基础上,根据中国共产党第二十次全国代表大会精神、教学改革实践、环境立法的最新动向,以及环境与资源保护法学研究的最新成果全面修订而成的。

　　本书系统地阐述了环境与资源保护法的基本理论、基本制度及相关法律责任制度,详细介绍了污染防治法、自然与资源保护法及国际环境法的相关内容。为便于学习,本书在正文中精心插入了大量拓展阅读和案例讨论。拓展阅读的内容主要是正文中涉及的法学基础知识及与正文相关的案例、事件等,以帮助学生深化对正文内容的理解。案例讨论则通过设计一些与正文内容密切相关的小案例,以进一步增强课堂教学的互动性,提高学生学习和思考的积极性。此外,本书还在每章之后列出了参考书目和推荐阅读,以供有兴趣的学生自学。

　　本书可供高等学校环境科学与工程类及相关理工科学生使用。

图书在版编目(C I P)数据

　　环境与资源保护法学 / 金瑞林,汪劲主编;严厚福
副主编. -- 4 版. -- 北京 : 高等教育出版社,2023.6
　　ISBN 978-7-04-059823-0

　　Ⅰ. ①环… Ⅱ. ①金… ②汪… ③严… Ⅲ. ①环境保
护法-法的理论-中国-高等学校-教材②自然资源保护
法-法的理论-中国-高等学校-教材 Ⅳ.
①D922. 601

　　中国国家版本馆 CIP 数据核字(2023)第 020217 号

Huanjing yu Ziyuan Baohu Faxue

| 策划编辑 | 陈正雄 | 责任编辑 | 宋明玥 陈正雄 | 封面设计 | 张雨微 | 版式设计 | 童　丹 |
| 责任绘图 | 黄云燕 | 责任校对 | 窦丽娜 | 责任印制 | 刘思涵 | | |

出版发行	高等教育出版社	网　　址	http://www.hep.edu.cn
社　　址	北京市西城区德外大街 4 号		http://www.hep.com.cn
邮政编码	100120	网上订购	http://www.hepmall.com.cn
印　　刷	高教社(天津)印务有限公司		http://www.hepmall.com
开　　本	787mm × 1092mm　1/16		http://www.hepmall.cn
印　　张	23.25	版　　次	1999 年 9 月第 1 版
字　　数	500 千字		2023 年 6 月第 4 版
购书热线	010-58581118	印　　次	2023 年 6 月第 1 次印刷
咨询电话	400-810-0598	定　　价	47.40 元

环境与资源保护法学

(第四版)

主 编　金瑞林　汪　劲

副主编　严厚福

1　计算机访问 http://abook.hep.com.cn/1221787，或手机扫描二维码，下载并安装 Abook 应用。

2　注册并登录，进入"我的课程"。

3　输入封底数字课程账号（20位密码，刮开涂层可见），或通过 Abook 应用扫描封底数字课程账号二维码，完成课程绑定。

4　单击"进入课程"按钮，开始本数字课程的学习。

　Abook　　　　　　　　　　　　　　　　ⓘ 重要通知

环境与资源
保护法学
(第四版)

《环境与资源保护法学》（第四版）根据教学改革实践、环境立法的最新动向，以及环境与资源保护法学研究的最新成果全面修订而成。数字课程资源包括电子教案等内容，与教材一体化设计，紧密配合，便于教师备课和学生自主学习。

用户名：　　　　　密码：　　　　　验证码：　　2692　忘记密码？　登录　　注册　□记住我(30天内免登录)

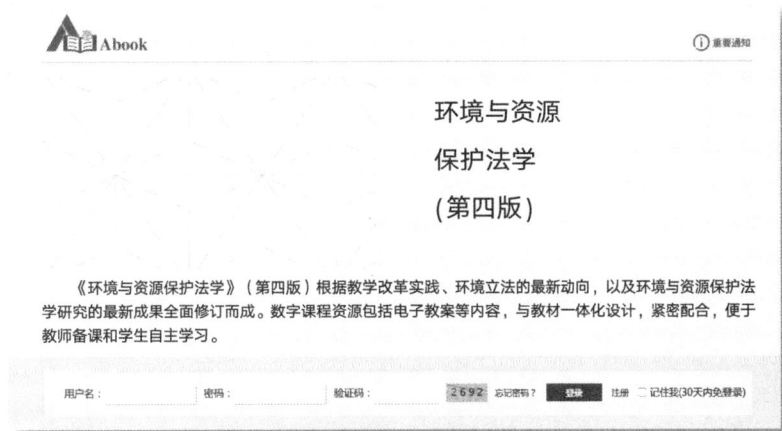

　　课程绑定后一年为数字课程使用有效期。受硬件限制，部分内容无法在手机端显示，请按提示通过计算机访问。

　　如有使用问题，请发邮件至 abook@hep.com.cn。

扫描二维码
下载 Abook 应用

作者简介

汪劲,法学博士,北京大学法学院教授,北京大学资源、能源与环境法研究中心主任,北京大学核政策与法律研究中心主任,兼中国法学会环境资源法学研究会副会长。主要研究方向为环境法、核法与能源政策。代表作品:《环境法律的理念与价值追求——环境立法目的论》(法律出版社 2000 年版)、《环境法治的中国路径:反思与探索》(中国环境科学出版社 2011 年版)、《环境法学》(第四版)(北京大学出版社 2018 年版)、《核法概论》(北京大学出版社 2021 年版)。

宋英,法学博士,北京大学法学院副教授。主要从事国际公法、国际环境法和欧洲联盟法的教学与研究。代表作品:《国际环境法——现代国际法的新分支与挑战》(载《中国国际法年刊》1995 年);International Legal Aspect of the Songhua River Incident(in Michael Faure & Song Ying eds),*China & International Environmental Liability*(Edward Elgar Publishing Ltd,Oct. 2008),EU and China:Pursuit of Sustainable Development(in Paulo Canelas de Castro ed),*The European Union at 50:Assessing the Past*,*Looking Ahead*(Universidade de Macau,2009),China & International Protection of Marine Environment(in Michael Faure & Han Lixin eds)*Maritime Pollution Liability and Policy:China*,*Europe and the US*(Kluwer International,2010)。

罗丽,法学博士,北京理工大学法学院教授。主要研究领域为环境法、能源法。代表作品:专著《中日环境侵权民事责任比较研究》(吉林大学出版社 2004 年版)、教材《环境法教程》(法制出版社 2014 年版)、译著《我妻荣民法讲义Ⅱ:新订物权法》(中国法制出版社 2008 年版)、译著《共同侵权行为法论》(商务印书馆 2020 年版)、《我国环境公益诉讼制度的建构问题与解决对策》(载《中国法学》2017 年第 3 期)、《我国〈煤炭法〉修改研究》(载《清华法学》2017 年第 5 期)等。

梅凤乔,法学博士,北京大学环境科学与工程学院副教授,北京大学城市固体废弃物资源化技术与管理北京市重点实验室副主任。主要从事环境法、环境管理、生态文明建设等方面的教学及科研工作。代表作品:《环境承载力理论及其科学意义》《论生态文明政府及其建设》《生态文明:人类文明的转折点》《论环保市场的创建与完善》及译著《环境管理与影响评价》等。

柯坚,法学博士,武汉大学环境法研究所教授,兼中国法学会环境资源法学研究会学术委员会秘书长等。主要研究领域为环境法。

童光法,法学博士,北京农学院法学系教授。主要研究领域为自然资源法、环境法与民法。多次参加国家环境与自然资源保护法律、法规的起草、论证、修改或实施评价工作,发表论文30余篇,出版专著数部,主参编教材数部。

邓海峰,法学博士,清华大学法学院副教授,清华大学环境资源与能源法研究中心秘书长,清华大学公共管理学院清洁发展机制研发中心研究员。研究领域为环境资源法、能源法。代表作品:《排污权:一种基于私法语境下的解读》(北京大学出版社2008年版)、《环境容量的准物权化及其权利构成》(载《中国法学》2005年第5期)、Legal Liabilities for Climate Change in China, in the book of *Climate Change Liability: Transnational Law and Practice*(Cambridge University Press,2012)。

舒旻,法学博士,昆明理工大学法学院副教授。研究领域为环境法、自然资源法。

严厚福,法学博士,北京师范大学法学院副教授。研究领域为环境法。

张晏,法学博士,北京理工大学法学院副教授。研究领域为环境法、自然资源法、环境风险规制。

胡帮达,法学博士,华中科技大学法学院副教授。研究领域为环境法、核政策与法律。代表作品:《核法中的安全原则研究》(法律出版社2019年版)、《安全和发展之间:核能法律规制的美国经验及其启示》(载《中外法学》2018年第1期)。

潘佳,法学博士,北京物资学院法学院副教授,院长助理。研究领域为环境法、自然资源法。

梁增然,法学博士,郑州大学法学院讲师,郑州大学检察公益诉讼研究院研究员。研究领域为环境法、自然资源法。

第四版前言

本教材第三版成稿于中国共产党第十八次全国代表大会(简称党的十八大)之前。

党的十八大以来,"生态文明建设"成为"五位一体"总体布局中的重要一环,"生态文明""美丽中国"被写入《中华人民共和国宪法》,环境与资源保护立法的数量和质量均显著提升,生态环境质量改善的成效有目共睹。与此同时,习近平总书记提出的"保护生态环境就是保护生产力,改善生态环境就是发展生产力""绿水青山就是金山银山""坚持山水林田湖草沙一体化保护和系统治理""像保护眼睛一样保护生态环境,像对待生命一样对待生态环境""用最严格制度最严密法治保护生态环境""在生态环境保护问题上,就是要不能越雷池一步,否则就应该受到惩罚""对破坏生态环境的行为,不能手软,不能下不为例""共同构建地球生命共同体"等生态文明建设指导思想日益深入人心。可以说,过去的十年,是中国生态文明建设硕果累累的十年。

中国共产党第二十次全国代表大会(简称党的二十大)在"中国式现代化"的本质要求中特别强调"促进人与自然和谐共生",为推进美丽中国建设和绿色、循环、低碳发展提供了新的理论指引。在坚持全面依法治国,推进法治中国建设方面,党的二十大还提出"完善以宪法为核心的中国特色社会主义法律体系",要求统筹立改废释纂,加强重点领域、新兴领域、涉外领域立法,扎实推进依法行政、严格公正司法。

为了让广大师生更完整、深入和全面地掌握新时代中国环境与资源保护法治理论和实践的发展趋势和重点,我们于2021年9月启动了《环境与资源保护法学》(第四版)的修订工作,至2022年10月正式完成。

主编金瑞林先生在本教材第一版(1999年)和第二版(2006年)中曾撰写了部分章节的内容,本教材第二版荣获中国自然资源学会"第一届全国资源科学优秀教材奖"(2018年)。在2012年修订第三版工作启动前,金先生曾嘱托我们要根据高校环境科学专业教学特点和需要对教材结构和内容做全面适应性修订,之后金先生因病辞世未能参加修订工作。为实现金先生的遗愿,我们按照金先生生前确定的修订原则和思路,在第三版大纲中确定了新的结构和内容,并调整和新增了部分撰稿人重新撰写书稿。

本次修订全面更新、增加了2013年以来我国环境与资源保护法治理论和实践取得的成果,为更好满足环境科学及相关理工科学生学习环境与资源保护法学的实际需求,我们还邀请了多位在理工类大学任教的环境与资源保护法青年教师参与撰稿。

参加《环境与资源保护法学》(第四版)的编写人员及分工如下(以编写章节先后为

序）：梅凤乔（第一章）；汪劲（第二章第一、二节，第三章）；童光法（第二章第一、二节）；柯坚（第二章第三、四节）；严厚福（第三章第一、六节，第四章，第五章第三节三和八，第六章第一、二、三、五节）；张晏（第三章第二、四节）；胡帮达（第三章第三节，第四章第三节）；潘佳（第三章第五节）；梁增然（第四章第二节，第五章第三节一和七）；邓海峰（第五章第一、二节，第三节一至六）；舒旻（第五章第二节）；罗丽（第六章第四节）；宋英（第七章）。

　　《环境与资源保护法学》（第四版）经严厚福副教授统稿并整理修改后，由主编汪劲教授最终修改定稿。

编　者

2022 年 11 月 29 日

第三版前言

《环境与资源保护法学》(第三版)的修改工作在 2010 年初启动,本书主编金瑞林教授抱病制订了第三版的修改大纲。2011 年 2 月 25 日,金瑞林教授不幸逝世,第三版的修订工作由此耽搁了一段时间。2011 年 7 月,第三版修订工作继续进行,至 2012 年 6 月正式完成。考虑到环境科学及非法学类专业学生的实际情况,以及尽可能地反映环境与资源保护法学的最新研究成果,《环境与资源保护法学》(第三版)在第二版的基础上,从内容到形式都做了较大的改动。

在形式上,第三版将第二版的十三章精简、合并成七章,使得全书的结构更加紧凑,重点更加突出。在内容上,第三版不但更新了最新的法律规定和学术成果,而且在正文中增加了"拓展阅读"和"案例讨论"。"拓展阅读"的内容主要是正文中涉及的法学基础知识以及与正文相关的案例、事件等,以便帮助读者深化对正文内容的理解。"案例讨论"则是设计一些与正文内容密切相关的小案例的讨论,进一步增强课堂教学的互动性,提高学生学习和思考的积极性。此外,第三版还在每章之后增加了参考书目和推荐阅读文献,以供有兴趣的同学在课外自学。

参加本书的编写人员(以编写章节先后为序)是:梅凤乔(第一章);汪劲(第二章第一、二节,第三章);柯坚(第二章第三、四节);严厚福(第四章;第六章第一、二、三节);邓海峰(第五章);罗丽(第六章第四、五节);宋英(第七章)。

《环境与资源保护法学》(第三版)经严厚福博士统稿并整理修改后,由副主编汪劲教授最终修改定稿。

在本书撰写和统稿过程中,昆明理工大学法学院讲师舒旻,北京大学法学院博士生张晏、袁巍、张晶、童光法,硕士生周洁娴、王绮雁、丁楠、周悦霖,北京师范大学法学院本科生房慧提供了诸多帮助,在此一并致谢。

编 者

2012 年 6 月 12 日

第二版前言

《环境与资源保护法学》(第二版)是在面向 21 世纪课程教材《环境与资源保护法学》第一版(1999 年版)的基础上,根据编者多年的教学改革实践,按照新形势下"高等教育教材建设应更好地适应经济建设、科技进步和社会发展的需要,更好地适应教学与改革的需要"的精神,结合《环境与资源保护法课程教学基本要求》和我国环境与资源保护立法的新进展全面修订而成的。与第一版相比,第二版在部分章节增加了图表以进一步说明文字内容,并且在每章之后新增加了思考题,以便学生在课余自学时思考。

参加本教材各章的编写人员以及编写分工如下(以编写章节先后为序):金瑞林(第一、二、四、六、十一章,第三章第一节,第五章第一、三节);汪劲(第三章第二节,第七、八章);王灿发(第五章第二节、第九、十章);宋英(第十二、十三章)。

《环境与资源保护法学》(第二版)经副主编汪劲统稿并整理修改后,由主编金瑞林最终修改定稿。

编　者

2005 年 8 月 28 日

第一版前言

根据教育部《关于积极推进"高等学校面向 21 世纪教学内容和课程体系改革计划"实施工作的若干意见》的要求,为适应高等学校环境科学类本科专业以及有关非法学专业学生学习有关环境法学知识的需要,我们组织编写了这本《环境与资源保护法学》教材,供各高等学校环境科学专业和非法学专业使用。

《环境与资源保护法学》是一门新兴的边缘性学科,它不仅涉及国内法、国际法以及法理学、行政法、民法、经济法和刑法等法学学科,而且还涉及环境科学(生态学)、环境社会学、环境经济学等其他自然科学和社会科学学科。然而,它主要还是一门具有特定内容的、独立的法学学科。考虑到本教材的读者为非法学专业学生,因此在编写过程中,我们力求做到全面系统、深入浅出地论述环境与资源保护法学的基本理论和基本知识。在介绍环境与资源保护法律知识的同时,对所涉及的有关法学常识也做出了相应的解释,并且注意内容的科学性、系统性和实用性。

本教材的编写目的是使学生了解和掌握环境与资源保护法的基本理论、基本知识和基本技能,提高环境意识,增强环境法制观念;熟悉环境污染防治法、自然资源保护法、国际环境法规范,以及各类规范之间的相互联系,提高运用环境与资源保护法规范提起诉讼和处理环境与资源纠纷的能力;加深对环境与资源保护法和相关部门实体法、程序法的联系与区别的理解,正确运用环境与资源保护法律、法规的规定,保证环境与资源保护立法目的的实现;提高运用环境与资源保护法的能力,以维护和促进我国社会、经济的可持续发展。

本书由金瑞林任主编,汪劲、王灿发任副主编。各章编写人员以及分工如下(以编写章节先后为序):

金瑞林(第一、二、四、六、十一章,第三章第一节,第五章第一、三节);汪劲(第三章第二节,第七章第一、二节,第八章,第十章第二、三节);王灿发(第五章第二节,第九章第一、二、四、五节,第十章第四、五节);李耀芳(第七章第三、四节,第九章第三节,第十章第一节,第十二章第四节);宋英(第十二章第一、二、三、五、六节);林峰(第十三章)。全书由副主编汪劲、王灿发统稿,由主编金瑞林修改定稿。

编　者

1999 年 4 月

目　录

第一章
导 论

环境与资源保护法是指以保护和改善环境、预防和治理人为环境侵害为目的,调整人类环境与资源利用关系的法律规范总称。近代以来,人类社会对环境与资源的过度开发利用,造成严重的环境污染和生态破坏,影响到人与人之间的关系即社会关系,环境与资源保护法由此应运而生。

第一节 环境与资源保护法的缘起

一、根本原因:人地关系恶化

人地关系(man-earth relationships)自人类诞生之日起就已经存在。这是因为,人是地球、更确切地说是地球上生物圈演化的产物。人体组织的组成元素及其含量同地壳的组成元素及其丰度(abundance of elements)之间的相关性,足以证明这一点。与此同时,在人类目前已知的范围内,宇宙中的其他星体都不具有适于生命存在的物质和条件。所以,地球既是人类的摇篮,也是人类唯一的家园。

人类生活在地球上必然要与地球发生相互作用。这种相互作用,在人类文明发展的不同阶段具有不同的性质和特点。

在历经数百万年的原始文明时代,人类绝大部分时间靠采集和猎捕为生,与其他动物几乎没有分别。直到新石器时期,人类才学会了种植和驯养,但规模有限。从总体上讲,当时的人类对自然的破坏性影响不大,应当不会超出自然的"极限"。但也有人认为,一些大型哺乳动物,如猛犸象、披毛犀、美洲野牛等,就是因人类过度猎捕而灭绝的[①]。不过,以当时的人口和生产力水平来推测,人类不大可能是导致这些动物灭绝的"元凶",充其量只起到推波助澜的作用。所以,这一时期的人地关系基本上处于一种"和谐"状态,只不过这是最原始和最低层次的"和谐"状态而已。

农业革命无疑是人地关系的第一个转折点。为了扩大种植和养殖面积,人类开始肆意地改造地球。据称,在人类文明最早发端的两河流域(幼发拉底河和底格里斯河之间的地

---

① 余谋昌. 当代社会与环境科学[M]. 辽宁:辽宁人民出版社,1986:130.

区），上游的亚美尼亚高原山区森林和草地，很早就遭到过度砍伐和放牧①。同时，不合理的耕作往往导致土壤的退化。有证据表明，早在公元前 2400 年，现今的伊拉克南部地区就已经出现土地的盐碱化②。在我国，黄土高原地区曾是一片郁郁葱葱，先秦时期的森林覆盖率仍超过 50%。后因森林和植被破坏严重，才导致水土流失加剧。从西汉开始，黄河逐渐由浑变黄③。据此，有人直言不讳地指出："文明之所以会在孕育了这些文明的故乡衰落，主要是由于人们糟蹋或者毁坏了帮助人类发展文明的环境。"④由此可见，农业社会的人地关系已经开始失衡，并造成严重后果。但由于这些问题及其影响是一个由点到面、缓慢发展的过程，再加上人们的思想观念一直停留在"牧童经济"（cowboy economy）时代⑤，总以为可开垦的疆域无边无际，所以，才没有激发出变革的力量。

而工业革命则不同。它所带来的污染问题，会直接危害人的健康和生命。比如，作为工业革命发源地的英国，在最先享受工业革命带来繁荣的同时，也最早经受工业革命副产物——污染的困扰。早在 1873 年，伦敦就出现过一次烟雾（smog）⑥事件，致使几百人因罹患严重的支气管炎而死亡，并造成当时正在举办的一个展览会上得奖的牛死了一些⑦。尽管如此，工业化给人们带来的前所未有的巨大物质财富，仍使世界各国对其趋之若鹜。随着工业化的发展，类似的事件相继出现在世界各地，尤其是工业化程度较高的国家。至第二次世界大战前后达到一个高潮，产生了臭名昭著的"八大公害事件"。这些事件均造成了重大的人身伤亡。它表明，工业社会的人地关系已进一步恶化。

在残酷的现实目前，人们的环境保护意识开始觉醒。在这方面，美国海洋生物学家蕾切尔·卡逊（Rachel Carson）功不可没。她在历经 4 年的细致调查研究之后，于 1962 年出版了对世人具有警醒作用的《寂静的春天》一书。该书从深层次上揭示了滥用杀虫剂给人类健康和生态系统带来的危害。作者在书中毫不隐讳地指出："现今在一些地方，无视大自然的平衡成了一种流行的做法"⑧，其结果是"有灾难在等待着我们"。所以她认为，必须选择"另外的道路"，以便为我们提供"最后唯一的机会让我们保住我们的地球"。遗憾的是，在该书问世仅两年后，卡逊女士就被癌症夺去了宝贵的生命。但是，她用生命书写的《寂静的春天》一书，已经在许多人的心中播下了环境保护的火种。

1970 年 4 月 22 日，由美国哈佛大学学生海耶斯（Denis Hayes）发起的"地球日"活动席卷美国，吸引了至少 2 000 万美国民众参与。他们高举受污染的地球模型，通过集会、游行

---

① ［美］弗·卡特,汤姆·戴尔.表土与人类文明［M］.庄崚,鱼姗玲,译.北京:中国环境科学出版社,1987:30.
② Jacobsen T,Adams R.Salt and Silt in Ancient Mesopotamian Agriculture［J］.Science,1958,128(3334):1251-1258.
③ 曲格平,李金昌.中国人口与环境［M］.北京:中国环境科学出版社,1992:8-13.
④ ［美］弗·卡特,汤姆·戴尔.表土与人类文明［M］.庄崚,鱼姗玲,译.北京:中国环境科学出版社,1987:5.
⑤ Boulding K E. The Economics of the Coming Spaceship Earth［C］. Environmental Quality in a Growing Economy:Essays from the Sixth RFF Forum. Baltimore,Maryland:Johns Hopkins University Press,1966:3-14.
⑥ 该词是由英国科学家沃尤克斯（Henry Antoine Des Voeux）博士在 1905 年发表的相关研究论文中首创的,是在"烟"（smoke）和"雾"（fog）这两个词的基础上组合而成的。
⑦ ［美］劳伦特·霍奇斯.环境污染［M］.王炎庠,译.北京:商务印书馆,1981:84.
⑧ ［美］蕾切尔·卡逊.寂静的春天［M］.吕瑞兰,译.北京:科学出版社,1979:255,292.

和演讲等方式,强烈呼吁政府采取措施保护环境。这是人类有史以来第一次举行规模宏大的群众性环境保护运动,对美国及其他国家都产生了重要影响。在 1972 年 6 月 5 日举行的联合国人类环境会议开幕式上,面对日益严峻的环境问题的挑战,会议秘书长莫里斯·斯特朗(Maurice F. Strong)先生向世人发出忠告:"我们需要以迎接世界末日的态度来说服我们自己,我们不能、也不敢等待所有厄运变成现实。"①

然而,迄今我们为保护地球环境而付出的努力,较之我们破坏地球环境的力量,实在是太过微弱了。联合国环境规划署(UNEP)的资料显示,全球每年因室内外空气污染而导致过早死亡的人数估计在 240 万左右;仅在发展中国家,每年就有 300 万人死于与水有关的疾病;全世界约有 6.55 亿人生活在无法获得安全饮用水的地区;受人类活动的影响,全世界至少有 50% 的淡水无脊椎动物正面临灭绝的危险,超过 1.6 万种已知物种处在濒危状态,这与原始森林面积每年减少 5 万多平方千米有很大的关系;同时,全球能源、特别是化石燃料的消耗量仍在持续增加,相应地,二氧化碳等温室气体的排放量也在逐年增长。根据联合国政府间气候变化专门委员会(IPCC)发布的第六次评估报告,全球气温很可能在 2021—2040 年升高 1.5 ℃。在臭氧层保护领域,尽管我们采取了最为积极和有效的措施,但南极上空的臭氧层至少还需要 50 年才有可能恢复到 1980 年的水平②。总之,在人类生存和发展的巨大压力下,地球环境正在全方位地退化。

正如前联合国秘书长安南(Kofi A. Annan)在为 2000 年 9 月召开的"联合国千年首脑会议"准备的文件《我们人民——联合国在 21 世纪的作用》中所指出的:"我们对可持续性提出的挑战的反应根本就是远远不够的。除了一些值得赞扬的例外情况,我们的反应太少,太轻微,太晚。"③

二、直接原因:社会关系失范

如果环境与资源问题仅限于人地关系,还不足以导致环境与资源保护法的产生。这是因为,人类创造的科学技术,本来就是用来处理人地关系的。依靠科学技术进步,人类一次又一次挣脱自然的"束缚",并希冀有那么一天会"成为自然界的自觉的和真正的主人"④。可以说,已有的成功,使人类对科学技术寄予了无限的希望和信赖。

不幸的是,环境与资源问题并非仅仅限于人地关系。经常性地,它还会影响到人与人之间的关系即社会关系,甚至国家与国家之间的关系即国际关系。历史上,因环境与资源问题引起的社会冲突时有发生。比如,据碑刻铭文记载,诞生在两河流域南部的迄今所知世界上最早建立的文明——苏美尔(Sumer)文明,曾长期处在"诸侯争霸"的状态。其中的两个城

① 曲格平,彭近新. 环境觉醒[M]. 北京:中国环境科学出版社,2010:26.
② 联合国环境规划署. 全球环境展望 4[M]. 任立平,何小英,邸慧萍,等,译. 北京:中国环境科学出版社,2007.
③ Annan K A. We the People, the Role of the United Nations in the 21st Century[R]. New York,2000,56.
④ 恩格斯. 社会主义从空想到科学的发展[M]. 3 版. 中共中央马克思恩格斯列宁斯大林著作编译局,译. 北京:人民出版社,1997:76.

邦拉格什(Lagash)和温马(Umma)之间,因争夺土地和水源,断断续续进行过长达100多年的战争,仍难决高下。其间,由邻邦居间调停,为两邦立碑定界,但无济于事。至安纳吐姆(Eannatum,约公元前2445年在位)时期,拉格什终于占据上风,收复失地,并迫使温马国王缔约,承认新国界,发誓今后绝不敢再越过新国界一步①。这种通过缔约来调整城邦之间冲突的做法,被视为国际法观念由来已久的重要证据②。当然,这也可以视为将法律手段用于调整因环境与资源开发利用而引起社会关系的最早实例,或者说,是环境与资源保护法萌芽的有力例证,尽管其中掺杂着武力因素。

历史上,绝大多数战争与殖民运动的发起,都是由于所在地区的环境遭到破坏,危及自身的生存和发展,所以,才选择以武力夺取邻国的土地和自然资源。文明人就是这样,在创造文明的同时,就开始摧毁文明赖以建立的基石——环境与资源,最终断送掉来之不易的文明。有人总结道,"文明人跨越过地球表面,在他们的足迹所过之处留下一片荒漠。"③这句话虽然略带夸张,但并非妄言。人类文明往往都在旧有的定居处衰败,进而不断从一处移向另一处,主要原因就在于此。

战争毕竟是残酷和血腥的,地球上也不可能永远有待开垦的处女地。面对由环境与资源问题引起的社会矛盾,人类需要探寻代价较小的解决办法。在文明社会,通过制定行为规范、特别是法律规范来调整人与人之间的关系是比较普遍的做法。在环境与资源领域也不乏这样的先例。据记载,英国爱德华一世(Edward Ⅰ)曾于1306年颁布诏令,禁止在议会开会期间使用海煤,违者将被处以巨额罚款,甚至死刑。据说有一名制造商,由于无视诏令,最终被处决④。不过,如此严厉的手段并没有被承袭,否则也不会于1873年在伦敦发生烟雾事件。

工业革命引起的污染问题有一个显著特点,即:它所造成的影响往往涉及不特定的人群,使众多人受到伤害。所以,在日本1967年出台的《公害对策基本法》中,这类问题,包括大气污染、水污染、噪声、振动、地面沉降、恶臭等,被统称为"公害"。1970年修订该法时,又将土壤污染增列其中⑤。其实,"公害"一词最早出现在1896年日本制定的《河川法》中,是从英美法系中的"公共妨害"(public nuisance)翻译过来的。其本义系指因不法行为或不履行法定义务而危害到公众的生命、健康、财产、道德或身心健康,以及妨碍公众行使或享受公共权利的情况。后来在日本,"公害"逐渐被用来专指环境污染引起的危害⑥。

---

① 拱玉书. 日出东方:苏美尔文明探秘[M]. 云南:云南人民出版社,2001:106-107.
② [英]马尔科姆·N. 肖. 国际法[M]. 5版. (影印版). 北京:北京大学出版社,2005:4. 编者注:该书提到的年代,似乎有误.
③ [美]弗·卡特,汤姆·戴尔. 表土与人类文明[M]. 庄崚,鱼姗玲,译. 北京:中国环境科学出版社,1987:3-4.
④ [美]劳伦特·霍奇斯. 环境污染[M]. 王炎庠,译. 北京:商务印书馆,1981:83.
⑤ [日]野村好弘. 日本公害法概论[M]. 康树华,译. 北京:中国环境管理、经济与法学学会,1982:81-82.
⑥ 汪劲. 日本环境法概论[M]. 湖北:武汉大学出版社,1994:16.

拓展阅读 1-1　大陆法系和英美法系

法系主要是按照法律的特点和历史传统对各国法律进行分类的一种做法。大陆法系与英美法系是西方国家的两大法系。前者是指欧洲大陆上源于罗马法的法律总称,后者是指源于英国普通法的法律总称。

两大法系的差别,主要表现在以下几方面。

1. 法律渊源:大陆法系以制定法为主要法律渊源;英美法系将判例也作为法律渊源,与制定法并行存在。

2. 适用法律的技术:大陆法系国家的法官审理案件,仅需要考虑制定法的规定,判例不能作为判决的法律依据;英美法系国家的法官审理案件,首先要考虑以前类似的判例,并与本案相比较,从中找出可以适用的法律规则,作为判决的依据。

3. 法典编纂:大陆法系国家的基本法律一般采用系统的法典形式;英美法系国家的制定法一般是单行法律法规,但也逐步出现了法典化的趋势。

4. 法律分类:大陆法系国家法律的基本分类是公法和私法;英美法系的基本分类则是普通法和衡平法,但在法学著作中也使用公私法的分类。

当代大陆法系和英美法系出现了相互融合的趋势,例如,英美法系出现了越来越多的制定法,大陆法系也开始强调判例的作用。中国属于大陆法系国家,但中国的法律制度中也吸收了许多英美法系的特征。

资料来源:

[1] 沈宗灵. 法理学[M]. 4 版. 北京:北京大学出版社,2014.

[2] 吴祖谋,李双元. 法学概论[M]. 北京:法律出版社,2012.

总之,人地关系的不断恶化,导致环境与资源问题的产生和发展,进而破坏了人与人之间乃至国家与国家之间的关系,甚至危及地球上包括人在内的所有生命的存在,而技术方法并不能从根本上解决这样的问题。所以,需要采取非技术方法,其中包括法律手段。从上面的分析中不难看出,环境与资源保护法主要通过调整人与人之间的关系即社会关系,来协调人地关系,最终要达到的目的是实现人地关系的和谐。

拓展阅读 1-2　技术方法不能从根本上解决环境问题

1968 年,美国生物学家哈丁(Garrett Hardin)在《科学》(*Science*)杂志上发表了一篇题为《公地悲剧》(*The Tragedy of the Commons*)的论文。在这篇堪称经典的论文中,哈丁从环境的公共属性(经济学家称之为"公共物品")出发,论述了环境问题产生的必然性。环境问题,无论是环境污染还是生态破坏,都与公地悲剧相关。如果对于环境要素未能界定清晰的财产权,而是人人都可以自由利用的话,就必然会导致环境不堪重负从而造成环境污染或生态破坏。

更重要的是,哈丁通过深入细致的剖析,颇有说服力地得出一个非常重要的结论,即:污染、人口、核战争等是"技术所不能(从根本上)解决"(no technical solution)的问题。因为污染问题主要是由于"公地悲剧"导致的,本质上是一个制度问题,而非技术问题。技术方法可以在一定程度上减轻环境问题,但如果制度不健全,例如对于环境要素的财产权界定不清、对污染者的法定义务规定不清、环境执法不严等,技术方法的作用就会大打折扣。哈丁建议,解决公地悲剧的问题,需要人与人之间"相互同意的相互强制"(mutual coercion,mutually agreed upon),即由受到公地悲剧影响的人相互同意建立一套制度来强制约束人们的行为,例如,将公地私有化或者公有化,并确保私人或者公共财产权不受侵犯。换言之,解决环境污染问题,不能单纯依靠技术方法,还需要采取制度方法。制度方法既包括法律手段,也包括伦理道德规范等手段。

资料来源:Hardin G. The Tragedy of the Commons[J]. Science,1968,162(3859):1243-1248.

第二节   现代环境与资源保护法的产生和发展

现代环境与资源保护法的产生和发展,是一个连续的、渐进的过程。这个过程,在很大程度上,会受到各国社会经济发展进程的制约。所以,中国现代环境与资源保护法的产生和发展,必然有别于外国现代环境与资源保护法的产生和发展。鉴于欧美等发达国家和地区在现代环境与资源保护法方面具有的领先地位,下面先介绍国外(主要是欧洲国家、美国和日本)现代环境与资源保护法的产生和发展,再介绍中国现代环境与资源保护法的产生和发展。至于国际环境与资源保护法的产生和发展,本书第七章将做详细介绍。

一、国外现代环境与资源保护法的产生和发展

国外现代环境与资源保护法的产生和发展,经历了两个时期——环境与资源保护法的形成时期和环境与资源保护法的发展深化时期。

(一)环境与资源保护法的形成时期

国外现代环境与资源保护法形成于20世纪中叶。当时,率先步入工业化进程的欧美国家环境污染问题日益突出。为此,这些国家先后出台了一些污染防治法律和法规。但在当时,环境与资源保护法尚未发展成为一个相对独立的部门法。

1969年底,鉴于当时严峻的污染形势和公众高涨的环境意识,美国国会通过了《国家环境政策法》。该法不仅创设了环境政策咨询机构——环境质量委员会,同时还创立了预防性的环境管理制度——环境影响报告书制度。这标志着环境与资源保护法开始进入一个全新的发展阶段,即由被动治理转向主动预防。1970年底,在获得国会批准后,美国国家环境

保护局(USEPA)正式成立。有了专门的环境保护机构,对于环境与资源保护法的发展来说无疑是非常有利的。据统计,仅在1969—1980年,美国就先后颁布了27部有关环境与资源保护的法律,此外还有数百个相关的行政法规,涉及大气、水、土地、海洋、生物等方面①。其中比较重要的法律有:《国家环境政策法》《清洁空气法》《清洁水法》《资源保护与回收法》《荒野法》《东部荒野区法》《联邦土地政策与管理法》《海洋保护、研究和避难所法》《海岸带管理法》《濒危物种法》《有毒物质控制法》《综合环境反应、补偿与责任法》(又称《超级基金法》)等。

在英国,有关大气、水、海洋、噪声污染控制的立法也一直在进行。最值得关注的是1974年颁布的《污染控制法》。该法是一部环境保护方面的综合性法典,内容涉及土地污染、水污染、噪声污染和大气污染等方面,取代或修正了此前颁布的相关法律或规定。而在野生生物及其栖息地保护方面,最重要的是1981年颁布的《野生生物与乡村法》。

在联邦德国(西德),20世纪50年代通过的相关法律主要有《自然保护法》《原子能法》和《空气污染控制法》;60年代出台的相关法律主要有《水源管理法》《植物保护法》《空气净化措施法》和《建筑噪声控制法》等;70年代颁布的相关法律主要有《飞机噪声控制法》《联邦废弃物处理法》《联邦环境厅设置法》《联邦公害防治法》和《联邦自然保护法》等②。至此,联邦德国环境与资源保护法体系基本形成。

日本除在20世纪60年代出台了一些环境与资源保护方面的法律外,在1970年底召开的第64届临时国会上,还一举通过了14部新的或修订的公害防治法律,以至后人将这届国会称为“公害国会”③。1971—1973年,日本又颁布了《环境厅设置法》《公害等调整委员会设置法》《关于特定工场整备防止公害组织的法律》《自然环境保全法》《公害健康损害补偿法》《恶臭防止法》等④,形成了相对全面的环境与资源保护法体系。

总之,20世纪70年代是国外、特别是工业发达国家环境与资源保护法形成的重要时期。除立法思想和实践方面的发展外,环境与资源保护法的教学和研究也日益兴旺起来。美国部分大学的法学院在20世纪70年代就已经开设环境法或自然资源法方面的课程,环境与资源保护法作为一个独特的研究领域逐渐被世人所接受。

(二) 环境与资源保护法的发展深化时期

尽管各国都已制定为数不少的环境与资源保护法律法规,同时,环境保护机构的力量也在不断增强,并得到民间环境保护组织日益强大的支持,但除了少数发达国家的环境状况得到改善或呈现改善的迹象外,全球环境总体仍处在持续恶化的状态。而少数发达国家的环境状况改善,也在很大程度上得益于全球化为他们带来转移环境压力的机会。至20世纪

---

① Kubasek N K,Silverman G S. Environmental Law[M]. 4ᵗʰ ed. New Jersey:Prentice Hall,2001.(清华大学出版社2003年影印版),115.
② 文伯屏.西方国家环境法[M].北京:法律出版社,1988:18-19.陈泉生.环境法原理[M].北京:法律出版社,1997:43-44.
③ 汪劲.日本环境法概论[M].湖北:武汉大学出版社,1994:7.
④ 汪劲.环境法律的理念与价值追求[M].北京:法律出版社,2000:73.

80 年代,一系列全球环境问题,如气候变化、臭氧层破坏、生物多样性减少等,引起世人的广泛关注。于是,应联合国环境规划署的请求,联合国大会于 1983 年通过了第 38/161 号决议,决定成立一个委员会,以便对 2000 年及以后的环境做出展望,并提出"旨在实现可持续发展的长期环境战略"。根据这项决议成立的世界环境与发展委员会历时 900 天完成的报告《我们共同的未来》,于 1987 年 4 月公开发表,并于同年秋提交第 42 届联合国大会审议。该报告一经问世,立即引起世界范围的热议。其中最引人关注的观点主要有两个:一是充分论述了"环境与发展"之间密不可分的联系,强调"环境危机、发展危机、能源危机——它们是一个危机"[①];二是提出了统筹解决"环境与发展"矛盾冲突的一体化战略,即"可持续发展"战略。

拓展阅读 1-3　可持续发展战略

可持续发展是 20 世纪 80 年代提出的一个新的发展观,是指既满足当代人的需要,又不对后代人满足其需要的能力构成危害的发展。1987 年,由挪威前首相布伦特兰夫人担任主席的世界环境与发展委员会向联合国大会提交的研究报告——《我们共同的未来》第一次提出了"可持续发展"的概念。

可持续发展的核心思想是:发展经济,保护资源和保护生态环境协调一致,让子孙后代能够享受充分的资源和良好的资源环境。健康的经济发展应建立在生态可持续能力、社会公正和人民积极参与自身发展决策的基础上。它所追求的目标是:既要使人类的各种需要得到满足,个人得到充分发展;又要保护资源和生态环境,不对后代人的生存和发展构成威胁。它特别关注各种经济活动的生态合理性,强调对资源、环境有利的经济活动应给予鼓励,反之则应予摒弃。

所谓可持续发展战略,是指实现可持续发展的行动计划和纲领,是多个领域实现可持续发展的总称,它要使各方面的发展目标,尤其是社会、经济与生态、环境的目标相协调。1992 年 6 月,联合国环境与发展大会在巴西里约热内卢召开,会议提出并通过了全球的可持续发展战略——《21 世纪议程》,并且要求各国根据本国的情况,制定各自的可持续发展战略、计划和对策。1994 年 7 月 4 日,国务院批准了我国的第一个国家级可持续发展战略——《中国 21 世纪人口、环境与发展白皮书》。

资料来源:世界环境与发展委员会. 我们共同的未来[M]. 王之佳,柯金良,译. 吉林:吉林人民出版社,1997.

1992 年召开的联合国环境与发展大会,将可持续发展战略推向了全球。许多国家除参照会议通过的《21 世纪议程》制定了本国的可持续发展战略外,还将可持续发展作为基本原则纳入环境与资源保护法。比如,日本 1993 年颁布的《环境基本法》在第一章总则部分第 4

---

① 世界环境与发展委员会. 我们共同的未来[M]. 王之佳,柯金良,译. 吉林:吉林人民出版社,1997:5.

条就载明:"环境保全必须以健全经济发展的同时实现可持续发展的社会构筑为宗旨,并且以充实的科学知识防止环境保全上的妨害于未然为宗旨,实现将因社会经济活动以及其他活动造成的环境负荷减少到最低限度,其他有关环境保全的行动由每个人在公平的分配负担下自主且积极地实行,既维持健全丰惠的环境,又减少对环境的负荷。"①澳大利亚 1999 年颁布的环境法典《环境保护与生物多样性保护法》在后来修订时专门增加了一条有关生态可持续发展原则的条款即第 3A 条,并界定生态可持续发展原则包括五个方面的要求:① 决策过程必须同时将长期的和短期的经济、环境、社会和公平因素予以有效地综合考虑;② 在面临严重的和不可逆转的环境损害威胁时,不能以缺乏充足的科学确定性为理由,延缓采取预防环境退化的措施;③ 代际公平原则,即当代人应当确保为了后代人的福祉而维护或增进环境的健康、多样性和生产力;④ 保护生物多样性和生态完整性应当成为决策中一个基本的考虑因素;⑤ 应当促进对价值、价格和激励机制的改进。

　　由此可见,推进可持续发展的实施,已经成为环境与资源保护法肩负的历史使命,也使环境与资源保护法自身得到进一步的深化。

二、中国现代环境与资源保护法的发展

　　1949 年 10 月 1 日,中华人民共和国正式成立。当时,最紧迫的任务是医治战争创伤,尽快恢复国民经济。至 50 年代末,工业有了初步的基础,而农业仍是国民经济的主体。1958 年开始的"大跃进",在"大炼钢铁""以粮为纲"的口号下,对我国的自然环境造成了巨大的冲击和破坏。1966 年开始的"文化大革命",使国民经济几近崩溃,在自然环境遭受破坏的同时,环境污染问题也逐渐显现。70 年代初,富春江污染、官厅水库污染和大连等部分沿海城市港口污染问题先后引起国务院有关部门的重视。周恩来总理在许多场合下也一再强调要防治污染、保护环境②。适逢中国刚刚恢复在联合国的合法席位,周总理决定派代表团参加 1972 年 6 月在瑞典斯德哥尔摩举行的联合国人类环境会议。这次会议对于推进我国的环境保护事业起到了积极的推动作用。1973 年 1 月,国家计划委员会报请国务院批准,于当年 8 月在北京召开第一次全国环境保护会议。会议通过了《关于保护和改善环境的若干规定(试行草案)》,揭开了新中国现代意义上的环境与资源保护立法的序幕。此后,我国的环境与资源保护法大体经历了以下几个发展阶段。

(一) 初创阶段(1973—1978 年)

　　1973 年颁布的《关于保护和改善环境的若干规定(试行草案)》,是中国政府对于环境与资源保护基本政策的宣示,在当时实际起到环境与资源保护基本法的作用。其中规定了我国环境与资源保护工作的基本指导方针(俗称"32 字方针"),即"全面规划,合理布局,综合利用,化害为利,依靠群众,大家动手,保护环境,造福人类"。这些规定,即使在今天看

---

① 汪劲. 日本环境基本法[J]. 外国法译评,1995,(4):86-92.
② 曲格平,彭近新. 环境觉醒[M]. 北京:中国环境科学出版社,2010:441-471.

来,也是非常先进的。比如,"全面规划,合理布局"仍具有现实意义。只是在执行过程中,没有得到很好的贯彻落实。1973 年底,我国第一个环境标准《工业"三废"排放试行标准》发布,并于 1974 年 1 月 1 日起施行。

1974 年 1 月,国务院颁布了《防止沿海水域污染暂行规定》。这是我国第一个防止沿海海域污染的法规。同年 4 月,"国务院环境保护领导小组"成立,标志着我国国家级环境保护行政机构的诞生。

至 1978 年,我国已制定了一系列国家环境与资源保护政策和规划纲要,并且在实践中形成了一些环境污染防治的制度或措施,如"三同时"制度。特别是,1978 年在修订《中华人民共和国宪法》(简称《宪法》)时,还增加了环境与资源保护方面的规定。其中第 11 条明确规定:"国家保护环境和自然资源,防治污染和其他公害"。这是环境与资源保护首次被列入国家的根本大法中,为国家制定专门的环境与资源保护法律法规奠定了宪法基础。此外,还有一些与环境有关的标准颁布,如《生活饮用水卫生标准(试行)》《食品卫生标准》等。

(二) 发展阶段(1979—1988 年)

1979 年,《环境保护法(试行)》颁布施行。它标志着我国的环境与资源保护真正迈入法制化轨道。该法总结了我国环境与资源保护工作的经验教训,同时借鉴了国外一些行之有效的环境与资源管理制度和措施,如有关"环境影响评价"制度及"谁污染谁治理"原则的规定。同时,也对环境保护机构及其职责做了比较详细的规定。

1982 年版《宪法》对 1978 年版《宪法》中原有的环境与资源保护规定做了修改。其中第 26 条规定:"国家保护和改善生活环境和生态环境,防治污染和其他公害"。同时,还增加了有关自然资源合理开发利用和保护的规定(第 9 条)。这为后来全面开展环境与资源保护立法提供了依据。

在环境污染防治立法方面,1982 年制定了《海洋环境保护法》,1984 年制定了《水污染防治法》,1987 年制定了《大气污染防治法》,1989 年制定了《环境噪声污染防治条例》。

在自然资源管理和保护方面,1982 年制定了《水土保持工作条例》,1984 年制定了《森林法》,1985 年制定了《草原法》,1986 年制定了《渔业法》《矿产资源法》和《土地管理法》,1988 年制定了《水法》和《野生动物保护法》。

在环境管理方面,先后颁布了《征收排污费暂行办法》(1982 年)、《全国环境监测管理条例》(1983 年)、《环境保护标准管理办法》(1983 年)、《关于开展资源综合利用若干问题的暂行规定》(1985 年)等。同时还颁布了一批环境质量标准、污染物排放标准和环境保护基础标准与方法标准。

此外,在国家一些重要的民事、行政和诉讼等基本法律中也规定了环境保护的内容。例如,《民法通则》(1986 年)中就有关于高度危险作业和污染环境造成他人损害应承担民事责任的规定。

至此,我国环境与资源保护法律体系已经基本形成。但在实践中,由于各级政府致力于发展经济,使环境与资源保护法律法规的很多规定得不到严格执行。在此期间,国家制定的环境与资源保护目标和任务,基本没有实现,环境状况总体上呈"局部有所改善、总体还在恶化、前景令人担忧"的态势。

(三)　调整阶段(1989—1998年)

1989年,我国开始由社会主义计划经济向有计划的商品经济转型。1993年起,又进一步向社会主义市场经济转变。毫无疑问,环境与资源保护立法必须顺应这些转变。

最先提上立法议程的是《环境保护法(试行)》的修订。这项工作自1982年《宪法》通过以后,就已经在推进。但由于当时正赶上经济立法大潮,加上对环境与资源保护的认识不足,始终难以启动起来。后来,虽然在艰难中启动了《环境保护法(试行)》的修订,但遇到的阻力很大。一些人担心,加强环境与资源保护将影响社会经济的发展,尽管当时也有部分立法者打算引进国外行之有效的环境法律制度,如总量控制、排污许可证制度等,但最终被搁置。在这种情况下,全国人民代表大会常务委员会(简称全国人大常委会)最终于1989年12月通过了《环境保护法》。

1992年,中国参加了在巴西里约热内卢举行的联合国环境与发展大会,可持续发展的思想逐渐为国人所了解。1993年,全国人民代表大会设立"环境保护委员会"(后于1994年更名为"环境与资源保护委员会"),其主要工作就是统筹国家的环境与资源保护立法,并开展环境与资源保护法律实施的监督工作。

在此期间,我国的环境与资源保护立法出现了一个高潮。仅全国人大常委会和国务院制定或修订的相关法律法规就有10余项,包括《水土保持法》(1991年)、《大气污染防治法》(1995年修订)、《固体废物污染环境防治法》(1995年)、《水污染防治法》(1996年修订)、《环境噪声污染防治法》(1996年)、《煤炭法》(1996年)、《节约能源法》(1997年)、《防震减灾法》(1997年)、《防洪法》(1997年)、《森林法》(1998年修订)、《土地管理法》(1998年修订)、《自然保护区条例》(1994年)、《淮河流域水污染防治暂行条例》(1995年)及《野生植物保护条例》(1996年)等。此外,还有一大批有关环境与资源保护的部门规章、技术规范及地方性法规和规章出台。从总体上讲,这些立法重在加强对环境与资源保护工作的行政管理。同时,地方环境与资源保护立法也逐渐活跃起来。

(四)　深化阶段(1999—2012年)

这一时期,我国的环境与资源保护法开始遵循可持续发展原则,环境与资源保护受到党和政府的高度重视。

最早将"可持续发展"作为明确的法律原则写入的是1998年修订的《土地管理法》。该法第一条规定:"为了加强土地管理,维护土地的社会主义公有制,保护、开发土地资源,合理利用土地,切实保护耕地,促进社会经济的可持续发展,根据宪法,制定本法。"

1999年,九届全国人民代表大会二次会议将"依法治国"作为基本方略写入经修正的《宪法》。这是我国现代法治进程中的一件大事,也为加强环境与资源保护立法提供了更加坚实的基础。鉴于1993年北京申办奥运会失利与大气污染有很大的关系,2000年全国人大常委会修订《大气污染防治法》时,不仅确立了可持续发展原则,同时也首次建立了重点大气污染物排放许可证制度和超标排污违法的制度。

2003年10月召开的中国共产党十六届三中全会提出了"科学发展观",并把它的基本内涵界定为"坚持以人为本,树立全面、协调、可持续的发展观,促进经济社会和人的全面发展"。2005年10月召开的中国共产党十六届五中全会进一步提出:"要加快建设资源节约型、环境友好型社会,大力发展循环经济,加大环境保护力度,切实保护好自然生态,认真解决影响经济社会发展特别是严重危害人民健康的突出的环境问题,在全社会形成资源节约的增长方式和健康文明的消费模式。"2006年通过的"国民经济和社会发展第十一个五年规划纲要"首次将环境保护和节约资源与能源方面的指标确立为约束性指标。2007年10月召开的中国共产党第十七次全国代表大会则明确要求:"建设生态文明,基本形成节约能源资源和保护生态环境的产业结构、增长方式、消费模式。循环经济形成较大规模,可再生能源比重显著上升。主要污染物排放得到有效控制,生态环境质量明显改善。生态文明观念在全社会牢固树立。"

在环境与资源保护立法方面,这一时期也取得丰硕成果。在此期间,全国人大常委会制定的有关环境与资源保护的法律包括:《海域管理使用法》(2001年)、《防沙治沙法》(2001年)、《环境影响评价法》(2002年)、《清洁生产促进法》(2002年)、《放射性污染防治法》(2003年)、《可再生能源法》(2005年)、《畜牧法》(2005年)、《城乡规划法》(2007年)、《突发事件应对法》(2007年)、《循环经济促进法》(2008年)、《海岛保护法》(2009年)及《石油天然气管道保护法》(2010年)等;修订的相关法律包括:《渔业法》(2000年,2004年)、《水法》(2002年)、《草原法》(2002年)、《野生动物保护法》(2004年)、《节约能源法》(2007年)、《水污染防治法》(2008年)、《可再生能源法》(2009年)、《水土保持法》(2010年)、《煤炭法》(2011年)、《清洁生产促进法》(2012年)等。国务院也出台或修订了一些有关的行政法规,包括《排污费征收使用管理条例》《危险化学品安全管理条例》《全国污染源普查条例》《规划环境影响评价条例》《消耗臭氧层物质管理条例》等。

(五) 基本形成阶段(2013年至今)

2013年以来,在以习近平同志为核心的党中央领导下,中国开启了建设生态文明的新时代。2013年11月,中国共产党十八届三中全会通过的《中共中央关于全面深化改革若干重大问题的决定》明确提出,要"紧紧围绕建设美丽中国深化生态文明体制改革,加快建立生态文明制度,健全国土空间开发、资源节约利用、生态环境保护的体制机制,推动形成人与自然和谐发展现代化建设新格局";并强调,"建设生态文明,必须建立系统完整的生态文明制度体系,实行最严格的源头保护制度、损害赔偿制度、责任追究制度,完善环境治理和生态修复制度,用制度保护生态环境"。这不仅为大力加强环境与资源保护法制建设注入了全新的活力,也为环境与资源保护立法工作指明了方向。

基于建设生态文明的现实需要,全国人大及其常委会一方面出台了新的环境与资源保护法律,填补了环境与资源保护立法方面的空白;另一方面又对已有的环境与资源保护及相关法律进行了广泛修订,显著加大了环境与资源法律保护力度。2014年,全国人大常委会通过了新修订的《环境保护法》,规定了一系列新的环境保护制度,加大了对于环境违法行为的处罚力度,被称为史上最严的《环境保护法》。其他新出台的环境与资源保护法律包括:《环境保护税法》(2016年)、《核安全法》(2017年)、《土壤污染防治法》(2018年)、《长江保护法》(2020年)、《生物安全法》(2020年)、《湿地保护法》(2021年)、《黑土地保护法》(2022年)、《黄河保护法》(2022年)、《青藏高原生态保护法》(2023年)等;修订的环境与资源保护法律包括:《海洋环境保护法》(2013年、2016年、2017年)、《固体废物污染环境防治法》(2013年、2015年、2016年、2020年)、《大气污染防治法》(2015年、2018年)、《环境影响评价法》(2016年、2018年)、《野生动物保护法》(2016年、2018年、2022年)、《节约能源法》(2016年、2018年)、《水法》(2016年)、《水污染防治法》(2017年)、《循环经济促进法》(2018年)、《防沙治沙法》(2018年)、《环境保护税法》(2018年)、《森林法》(2019年)、《草原法》(2021年)、《噪声污染防治法》(2021年)等;修订的其他相关法律包括:《标准化法》(2017年)、《民事诉讼法》(2017年、2021年)、《行政诉讼法》(2017年)、《城乡规划法》(2019年)、《行政许可法》(2019年)、《行政处罚法》(2021年)等。

值得特别指出的是,2018年修正的《宪法》序言部分提出,要"推动物质文明、政治文明、精神文明、社会文明、生态文明协调发展,把我国建设成为富强民主文明和谐美丽的社会主义现代化强国,实现中华民族伟大复兴"。这是首次赋予"生态文明建设"以宪法地位。2020年5月通过、自2021年1月1日起施行的《民法典》在第七编"侵权责任"中单列第七章对"环境污染和生态破坏责任"作出规定,对生态文明制度建设将起到积极的促进作用。

2021年4月,全国人大常委会公布了2021年度立法工作计划,宣布启动环境法典、教育法典、行政基本法典等条件成熟的行政立法领域的法典编纂研究工作。环境法典编纂是全面贯彻落实习近平生态文明思想和习近平法治思想的必然要求,也有助于完善生态环境保护的顶层设计。目前,中国法学会环境资源法学研究会正在组织有关专家、学者开展环境法典编纂研究,并起草环境法典专家建议稿。

在这一时期,除了正式的立法之外,党中央、国务院还创立了一系列行之有效的环境政策手段,例如"党政同责,一岗双责"、中央生态环境保护督察、领导干部自然资源资产离任审计、生态环境损害赔偿、建立以国家公园为主体的自然保护地体系、生态产品价值实现机制等。在时机成熟时,这些政策手段也有望被正式的环境立法所纳入。

截至2022年10月,我国生态环境保护领域立法基本形成了"1+N+4"的法律体系。[①]

[①]　其中,"1"是发挥基础性、综合性作用的环境保护法;"N"是环境保护领域专门法律,包括针对传统环境领域大气、水、固体废物、土壤、噪声等方面的污染防治法律,针对生态环境领域海洋、湿地、草原、森林、沙漠等方面的保护治理法律等;"4"是针对特殊地理、特定区域或流域的生态环保立法,包括《长江保护法》《黑土地保护法》,以及《黄河保护法》和《青藏高原生态保护法》等。参见张天培.全国人大常委会法工委举行记者会——生态环保法律体系基本形成[N].人民日报,2022-10-25.

第三节　环境与资源保护法的作用

环境与资源保护法,作为一个相对独立的部门法,具有法的一般作用。归纳起来,主要包括两个方面:一是规范作用;二是社会作用。与其他部门法相比,环境与资源保护法的社会作用更加突出。所以,国内学者通常把环境与资源保护法归入社会法范畴①。本书将从规范作用和社会作用这两个方面来具体论述环境与资源保护法的作用。

拓展阅读 1-4　法的作用

法的作用是指法内在具有的、对社会有益的功用和效能。法既是一种调整人们行为的规范,又为一定的社会目标服务。因此,法的作用有规范作用和社会作用之分。

法的规范作用主要包括以下 5 个方面。

1. 指引作用:法能够为人们的行为提供一个既定的模式,从而引导人们在法所允许的范围内从事社会活动。这是法最主要的作用。

2. 评价作用:法律作为一种普遍的评价标准,可以据以判断、衡量他人行为是否合法有效。

3. 预测作用:根据法对人们某种行为肯定或否定的评价及其必然导致的法律后果,人们可以预先估计到自己行为的结果,从而决定自己的行为取舍以及与他人相互间将如何行为。

4. 强制作用:法借由国家强制力保障执行,可以制裁、惩罚、预防违法犯罪行为。

5. 教育作用:通过法的规定和实施可以影响人们的思想,培养和提高人们的法律意识,引导人们依法行为。

法的社会作用主要包括:

1. 在经济方面,确认经济制度、调整经济关系、促进经济发展。

2. 在政治方面,确认国家制度、组织国家机构、确立社会民主与调整对外关系。

3. 在文化方面,促进科技文化事业进步、促进思想道德建设。

4. 执行社会公共事务。

资料来源:卓泽渊. 法理学[M]. 北京:法律出版社,2009.

一、规范作用

环境与资源保护法,作为国家制定的社会规范,具有指引、评价、预测、教育和强制等规

---

① 汤黎虹. 社会法通论[M]. 吉林:吉林人民出版社,2004:179-181.

范作用。

第一，指引作用。任何法律，包括环境与资源保护法在内，都是调整人们行为的规范，或者说，主要由行为规范构成。这种行为规范，通常包括两类：授权性规范和义务性规范。前者告诉人们可以做什么。如果你不做，就意味着放弃该项权利。换言之，授权性规范代表的是一种可选择的指引。后者则告诉人们应该做什么或不应该做什么，并且一般还规定，如果违反这样的规定，就要承担某种否定性的后果。所以，义务性规范是一种确定性的指引①。

在环境与资源保护法中，同样包括授权性规范和义务性规范。如《水污染防治法》（2017年修正）第10条规定："排放水污染物，不得超过国家或者地方规定的水污染物排放标准和重点水污染物排放总量控制指标。"也就是说，凡是排放水污染物的单位或个人，既不能超标排污，也不能超过给定的总量进行排污。这就是一种义务性规范。在环境与资源保护法中，义务性规范占有的分量相对较重。当然，也有一些授权性规范。比如，有关污染防治的法律大多包含这样的规定，即：任何单位和个人都有权对污染和破坏环境的行为进行检举、揭发和控告。这就是授权性规范。

第二，评价作用。法是评价人们行为的标准和尺度。一个人的行为是否合法，只能用法本身来衡量。如果该行为是法所禁止的，则该行为不合法；如果该行为不是法所禁止的，则不违法。但是，有些不违法的行为，可能不符合中华民族的传统风俗习惯，不值得提倡。

当然，法作为评价人们行为的标准和尺度，有时需要通过制定技术性规范才能实现。如上面所提到的《水污染防治法》（2017年修正）第10条之规定，就必须以"国家或者地方规定的水污染物排放标准"和"国家或者地方规定的重点水污染物排放总量控制指标"已经出台为前提。在环境与资源保护法特别是污染防治法中，这是比较普遍的现象。

第三，预测作用。法的预测作用主要是指，依据法律，人们可以预先估计自己行为的结果，从而决定自己在处理相关的社会关系时应当采取什么样的行为。例如，《水污染防治法》（2017年修正）第95条规定："企业事业单位和其他生产经营者违法排放水污染物，受到罚款处罚，被责令改正的，依法作出处罚决定的行政机关应当组织复查，发现其继续违法排放水污染物或者拒绝、阻挠复查的，依照《中华人民共和国环境保护法》的规定按日连续处罚。"根据这条规定，排污者就可以预测自己违法排污且拒不改正的法律后果，从而约束自身的排污行为。

在环境与资源保护法领域，预测作用体现在两个方面：一是人们可以根据法律规定来确定应当采取什么样的行为。比如，《大气污染防治法》（2018年修正）第18条明确规定："向大气排放污染物的，应当符合大气污染物排放标准，遵守重点大气污染物排放总量控制要求。"也就是说，排污者必须采取措施，确保大气污染物的排放符合大气污染物排放标准，达到重点大气污染物排放总量控制要求。二是人们可以根据法律规定来预见自己的行为可能带来的后果。比如，《大气污染防治法》（2018年修正）第125条规定："排放大气污染物造

---

① 沈宗灵.法理学［M］.2版.北京：北京大学出版社，2003：84-85.

成损害的,应当依法承担侵权责任。"也就是说,只要向大气排放污染物造成损害的,无论排污行为是否违法,都要承担侵权责任。这都是法的预测作用的具体体现。

第四,教育作用。法的教育作用主要是通过法的实施,对一般人今后的行为可以产生的积极影响[1]。例如,2009年2月发生在江苏盐城的特大水污染案,盐城市中级人民法院终审以"投放危险物质罪"判决肇事企业的法定代表人胡某及该公司生产负责人丁某有期徒刑10年和6年[2]。这一判决无疑具有警示作用。

当然,严格执法是法的教育作用得以发挥的前提。如果执法不严,则效果适得其反。

第五,强制作用。这是法的最显著的特征之一。法的这种规范作用,针对的是违法者的违法行为。如果人们的行为并不违法,就不会承担法律责任。法律责任通常包括:民事责任,比如赔偿损失、赔礼道歉、支付违约金等;行政责任,比如罚款、没收、停业等;刑事责任,比如判处有期徒刑、无期徒刑、死刑等。

在环境与资源保护法领域,比较经常采用的是行政责任。如《大气污染防治法》(2018年修正)第七章是有关法律责任的规定,总共30条,其中28条涉及行政责任,另外2条分别涉及民事责任、刑事责任。这种情况在环境与资源保护法领域具有普遍性,所以,环境与资源保护法具有浓重的行政法色彩。

二、社会作用

环境与资源保护法的社会作用主要体现在建立和维护正常的社会秩序、促进环境与资源保护科学技术的进步、预防和制裁违反环境与资源保护法的行为、改善并促进人地关系的和谐与健康发展等四个方面。

第一,建立和维护正常的社会秩序。违反环境与资源保护法的行为,往往会对正常的社会秩序造成很大的影响。环境与资源保护法通过建立一系列环境与资源保护基本制度,并通过日常的现场检查和执法,督促企业遵守环境与资源保护法律,及时消除环境污染和生态破坏的隐患,以建立和维护正常的社会秩序。

第二,促进环境与资源保护科学技术的进步。保护环境与资源,有赖于科学技术的进步。为此,环境与资源保护法无一例外地规定,淘汰落后的工艺技术和产品,鼓励开发并推广应用资源节约型、环境友好型的技术和产品。例如,《循环经济促进法》(2018年修正)第7条规定:"国家鼓励和支持开展循环经济科学技术的研究、开发和推广,鼓励开展循环经济宣传、教育、科学知识普及和国际合作";第10条第2款则规定:"国家鼓励和引导公民使用节能、节水、节材和有利于保护环境的产品及再生产品,减少废物的产生量和排放量";第18条规定:"国务院循环经济发展综合管理部门会同国务院环境保护等有关主管部门,定期发布鼓励、限制和淘汰的技术、工艺、设备、材料和产品名录。禁止生产、进口、销售列入淘汰名

---

① 沈宗灵. 法理学[M]. 2版. 北京:北京大学出版社,2003:86.
② 成玉. 盐城"2·20"水污染案宣判[EB/OL]. 2012-03-25.

录的设备、材料和产品,禁止使用列入淘汰名录的技术、工艺、设备和材料。"这些规定从不同方面来促进环境与资源科学技术的进步。

第三,预防和制裁违反环境与资源保护法的行为。法律对社会的每一个成员都具有约束力。每一个公民,都应当按照法律的规定行事,争做懂法、守法、护法的好公民,避免出现违反法律、包括违反环境与资源保护法的行为。通常情况下,社会中的大多数成员会很好地遵守法律,做到依法办事。但仍有少数人会无视法律的规定,公然采取危害社会的违法行为。对此,必将受到法律的严厉制裁。

第四,改善并促进人地关系的和谐与健康发展。这是环境与资源保护法区别于其他部门法的主要特征。如本章第一节所述,人地关系的恶化是导致环境与资源保护法产生的根本原因。所以,环境与资源保护法必须有助于调整人地关系,使之恢复到和谐的状态。为此,在环境与资源保护法中,采取了以下两种不同的方式。

一是直接调整人地关系,并间接调整社会关系。比如,《野生动物保护法》(2018 年修正)第 21 条第 1 款规定:"禁止猎捕、杀害国家重点保护野生动物。"这里从直观上来讲,是在规范和调整人和动物之间的关系,但保护动物是维护生态平衡的需要,而生态平衡对我们每个人、包括子孙后代都是有益的。所以,这项规定间接地规范和调整了人与人之间的关系即社会关系。

二是直接调整社会关系,并间接调整人地关系。比如,《水污染防治法》(2017 年修正)第 96 条第 1 款规定:"因水污染受到损害的当事人,有权要求排污方排除危害和赔偿损失。"这里,直接规范和调整的是人与人之间的关系即社会关系,要求排污方排除危害,并对受到污染损害的单位和个人做出赔偿。间接地,这项规定对排放水污染物的单位起到约束作用,限制了排放水污染物的行为,保护了环境,有助于维护人地关系的和谐。

当然,法律不是万能的。正如孟子所说,"徒善不足以为政,徒法不足以自行"。同时,法律通常设定的是底线。如果连法律的规定都做不到,那就等于突破了社会的底线。要实现人地关系的和谐与健康发展,还需要在社会树立高于环境与资源保护法的行为风尚。同时,法律毕竟是人定的。限于科学技术和人的认知能力,法律总是难免存在缺陷和漏洞。所以,仅仅依靠环境与资源保护法,是难以实现人地关系和谐与健康的。总之,既不能认为法律万能,也不能认为法律无用。环境与资源保护法只能发挥其自身应有的作用。

第四节　环境与资源保护法学及其方法论

环境与资源保护法学,是以环境与资源保护法的理论和实践及其发展规律为研究对象的法学学科,属于环境科学和法学的交叉学科。

一、环境与资源保护法学的产生和发展

1978 年,中共中央决定起草我国第一部环境保护法,北京大学法律学系(现"北京大学

法学院")和中国社会科学院法学研究所的部分法学教学研究人员应邀参与了该法的起草工作。以此为契机,我国的环境与资源保护法学的教学和研究工作拉开了序幕。北京大学从 1978 年开始,在民法硕士点下招收环境法方向硕士研究生;1980 年,金瑞林先生开始为北京大学法律学系本科生开设环境法课程;1994 年,国家批准在北京大学首设环境法学(后更名为"环境与资源保护法学")博士点。

由于环境与资源保护立法工作的需要,我国环境与资源保护法学的教学和科研工作日益受到重视。1984 年,环境法学课程开始纳入综合大学法学院系法律专业的教学计划。此后,越来越多的大学开设了环境法学课程。1997 年,在教育部颁布的《授予博士、硕士学位和培养研究生的学科、专业目录》中,将"环境与资源保护法学"列为法学二级学科之一。2007 年,教育部高等学校法学学科教学指导委员会决定,新增"环境与资源保护法学"为法学核心课程。

与此同时,我国高等学校环境科学与工程类学科的飞速发展,对环境与资源保护法学的教学和科研工作也起到积极的促进作用。目前,我国共有 400 多所高等学校设有环境科学与工程类专业,其中不少学校为环境科学与工程类专业学生开设了"环境与资源保护法学"课程,部分学校甚至将"环境与资源保护法学"列为环境科学与工程类专业本科生的主干课程或必修课程。这对于提高环境科学与工程类专业人才的综合素质,无疑是必要和有益的。

二、环境与资源保护法学的研究对象和学科性质

环境与资源保护法学的研究对象是环境与资源保护法这一特定的社会现象。

从环境与资源保护法的发展历程中可以看出,环境与资源保护法,不是一部法律,而是众多法律法规的集合。

在形式上,环境与资源保护法有广义和狭义之分。广义的环境与资源保护法是指调整人类环境利用关系的所有法律规范的总称,它既包括环境法典或环境基本法、环境与资源保护单项法律,也包括环境与资源保护的行政法规、规章、环境标准或其他法律法规中的环境与资源保护规范。狭义的环境与资源保护法仅指由国家立法机关制定的各类环境保护的法律。

在内容上,环境与资源保护法也有广义和狭义之分。狭义的环境与资源保护法是指专门以保护环境与资源为立法目的的法律规范,如《大气污染防治法》《野生动物保护法》《自然保护区条例》等;广义的环境与资源保护法还包括另外一些并非以环境与资源保护为立法目的,但包含了有关环境与资源保护内容的法律规范,如《民法典》中的环境污染和生态破坏责任,《刑法》中的破坏环境资源保护罪等。

环境与资源保护法学,首先是法学的分支学科之一。在我国,随着环境与资源保护法学地位的提升,它已成为法学的二级学科之一。同时,环境与资源保护法学的基本概念、基本理论都是源于法学或在法学的基本概念、基本理论基础上发展起来的,它的思维模式和研究方法也与法学一致。所以,环境与资源保护法学根植于法学。

但环境与资源保护法学毕竟是人类在应对环境与资源问题的过程中产生和发展起来的一门学科,它与环境科学与工程、生态学和其他自然科学,以及人口、资源与环境经济学等社会科学也有很密切的关系。比如,总量控制制度主要是以环境科学揭示出的环境运动变化规律为基础建立起来的;排污权交易制度是经济学家试图将市场机制引入环境与资源保护领域而提出的。所以,环境与资源保护法学又与自然科学和其他社会科学有着千丝万缕的联系。

综上所述,环境与资源保护法学是介于法学和相关的自然科学及社会科学之间的一门新兴边缘科学,但它主要还是一门法学学科。

三、环境与资源保护法学的学习方法和教学方法

本书总共分为七章。第一章"导论"主要论述了环境与资源保护法的历史演变,并简要介绍了环境与资源保护法学的概貌;第二章"环境与资源保护法基本理论"主要论述了环境与资源保护法的概念、环境与资源保护法律关系、环境与资源保护法基本原则;第三章"环境与资源保护基本制度"侧重介绍环境与资源保护的基本法律制度;第四章"环境污染防治法"分别从物质流和能量流的角度,介绍了环境污染防治法的情况;第五章"自然与资源保护法"重点介绍了有关自然保护和自然资源保护方面的法律;第六章"环境与资源保护法的法律责任"介绍环境与资源保护法的行政责任、刑事责任及民事责任,还介绍了有关环境公益诉讼和生态环境损害赔偿诉讼的内容;第七章"国际环境法与中国"主要介绍了国际环境法的现状及中国的相关实践。

对于环境科学与工程类专业的学生及其他非法学专业的学生来说,学习环境与资源保护法学,应当注意以下两点:

第一,要重点抓住法学的基本概念、基本理论。这是因为,环境与资源保护法学毕竟在主流上是一门法学学科。如果对相关的法学基本概念、基本理论不能很好地掌握,那就很难学好环境与资源保护法学这门课程。当然,对于环境科学与工程类专业的学生及其他非法学专业的学生来说,法学基础知识薄弱、甚至缺失,都是很正常的。在学习过程中,需要慢慢地领会和积累。必要时,也可以适当补充一些法学基础知识和理论。另外,建议教师在讲授本门课程时,重点讲解一些关键性的法学概念和理论,帮助学生逐步丰富自己的法学基础知识和理论。

第二,要善于运用多学科的知识,学习和研究环境与资源保护法学。环境与资源保护法学即便在法学范畴,也具有交叉科学或横断科学的特点,它与法学中几乎所有的分支学科都有关系,尤其与民法、刑法、行政法等关系密切;同时,它还与环境科学与工程领域的各个学科,包括环境科学、生态学、环境经济学、环境伦理学等也有很密切的关系。所以,具有多学科的视野,对于学习和研究环境与资源保护法学,也是必要和有益的。

在指导环境科学与工程类专业的学生及其他非法学专业的学生学习环境与资源保护法学时,教师应当注意以下两点:

第一，环境与资源保护法学是一门应用性很强的学科。通过引入一些现实生活中发生的典型案例，对于帮助学生理解环境与资源保护法学课程的相关内容，能够起到很好的作用和效果。在课堂上组织学生对一些典型案例进行讨论，一方面可以借此了解学生对于主要知识点的理解和掌握情况，以便识别出疑难点；另一方面还可以鼓励学生积极思考，将注意力集中在教学内容上。实践证明，案例教学对学生有很好的吸引力，对于提高教学效果，非常有益。

第二，鼓励学生采取研究式的学习方法。具体地讲，就是要鼓励学生对自己感到困惑的学习内容或自己感兴趣的问题，通过课外查阅相关的文献资料，进行深入的学习和研究，而不是仅仅停留在知识的积累上。通过这种方式，可以让学生从被动地接受知识转向主动地探索知识，借此逐步提高自己认识问题、分析问题、解决问题的能力。而能力培养才是高等教育的主要目的。正如钱伟长先生所说，"教育的目的是使学生掌握正确的学习方法、工作方法和思想方法，所学的课程也好、专业也好，无非是一种载体，通过这个载体来促使大家掌握这种方法。"①

参考书目

1. 汪劲. 环境法学[M]. 4 版. 北京：北京大学出版社，2018.

2. 韩德培. 环境保护法教程[M]. 8 版. 北京：法律出版社，2018.

3. Kubasek N K, Silverman G S. Environmental Law[M]. 4th ed. New Jersey：Prentice Hall，2001.

4. 沈宗灵. 法理学[M]. 4 版. 北京：北京大学出版社，2014.

5. 张文显. 法理学[M]. 5 版. 北京：高等教育出版社，2018.

推荐阅读

1. 汪劲. 环境法学[M]. 4 版. 北京：北京大学出版社，2018. 绪论，第一章。

2. 韩德培. 环境保护法教程[M]. 8 版. 北京：法律出版社，2018. 第一章。

3. 吕忠梅. 环境法学概要[M]. 北京：法律出版社，2016. 第一章。

4. Hardin G. The Tragedy of the Commons[J]. Science，1968，162(3859)：1243-1248.

5. Kubasek N K, Silverman G S. Environmental Law[M]. 4th ed. New Jersey：Prentice Hall，2001.

6. Schroeder K L. Environmental Law[M]. New York：Thomson Delmar Learning，2008.

---

① 陈亦冰，沈祖芸. 以赤子之心，办兴国之学——钱伟长的教育思想和壮美人生[N]. 中国教育报，2007-04-30.

思　考　题

1. 以现实生活中的具体事例,说明人地关系对社会关系的影响。

2. 试述国外现代环境与资源保护法的发展进程。

3. 新中国成立后,我国环境与资源保护法经历了哪几个发展阶段? 各个阶段的主要特点是什么?

4. 环境与资源保护法具有哪些方面的规范作用?

5. 环境与资源保护法具有哪些方面的社会作用?

6. 什么是环境与资源保护法学? 为什么说环境与资源保护法学是一门交叉学科?

第二章
环境与资源保护法基本理论

第一节 环境与资源保护法的概念、目的和渊源

一、环境与资源保护法的概念

（一）环境与资源保护法的定义

在给环境与资源保护法下定义之前，首先应当了解这一概念的由来。环境与资源保护法的概念是伴随人们对环境问题认识的不断深化并逐渐完善形成的。1969年9月，一群美国律师和学者在西弗吉尼亚州召开"法与环境大会"。经过深入的讨论，与会者就创办"环境法报告"和"全国环境法组织"达成广泛的共识。这也是英语中"环境法"（environmental law）一词的最早由来。由于各国环境与资源保护立法的目的和保护对象不同，早期还有环境保护法、污染防治法、公害法、自然保护法、生态法等称谓。

我国《环境保护法》规定："本法所称环境，是指影响人类生存和发展的各种天然的和经过人工改造的自然因素的总体，包括大气、水、海洋、土地、矿藏、森林、草原、湿地、野生生物、自然遗迹、人文遗迹、自然保护区、风景名胜区、城市和乡村等。"换句话说，环境的范畴包含了自然资源，只不过环境保护的称谓强调的是维持人类社会发展的外部条件，为人类的繁衍和健康奠定生存基础；而资源保护的目的是维持人类经济发展的外部条件，为人类福利的持续增长奠定物质基础，同时也可以达到保护自然环境和生态的目的。

在我国，鉴于环境法学与自然资源法学在学科性质上的相近性，1997年教育部高等学校法学学科教学指导委员会在调整法学二级学科时，将这两个学科合并为环境与资源保护法学（也称环境法学）。

环境与资源保护的概念是相对于人类对环境与资源的不当利用与过度开发活动提出的，这一概念提出的目的是调控和协调人类对环境与资源的利用关系。从这个意义出发，本书认为，环境与资源保护法是指以保护和改善环境、预防和治理人为环境侵害为目的，调整人类环境与资源利用关系的法律规范总称。

这一定义包含如下内涵：第一，环境与资源保护法的调整对象是人类在从事环境利用行为中形成的环境与资源利用关系；第二，环境与资源保护法的目的是保护和改善人类赖以生

存的环境与资源,预防和治理人为环境破坏;第三,环境与资源保护法的范畴既包含直接确立合理开发利用和保护环境与资源行为准则的法律规范,也包括其他部门法中有关环境与资源保护的法律规范。

应当注意的是,环境与资源保护法的调整对象是人类环境利用关系,所要控制的是可事前预见的人为原因导致的环境污染和自然破坏。而以预防事前不可预见、不能克服和不能避免的自然灾害为目的,或者以自然灾害之后实施环境恢复或者重建等为目的的法律规范,理论上都不属于环境与资源保护法的范畴。

在法学研究方面,环境与资源保护法学同环境法学或者环境保护法学的称谓在内涵和外延上是基本一致的。

(二) 环境与资源保护法的特征

作为一个部门法,环境与资源保护法除了具有法的本质特征(如规范性、强制性等)外,还具有与其他部门法所不同的固有特征。这些特征主要表现在如下三个方面。

拓展阅读 2-1　法的特征

法的特征可以归纳为以下四个基本方面。

1. 法是调整人们行为的规范:法具有规范性,为人们的行为提供模式、标准和方向,从而为人们的行为规划出可以自由行动的基本界限。同时,法也具一般性,法是抽象、概括的规定,适用于一般人或事,在其生效期间可以反复适用,对于同等情况同样适用。

2. 法由国家专责机关制定、认可和解释:这使法具有"国家意志",从而与其他社会规范,例如宗教、道德等区分开来。法的这一特征表明法具有权威性、普遍性和统一性。

3. 法规定人们的权利、义务、权力:这一特征也是法与其他社会规范的区别,例如道德、宗教等规范往往仅规定义务而无权利。这一特征说明了法的现实属性,以及法律具体规定了人们可以或不可以、应该或不应该如何行为。

4. 通过国家强制力保证实施:"徒法不足以自行",因此必须由国家强制力保障实施,对违法行为实行不同形式的追究、制裁。

资料来源:沈宗灵. 法理学[M]. 4 版. 北京:北京大学出版社,2014.

---

1. 法律规范构成的科技性

环境与资源保护法律规范具有浓厚的科技性这一点,是不同于其他部门法的基本特征。环境与资源保护法的科技性主要表现在如下两个方面。

第一,根据科学技术及科学推理的结论确立行为模式和法律后果。科学与技术不仅指现在已知的知识及其建议的内容,而且还包括在科学的不确定性范围内预测和评价风险的方法。由于与环境相关事物的"解决"可能转而引起新的环境问题,所以环境与资源保护法应当格外地关注后者①。为此,环境与资源保护法律规范要依据科学原理对非法律事实的现象确立其事前的行为模式,例如环境影响评价制度,环境标准制度及限期淘汰落后生产工艺设备制度等。

第二,根据自然科学规律(生态规律)确立协调人与自然关系的法律准则。由于环境与资源保护法要通过调整一定领域的人类环境利用关系达成协调人与自然关系的目的,因此必须将人与自然在生态系统中的平衡和协调关系作为确立行为模式的依据,以环境的价值观念为指向重新评价人类与环境关系的传统认识,将环境标准、技术规范、操作规程及控制污染的各种工艺技术要求等直接运用于环境与资源保护立法之中。

拓展阅读 2-2　法律规范

法律规范是构成法的最基本的组织细胞,是通过一定法律条文表现出来的、具有一定内在逻辑结构的特殊行为规范。

从逻辑结构上看,法律规范通常包括行为模式和法律后果两部分。

行为模式是指法律规范所规定的行为规则本身的部分。它指明人们行为的方式和尺度,明确行为主体的权利和义务,这是法律规范最基本的组成部分。行为模式可分为三种类型:一是可以这样行为的模式,即法律规范允许做些什么;二是必须这样行为的模式,即法律规范规定的应该做什么、要求做什么;三是禁止这样行为的模式,即法律规范规定的禁止实施的某种行为,不应该做什么。

法律后果是指法律规范中规定的人们在做出符合或者违反该法律规范的行为时,将带来什么样的后果。法律后果一般分为两类:一是肯定式后果,包括对合乎法律规范行为的赞许、奖励和保护等;二是否定式后果,即对违反法律规范的行为所给予的法律制裁。

在一条法律条文中把行为模式和法律后果都明确表述出来的情况是很少有的(通常只有《刑法》才会把行为模式和法律后果规定在同一条文中)。在我国立法中,各种不利的法律后果会被归结在一起作为单独的一章——法律责任。

例如,《水污染防治法》(2017 年修正)第 10 条规定:排放水污染物,不得超过国家或者地方规定的水污染物排放标准和重点水污染物排放总量控制指标。这就是行为模式。第 83 条规定:违反本法规定,有下列行为之一的,由县级以上人民政府生态环境主管部门责令改正或者责令限制生产、停产整治,并处十万元以上一百万元以下的罚款;情节严重的,报经有批准权的人民政府批准,责令停业、关闭:(一) 未依法取得排污许可证排放水污染物的;(二) 超过水污染物排放标准或者超过重点水污染物排放总量控制指标排放水污染物的……这就是法律后果。

---

① Kiss A,Shelton D. Manual of European Environmental Law[M]. Cambridge:Cambridge University Press,1994:7-8.

2. 法律方法运用的综合性

由于环境问题的成因与人类社会的生产、生活活动休戚相关,因此环境与资源保护法的适用也涉及环境利用关系的诸多主体。无论自然人、企业、组织、政府还是国家,它们都要通过利用环境受益,使得环境与资源保护法的法益既涉及公益也涉及私益。另外,环境要素的关联性和动态性也要求人类适应生态系统的演变并及时调整环境与资源保护立法与政策的目标。而环境损害的永久性和不可逆转性需要立法和执法者在制定和实施环境与资源保护法律时充分考虑决策对环境长期的和间接的影响①。

上述原因决定了环境与资源保护法需要以多种法律方法、从多个领域和多个层面对环境利用关系进行综合调整。与其用单一的法律方法来补救事后的侵害,不如采取多种法律方法在事前进行预防。

环境与资源保护法的综合性主要表现在如下三个方面。

第一,它的体系既包括环境与资源保护单项法律与环境侵害救济的特别法律,也包括其他部门法(如宪法、民法、刑法、行政法等)中有关的环境与资源保护规范。

第二,它的内容既有实体法又有程序法,既包括国家法规也包括地方法规。

第三,它的实施既有司法方法也有行政方法,而且政策、经济、技术和宣传教育等手段在环境与资源保护法的适用上有突出的表现。以环境政策为例,它常常以指导性规范的形式出现于人类环境利用行为领域,以弥补现实法律的抽象性和局限性所带来的不足。

3. 保护法益确立的共同性

地球生态系统(生物圈)是一个流动的物质和能量循环体,它们不以对国家或地区疆界的人为划分而分割。因此在一个国家、一个地区对人类环境利用行为所实施的法律控制,必然会在一定程度上对其他国家或地区产生积极或消极的影响。从法律的角度看,只就人类社会的某项法益采取保护措施,并不能遏制环境恶化对更多、更大保护法益的侵害。

相对于其他执行社会与政治职能的部门法而言,环境与资源保护法所表现出的社会和公共职能不仅仅是为了个别群体、统治阶级、国家或地区的单一政治、经济利益需求,在重新确定和调整人类既存利益的同时,环境与资源保护法理念的出发点更多源于保护全人类的共同利益和保护人类生存繁衍基础的生态利益,以实现人类社会、经济可持续发展的目标。随着调整范围的扩大,环境与资源保护法的保护法益也从个人益、企业益扩大到国家益、人类益甚至地球益。

有鉴于此,许多国家的环境与资源保护立法已经融合了地球环境保护的基本理念,并且更加强调国际环境保护合作的重要性。与传统部门法相比较,现代环境与资源保护立法对人类共同利益的保护是非常突出的。

二、环境与资源保护法的目的

环境与资源保护法的目的,是立法者拟实现的环境与资源保护的理想和目标,是确立环

---

① Kiss A, Shelton D. Manual of European Environmental Law[M]. Cambridge: Cambridge University Press, 1994:8.

境与资源保护法基本原则和基本制度的依据。

拓展阅读 2-3　法的目的

法是通过利益调整来实现社会正义的工具,对法所促进的目的价值,古今中外的学者提出过各种不同的观点,但归纳起来,主要是正义和利益两大类价值。

正义是人类普遍认为的崇高价值,又称公平、公正、应当、合理。受不同时代、社会制度、意识形态、历史文化的影响,不同国家、阶级、群体、学派对正义的内容会有不同的理解。从实践上而言,正义只能是历史的、相对的概念,但实践中的正义又存在具体客观的判断标准。从应然上而言,法应当具有正义性,否则就是"恶法"。

利益通俗而言就是"好处",或者是某种需要或愿望的满足。从不同角度可以产生不同的利益划分方式,比如根据利益的内容划分,可以分为物质、政治、经济三种利益;根据利益主体划分,可以分为个人、群体、社会三种利益;根据阶级划分,可分为统治阶级与被统治阶级利益……不同主体的各种利益之间又存在矛盾冲突,因此法才成为必要。法作为社会控制的手段,必须规定各种利益的分配,平衡各种利益关系,有时法还是不同利益相互平衡和妥协的产物。法律所保护的利益即为法益。

资料来源:

[1] 沈宗灵. 法理学[M]. 4 版. 北京:北京大学出版社,2014.

[2] 张文显. 法理学[M]. 5 版. 北京:高等教育出版社,2018.

理论上讲,环境与资源保护立法的实质目的或任务,是保护生态系统的平衡与稳定,平衡人类在既得利益与长期发展之间的相互关系,最终实现社会、经济可持续发展。但这种立法意图仅仅是一种动机上的目的,它们无法成为形式上的、以防治污染或者自然资源保护为目的的各单项环境与资源保护法律的目的及其适用指引。实践中,由于构成一国环境与资源保护法律体系的单项法律较多、具体目标各不相一,以及环境与资源保护法的渊源多样,使得环境与资源保护立法在动机上的目的与形式上的目的呈现出不同的特点。

以下,本书拟以综合性环境保护法、单项环境与资源保护法律和国际环境法的立法目的规定为例做比较分析。

(一) 综合性环境保护法的立法目的

综合性环境保护法属于国家政策法和法律适用指引法的范畴,如美国《国家环境政策法》、日本《环境基本法》,以及我国的《环境保护法》。它的意义除了对单项环境与资源保护立法具有指导功能外,还具有对各类不同的环境利用行为予以规范和协调的功能。

金瑞林教授在考察了 20 世纪 70 年代各国环境与资源保护立法目的后认为,理论上可以把环境与资源保护法的立法目的分为两种:一是基础的直接的目标,即协调人与环境的关系,保护和改善环境;二是最终的发展目标,包括两个方面,即保护人群健康和保障经济社会持续发展①。

纵观美国、日本及我国台湾地区有关综合性环境保护法的目的性规定,可以发现它们的保护目标已从人类健康和环境扩大到涵盖平衡世代间的利益、保护生态系统的多样性、正确调整人类与环境关系的立法意图上来。一些国家(地区)还在立法目的上融合了全球环境保护理念,将可持续发展思想也纳入了综合性环境保护法的立法目的之中。

我国现行综合性环境保护法是 2014 年修订的《环境保护法》。该法第 1 条对立法目的的规定是"保护和改善环境,防治污染和其他公害,保障公众健康,推进生态文明建设,促进经济社会可持续发展。"我国现行《环境保护法》立法目的兼顾了经济社会发展与环境资源保护之间的平衡,注重经济社会可持续发展和生态文明建设。同时,也借鉴了发达国家综合性环境保护法所确立的环境政策目标,即在环境利益与经济利益发生冲突时采用了"保护优先"②。

(二) 单项环境与资源保护法律的立法目的

单项环境与资源保护法律的立法目的属于形式上的法的目的,通常它与法律的名称即对个别环境或资源要素的保护或者污染因子的防治是直接对应的。例如,《大气污染防治法》的目的是"保护和改善环境,防治大气污染,保障公众健康,推进生态文明建设,促进经济社会可持续发展";《野生动物保护法》的目的则是"保护野生动物,拯救珍贵、濒危野生动物,维护生物多样性和生态平衡,推进生态文明建设,促进人与自然和谐共生。"

由于对自然的破坏在很大程度上源于人类开发利用自然资源活动,所以一般在国家自然资源立法中也会规定在开发利用自然资源的同时应当保护自然环境和恢复人类行为造成的自然破坏。例如,《水法》《草原法》《渔业法》《矿产资源法》《森林法》等自然资源立法都设专章规定了对相关自然资源的保护措施。

(三) 国际环境法的立法目的

国际环境法在目的上也存在着环境保护的利益需求及其相关主体的关系问题。从国际环境法的历史发展看,它们的立法目的经历了两个阶段的转换。

第一,是为了当代人类自身利益的环境保护阶段。在保护农业益鸟、捕鲸管制、渔业保护等领域,从 19 世纪后半期开始,国际环境与资源保护立法的主要目的是确保人类对天然资源的开发、利用权和确保资源的最大效用。另外,在有关人权的条约中,也有以保护当前世代人类不受环境污染危害为目的的条款。支撑这个阶段的国际环境保护理念是功利主义思想,其特点是将自然保护局限于人类中心主义观念之下③。

第二,是包含未来世代人类利益的环境保护阶段。20 世纪 40 年代末,国际环境与资源保护立法的目的开始朝着保护未来世代人类利益的方向演变。1946 年《国际捕鲸管理条约》的序言就规定了"为了未来世代人类而保护鲸这种巨大天然资源是世界各国的利益"的

---

① 金瑞林. 环境法学[M]. 北京:北京大学出版社,1999:37.
② 《环境保护法》第 5 条规定:"环境保护坚持保护优先、预防为主、综合治理、公众参与、损害担责的原则。"
③ [日]山村恒年. 自然的权利[M]. 东京:信山社,1996:89.

条款。20 世纪 70 年代以后,这种以当代人类对未来世代的义务的规定在国际环境法中不断增多。1972 年的《人类环境宣言》和 1992 年的《里约环境与发展宣言》都将人类应当保护全体生物圈、平衡世代间的利益和可持续发展载入序言的目的条款之中和基本原则之内。上述这些宣言的特点在于,它们已超越了以往只对经济有益的环境要素进行保护的理念,承认环境要素之间存在着相互依存的关系,并且这种依存关系不受国界及地理学界线的限制。

三、环境与资源保护法的渊源

环境与资源保护法的渊源是指环境与资源保护法的外在表现形式,包括国内法和国际法两大部分。

(一) 国内法渊源

我国环境与资源保护法的国内法渊源主要包括宪法、法律、行政法规、地方性法规、自治条例和单行条例、规章等。此外,从法律适用实践看,有权的国家机关对法的适用作出的具有普遍意义的解释也属于我国环境与资源保护法的形式渊源。

1. 宪法中的环境与资源保护条款

宪法在一个国家法律体系中处于最高位阶,是国家的根本大法。我国《宪法》规定了自然资源权属体制、环境与资源保护的国家职责及其指导原则,从而确立了环境与资源保护法的宪法依据。具体而言,在自然资源权属方面,我国《宪法》规定了"矿藏、水流、森林、山岭、草原、荒地、滩涂等自然资源,都属于国家所有""由法律规定属于集体所有的森林和山岭、草原、荒地、滩涂除外"(第 9 条第 1 款);"国家保障自然资源的合理利用,保护珍贵的动物和植物。禁止任何组织或者个人用任何手段侵占或者破坏自然资源"(第 9 条第 2 款);"城市的土地属于国家所有""农村和城市郊区的土地,除由法律规定属于国家所有的以外,属于集体所有;宅基地和自留地、自留山,也属于集体所有"(第 10 条第 1、2 款);"国家保护名胜古迹、珍贵文物和其他重要历史文化遗产"(第 22 条第 2 款)等。同时,在环境与资源保护的国家职责方面,我国《宪法》规定了"国家保护和改善生活环境和生态环境,防治污染和其他公害""国家组织和鼓励植树造林,保护林木"(第 26 条)等。

2. 环境与资源保护法律

(1) 综合性环境与资源保护法律

我国 1979 年通过了《环境保护法(试行)》,于 1989 年正式颁布《环境保护法》,并于2014 年进行了全面修订。《环境保护法》奠定了我国环境与资源保护法体系化形成和发展的基础,并推动我国环境保护走上了法制化的轨道。虽然一些学者将《环境保护法》作为我国的环境基本法,但是,严格意义上讲,它尚不具备我国环境与资源保护立法体系中基本法的地位。首先,从我国《立法法》的规定来看,《环境保护法》是由全国人大常委会而不是全国人大通过的,其法律等级只是一般法而不是基本法。其次,受到立法时的时代观念和客观条件限制,《环境保护法》的立法宗旨及其基本内容停留在污染防治的法律层面,而不能总括环境与资源保护法的各个领域。因此,《环境保护法》在环境与资源保护立法体系中只能作为一部综合性的法律。

（2）环境与资源保护单项法

环境与资源保护单项法是指针对环境污染的防治,生态环境要素的保护,自然资源的合理开发、利用和保护,以及自然灾害预防、减少和应对的单项立法。我国环境与资源保护立法体系中,在环境污染防治方面,我国颁布了《水污染防治法》《大气污染防治法》《固体废物污染环境防治法》《噪声污染防治法》《放射性污染防治法》《土壤污染防治法》《核安全法》《海洋环境保护法》等;在自然资源的合理开发、利用和保护方面,颁布了《森林法》《草原法》《渔业法》《矿产资源法》《水法》《土地管理法》《海域使用管理法》《可再生能源法》《节约能源法》《煤炭法》《电力法》等;在自然生态保护方面,颁布了《防沙治沙法》《水土保持法》《野生动物保护法》《海岛保护法》《长江保护法》《湿地保护法》《黑土地保护法》《黄河保护法》《青藏高原生态保护法》等。

3. 环境与资源保护行政法规

环境与资源保护行政法规是指由国务院依照宪法和法律的授权,依据法定的权限和程序颁布的具有强制性约束力的环境与资源保护行政法律文件。作为环境与资源保护法律的重要补充,国务院颁布的环境与资源保护行政法规数量较多,涵盖了几乎所有的环境与资源保护行政法律监督领域和社会管理范围,如国务院颁布了《自然保护区条例》《野生植物保护条例》《建设项目环境保护管理条例》《规划环境影响评价条例》《危险化学品安全管理条例》《陆生野生动物保护实施条例》《风景名胜区条例》《基本农田保护条例》等大量的环境与资源保护行政法规。国务院颁布的环境与资源保护行政法规主要针对国家环境与资源保护行政权力的行使而展开,其法律效力要低于全国人大及其常委会颁布的环境与资源保护法律。

4. 环境与资源保护部门规章

环境与资源保护部门规章虽然主要是对相关行政机构内部行政行为进行规范,但是,这些部门性行政规章在很多情况下会对行政管理相对人的权利义务关系产生实质性的影响。环境与资源保护部门规章在现实中大量存在,如生态环境部颁布的部门规章就包括《环境影响评价公众参与办法》《企业环境信息依法披露管理办法》《环境行政处罚办法》《环境保护主管部门实施查封、扣押办法》《环境保护主管部门实施限制生产、停产整治办法》《环境保护主管部门实施按日连续处罚办法》《生态环境标准管理办法》《危险废物转移管理办法》等。

5. 环境与资源保护地方性法规与规章

环境与资源保护具有很强的地域性特征,因此,环境与资源保护地方性法规与规章也是国家环境与资源保护立法体系的一个重要补充及组成部分。根据《立法法》的规定,省、自治区、直辖市的人民代表大会及其常务委员会根据本行政区域的具体情况和实际需要,在不同宪法、法律、行政法规相抵触的前提下,可以制定地方性法规。设区的市的人民代表大会及其常务委员会根据本市的具体情况和实际需要,在不同宪法、法律、行政法规和本省、自治区的地方性法规相抵触的前提下,可以对城乡建设与管理、生态文明建设、历史文化保护、基层治理等方面的事项制定地方性法规,法律对设区的市制定地方性法规的事项另有规定的,从其规定。省、自治区、直辖市和设区的市、自治州的人民政府,可以根据法律、行政法规和本省、自治区、直辖市的地方性法规,制定规章。设区的市、自治州的人民政府制定地方政府规章,限于城乡建设与管理、生态文明建设、历史文化保护、基层治理等方面的事项。

案例讨论 2-1

　　某省《气候资源探测和保护条例》规定:"气候资源,是指能为人类活动所利用的风力风能、太阳能、降水和大气成分等构成气候环境的自然资源。气候资源为国家所有。"该条例公布后,引发公众的强烈质疑。

　　讨论:你认为该条例有关风力风能、太阳能、降水等气候资源属于国家所有的规定是否合理、合法?

---

　　6. 对环境与资源保护法的有权解释

　　第一,是由全国人大会常委会对环境与资源保护法律的具体含义或者法律适用所作的解释。它与法律具有同等效力。

　　第二,是由最高人民法院或最高人民检察院就审理环境与资源保护案件的法律适用规则作出的规定(司法解释),以及由最高人民法院向各级法院推荐的审判案例(判例指引制度)。司法解释与判例指引制度是我国司法审判权制度的延伸。

　　第三,是由依法行使环境保护监督管理职权的国务院有关部门根据法律、行政法规的授权所作的解释。

　　在环境与资源保护法的国内法渊源中,宪法具有最高的法律效力;法律的效力高于行政法规;行政法规的效力高于地方性法规和各类规章;地方性法规的效力高于本级及下级地方政府规章;省、自治州的人民政府制定的规章的效力高于本行政区域内的设区的市、自治州的人民政府制定的规章;部门规章之间、部门规章与地方政府规章之间具有同等效力,在各自的权限范围内施行。

案例讨论 2-2

　　《水污染防治法》(2017 年修正)第 83 条规定:违反本法规定,有下列行为之一的,由县级以上人民政府生态环境主管部门责令改正或者责令限制生产、停产整治,并处十万元以上一百万元以下的罚款;情节严重的,报经有批准权的人民政府批准,责令停业、关闭:……(二)超过水污染物排放标准或者超过重点水污染物排放总量控制指标排放水污染物的……

《江苏省太湖水污染防治条例》(2021 年修改)第 60 条第 1 款规定:"直接或者间接向水体排放污染物超过国家和地方规定的水污染物排放标准,或者排放重点水污染物超过总量控制指标的,由环境保护部门责令停产整顿,处二十万元以上一百万元以下罚款。"

讨论:如果在江苏省太湖流域出现违法排污行为,应当适用《水污染防治法》的规定还是《江苏省太湖水污染防治条例》的规定?

(二) 国际法渊源

一般认为,国际法渊源包括国际条约、国际习惯、一般法律原则、辅助性渊源、软法等。

依照《环境保护法》和其他法律有关国际条约适用的规定,中华人民共和国已缔结或者参加的国际环境公约与国内法律有不同规定的,适用国际公约的规定。但中华人民共和国声明保留的条款除外。中华人民共和国法律和中华人民共和国缔结或者参加的国际条约没有规定的,可以适用国际惯例。

第二节　环境与资源保护法律关系

一、环境与资源保护法律关系的概念

环境与资源保护法律关系是环境与资源开发利用行为主体间及其与行使国家环境与资源保护监督管理权的国家机关之间发生的具有权利(力)义务内容的社会关系。环境与资源保护法律关系是受法律调整的环境利用关系,其核心是协调环境利用行为。因此在论述环境与资源保护法律关系之前,有必要先对环境利用行为进行一些介绍。

拓展阅读2-4　法律关系

法律关系是由法律调整或者依照法律形成的人与人之间的权利和义务关系,属于社会关系范畴,是社会内容和法律形式的统一。法律关系具有合法性,是法律对人们之间的社会关系承认、调整的结果,是国家意志的一种体现,是由国家强制力保障的社会秩序。

权利是法律的基本范畴之一,是指人在法律规定的范围内,为满足其特定的利益而自主享有的权能和利益。权能是指权利能够得以实现的可能性;利益是权能现实化的结果。义务是与权利对称的概念,是指法律对人必须做出或禁止做出一定行为的约束。

权力与权利是互有区别的概念。权力是指人以威胁或惩罚的方式强制地影响和制约自己或他人的价值和资源的能力。法律上说的权力,主要是指政治权力。一般认为,人民是政治权力的主要来源,任何权力都是一定社会成员共同赋予的。法律是人民用于控制政治权力的主要方法和手段。

资料来源：

[1] 舒国滢. 法理学阶梯[M]. 北京:清华大学出版社,2006.

[2] 张文显. 法哲学通论[M]. 辽宁:辽宁人民出版社,2009.

（一） 作为环境与资源保护法律关系核心的环境利用行为

环境利用行为是指人类为满足生存和发展需要有意识地获取环境要素或者从环境要素中谋取利益的活动。环境利用行为的构成要件有三:第一,环境利用行为的主体是人(含自然人和法律拟制的人);第二,行为在主观上是为了满足人的生存和发展需要;第三,行为的结果是获取环境要素或者从环境要素中谋取利益。

从行为对环境是否产生不利影响的角度,环境利用行为分为本能利用行为与开发利用行为两大类。

1. 本能利用行为

本能利用行为,是指行为人在自然状态下为了生存繁衍、适应环境变化所进行的利用和改变环境的活动。人类为了基本生存而本能地利用环境要素及其产生的生态效益①,是古典自然法学派主张自然权利(natural right,天赋人权)的思想渊源。

伴随人类社会所有权制度的出现,有形的环境要素(如自然资源)逐渐成为所有权的客体以财产的名义受到法律的保护。而自然状态下的无形环境要素及依附全部环境要素产生的生态效益,则因人类科学对环境价值认知的不足及其不符合财产(物)的法的特征而被忽略。然而,在人类社会实现工业化和城市化之后,自然资源逐渐减少和环境污染逐渐加剧的现象则使环境的自然属性发生了根本性变化,致使人类的本能利用行为受到限制。

目前,人类已可利用现代科学技术衡量环境对人类的舒适度、环境的质量状况及生态系统的效益,并科学地判断受人类开发利用自然资源与排污活动的影响,如污染物排放总量、自然资源利用程度、地域开发强度、人口居住密度等。

2. 开发利用行为

开发利用行为,是指行为人以牟取环境容量与自然资源的经济利益为目的,向环境排放或者处理废物与能量或者开发自然资源等利用和改变环境的活动。根据开发利用行为的方式,可以将它们分为环境容量利用行为和自然资源利用行为两大类。它们的区别在于前者以排放为特征,后者以索取为特征。

（1） 环境容量利用行为

环境容量一般指某一环境单元(空间)所能容纳污染物的最大量。

环境容量利用行为,是指经行政机关许可的特定主体(企业)为牟取经济利益而利用环境容量、向环境排放污染物或抛弃废物的行为。由于环境自身具有净化和分解进入环境中

---

① 生态效益是指在一定的时空范围内,自然各要素共同产生的保持生态系统平衡、维护环境质量稳定的效果(effect)。

有害物质的作用,因此人类在环境容量的范围内向环境排放污染物并不会导致环境质量状况恶化。

为协调排放行为与人类本能利用行为的关系,规范环境容量利用行为以保障环境质量,各国环境与资源保护立法均规定禁止未经许可向环境排放污染物,同时还创设了污染物排放总量控制制度。

（2）自然资源利用行为

自然资源利用行为,是指经行政机关许可的特定主体（企业）为牟取经济利益从环境要素中获取利益的行为,如取水、伐木、狩猎、养殖、放牧及修建水坝等。作为环境要素的组成部分,许多自然资源具有生命的周期性、循环性,以及损害的可恢复性和可更新性,因此人类可以在不损害这些特性的基础上对它们重复利用。在这个意义上,尽管自然资源利用行为受到财产权（物权）法律的保护,但在更大程度上还应当受到人类本能利用行为和生态规律的制约。

拓展阅读2-5　物权的概念及物权法在解决环境问题上的效用和局限

根据我国《民法典》的规定,物权是指权利人依法对特定的物享有直接支配和排他的权利,包括所有权、用益物权和担保物权。物包括不动产和动产及法律规定的可以作为物权客体的权利。对物的支配,既包括法律上的支配,也包括事实上的支配,主要的支配方式包括占有、使用、收益、处分,并且物权对于物的支配具有排他性,可以排除他人的干涉。

正如哈丁在《公地悲剧》中指出的那样,产权界定不清会导致资源和环境的过度利用和破坏。物权最重要的作用就是清晰界定权利人对于物（包括作为物的各种自然资源）的产权,从而避免公地悲剧。

我国物权法在制定过程中对于环境保护予以高度重视,在制度设计中融入了环境保护的理念和指导思想。例如,《民法典》物权编第294条规定:不动产权利人不得违反国家规定弃置固体废物,排放大气污染物、水污染物、土壤污染物、噪声、光辐射、电磁辐射等有害物质;第326条规定:用益物权人行使权利,应当遵守法律有关保护和合理开发利用资源、保护生态环境的规定;第346条规定:设立建设用地使用权,应当符合节约资源、保护生态环境的要求。

由于作为自然资源的物具有经济价值和生态价值的双重属性,物的权利人往往重视物的经济价值,缺少追求物的生态价值的内在动力,而当这两种功能发生冲突时,物权人往往先追求物的经济价值而牺牲其生态价值。

应当认识到,《民法典》物权编毕竟是一部调整平等主体之间以财产权为中心的财产关系的基本法律,它不可能承载过多的环境保护方面的使命和责任,也代替不了环境立法、行政立法和经济立法。因此,为了推进环境和资源保护事业,今后必须进一步强化环境法治。

资料来源：

[1] 孙佑海. 平衡经济与生态价值 实现可持续发展——《物权法》中关于环境保护的规定及其对环境保护的影响[N]. 中国环境报, 2007-03-21.

[2]《民法典》物权编。

为协调自然资源利用行为与人类本能利用行为的关系, 规范开发利用行为与保护自然环境和生态系统, 各国相继制定了合理开发、利用和保护自然资源的法律。鉴于人类在过去几个世纪开发自然资源的总量超过了维持地球生态系统稳定发展的限度, 导致全球生态系统不断退化, 各国还创立了自然保护法律制度, 对自然区域、物种和生物多样性进行特殊保护。

总而言之, 尽管任何环境利用行为的总体目标都是为了促进人类的发展和福祉的提高, 但本能利用行为主要以满足人类所有群体的基本生存为目标, 利用环境提供的自然物质与生态效益; 开发利用行为则以人类部分群体的物质财富和经济利益为目标, 利用环境提供的纳污容量和自然资源, 它总体上也可以促进人类发展。但是, 由于地球环境的有限性和局限性, 这两类利用行为实际上存在着相互利益的此消彼长关系, 以及利用主体之间的竞争关系。

案例讨论 2-3

A 村位于山区深处, 因交通不便常年与世隔绝。除了耕种外, 雨季之后的蘑菇和野菜也是村民的重要食物来源。由于人口稀少, 蘑菇与野菜的产量足以满足全村人的需求。随着交通状况的改观, A 村与外界的交往逐渐增多, 许多村民发现城市居民非常喜欢食用山里的蘑菇和野菜, 于是开始大量采集蘑菇和野菜向城市居民销售。

讨论: 村民采集行为哪些属于本能利用行为, 哪些属于开发利用行为?

环境与资源保护立法的意义, 是要在具有此消彼长竞争关系的本能利用行为和开发利用行为之间确立一个利益平衡点, 既要保护人类发展的经济利益, 也要维护人类生存的根本利益。

（二）环境与资源保护法律关系的特征

环境与资源保护法律关系是环境与资源开发利用行为主体间发生的具有权利义务内容的社会关系。考察环境与资源保护法的历史发展, 早期的立法只调整平等主体间的环境利用关系, 如开发利用资源带来的民事权益改变及污染致害产生的特殊侵权。由于开发利用行为的扩张性与环境资源的有限性导致地球生态系统正在发生不利于人类生存的改变, 必须有序地规制开发利用行为、保护公众环境权益以实现人类社会与经济的可持续发展,这样就需要通过立法授权代表国家行使环境与资源管理权,以及代表公众利益的政府运用行政权力强力介入和规制环境利用行为。

这样一来,环境与资源保护法律关系的主体和内容就发生了根本性改变,政府及其公权力因素的介入使得这种关系兼具有公法和私法的复合性特征。也就是说环境利用行为的主体已由过去的平等主体双方改变为政府、开发利用者及自然人(公众及其代表)三方,在某一环境利用关系中公权力(权利)和各类私权利因素经常呈同时存在之势。

由于环境与资源保护法律关系的多重构造,参与环境利用关系的主体,除了公民(自然人)及其环境保护团体外,还包括各种企事业单位及国家和国家机关。

为此,环境与资源保护法律关系的特征表现在如下几个方面。

1. 环境与资源保护法律关系是具有多重牵连法律性质的环境利用关系

在传统法中,因物的利用所产生的民事关系由私法调整,行政关系则由公法调整。而因环境利用行为所产生的环境利用关系,则比人们对物的利用关系的一般认识更为复杂、特殊。人类对环境的利用,既有对自然资源的直接利用,也有对依附于自然资源之上的环境质量与生态效益的利用。现实中,不论所有权关系如何,实际都存在着不同利用行为的多个主体同时从某些环境要素及其功能与效益上获益的现象。由于本能利用行为和开发利用行为之间存在此消彼长的关系,因此需要国家机关对这两种利用行为进行适当的干预。在环境与资源保护法律关系中,本能利用人之间、开发利用人之间、本能利用人和开发利用人之间的法律关系是典型的私法关系;而当国家为了保护环境,对开发利用行为或者本能利用行为进行管制时,就是典型的公法关系。因此,环境与资源保护法律关系既非单纯的私法关系,也非单纯的公法关系,而是需要同时采用公法和私法的手段和方法予以调整的。

拓展阅读2-6　法的分类

从不同的角度,可以将法进行不同的分类。其中比较常用的分类方法是将法分为公法和私法或者实体法和程序法。

公法和私法的划分主要存在于民法法系(大陆法系),是民法法系划分部门法的基础。其划分源自古罗马。按最先提出公法和私法划分学说的罗马法学家乌尔比安的观点,划分的标准在于法所保护的利益是国家公益还是私人利益。但有人认为应以法律关系的主体为标准来划分,有人认为应以法所调整的社会关系为标准来划分。

公法一般包括宪法、行政法、刑法和程序法。私法在民法法系国家一般划分为民法和商法两大部门。在民法法系,婚姻家庭方面的法也属于民法。这种划分,在西方法学中称为"民商分立"。后来又出现"民商合一"的趋向。在普通法法系国家,由于私法是在普通法的基础上发展起来的,而这种普通法又和法院诉讼的分类相关联,因而它们的私法中没有称为民法的一个独立的部门法,调整私人财产关系的是其他一些名称的部门法,如财产法、契约法、侵权行为法、继承法、家庭法、婚姻法。

实体法和程序法是以所规定的内容不同为标准对法所作的分类。实体法一般指以规定主体的权利和义务关系或职权和职责关系为主要内容的法,如民法、刑法、行政法等。程序法通常指以保证主体的权利和义务得以实现或保证主体的职权和职责得以履行所需程序或手续为主要内容的法,如民事诉讼法、刑事诉讼法、行政诉讼法等。这种分类并不意味着两者互不涉及对方内容。事实上,实体法中有某些程序方面的内容,程序法方面也有权利和义务或职权和职责的内容。

资料来源:张文显.法理学[M].5版.北京:高等教育出版社,2018.

2. 环境与资源保护法律关系以人类平等地利用环境的权利和义务为内容

受科学发展和认知水平的限制,早期对环境价值的认识主要表现为自然资源的经济价值。这时的法律把自然资源作为物的一种纳入物权客体的范畴,物权主体依法享有对它们占有、使用、收益和处分的权利。20世纪50年代以后,环境科学研究发现,环境提供给人类的价值是多元的和有限的,环境的某些重要价值与功能(如物种和生物多样性的生态效应及其对人的价值)在人类尚未认识之前就因不合理的开发利用自然资源而丧失殆尽。因此,环境与资源保护立法从维护环境多元价值与功能的角度出发,设立了人类平等地利用环境的权利和义务。

国家通过环境与资源保护立法确立平等地利用环境的权利,或者在法律中明确规定公民的环境权益,是现代法律保护人类本能利用行为并限制过去受到法律保护的开发利用行为的表现。它表明国家意识到保护本能利用行为对人类生存权的重要性,要求人类对环境的开发利用行为应以不危害本能利用行为为限,这是自然权利这一自然法思想在20世纪中后期的一种新的复兴。

3. 环境与资源保护法律关系结合并体现了自然生态规律的人类意志

与一般社会关系不同,环境与资源保护法律关系是建立在环境利用行为上的人与人的关系。排污行为和开发资源行为如果不构成对环境的破坏,就不会与人类本能利用行为相对立。为此,调整人与人之间的关系并不是环境与资源保护法的唯一目的,通过调整人类环境利用关系来防止人类活动造成对环境的损害,从而协调人与自然的关系,才是环境与资源保护法的终极目标。为了实现这个目标,环境与资源保护法律关系必须体现自然生态规律。

鉴于自然权利在哲学伦理学的定义还包含生态系统中其他物种的权利,西方国家学者还提出了"自然的权利"的主张,它意味着承认自然的价值、尊重自然、主张人与自然和谐相处等基本理念也开始成为现代法学研究的课题。

二、环境与资源保护法律关系的主体及其内容

环境与资源保护法律关系的主体是依法享有环境利用权利并承担环境保护义务的环境

利用行为人,以及代表国家行使环境监督管理权的行政机关。由于环境法律关系的多重构造,参与环境利用关系的主体,包括公众、各种企事业单位及国家和国家机关。

（一）公众及其环境权益

1. 公众的概念

公众一般包括公民(自然人)和由公民组成的各种团体。公民(自然人)是环境和自然资源的享受者或者是环境质量和生态效益的受益者。公民(自然人)是在一定区域内本能利用行为的主体,从生态学意义上看,公民(自然人)是构成生态系统的组成部分;从宪法意义上讲,公民(自然人)的权利是人权的核心内容。因此,公民(自然人)理所当然是环境与资源保护法律关系的主体。

由于公民(自然人)在社会中处于个体、散在的弱势地位,因此在环境与资源保护法律关系中,公民(自然人)总是处于受保护地位的群体。一般情况下国家会通过立法赋予公民(自然人)环境享受权、决策参与权及与之相应的民事和行政诉讼请求权。

基于公民(自然人)在一国社会中的弱势地位和政府公权力介入开发利用行为的不足,各国开始出现了由公民(自然人)集体组成的以保护环境为宗旨的环境保护组织,通过集体的力量对抗不当或者违法的开发利用行为。

环境保护组织也称非政府环境组织,一般指由公民依法自发成立的以环境保护为目的的社会团体。环境保护利益的公益性和散在性特征,决定了由公民(自然人)为主体成立的环境保护组织在环境与资源保护法律关系中具有特殊且重要的地位。在许多国家,环境公益诉讼主要是由环境保护组织提起的,其本质是保存自然环境的原生状态和保护人类的本能利用行为。

2. 我国公众的环境权益与公民的环境保护义务

（1）环境权益理论的沿革与发展

公众环境权益理论源于西方国家法学界倡导的环境权论,是 20 世纪 70 年代依据宪法基本人权保障规定引申出来的一种新的权利形态。目前,各国和国际组织对环境权概念的一般表述是人类享有在健康、舒适的环境中生存的权利。环境权虽然已为一些国家的宪法所确立,但由于环境权的性质、内容和范围的不确定性及其与传统法中权利的交叉和冲突,其在法学界还存在着极大的争议。

从西方国家环境权理论的发展看,美国学者提出的"环境公共信托理论"和日本律师与学者共同提出的"环境支配权论"对环境权理论的贡献是最大的。

1968 年,萨克斯教授出版了《保卫环境——公民行动战略》一书,首次根据公共信托原理针对政府环境行政决定过程公众参与程度低、环境诉讼中存在诉讼资格障碍等问题,提出了"环境权"理论。他认为,公共信托理论有三个原则可以适用于环境领域:第一,对于公众而言,他们对大气和水享受的利益非常重要,不应当将其作为私的所有权的对象。第二,自然给人类提供了巨大恩惠,所有公众都可以自由利用,这与利用者是企业还是个人无关。第三,建立政府的主要目的是增进一般公益,不能为了私利而将原本可一般利用的公共物进行限制或改变其分配形式。因此"在使用自己的财产时不得妨害他人对财产的使用"的古代格言不仅适用于财产所有者之间的纠纷,而且适用于诸如工厂所有者与清洁大气的公共权利之间的纠纷、不动产者与水资源和维持野生生物生存地域的公共权利之间的纠纷、挖掘土地的采掘业者与维持自然舒适方面的公共利益之间的纠纷①。

　　1970 年 3 月在日本召开的公害国际研讨会上,与会代表共同发表了《东京决议》,首次明确提出了"请求将全人类健康和福祉不受灾难侵害的环境享受权利,以及当代人传给后代人的遗产包含自然美的自然资源享受权利作为基本人权之一种,并将该原则在法的体系中予以确立"的环境权主张。之后,由日本大阪律师会成立的环境权研究会认为,环境权是"支配环境和享受良好环境的权利"。对于过分污染环境,影响居民舒适的生活或者造成妨害的,可以基于这项权利请求排除妨害及采取预防措施。与此同时,公众负有在一定忍受限度范围内忍受公害的义务。因此,可将环境权理解为私权的一部分,即以环境为直接支配对象的"支配权"②。

　　由于环境权具有与传统物权和人格权所不同的性质,日本法院判决认为"环境是一定社会的自然状态,在对环境的认识和评价上居民普遍存在着差异,不可能共同享有排他的支配权,在立法没有规定的情况下不能将环境权理解为私权的对象。"而"环境问题应通过民主主义机构决定",环境权只能作为单个居民的"环境自主权"对待。目前日本的各种环境权利的表述被法理学界称为"新的权利",包括日照权、厌烟权、知悉权、舒适权、平等的生存权等③。

　　我国环境与资源保护立法为公众确立"环境权益"首见于 2002 年《环境影响评价法》。该法第 11 条第 1 款规定:"专项规划的编制机关对可能造成不良环境影响并直接涉及公众环境权益的规划,应当在该规划草案报送审批前,举行论证会、听证会,或者采取其他形式,征求有关单位、专家和公众对环境影响报告书草案的意见。但是,国家规定需要保密的情形除外。"④尽管"公众环境权益"规定在编制专项规划所应考虑的影响因素的条款中,但它为环境权益理论研究和司法实践奠定了法律基础。实践中应当依其原意做扩充性解释。

　　此后,国务院于 2009 年、2012 年、2016 年和 2021 年四次发布了《国家人权行动计划》,明确规定了"环境权利"作为人权的重要组成部分。前三次发布的《国家人权行动计划》将"环境权利"纳入中国公民的经济、社会和文化权利体系及其保护目标之中。第四次发布的《国家人权行动计划(2021—2025 年)》在"经济、社会和文化权利"和"公民权利、政治权利"之后,并列规定了"环境权利",具体包括污染防治、生态环境信息公开、环境决策公众参与、环境公益诉讼和生态环境损害赔偿、国土空间生态保护修复、应对气候变化。从而将"环境

---

① Sax J L. Defending the Environment:A Strategy for Citizen Action[M]. New York:Alfred A. Knopf,Inc.,1971.
② ［日］大塚直. 环境法[M]. 东京:有斐阁,2002:51.
③ ［日］田中成明. 法的规范与适用[M]. 东京:大藏省印刷局,1990:188.
④ 《环境影响评价法》中的"公众环境权益"在草案中原为"公众利益",因公众利益的范围过大、不具有特定性,所以《环境影响评价法》在通过前将其改为"公众环境权益"。

权利"与"经济、社会和文化权利""公民权利、政治权利"并列作为人权重要的组成部分。

环境权概念的出现是政府不当开发决策和企业不当开发利用行为造成的环境污染和自然破坏的结果,可能妨害或侵害公民(自然人)个人和其他全体公众自由、本能地利用环境及其利益。然而,因公民个人不具有独占环境的权利,除环境污染和自然破坏致公民个人权益侵害的场合外,公民个人并不能主动独立地要求和主张公众的环境利益。与之相反,公众则是一个群体概念,而环境利益又属于群体公益,如果不通过法律赋予公众作为环境利益的主体,那么当环境公益受到侵害时便没有利益主体来表达社会群体的主张。

本书认为,公众环境权益是公民基本权利中具有共通性和非独占性地享用环境利益的权利的集合,也是公民对其正常生活和工作环境享有不受他人干扰和侵害的权利与利益。由于该项权益的实现与公众稳定的生存环境密切相关,所以任何恶化环境状况的行为都可能侵害公众的环境权益。

当环境权益为公众要求政府采取措施保护环境,或者据以参与环境决策的场合适用时,公众的环境权益就会与公权力发生关系而与人权或宪法性权利相吻合,从而衍生公众的知情权、参与权、建议权,以及相应的救济请求权。

而当公众的环境权益被公民个人(集团)基于物权法的相邻关系或者侵权的场合适用时,公众的环境权益就会与开发利用环境和资源的行为人之间发生关系而具有私权的性质。需要说明的是,公众在私权意义上适用环境权益规定时,不必等到妨害或侵害的实际发生才可以行使权利,消除危险、排除妨害及补偿可得的利益逸失等具有预防效果的民事责任形式也是一种可行的法律救济方法。

因此,环境权益在公民要求国家保护环境或者据以参与环境监督和管理的意义上适用时,因其与公权力发生关系的权利是人权或宪法性权利,主要具有共益权的性质;当环境权益用于私主体之间的法律关系时,因其具有自益权的性质而成为一种实质上的私权。

(2)公众环境权益的内容

第一,优美、舒适环境的享受权。享受优美舒适环境质量的权利是每个公民(自然人)的生存本能,既包括对清洁环境要素的生理享受,也包括对优美景观、原生自然状况的精神和心理享受。具体而言,优美、舒适环境的享受权包括清洁空气权、清洁水权、安宁权、采光权、通风权、眺望权、观赏权、静稳权及其他在优美、舒适环境的条件下工作或休息的权利等。

本书认为,优美、舒适环境的享受权中有一部分权利与国家对自然资源的所有权相竞合,另有一部分是作为自然人特有的权利,因此当表现为不特定多数的自然人特有的权利受到不当决策行为或者开发利用行为侵害时,公众可以通过环境公益诉讼请求加害人消除危险、排除妨害和恢复原状。

第二,开发利用环境决策与行为知悉权。即对可能造成不良环境影响的政府开发与环境决策行为、企事业单位开发利用行为等,公众有了解和知悉的权利。例如,《环境保护法》规定,各级人民政府生态环境主管部门和其他负有环境保护监督管理职责的部门及重点排污单位应当依法公开环境信息。依照《政府信息公开条例》的规定,除行政机关依法公开的政府相关环境资源信息外,公众有权向各级政府及其主管部门申请公开相关政府信息。

第三,开发利用环境决策建言权。即对可能造成不良环境影响的政府开发与环境决策行为、企事业单位开发利用行为等,公众有提出主张、意见或建议的权利。例如,依照《行政许可法》的规定,公众有权依法对行政机关设定或实施的环境与资源行政许可申请行政复议或者提起行政诉讼;其合法权益因行政机关违法实施行政许可受到损害的,有权依法要求赔偿;当行政机关审批某项环境与资源行政许可事项直接关系公众重大利益的,利害关系人有被告知、陈述和申辩的权利;对行政机关作出的准予环境与资源行政许可决定公众有权查阅。

进而,开发利用环境决策建言权还应当受到政府或主管部门及建设单位等的尊重。依照《环境影响评价法》的规定,公众有权以各种适当方式参与规划和项目的环境影响评价,有权参与规划的编制机关或者项目建设单位组织的论证会、听证会等各种形式的征求意见活动。《环境影响评价法》同时还规定,公众就规划或项目环境影响报告书草案提出的意见和建议有被政府审批或批复机关认真考虑,并获得相关说明的权利。

第四,监督开发利用环境行为及检举和控告权。在监督权方面,公众有权对开发利用环境与资源的企业实行监督。例如,《清洁生产促进法》规定,公众有权监督企业实施清洁生产的状况。列入污染严重企业名单的企业,应当按照规定公布主要污染物的排放情况,接受公众监督。

检举和举报一般指公众以举报、揭发等方式向有环境与资源监督管理权的部门报告环境与资源违法案情的行为。例如,《环境保护法》第57条规定,公民、法人和其他组织发现任何单位和个人有污染环境和破坏生态行为的,有权向生态环境主管部门或者其他负有环境保护监督管理职责的部门举报。公民、法人和其他组织发现地方各级人民政府、县级以上人民政府生态环境主管部门和其他负有环境保护监督管理职责的部门不依法履行职责的,有权向其上级机关或者监察机关举报。

第五,环境权益侵害救济请求权。当公众认为自身环境权益受到或可能受到不当或不法的政府决策或企事业单位开发利用行为影响或者侵害的,有权依法申请行政复议、提起行政诉讼或者民事诉讼请求法律救济。

有些国家的法律规定,当公众认为公众环境权益受到或可能受到不当、不法政府与主管部门决策或企事业单位行为侵害时,还可以提起环境行政或者民事公益诉讼,请求法院撤销政府与主管部门的行政决定,或者请求法院判令侵害环境权益的企事业单位恢复环境原状或向政府赔偿国家损失。我国《环境保护法》第58条规定,对污染环境、破坏生态,损害社会公共利益的行为,符合法定条件的社会组织可以向人民法院提起诉讼。

（3）公民的环境保护义务

首先,是关心和保护环境的一般义务。公民除了享有与之相应的环境权益外,还负有关心环境与合理实施本能利用行为的义务。《环境保护法》第6条规定,一切单位和个人都有保护环境的义务。

公民的一般环境保护义务除了关心和保护环境外,还包括在日常生产生活活动中减少行为对环境负荷的义务,例如,垃圾分类、倡导节约精神、减少资源与能源的消费及减少购买和使用污染环境的产品等。

其次,是忍受一定限度环境污染或自然破坏的特别义务。忍受义务是平衡各类环境利用关系的法律选择。向环境排放一定数量的污染物或开发一定数量的自然资源,均会造成部分地域环境质量或者功能的破坏,并导致不同环境利用行为人之间产生利益冲突。对此种利益冲突的协调机制是,一方面通过行政许可限制开发利用行为人对环境和资源的利用,另一方面则要求公民对开发利用行为予以容忍。只要排污行为或者开发行为不超过排放(控制)标准或者行政许可的限度和范围,行为的影响未对公民构成可测定(计量)、可预判和可证实的妨害或者潜在风险的威胁,公民就有义务在行政许可的限度内对排污行为或者开发行为予以忍受。

容忍义务来自法律规定,即只要法律不禁止某个干扰行为的存在,公民就应当予以忍受。如一定限度的相邻噪声干扰或者符合标准要求的排污行为。德国学者认为,公民在政府监督之下的容忍义务可以分为两类:一类是公民有容忍第三人为环境保护的作为的义务;另一类则是公民有容忍第三人为法律所允许的环境污染的义务①。

一般情况下,容忍的判断标准是排放行为是否具有合法性,它以行为是否构成实质性影响为判断标准。在德国,某种妨害是否具备实质性一般从理性的正常人的理解出发进行利益衡量,并以生活习惯及被妨害的不动产用途来评价妨害的程度和持续时间,此外还要考虑基本权利体现的价值和公众利益。是否应当许可或者忍受实质性影响,取决于两个条件:一是行为是否为当地通行;二是影响是否可以通过经济上可行的措施克服。值得一提的是,某些噪声影响即使没有超过技术性排放标准也可能被认为具备了实质性,因为技术标准只具有参考性②。

与容忍相关的问题,是政府在规划和审批环境利用行为时负有注意该行为尽可能不对相邻人产生妨害或者带来危害风险的义务。

按照责任公平负担原则,开发利用环境行为人应当依法向政府支付环境税费,用于政府组织环境治理和恢复工作。因此,公民在容忍的同时有权对环境税费的收支和使用状况进行监督。

当环境污染和自然破坏的干扰和妨害超过了常人的忍受限度时就属于权利滥用的行为,相邻人可以依法提出消除危险和排除妨害请求。

当然,在标准的适用上还存在着随着科技发展而适时修订标准的问题。如果科技发展已经明确某种污染物即使达标排放也可能因"小剂量、长时期"的接触而导致人体健康受害

---

① 陈慈阳. 环境法总论[M]. 台湾:元照出版有限公司,2000:383.
② 沃尔夫 M. 物权法[M]. 吴越,李大雪,译. 北京:法律出版社,2002:172-174. 沃尔夫在书中举例说明,一年一度的花园餐会所飘出的烧烤味、正常的落叶、变压器发出的轻微磁辐射都不是实质性的。而某些民间节日的夜间高声音乐和喧哗如果妨害了当地居民,则构成了实质性影响。

的话,政府就有义务适时修订污染物的排放标准或者废止原来的标准。因此,公民有权利敦促政府适时修订环境标准。

(二) 企业开发利用环境的权利和义务

1. 企业开发利用环境的一般权利与义务

从环境利用行为的角度看,开发利用环境资源的企业是环境和自然资源的主动利用者。开发利用行为的特征在于单向性和破坏性,即利用环境容量向环境排放污染物或者为索取环境要素的经济价值而开发利用自然资源。由于开发利用行为的后果均对环境保护不利,所以开发利用环境资源的企业在环境与资源保护法律关系中主要处于受制的被动地位。

我国实行社会主义公有制,主要自然资源属于国家所有。因此,企业开发利用自然资源,首先要取得由政府特许的自然资源开发利用权或者向环境排放污染物的权利,然后按照自然资源规划或者环境保护规划实施开发和利用环境的行为。与此同时,企业还必须接受国家对其开展的宏观调控和管理监督。当环境利用行为触犯国家和地方环境与资源保护法律法规时,还必须接受国家依法对其实行的制裁。另外,当向环境排放污染物造成环境侵害或者开发自然资源造成自然破坏时,还应当依法承担相应的民事责任。

(1) 开发利用自然资源的权利与义务

地球上的自然资源一直在为人类社会的繁衍和进步提供非凡的经济价值,因此自然资源的所有权人以及依法对国家所有的自然资源取得开发、使用和经营管理权者有开发和利用自然资源并获取相应利益的权利。

鉴于许多自然资源具有可再生性,对此种自然资源的开发利用和恢复更新则要求应当符合自然的规律,这样才能使自然资源可持续地为人类所利用。另外,自然资源不仅作为物或者财富能够为人类社会发展提供经济支撑,而且作为环境要素它们还是地球生态系统平衡和人类生存繁衍的条件和基础。

从这个意义上讲,开发利用自然资源的权利还应当受到环境与资源保护法律的限制。例如,开发利用者有义务合理开发利用自然资源、承担对自然资源的养护责任、适当考虑自然资源的开发利用造成对环境的不良影响,并负有遵守法律规定的其他干预性、给付性、计划性,以及禁止性和命令性等义务性规范。

(2) 利用环境容量排污的权利与义务

利用环境容量排污的权利又称排污权,它是行政机关依法赋予排污者依照法律规定的污染物排放(控制)标准和总量控制要求向环境排放污染物的权利,而非宪法上的基本权利。利用环境容量排污者有义务遵守行政机关依法许可的排污范围、排污方法、排污途径,以及按照排污标准和总量控制要求所限定的种类、浓度和数量等排放污染物,并依法履行环境影响评价和"三同时"、缴纳环保税、接受现场检查等的法定义务。此外,还负有遵守法律规定的其他干预性、给付性、计划性,以及禁止性和命令性等义务性规范。

当污染环境造成侵害时,即使主观上无过失、行为符合行政法规和排放标准,也有义务依法向受害者承担相应的消除危险、排除妨害和赔偿(补偿)损失的责任。

2. 企业的环境社会责任

（1）企业环境社会责任的概念

本书所谓的企业环境社会责任，是指从事开发利用环境行为的企业对社会承担的除强制性法律规范外的环境保护道义义务。

企业环境社会责任具有如下两个特征：第一，责任主体为从事开发利用行为（排污或者开发资源）的企业；第二，这种责任并非来源于法律的强制性规范，而是开发利用环境资源的企业用以维系和调整与本能利用环境的社会公众之间和谐关系的一种道义。

结合法律实施分析，企业环境社会责任的履行可以分为两个层次。第一个层次是企业对环境与资源保护立法有关强制性规范的遵守，这是企业最基本的义务和社会对企业的最基本要求，如果企业达不到这个要求就谈不上履行环境社会责任。第二个层次就是企业自主地承担环境社会责任，包括对环境与资源保护法律法规中的指导性、任意性规范的履行，或者企业主动地适用被各种社会组织推荐的有利于环境保护的规则，以及自主树立环境保护理念并付诸实施的行为。

为什么企业会在履行法律规定的强制性规范以外，还乐意主动履行并自主性承担环境社会责任呢？从国外的实践看，企业主动承担自主性责任的目的，一是宣示环境友好性和社会公益性，以提升企业的国际影响而有利于国际贸易；二是迎合消费者高涨的"绿色消费"（green consumption）意识，提高社会对企业的认同感，从而促进产品或服务的销售；三是节约能源和资源，削减能源资源采购方面的成本；四是事前回避环境风险，预防因环境污染或生态破坏而引起的巨额赔偿。

当然，企业试图通过承担环境社会责任得到更大的利益，首先必须是环境与资源保护立法给企业确立一系列的明确、具体且公平的法律运行机制和指导开发利用行为的模式，包括权利行使、利益获取和违法制裁等内容；其次必须是政府及其主管部门严格和平等地执行法律，避免出现企业可以通过违法获利而由国家和社会公众承担环境污染与生态破坏后果的现象。

（2）企业环境社会责任的内容

第一，通过环境保护质量体系认证或获得绿色标签认定。为了迎合企业履行环境社会责任的需求，一些国际组织及各国政府向企业提供了社会认同的环境质量体系认证或者实行环境绿色标签，以鼓励企业在守法经营的基础上履行更高的环境保护义务。例如，企业可以主动要求通过国际标准化组织制定的ISO14000环境标准系列的认证，以标榜自己的生产过程与产品符合环境友好的社会理念，同时实现自由贸易与环境保护的统一。

此外，以环境资源耗费补偿为中心在各国建立的环境审计制度，可以为企业提供环境和经济信息，并反映环境对经济的贡献及经济活动对环境的影响。企业可以通过会计系统及其他途径采集的环境信息以年度报告的形式对向外界披露，以公示其履行环境责任的程度。

第二，推行清洁生产。推行清洁生产的方式，一方面是改进生产工艺，提高资源利用率和回收率，避免粗放式的生产模式，从而用更少的资源生产出更多的产品；另一方面，则要改进排污设施,降低污染物的排放数量,减少或避免企业在运营过程中对生态环境造成的不利影响。可以说,推行清洁生产是企业的自利性和利他性的良好结合,既可以提高企业自身的经济效益,同时也切实地履行了自身的环境社会责任,是一个"双赢"之举。

第三,主动对外宣示企业环境保护守则。许多企业为了占领更多的市场,还通过宣扬环境保护理念或者主动按照政府或环保团体的诱导制定环境保护准则。例如,在生产链上实行"绿色供应"(green supply),即向上游供应企业提供"绿色供应标准书",规定产品、材料、部件的各种标准,优先选取具有"ISO14001"认证资格或推行"环境管理体系构建"的企业作为供应商,采购对环境影响小的部件、材料、原料。有的企业还按照政府指导性要求或者社区与环保团体的请求,自愿与周边居民签署防治污染协议或者污染减排计划。

案例讨论 2-4

A 是一家世界知名的数码产品企业,B 是一家代工厂,其主要业务是为 A 提供产品配件。为了降低生产成本以持续获得 A 的订单,B 在生产过程中一直超标排污,导致严重的环境污染。A 对此一直知情,但由于 B 的做法也降低了 A 的采购成本,A 一直保持沉默。B 超标排污的事情被媒体曝光之后,公众对 A 提出了质疑。A 认为,B 是独立的法人,其环境违法行为与 A 无关。

讨论:A 是否应当对 B 的违法行为承担环境社会责任?

(三) 政府及其主管部门的监管职能

1. 政府环境监管职能概述

从环境保护的规范对象看,只要有可能造成环境污染或自然破坏的行为都要加以规范,因此环境保护不限于对企业行为的直接控制或者间接诱导,还需要政府通过制定相应的环境政策来落实,通过设立相应的环境保护管理机关来主管和协调[①]。

为使环境行政权力得以有效运行,20 世纪 70 年代以后西方国家除大量制定防治环境污染和生态破坏的法律外,还通过立法设立了高级别的专门环境行政机关。与其他关联行政机关的职能所不同的是,专门环境行政机关的宗旨和职能只针对环境问题采取各种对策。如 1970 年美国成立的国家环境保护局(USEPA)、1971 年日本成立的环境厅(现为环境省)等。

目前,西方国家环境行政机构体系的基本格局,是一种以环境部或环境行政机关的专门环境行政为中心,以关联行政机关个别环境行政为辅佐的协同模式。

2. 中国各级人民政府的环境与资源保护职能

(1) 对环境与资源保护和管理既是对国家财产的保护,也是对公众环境权益的保护

我国《宪法》第 9 条规定:"国家保障自然资源的合理利用,保护珍贵的动物和植物。禁

---

① 陈慈阳. 环境法总论[M]. 台湾:元照出版有限公司,2000:251.

止任何组织或者个人用任何手段侵占或者破坏自然资源。"第 26 条规定："国家保护和改善生活环境和生态环境,防治污染和其他公害。"

《宪法》还规定,构成自然资源的所有环境要素除法律规定属于集体所有的外全部属于国家所有,即全民所有。在这个意义上,环境污染和自然破坏形式上侵害了公众的环境权益,但本质上是对国家环境和自然资源所有权的侵害。从法理推演,可以认为中国公众的环境权益主要是建立在环境资源的国家所有制基础之上的。因此,与实行私有制或者其他所有制形式的国家相比,中国政府的环境与资源保护行政职能具有两方面的意义:一是对国家所有的环境与资源财产的保护;二是对公众环境权益的保护。

为了切实履行《宪法》规定的国家职能,我国环境与资源保护立法授权政府及其主管部门行使对国家环境与资源保护的监管职权,由国务院通过各届中央政府机构改革方案对国务院各行政主管部门有关环境与资源保护的职能进行规定并不断调整。各级地方人民政府也根据法律行政法规及中央政府机构改革方案的要求,设立地方的环境与资源保护行政主管部门。

（2）环境保护是中国的一项基本国策

在中国,通过政策和法律宣示为国家基本国策的事业有四项:一是计划生育;二是环境保护;三是耕地保护;四是节约资源①。将环境保护作为中国的一项基本国策,是中国政府于 1983 年 12 月在第二次全国环境保护大会上提出的。

将环境保护作为一项基本国策,并不是为了强调它的重要性而夸大其词、任意拔高,而是由当时的国情决定的。首先,防治环境污染、维护生态平衡,是保证中国农业发展的基本前提;其次,制止环境的进一步恶化,不断改善环境质量,是促进中国经济持续发展的重要条件;再次,创设一个适宜、健全的生活环境和生态环境,是国家现代化建设的重要目标;最后,远近结合、统筹兼顾,是中国实现持续发展的重大利益②。

将环境保护作为中国的一项基本国策提出以来,我国政府的环境行政管理有了一个长足的进展,国家和地方的环境保护机构建设也在日益加强。

（3）建设资源节约型和环境友好型社会是政府的重要目标

从 1980 年至今,中国经济高速增长,经济总量已跃居世界第二位。与此同时,中国在社会、环境与资源、能源等许多方面也付出了巨大的代价。

2003 年,中共十六届三中全会提出了"统筹人与自然和谐发展"和"坚持以人为本,树立全面、协调、可持续的发展观,促进经济社会和人的全面发展"的新时期重要发展战略。2004 年 3 月国务院向全国人大会议作的《政府工作报告》中提出科学发展观和正确的政绩观是政府工作的新理念。2005 年,中共十六届五中全会进一步提出了"加快建设资源节约型、环境友好型社会"的主张。2007 年中共十七大报告指出,"必须把建设资源节约型、环境

---

① 在 2005 年《中共中央关于制定国民经济和社会发展第十一个五年规划的建议》中提出,要把节约资源也作为基本国策。

② 曲格平. 中国环境问题及对策[M]. 北京:中国环境科学出版社,1984:138.

友好型社会放在工业化、现代化发展战略的突出位置,落实到每个单位、每个家庭。"2011 年在国民经济和社会发展"十二五"规划中,也把建设资源节约型、环境友好型社会作为加快转变经济发展方式的重要着力点。2012 年中共十八大报告强调全面促进资源节约和加大自然生态系统和环境保护力度,注重从源头上扭转生态环境恶化趋势。2016 年在国民经济和社会发展"十三五"规划中,把推进资源节约集约利用、加大环境综合治理力度及生态保护修复等作为建设美丽中国的重要着力点。2017 年中共十九大报告特别强调生态文明建设、人与自然和谐共生等资源节约与生态环境保护主张。2021 年在国民经济和社会发展"十四五"规划和 2035 年远景目标纲要中,提出要广泛形成绿色生产生活方式、碳排放达峰后稳中有降、生态环境根本好转,以及基本实现美丽中国建设目标。2022 年党的二十大报告指出,新时代新征程中国共产党的使命任务是以中国式现代化全面推进中华民族伟大复兴,而中国式现代化的本质要求之一就是"促进人与自然和谐共生"。

3. 中国环境与资源保护行政管理体制

由于环境与资源保护所涉及的行业、事项和部门较多,因此中央政府的环境与资源保护行政实行环保部门统一监督管理与其他相关部门分工负责管理的体制。《环境保护法》第 10 条规定:"国务院生态环境主管部门,对全国环境保护工作实施统一监督管理。县级以上地方人民政府生态环境主管部门,对本辖区的环境保护工作实施统一监督管理。县级以上人民政府有关部门和军队环境保护部门,依照有关法律的规定对资源保护和污染防治等环境保护工作实施监督管理。"

依照 2018 年国务院机构改革方案,国务院生态环境行政体制与职责发生重大变化,具体规定如下:将环境保护部的职责,国家发展和改革委员会的应对气候变化和减排职责,国土资源部的监督防止地下水污染职责,水利部的组织编制水功能区划、排污口设置管理、流域水环境保护职责,农业部的监督指导农业面源污染治理职责,国家海洋局的海洋环境保护职责,国务院南水北调工程建设委员会办公室的南水北调工程项目区环境保护职责整合,组建生态环境部,作为国务院组成部门。生态环境部对外保留国家核安全局牌子。其主要职责是,制定并组织实施生态环境政策、规划和标准,统一负责生态环境监测和执法工作,监督管理污染防治、核与辐射安全,组织开展中央生态环境保护督察等。

生态环境部夯实了在污染防治、生态保护、核与辐射安全等三大领域的统一监管职能,实现五个打通:划入国土资源部的监督防止地下水污染职责,打通了"地上和地下";划入水利部的组织编制水功能区划、排污口设置管理、流域水环境保护,以及南水北调工程项目区环境保护等职责,打通了"岸上和水里";划入国家海洋局的海洋环境保护职责,打通了"陆地和海洋";划入农业部的监督指导农业面源污染治理职责,打通了"城市和农村";划入国家发展和改革委员会的应对气候变化和减排职责,打通了"一氧化碳和二氧化碳"[①]。

---

① 寇江泽. 整合分散职能 聚力美丽中国,人民日报记者寇江泽专访生态环境部原部长李干杰[N]. 人民日报,2018-5-7.

拓展阅读2-7　中央环保部门的机构变迁

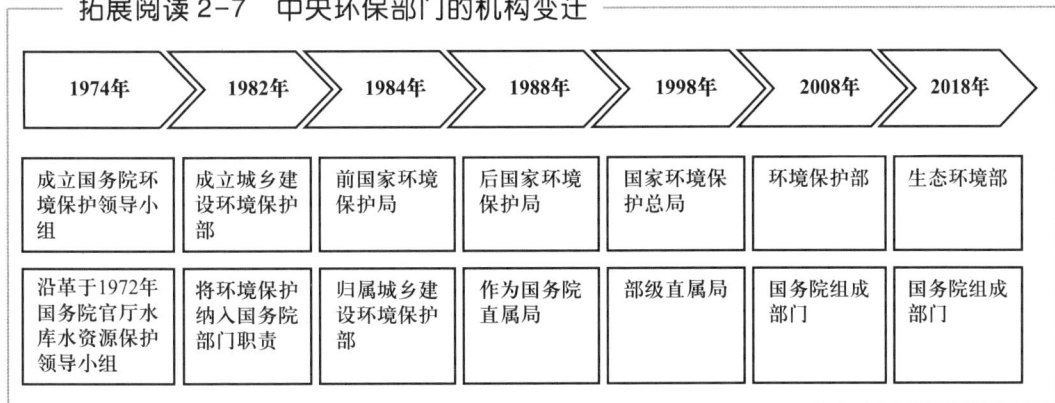

1974年	1982年	1984年	1988年	1998年	2008年	2018年
成立国务院环境保护领导小组	成立城乡建设环境保护部	前国家环境保护局	后国家环境保护局	国家环境保护总局	环境保护部	生态环境部
沿革于1972年国务院官厅水库水资源保护领导小组	将环境保护纳入国务院部门职责	归属城乡建设环境保护部	作为国务院直属局	部级直属局	国务院组成部门	国务院组成部门

　　在地方政府的环境行政机构体制方面,有关环境行政机构的构建基本上与国务院有关环境行政机构的构建相同。所不同的是,依照《宪法》和《立法法》的规定,中国地方的某些环境与资源保护管理事项还可以由地方立法确立。

　　也就是说,地方政府及其环境行政机构除了享有国家环境与资源保护法律所赋予的职权外,还享有地方立法赋予的执行地方环境保护事务的职权。因此,地方各级人民政府设立的行政机关既要依法对地方各级人民政府负责,也要依法对国务院各对口部委负责。

　　关于自然资源管理部门,2018年国务院机构改革方案也做了很大的调整,将国土资源部的职责,国家发展和改革委员会的组织编制主体功能区规划职责,住房和城乡建设部的城乡规划管理职责,水利部的水资源调查和确权登记管理职责,农业部的草原资源调查和确权登记管理职责,国家林业局的森林、湿地等资源调查和确权登记管理职责,国家海洋局的职责,国家测绘地理信息局的职责整合,组建自然资源部,作为国务院组成部门。

　　因此,在我国环境与资源保护领域,中央层面主要存在两大监管部门:一是生态环境部,二是自然资源部。

　　为了切实解决以块为主的地方环保管理体制存在的突出问题,改变一些地方重发展轻环保,干预环保监测监察执法,环保责任难以落实,有法不依、执法不严、违法不究的状况,2016年3月,全国人民代表大会通过的《国民经济和社会发展第十三个五年规划纲要》提出,实行省以下环保机构监测监察执法垂直管理制度。2016年9月,中共中央办公厅、国务院办公厅印发了《关于省以下环保机构监测监察执法垂直管理制度改革试点工作的指导意见》,明确规定市级环保局实行以省级环保厅(局)为主的双重管理,仍为市级政府工作部门。省级环保厅(局)党组负责提名市级环保局局长、副局长,会同市级党委组织部门进行考察,征求市级党委意见后,提交市级党委和政府按有关规定程序办理,其中局长提交市级人大任免;市级环保局党组书记、副书记、成员,征求市级党委意见后,由省级环保厅(局)党组审批任免。直辖市所属区县及省直辖县(市、区)环保局参照市级环保局实施改革。计划单列市、副省级城市环保局实行以省级环保厅(局)为主的双重管理;涉及厅级干部任免的,按照相应干部管理权限进行管理。县级环保局调整为市级环保局的派出分局,由市级环保局直接管理,领导班子成员由市级环保局任免。

到 2020 年年底,全国 31 个省级政府和新疆生产建设兵团省以下生态环境机构监测监察执法垂直管理制度改革任务基本完成,组织体系调整到位并按新体制运行。

为解决我国环境执法中长期存在的多头执法、重复执法等问题,2018 年 3 月,中共中央印发了《深化党和国家机构改革方案》,提出组建五大综合执法队伍,其中包括生态环境保护综合执法队伍。2018 年 12 月,中共中央办公厅、国务院办公厅联合印发了《关于深化生态环境保护综合行政执法改革的指导意见》,整合环境保护和国土、农业、水利、海洋等部门相关污染防治和生态保护执法职责。具体整合范围包括:环境保护部门污染防治、生态保护、核与辐射安全等方面的执法权;海洋部门海洋、海岛污染防治和生态保护等方面的执法权;国土部门地下水污染防治执法权,对因开发土地、矿藏等造成生态破坏的执法权;农业部门农业面源污染防治执法权;水利部门流域水生态环境保护执法权;林业部门对自然保护地内进行非法开矿、修路、筑坝、建设造成生态破坏的执法权。整合后,生态环境保护综合执法队伍以本级生态环境部门的名义,依法统一行使污染防治、生态保护、核与辐射安全的行政处罚权以及与行政处罚相关的行政检查、行政强制权等执法职能。除法律法规另有规定外,相关部门不再行使上述行政处罚权和行政强制权。在此基础上,各地可以根据地方性法规规章和工作需要,进一步整合地方有关部门污染防治和生态保护执法职责,由生态环境保护综合执法队伍统一行使。已经实行更大范围跨领域跨部门综合行政执法的,可以继续探索。具备条件的地区可结合实际进行更大范围的综合行政执法。

2020 年 3 月,国务院办公厅印发了《生态环境保护综合行政执法事项指导目录(2020 年版)》,到 2020 年年底,全国 31 个省级政府和新疆生产建设兵团均印发生态环境保护综合行政执法改革实施方案,执法职责整合基本到位。

为切实推动有关职能部门履行好生态环境保护职责,根据中央"管发展的、管生产的、管行业的部门必须按'一岗双责'要求抓好生态环境保护工作"的总体要求,2020 年 3 月,中共中央办公厅、国务院办公厅印发了《中央和国家机关有关部门生态环境保护责任清单》,明确了中央层级各部门的生态环境保护责任。2022 年 10 月,生态环境部、发展和改革委员会、工业和信息化部、公安部、司法部、财政部、自然资源部、住房和城乡建设部、交通运输部、水利部、农业农村部、商务部、审计署、市场监管总局、能源局、林业和草原局、最高人民法院、最高人民检察院又联合发布了《关于推动职能部门做好生态环境保护工作的意见》。

4. 政府实施环境与资源保护管理的手段

(1)行使环境与资源保护行政管理权

由上可知,我国环境保护行政包含污染防治行政和自然保护(含自然资源保护)行政两大部分,行使环境保护行政权力的主体既包括各级人民政府,也包括各级政府主管部门。尽管如此,环境行政管理的权力依然应当根据国家环境与资源保护法律法规的授权行使。

归纳一下,我国环境与资源保护行政权力主要包括开发利用环境决定权、开发利用环境许可权、开发利用环境监督管理权,以及法律赋予的规章制定权、行政强制权、行政处罚权等。

我国环境与资源保护立法所确立的环境保护基本制度,以及由单项环境与资源保护法律法规规定各领域特有的制度措施,也授权由环境与资源保护行政管理机关运用公权力执行。

第一,开发利用环境与资源决策权。是指由国家环境与资源保护法律法规授权的政府及其主管部门,就开发利用和保护环境与资源制定策略、编制规划及发布命令并组织实施的行政权力。

第二,开发利用环境与资源及其相关行为许可权(也称审批权)。是指由国家环境与资源保护法律法规授权的政府及其主管部门,赋予申请人实施开发利用环境的权利或者资格的行政权力。这类权力既包括对使用(占用)环境容量和开发利用自然资源的特许与专营,也包括对环境与资源保护有关行为的登记(备案)、认可和核准,还包括对利用自然环境及其功能行为的许可。

第三,开发利用环境与资源监督管理权。是指由国家环境与资源保护法律法规授权的政府及其主管部门,以及经授权的行政执法机构,通过现场检查、实地调查和实行环境监测等方式,对开发利用环境行为实行监督管理的行政权力。

环境监测是指依法接受委托的政府监测机构或社会检测机构及其工作人员,按照环境标准和技术规范的要求,运用物理、化学、生物或遥感等技术手段对影响环境质量因素的代表值进行测定,并评价环境质量状况、分析环境影响趋势的活动。环境监测一般包括环境质量监测、污染源监测与应急监测等三大类。依照我国环境与资源保护法律规定,生态环境主管部门享有对各类环境(包括大气环境、土壤环境、水环境、海洋环境等)进行监测的管理权限。自然资源主管部门享有对自然保护与自然资源监测(如水与水文、土地、湿地、森林、草原、渔业、野生动植物和生物多样性、矿产、气象等)及自然灾害监测等的管理权限。

目前,政府行使开发利用环境与资源监督管理权的主要机构包括环境监察、中国海警、森林资源监督、渔政监督、土地监督机构、矿产资源监督机构、水利稽查与水务稽查机构、海事监督机构、草原监理机构、自然保护区与风景名胜区管理机构、国家濒危物种进出口管理办公室等。通常情况下,这些执法机构与主管部门有关环境与资源监测的职能合而为一。

第四,行政规章制定权、行政强制权与行政处罚权。行政规章制定权是由法律授权的生态环境主管部门和其他行使环境监督管理权的机关,在本部门的权限范围内制定执行环境与资源保护法律或行政法规等内容事项的规章的权力。

行政强制权包括行政强制措施和行政强制执行的权力。行政强制措施包括限制公民人身自由;查封场所、设施或者财物;扣押财物;冻结存款、汇款;其他行政强制措施。行政强制执行的具体方式包括加处罚款或者滞纳金;划拨存款、汇款;拍卖或者依法处理查封、扣押的场所、设施或者财物;排除妨碍、恢复原状;代履行;其他强制执行方式。

当行政机关依法作出要求当事人履行排除妨碍、恢复原状等义务的行政决定,当事人逾期不履行,经催告仍不履行,其后果已经或者将造成环境污染或者破坏自然资源的,行政机关可以代履行,或者委托没有利害关系的第三人代履行。此外,我国环境与资源保护法律还规定,对既存的环境与资源保护违法现象(如在临时占用的草原上修建永久性建筑物、构筑物的)可以依法采取强制执行(拆除)措施;对生产、销售被列入强制回收目录的产品和包装物的,企业必须在产品报废和包装物使用后对该产品和包装物进行回收。

行政处罚权是指公民、法人或者其他组织违反行政管理秩序的行为,由行政机关按照法律、法规或者规章规定对行为人给予行政制裁的权力。环境与资源保护行政处罚的种类包括警告、罚款、没收违法所得、责令停止生产或者使用、吊销许可证或者其他具有许可性质的证书、行政拘留,以及环境与资源保护法律、法规规定的其他种类的行政处罚。

对于当事人不服行政处罚申请行政复议或者提起行政诉讼的,不停止行政处罚决定的执行。当事人逾期不申请行政复议,不提起行政诉讼,又不履行处罚决定的,由作出处罚决定的行政机关申请人民法院强制执行。

(2)代表国家对环境与资源损害行使民事索赔权

我国《宪法》赋予政府及其主管部门保护和管理国家环境和自然资源、防治污染和其他公害的职权,意味着如果环境污染和自然生态破坏给国家造成重大损失的情形发生,就是政府及其主管部门的失职。为预防环境污染和自然生态破坏事件的发生,国家法律法规同时赋予政府及其主管部门相应的行政权力,并通过立法、司法、监察和审计,以及行政机关内部的监督机制与社会监督保障行政权力的正确行使。

在自然资源保护管理方面,当开发利用环境的行为人违法造成自然资源破坏的,依照我国自然资源保护法律法规的规定,有关政府和主管部门除了应给予行政处罚的制裁外,还可以按照违法行为造成的自然资源破坏依法责令采取补救措施、恢复原状或者赔偿损失。

我国《宪法》第 12 条规定:"社会主义的公共财产神圣不可侵犯。国家保护社会主义的公共财产。禁止任何组织或者个人用任何手段侵占或者破坏国家的和集体的财产。"我国《民法典》第 207 条也规定:"国家和集体的物权受法律保护,任何组织和个人不得侵犯。"

当环境污染和生态破坏造成国家重大损失时,谁有权代表国家行使民事索赔的权利呢?1999 年修订的《海洋环境保护法》第 90 条第 2 款规定:"对破坏海洋生态、海洋水产资源、海洋保护区,给国家造成重大损失的,由依照本法规定行使海洋环境监督管理权的部门代表国家对责任者提出损害赔偿要求。"2013 年党的十八届三中全会明确提出对造成生态环境损害的责任者严格实行赔偿制度。2015 年 12 月中共中央办公厅、国务院办公厅发布了《生态环境损害赔偿制度改革试点方案》,并在吉林等七省市试点生态环境损害赔偿制度。2017 年 12 月,中共中央办公厅、国务院办公厅正式发布了《生态环境损害赔偿制度改革方案》。当环境污染和生态破坏造成国家重大损失时,有权代表国家提出索赔请求的权利人是省级、市地级人民政府及其指定的相关部门、机构,或者受国务院委托行使全民所有自然资源资产所有权的部门。相应的赔偿义务人是造成生态环境损害的自然人、法人或者其他组织。

三、环境与资源保护法律关系的客体

环境与资源保护法律关系的客体,是指权利主体的权利与义务所指向的对象。这些对象的共同特征在于它们应当为环境与资源保护法所确认,并可能受人为活动的控制或者影响。简单地讲,环境与资源保护法律关系的客体包括环境要素及其性状,以及行为。

(一) 环境要素及其性状

1. 客观现实世界的物质财富

对于环境与资源保护法而言,客观存在的物质财富一般是指权利人可以主张的、应当受到法律保护的环境要素及其自然的性状,如大气、水、海洋、土地、矿藏、森林、草原、湿地、野生生物、自然遗迹、人文遗迹、自然保护区、风景名胜区、城市和乡村等。

作为环境与资源保护法律关系客体的自然物,由于它们的绝大多数也是可以产生经济价值的自然资源并已经依法确立了其所有权,所以将这些自然物作为环境与资源保护法律关系的客体对待时,还应当从民法所有权的角度对它们进行分析。例如,某些可以作为财产权利对象的自然物如土地、森林、草原、山脉、矿藏、水流等,依照我国法律规定,只能成为国家或集体所有权的客体,而不能成为私人财产权的客体。还有一些作为环境要素的自然物,如空气、风力、光照等,一般不能作为具有财产权内容的法律关系如民事法律关系的客体。

鉴于近代社会对珍稀、濒危野生动物价值认识的提高,即使是个人和集体驯养和繁殖的国家重点保护野生动物,由于它们同时也是环境与资源保护法律关系的客体,因而不能简单地将其作为民事法律关系的客体对待。

2. 客观现实世界的非物质财富和功能

在确定环境与资源保护法律关系的客体时我们还应当注意环境的功能,即通常为人类向环境排放污染物所利用的环境容量,以及自然物为人类和生态系统平衡所提供的环境效益。自然物对环境和生态平衡所提供的这些效能,也能成为环境与资源保护法律关系的客体。

具有环境效能的非物质财富主要表现为一定的环境效应、生态功能等。具有环境效能的非物质财富既可能通过人类的主观感受如碧海蓝天、青山秀水等表现出来,也可能是通过人类的被动接受如呼吸清新的空气、享受静稳和舒适的状态等而实际获益。需要说明的是,传统法并不将清新的空气视为法律关系的客体,因为它尚不能为人类自由地掌握和支配。但是,现代科学技术已经发展到可以对空气质量予以人为测定和控制的水平,因此空气质量可以成为环境与资源保护法保护的客体。

另外,由于生态系统循环和自然规律非为人的意志而转移,因此自然物之间还存在着非人类利用价值(自然的内在价值),这些价值和功能也直接影响着人类的生存和社会的发展。因此它们也应当成为环境与资源保护法律关系的客体。

自然物在传统法中只是法律关系的客体。如果将某些自然物作为法律关系的主体看待,其作为法律关系客体的性质则将发生改变。尽管自然物是否能够成为环境与资源保护法律关系的主体尚未明确①,但环境与资源保护法在强调环境作为权利义务关系的客体——财富对人类的经济价值的同时,也要强调自然物独立于为人类提供物质财富以外的生态价值,以及环境要素在保持生物多样性方面所表现出的内在价值。

(二) 行为

作为环境与资源保护法律关系客体的行为,是指环境与资源保护法律关系主体从事的、由环境与资源保护立法所确认的对环境有影响的行为,包括积极的作为和消极的不作为。如本能利用行为、开发利用行为、保护行为、行政行为、消费和废弃行为、回收和恢复行为及军事行为等。

第三节　环境与资源保护法律体系

一、环境与资源保护法律体系的概念

对一个国家而言,法律体系是指特定国家的有效法律规范组合成不同的部门法,并进而以部门法为基础形成的国家法律规范的有机统一体。环境与资源保护法律体系,指由一国现行的有关保护和改善环境与自然资源,防治环境污染和其他公害的各种规范性文件所组成的相互联系、相辅相成、协调一致的法律规范的有机统一体。

当代社会,环境问题对法律理论和实践产生了全方位的冲击,并对整个法律体系、各个部门法,以及法律价值、法律制度和法律规范形成了多层次的挑战。面对环境问题的冲击和挑战,法律的作用在于调整和规范开发、利用、保护、改善环境所产生的各种社会关系,建立人与人、人与自然和谐共处的社会秩序。20 世纪 60 年代开始,一些西方发达国家和地区率先出现了针对大气、水、海洋、固体废物、土壤、核辐射等环境要素或污染因子的污染防治方面的单项立法,以及土地、水资源、森林、野生动植物、国家公园等自然与自然资源保护等方面的专门立法,从而推动了现代法治意义上环境与资源保护法的产生和发展。环境与资源保护法律、法规数量的扩大及其彼此之间有机联系的增强,特别是一些国家和地区环境综合法、环境基本法或环境法典的制定,极大地促进了环境与资源保护法体系化的形成和发展。

环境与资源保护法律体系位于国家法律体系的下一个层级,它以独立的环境与资源保护部门法为基础。考虑到国际法与国内法所存在的法律性质的差异,一般不宜直接将国际环境保护条约作为国家环境与资源保护法律体系的组成部分。

对环境与资源保护法律的体系进行研究具有非常深刻的理论意义和实践意义。从理论意义上说,一个国家环境与资源保护法律体系是否完善,是影响该国环境与资源保护法学发

---

① 目前,新西兰、玻利维亚、厄瓜多尔等国已经通过法律,授予某些自然物"法人"的主体资格或规定了一些"自然的权利"。

展的一个重要因素。这是因为环境与资源保护法律研究离不开具体的环境与资源保护法律规定,尤其需要把各种环境与资源保护法律、法规及其他规范性文件联系起来进行系统分析、综合研究,才能使对环境与资源保护法学基本问题的研究建立在本国环境与资源保护立法实践的基础上,并提高到一个较高的水平。从实践意义上说,一个国家有没有比较完备的环境与资源保护法律体系,是衡量该国环境与资源保护法制建设和环境管理水平的标志。所以对环境与资源保护法律体系进行研究,将有助于国家制定环境与资源保护立法规划,并分清主次、轻重,有计划地加强环境与资源保护法制建设并且可以使各种环境与资源保护立法相互配合、补充,共同构成协调一致的环境与资源保护法律体系[①]。

拓展阅读 2-8　法律体系

法律体系是指由一国现行的全部法律规范按照不同法律部门分类组合而形成的一个呈体系化有机联系的统一整体。在这一定义中,法律部门(也称"部门法")是指根据一定的标准和原则,按照法律规范自身的不同性质,调整社会关系的不同领域和不同方法等所划分的同类法律规范的总和。法律部门是法律体系的基本组成要素,各个不同法律部门的有机组合,便成为一国的法律体系。

法律渊源是指那些具有法的效力作用和意义的法的外在表现形式,侧重于从法的外在形式意义上来把握法的各种表现形式。法律渊源的主要形式包括:制定法、判例法、习惯法、法理、国际协定和条约。当代中国法律渊源是以宪法为核心的制定法形式,包括宪法、法律、行政法规、地方性法规、规章、自治条例和单行条例、国际条约等。

在一个国家法律体系的各种法律渊源中,由于其制定主体、程序、时间、适用范围等不同,各种法的效力也不同,由此而形成一个法的效力等级体系。法律效力等级受到法律的制定主体、适用范围、制定时间等因素影响。当发生法律效力冲突时,一般的解决规则是"上位法效力高于下位法",特殊解决规则包括"特别法效力优于一般法""新法效力优于旧法"。

资料来源:张文显.法理学[M].5版.北京:高等教育出版社,2018.

二、环境与资源保护法律体系的内容

1979 年制定第一部《环境保护法(试行)》以来,我国已经颁布实施了 30 多部有关环境与资源保护的法律。此外,有关环境与资源保护的法规和规章等规范性文件更是数量庞大,加上地方制定与实施的环境与资源保护法规和规章,我国已在环境与资源保护立法领域形成了一个范围广泛、内容丰富的环境与资源保护法律体系。

根据环境与资源保护法律规范所调整社会关系性质及其涵盖领域的不同,我国环境与

[①]　金瑞林.环境与资源保护法学[M].北京:北京大学出版社,1999:64.

资源保护法律体系包括综合性环境与资源保护法、环境污染防治法、自然与资源保护法等三个组成部分。

（一）综合性环境与资源保护法

综合性环境与资源保护法，是指处于国家基本法地位的、由国家最高立法机关制定的包含环境与资源保护的法律目的、法律原则、国家环境与资源保护基本政策、宏观行政监督管理体制、基本法律权利与义务、基本法律制度、基本法律责任等方面的法律规范及法律规范文件。

一般认为，综合性环境与资源保护法的内容应当涵盖环境与资源保护法律体系中各个单项立法层面上的环境与资源保护的共通性事项和内容，并对各单项环境与资源保护法律制度的确立和施行具有普遍的指导意义。

我国现行具有综合性环境与资源保护法性质的法律是 1989 年制定、2014 年修订的《环境保护法》，该法用较大的篇幅对环境保护法的基本原则、基本制度和法律责任作了规定。

从西方国家的环境与资源保护立法实践看，在综合性环境基本法之下还可以针对具有共通性的环境保护基本制度制定特别法，如环境影响评价法、自然保护法、环境费用负担法、公害纠纷处理法、环境行政组织法、环境信息公开法、资源回收与循环经济促进对策法，以及关于环境破坏的整治、环境侵害纠纷的救济与补偿、危害环境犯罪等方面的专门性法律规范文件。我国有关实施环境与资源保护法律基本制度的专门法律目前有《环境影响评价法》《环境保护税法》，相关法律有《城乡规划法》《标准化法》等。

（二）环境污染防治法

环境污染防治法也称环境污染控制法，是指国家对产生或可能产生环境污染和其他公害的原因活动（包括各种对环境不利的人为活动）实施控制，达到保护生活环境和生态环境、进而保护人体健康和财产安全的目的而制定的同类法律规范及相关法律规范文件的总称。

环境污染防治法由针对各种污染因子和环境要素污染防治，并以环境污染防治和公害控制、保护人体健康和生态环境为目的的法律规范构成。它主要包括水污染防治、大气污染防治、土壤污染防治、海洋污染防治、噪声防治、放射性污染防治、有毒有害化学物质污染防治、电磁辐射污染、光污染防治等方面的法律规范文件，以及注重污染的源头治理和全过程治理的清洁生产与循环经济的法律规范文件。

（三）自然与资源保护法

自然与资源保护法的目的在于合理开发、利用作为环境要素的自然资源，维护人类对自然资源的可持续利用，保存生态系统的完整性以最大限度地保护自然界可供人类利用和非人类利用的各种价值。

根据具体立法目标的不同，自然与资源保护法又可以划分为自然资源法中的自然保护规范和专门性的自然保护法律规范文件两类。

鉴于生态各要素与自然资源具有重合性的特征，有关自然保护的法律规范大多确立于自然资源法之中。自然资源法是指国家为对开发自然资源的行为予以控制和管理,达到保持对自然资源的永续利用,保障自然环境不因开发自然资源造成破坏而制定的同类法律的总称。自然资源法中的自然保护规范由以合理开发、利用与保护自然资源为目的的法律规范群构成,它以促进自然资源的可持续利用与生态环境保护为宗旨,囊括了各种不同类别的自然资源保护法律规范,包括水、土地、海洋、矿产资源、森林、草原、渔业、海域、能源与气候变化等方面。

专门性的自然保护法的法律目的是保障和促进对生态环境及其功能的保护,其法律规范调整社会关系涉及的自然生态环境要素包括野生动植物、生物多样性、自然保护区、自然与文化遗产、自然景观、海洋、海岛、湿地等方面。

三、环境与资源保护法和其他部门法的关系

到 2010 年,我国具有中国特色的社会主义法律体系已基本形成。按照全国人大常委会的分类,我国的法律体系主要由宪法及宪法相关法、民法商法、行政法、经济法、社会法、刑法、诉讼与非诉讼程序法等七个部分构成,包括法律、行政法规、地方性法规三个层次。从理论上讲,环境与资源保护法是一个独立的法律部门。目前,就其实际情况而言,环境与资源保护法尚处于不断形成和发展过程之中。环境与资源保护法与其他传统法律部门,特别是与社会法和行政法之间具有非常密切的关系。

第一,环境与资源保护法和宪法及宪法相关法的关系。宪法在一国法律体系中处于最高位阶,它是国家的根本大法。因此,一切法律的规定首先来源于宪法,任何法律规范都必须首先符合宪法规定。因此,宪法关于环境与资源保护的规定是环境与资源保护立法和行政的基础和依据。一些国家还将公民有在良好环境下生活的权利即"环境权",作为公民基本权利或者基本人权的一部分规定在宪法之中。

宪法相关法与宪法一样,同属于调整国家与公民之间关系的法律,它们规定了国家机关的组织形式。

第二,环境与资源保护法和社会法的关系。社会法的概念产生于对法律部门有着严格划分的欧洲国家。社会法的范畴体系目前较为模糊,大体包括反垄断、反不正当竞争、消费者权益保护、金融、计划和产业政策、国有企业及环境保护等法律。

社会法是运用传统部门法方法不能单独应对和解决某些特定领域因新的社会问题导致社会关系发生改变,从而需要结合或者融合传统部门法方法,以及其他经济、社会等方法确立综合性法律对策的产物,与传统部门法相比具有明显的公益保护特征,其手段和方法既包含公法也包含私法。

环境与资源保护法是综合不同法律手段应对和解决环境问题和保护公民环境权益的法律现象,它具有一般社会法的主要特征。

第三,环境与资源保护法和行政法的关系。尽管环境与资源保护法的本质是通过调整环境利用关系来实现社会公平,但我国环境与资源的国家所有权体制和长期形成的以政府

为主导就环境与资源进行社会分配及管理的模式,使得环境与资源保护立法呈现出强势的行政权力监管与干预现象。

在环境与资源保护法和行政法的关系方面,行政法的手段和方法是环境与资源保护立法中运用得最多的。首先,环境行政机关的管理权限必须由环境行政组织法予以明确。其次,大量的环境法律制度是以行政法规范的形式确立的,如环境保护规划制度、环境影响评价制度、排污许可制度、自然资源规划制度、自然资源许可制度等,由于这些制度所涉及的当事人主要是行政机关同行政相对人在实施行政管理中的关系,所以它们也属于行政法的范畴。最后,在环境纠纷的行政处理方面,也要遵守行政诉讼法、行政复议法、行政处罚法的有关规定,如在环境行政诉讼中行政机关应当承担举证责任等。

第四,环境与资源保护法和经济法的关系。环境与资源保护法和经济法同属于法学的新兴学科,它们相互之间的关系也非常密切。由于环境问题的产生和发展与自然资源和能源开发利用及企业排污行为密切相关,因此目前的环境保护的法律手段正在朝向融合社会、经济各个领域的方向发展。政府试图通过对经济运行机制和经济增长方式的改变,以及从国民经济与社会发展各个环节谋求环境问题的解决方法,所以环境与资源保护法和与经济法有关的宏观调控、财政投资与体制改革、税收征收和审计等制度有着非常密切的联系。

第五,环境与资源保护法和民法、商法的关系。在国家尚未大量制定环境保护法律之前,环境纠纷与污染的侵害救济是基于民法物权的请求权或者侵权行为法的规定通过民事诉讼解决的。

从相邻环境关系的角度看,《民法典》物权编关于相邻关系的条款和对环境保护的规定直接规范着开发利用环境与资源的行为。从环境侵害救济的角度出发,环境污染防治立法有关污染损害赔偿的规定与《民法典》物权编之间属于特别法与一般法的关系。例如,环境污染侵害应当适用无过错责任制度,并且在因果关系的认定上实行推定,在举证责任方面实行举证责任倒置,以及在损害结果的范围上还扩大了受法律保护的利益(如对环境利益的保护、对自然的非人类利用价值的保护)等。

商法的对象是商事关系或商事行为,包括公司法、保险法、票据法等。商法和环境与资源保护法的关系也比较密切,除了公司和企业制度包含企业环境责任规范外,金融和证券制度中关于环境保护的规范也日益增多,而环境污染责任保险制度的兴起也是从商法领域发展起来的。

第六,环境与资源保护法和刑法的关系。环境与资源保护法和刑法的关系主要体现在对危害环境犯罪的制裁方面。环境法与刑法的关系体现在"借用"和"改造"刑罚措施以惩治有关危害环境的行为(犯罪),从而实现环境与资源保护法的目的。对于一些严重违反法律的行为,如果不规定其承担相应的比较重的刑事责任,就不足以达到预防犯罪的目的。我国《刑法》设立了专章专节共九个条文规定了环境与资源保护犯罪,这也与我国目前环境犯罪问题的现实严重性相适应。

第七,环境与资源保护法和诉讼与非诉讼程序法的关系。违反环境与资源保护法的结果将导致法律制裁,违反法律作出的行政决定可能被撤销,违反对他人的保护义务致害或者妨害他人也应当排除妨害或者赔偿损失。在此方面,环境与资源保护法和传统诉讼程序规定不同的是,在追究环境污染致害的民事责任和环境公益诉讼方面,需要民事诉讼法、行政诉讼法在原告的主体资格、因果关系认定和举证责任等方面实行制度创新。

另外,各国对环境污染争议纠纷的解决通常包括非诉讼的行政处理、行政调解或者仲裁的方法。所有这些国家法律的规定都与环境与资源保护法律规范相关,有的甚至直接规定于环境与资源保护法律之中。

第八,环境与资源保护法和国际法的关系。环境与资源保护法和国际法的关系主要表现在国际环境法这一分支学科之上。从环境与资源保护法的形式渊源看,它包括国内环境法和国际环境法两大部分。国际环境法是以国际环境条约为主要研究对象的国际法分支学科或者环境与资源保护法分支学科。

从具体规范上看,无论是国内环境法还是国际环境法,它们相互之间在内容和方法上都具有同一性。不同的是,国际环境法的主体主要是国家,它区别于国内环境法的主体(主要是指政府及其有关部门公民、法人和其他组织),国际环境法原则的确立必须遵循国际法准则。因此,国际环境法作为环境法的一个分支学科,在环境与资源保护法学中具有较为独立的地位。

由于环境问题为全球所关注,因此国际环境法在运用国内环境法的原则、制度和措施的同时,还极大地丰富和促进了国际法的发展。另外,按照国际条约优先的原则,一些国际环境条约中所采取的原则和制度也为国内环境法在保护同样的环境要素时所接受,成为国内环境保护法律实践所应当遵循的重要原则和采取的重要措施。同时,随着环境问题的全球化趋势,以及环境作为人类共同财产的理念逐步为整个人类所认同和接受,环境与资源保护法也表现出了全球趋同化的趋势。

第四节　环境与资源保护法的基本原则

本节在对环境与资源保护法基本原则进行界定和探讨的基础上,客观地分析和介绍我国环境与资源保护法确立的各项基本原则。

一、环境与资源保护法基本原则概述

环境与资源保护法基本原则应当能够简约、明了地概括和揭示环境与资源保护法的根本价值及基本理念,此为确立环境与资源保护法基本原则的实质依据。因此,可以将环境与资源保护法基本原则界定为:在环境与资源保护法形成和发展过程中,承载环境与资源保护法根本价值或者揭示环境与资源保护法基本理性,对环境与资源保护法具有普遍性指导意义和法律约束力的高度抽象、高度概括的环境与资源保护法的根本性或基础性准则。

拓展阅读2-9 法律原则和法律规则

法律原则是法律的基础性真理、原理,或是为其他法律要素提供基础或本源的综合性原理或出发点。法律原则的作用是法律规则所不能替代的,它的功能主要表现在三个方面:① 为法律规则和概念提供基础或出发点,对法律的制定具有指导意义,对理解法律规则也有指导意义。② 直接作为审判的依据。许多法律原则可直接作为断案依据,这些原则的作用与规则无异。③ 法律原则可以作为疑难案件的断案依据,以纠正严格执行实在法可能带来的不公。当某一案件的特殊事实导致适用原有规则不公正时,法律原则则可作为断案依据。

法律规则是规定法律上的权利、义务、责任的准则、标准,或是赋予某种事实状态以法律意义的指示、规定。法律规则是构成法律的主要因素。法律规则通常有严密的逻辑结构。对法律规则逻辑结构的分析,法学界的通说是将法律规则的结构分为行为模式、法律后果两部分。行为模式是法律规则中规定人们可以行为、应该行为、不得行为的行为方式,它可以是课以义务的,也可以是授权的。法律后果是规则中可能的法律结果或法律反应的部分。

与法律原则相比,法律规则具有三大特点:① 微观的指导性,即在规则所覆盖的相对有限的实施范围内,可以指导人们的行为。② 可操作性较强,只要一个具体案件符合规则设定的事实状态,执法人员可直接使用该规则,一般公民也能较容易地依据规则选择自己的行为方式。③ 确定性程度较高,与法律原则相比,法律规则的确定性程度要高得多,这个确定性包括它的内容相对明确与恒定,它的效力也较为清楚明确。

资料来源:张文显.法理学[M].5版.北京:高等教育出版社,2018.

一般认为,环境与资源保护法基本原则包括环境与资源可持续性原则、预防原则、损害担责原则及公众参与原则。

二、环境与资源可持续性原则

(一) 环境与资源可持续性原则的含义

环境与资源可持续性原则的含义指人类在开发、利用和保护环境与自然资源时,必须以尊重自然生态规律和保持自然生态平衡为前提,以可持续的方式开发、利用和保护环境与自然资源,保证其对人类社会的可持续利用价值。环境与资源可持续性原则不仅要求人类的经济和社会发展不能超越环境和资源的实际承载能力,而且也要求人类必须正确处理眼前发展和长远发展的关系,不能牺牲子孙后代的环境和资源来满足当代人的发展需要。环境与资源可持续性原则建立在自然生态规律的理论基础之上,它体现了当代人类社会可持续发展思想和战略的客观要求,以及环境与资源保护法的根本价值。

（二）环境与资源可持续性原则的形成和发展

考察工业革命以来人类社会的经济发展轨迹,可以看到经济增长与生态环境两者的严重失调与背离。联合国社会发展委员会的资料表明,20世纪50年代到70年代,全世界工业生产增长了15倍,仅20世纪80年代全球经济新增部分就超过了1950年之前全部经济产出的总和。与此同时,地球生态环境却面临着全面的危机,诸如酸雨、温室效应、生物多样性丧失、资源耗竭、生态环境退化等环境问题日趋困扰和威胁着人类的生存和发展。以1972年在斯德哥尔摩召开的联合国人类环境会议为转机,人们开始认识到环境与资源可持续性对于人类社会的重要意义。会议通过的《人类环境宣言》宣布:"为这一代和将来的世世代代保护和改善人类环境,已经成为人类一个紧迫的目标,这个目标将同争取和平和全世界的经济与社会发展这两个既定的基本目标共同和协调地实现""人类享有自由、平等和充足的生活条件的基本权利""在使用地球上不可再生的资源时,须防范将来把它们耗尽的危险,并且必须确保整个人类能够分享从这样的使用中获得的好处。"1982年联合国大会通过的《世界自然宪章》开宗明义地指出:"人类属于自然的一部分""文明根源于自然,它塑造了人类的文化,并影响了所有的艺术和科学成就;与自然协调一致的人类生活将赋予人类在开发创造力和休息、娱乐方面的最佳机遇。"《世界自然宪章》还提出"应尊重大自然,不得损害大自然的基本过程",并将其作为一项基本原则予以确认。

可持续发展不仅是一个宏观、抽象的战略目标,而且还是一个需要切实加以实施的国家与地方的社会、经济和环境的综合对策。20世纪90年代以后,随着可持续发展成为国际社会的共识,环境与资源可持续性原则越来越得到国际、国内环境与资源保护立法的关注。为了使自然环境和自然资源处于良好的状态并避免其遭受不可恢复、不可逆转的破坏,1992年联合国环境与发展大会通过的《里约环境与发展宣言》(简称《里约宣言》)形成了一个环境与经济、社会可持续发展的宣言,其主旨在于人类必须追求可持续性发展,并在共同维护生命、维持生态平衡、促进生物圈稳定的前提下来实现自己的生存和发展。《里约宣言》指出:"认识到我们家园地球的整体性和相互依存性""人类应享有以与自然相和谐的方式过健康而富有生产成果的生活的权利"。会议的另一个重要文件《21世纪议程》则提出了一个在全球和各区域范围内实现环境、经济和社会可持续发展的行动纲领,它明确规定:"决策者在制定政策时必须确保经济增长绝对建立在它的生态基础上,确保这些基础受到保护和发展,以使其可以支持长期的增长。"

联合国环境与发展会议对可持续发展思想和战略的认可,直接推动了各国国内环境法可持续发展原则的形成和发展。在国内环境与资源保护立法的层面,西方发达国家较早开始关注环境与资源可持续性问题。如美国在1969年制定的《国家环境政策法》中,将"协调人类与环境之间的生产及其享受的国家环境政策,防止和消除对环境及生物圈造成损伤,增进人类的健康及其福利,使国民深切理解重要的生态学体系和有关天然资源"作为其立法目的。德国在20世纪80年代提出废物管理的避免、回收利用和处置的优先顺序原则,在此基础上,通过1996年颁布的《封闭物质循环与废物管理法》使其"封闭物质循环"(closed substance cycle)的概念法定化,并以循环经济为核心理念形成了环境污染控制和资源回收利用的综合方法,以实现废物减量化、资源化、无害化。日本则在 20 世纪 90 年代提出"循环经济社会"的概念,推动国家从以"大量生产、大量消费和大量废弃"为基本特征的现代经济社会,向以"最优生产、最优消费和最少废弃"为特征的符合可持续发展的"循环型经济社会"转变。

环境与资源可持续性原则在我国环境与资源保护法中发端于 20 世纪 80 年代。在 1983 年召开的第二次全国环境保护会议上,我国提出了"经济建设、城乡建设和环境建设要同步规划、同步实施、同步发展,实现经济效益、社会效益、环境效益的统一"的战略方针。作为国家战略方针在环境与资源保护法制中的回应,1989 年颁布的《环境保护法》第 4 条明确规定:"国家制定的环境保护规划必须纳入国民经济和社会发展计划,国家采取有利于环境保护的经济技术政策和措施,使环境保护工作同经济建设和社会发展相协调"。此后,这一原则的内涵不断丰富。如 1990 年,《国务院关于进一步加强环境保护工作的决定》(国发〔1990〕65 号)明确提出"要做好国民经济和社会发展计划中环境保护方面的综合平衡工作""使环境保护工作同经济建设和社会发展相协调"。2005 年,《国务院关于落实科学发展观加强环境保护的决定》(国发〔2005〕39 号)明确强调"经济社会发展必须与环境保护相协调"。伴随着我国经济社会的不断发展,环境与资源可持续原则在原来的基础上又被赋予了新的时代内涵。2014 年修订的《环境保护法》第 4 条第 2 款规定:"国家采取有利于节约和循环利用资源、保护和改善环境、促进人与自然和谐的经济、技术政策和措施,使经济社会发展与环境保护相协调。"此外,我国还颁布了《水法》《野生动物保护法》《森林法》《草原法》《防沙治沙法》《长江保护法》《湿地保护法》《黄河保护法》《青藏高原生态保护法》《自然保护区条例》等多部保护自然资源和自然生态的法律、法规,并根据社会发展的需要及时对这些法律法规进行了修订,它们共同构成了保证我国环境与资源可持续利用的立法基础。随着我国可持续发展国家战略的实施,环境与资源可持续性原则越来越成为我国环境与资源保护立法的基本指导准则。

案例讨论 2-5

A 市和 B 市是两个相邻的边陲城市。为了发展经济,A 市政府想尽办法招商引资,几年之后,A 市的 GDP 获得了大幅增长,但当地的环境受到严重污染,广袤草原也大部分沙化。B 市政府考虑到 B 市拥有独特的历史、人文和生态资源,因此决心不追求一时的 GDP 增长,而是通过加强对自然和人文环境的保护来发展旅游业和其他环境友好产业。

讨论:A 市和 B 市的发展战略哪个符合环境与资源可持续性原则?

(三) 环境与资源可持续性原则的实现

从环境与资源可持续性原则的客观要求出发,进行环境与资源保护法律制度变革与创

新,主要包括以下两个基本内容:

第一,以建构循环经济、循环社会为环境与资源保护法的基本理念,推动环境与资源保护法律制度和规范在各层次、各领域、各环节的整合性创新。

针对工业革命以来线性经济所暴露出的诸多弊端,适应可持续发展战略的循环经济、循环社会理念应运而生。循环经济要求把经济活动组织成为“自然资源—产品和用品—再生资源”的封闭式流程,要求所有的资源能在不断进行的经济循环中得到合理而充分的利用,最大限度地减少废物的产生和污染的排放,把经济活动对自然环境的影响控制在尽可能小的程度。较之于循环经济理念,循环社会理念的涵盖范围更加广泛,它不仅强调传统生产方式的改善和控制,还强调社会消费行为的转变和控制。循环社会理念既注重生产者的环境责任,也注重消费者的环境责任。

循环经济、循环社会是环境与资源可持续性原则的重要体现,对于可更新资源,必须强调合理开发利用与养护并重,保证可更新资源的消耗速度低于其更新再生速度,采取合理利用的法律制度;对于不可更新资源,使耗竭速度尽可能少地妨碍将来的发展,尽量延长其使用期,使之在找到可行的替代品之前不会枯竭,采取限制利用的法律制度;对于太阳能等恒定资源,则采取鼓励利用的法律制度。

与粗放型的经济增长方式相联系,我国传统的环境与自然资源立法观念体现为对污染防治和自然资源开发、利用的分割式立法,即将自然资源法作为规范自然资源开发、利用的行为准则,将环境与资源保护法则作为防治环境污染的行为准则。根据生态环境的整体性特征,对自然资源的开发、利用与自然生态环境保护的法律调整、规制应当是一个整体的不可分割的过程。当前,在环境与资源可持续性原则的指导下,只有加强传统意义上环境保护法律制度和自然资源法律制度的创新,实现其法律制度的有效整合,才能符合可持续发展法律制度的要求。近些年来,我国环境与资源保护法在环境与资源可持续性原则的引导下,对环境污染防治、自然生态保护和自然资源开发、利用等法律制度和规范从理论和实践上进行了整合,体现了法律理论与实践对自然生态整体性规律的尊重。

第二,在加强必要的环境与资源保护法律管制的前提下,将市场机制与技术创新机制纳入环境与资源保护法律制度创新的视野,通过积极的价值规律调节和有效的技术创新推动,促进环境与资源可持续性原则的实现。

涉及市场机制方面,完善我国自然资源权属制度,是实现环境与资源可持续性原则的根本保证。理论上看,我国自然资源权利界定是明晰的,实践中,自然资源名义权利和实际权利脱节,权利未加界定或界定不清的情况大量存在。在长期以来形成的政府通过行政权力配置、供给自然资源的情况下,自然资源的市场供给受到排斥,以致自然资源的供给缺乏经济约束,自然资源的需求缺乏利益机制,进而导致自然资源的无价和浪费。这种制度安排本身就有内在的不可克服的两对矛盾:一方面让产商为了经济目的开发利用资源,却又无偿供给资源;另一方面政府委授权利,却又让厂商牟取私利①。对于像土地、森林等权利界限比较清晰的一类自然资源,其所有权是虚化的,具体表现在所有者、使用者和管理者混淆,彼此责权不明。权利虚化不仅是我国自然资源生产效率低下的原因,也是自然资源受到破坏的重要原因。可以说,只要公私不分,公权侵犯私权或私权侵犯公权的深层次矛盾不解决,资源过度开发、利用和生态环境破坏问题就难以遏制。对于像地下水、大气环境质量等权利界限不清的公共环境资源,其权利则是模糊的,具体表现为所有权和使用权的泛化及管理权的淡化,从而造成过度滥用资源的倾向。

技术创新在自然资源之间及自然资源与人工资源之间的可替代性方面发挥着重要的作用,环境污染的防治也需要环境无害化技术的创新,包括污染治理技术、废物利用技术和清洁生产技术等。自然资源的开发、利用和环境保护始终伴随着技术创新水平的提高和规模的扩大,技术进步有利于自然资源合理开发、利用和环境保护,因为技术可以提高资源利用率,并推动新的替代资源和产品的开发,从而使有限资源的有效使用期限得以延长。现实市场运作中,对稀缺自然资源的补偿过程,也正是通过价格机制作用促进技术创新而实现的。对于可更新资源而言,其更新速率既来自自然更新速率——生态系统自身的生物学积累可以使其供给总量获得扩张,也来自人工更新速率——人类可以根据自身的需要有针对性地通过一些技术手段对某些资源进行保护和更新。只要经济系统对资源的需求不超过资源的自然更新速率与人工更新速率,就可以保证资源可持续利用。对于不可更新资源而言,不可更新资源的耗竭及替代对可持续发展的影响更大,其可持续利用可表现为不可更新资源的耗竭速率不超过其替代品的开发速率。

三、预防原则

(一) 预防原则的含义

预防原则指在进行经济活动和社会发展决策时,在对决策带来的不良环境影响进行预测、分析和评估的基础上,事先采取防范措施避免和减少环境问题(包括环境风险问题)的发生,或把不可能避免的环境污染和环境破坏控制在合理的限度之内,以保证经济活动和社会发展决策及其实施符合环境与资源保护要求。

环境与资源保护法的预防原则包含两层含义:一是运用已有的知识和经验,对开发和利用环境行为可能带来的环境危害事前采取措施以避免危害的产生;二是在科学不确定的条件下,基于现有的科学知识去评价环境风险,即对开发和利用环境行为可能带来的尚未明确或者无法具体确定的环境风险进行事前预测、分析和评价,促使科学开发和决策,以避免这种可能造成的环境风险的出现②。第二层面上的预防,也被称为谨慎原则(precautionary principle)。

---

①　肖国兴,肖乾刚. 自然资源法[M]. 北京:法律出版社,1999:26-27.
②　汪劲. 环境法学[M]. 4 版. 北京:北京大学出版社,2018:50.

拓展阅读 2-10 环境危害与环境风险

环境危害意味着特定物质例如杀虫剂在特定情境下对于人体和环境产生负面影响的可能性,相关的危险或者不利影响发生的可能性取决于当时的许多相关因素。

环境风险则是由人类活动引起或由人类活动与自然界的运动过程共同作用造成的,通过环境介质传播的,能对人类社会及其生存、发展的基础环境产生破坏、损失乃至毁灭性作用等不利后果的事件的发生概率。风险的特征在于虽然存在发生危险和损害的可能性,但是由于现有科学知识的局限性,风险与最终的危害结果之间具有相当程度的不确定性。这种不确定性不仅源于风险事件与行为本身的随机性,也源于对于风险影响理解与把握的不确定性。

资料来源:

[1] Lee C C. Dictionary of environmental legal terms[M]. New York:McGraw-Hill,1997.

[2]《环境科学大辞典》编委会. 环境科学大辞典[M]. 北京:中国环境科学出版社,2008.

预防原则在环境与资源保护法中的确立主要基于以下几个理由:第一,环境受污染、破坏后,要清除其受到的危害,往往需要很长的时间,有些环境问题发生后难以逆转甚至无法补救。第二,环境遭受污染、破坏后再去治理,一般要比采取预防措施所花费的代价高。第三,环境问题的根源往往在于政府、市场主体的经济活动与社会发展决策及其实施过程中忽视了自然生态规律。第四,很多环境问题,如臭氧层破坏、气候变暖、转基因生物等具有科学上的不确定性,如果放任其发展而不采取有效的法律控制措施,人类的生存和发展环境将面临巨大的环境风险。

(二) 预防原则的形成与发展

预防原则是随着人类社会环境保护策略的演变和环境管理方法的发展而形成的。在20世纪50年代至70年代,西方工业化国家针对各种频繁发生的环境污染和破坏问题,以及环境污染和破坏造成的严重社会危害,普遍改变了对环境污染和破坏的放任态度。在对环境问题付出巨大的代价之后,基于对"先污染、后治理"发展模式及"头痛医头、脚痛医脚"的环境保护策略和方法的反思,一些国家开始对企业的排污行为进行严格的法律规制和监管。当时,这些国家普遍采用的是对环境污染源采用末端控制的环境保护策略及其管理方法,其基本思路是通过设定强制性的环境标准,使污染者将其污染物的排放控制在一定的标准之下,若污染者排放污染物超过了环境排放标准,则将受到相应的法律制裁。这些国家试图通过这种以"命令-控制"为特征的法律强制手段,达到预防环境问题发生的目的。实践表明,以强制性污染排放标准等环境管制手段为基础的末端控制,虽然在一定程度上具有预防环境问题发生的功能,但是,它仅仅体现了预防原则中污染物"少排放、无害化"的基本要求,难以从根本上避免和解决环境污染和破坏问题。

20世纪80年代以后,针对末端控制的不足,经济发展与合作组织环境委员会建议,各国环境政策的核心应当以对环境问题的预防为主,而不是等到环境污染和环境破坏发生之后再进行治理。1980 年联合国环境规划署等机构制定的《世界自然资源保护大纲》就"预期性的环境政策"作出了专门规定,要求在任何可能产生环境影响行为决策的尽早阶段,充分地考虑到自然资源保护及其他的环境保护要求。与此同时,西方工业化国家的环境保护策略及其环境管理方法率先从对环境污染末端治理的被动反应性政策、抑制性政策转变为预防性政策。一些国家的环境与资源保护立法从以末端控制与预防为特征的消极污染预防转变为以源削减(source reduction)、全过程控制为特征的积极的源头污染预防,即从生产过程的源头上、全过程避免和减少污染物的产生,它包括采取新技术、新工艺、原材料替换等多种方法和措施避免和减少污染物的生成。

当代社会,全球气候变化等不确定性环境风险的出现给环境与资源保护法带来了理论和实践的难题。面对环境风险问题的挑战,传统环境与资源保护法意义上的预防原则暴露出明显的不足。如果拘泥于污染行为与污染损害结果之间因果关系在科学上的完全证明,采取法律行动以完全确定的科学结论为前提,那么,预防原则难以为应对和解决环境风险问题提供充分的法律依据。20 世纪 80 年代后期,作为对传统预防原则的发展和修正,谨慎原则逐步在国际和国内环境法理论和实践中得以确认,以应对日益严重的温室效应、生物安全等全球性环境风险的威胁。特别是在 1992 年联合国环境与发展大会上,谨慎原则得到了国际社会的广泛认可。会议通过的《里约环境与发展宣言》原则十五明确提出:"为了保护环境,各国应按照本国的能力,广泛适用预防措施。遇有严重或不可逆转损害的威胁时,不得以缺乏科学和充分的确实证据为理由,延迟采取符合成本效益的措施防止环境恶化。"在其后的《生物多样性公约》《气候变化框架公约》《卡塔赫纳生物安全议定书》等多部国际法律文件中,该原则都得到了进一步的体现。

预防原则在我国环境与资源保护法中的确立始于 20 世纪 70 年代,它是对国内外环境与资源保护法实践经验教训的集中反映。虽然我国在 1973 年颁布的《关于保护和改善环境的若干规定(试行草案)》提到贯彻"预防为主"的方针,但真正从法律上确认"预防为主、防治结合、综合治理"的原则,也是在我国对于环境问题付出了沉重的代价之后。1989 年 12 月颁布的《环境保护法》第 1 条规定了"防治污染和其他公害";第 26 条规定"建设项目中防治污染的设施,必须与主体工程同时设计、同时施工、同时投产使用",从而在环境法律中确立了"预防原则"。2014 年修订的《环境保护法》第 5 条确立了环境保护坚持预防为主等原则。长期以来,我国粗放型的经济发展方式以损害和牺牲环境为代价而取得经济增长,将经济增长方式从粗放型向集约型转变,既是实现可持续发展的根本性措施,也是贯彻环境与资源保护法预防原则的基本要求。目前,预防原则已经贯彻在我国各项环境与资源保护的立法之中,特别是《环境影响评价法》《清洁生产促进法》《循环经济促进法》等法律的颁布与修订,直接体现了环境与资源保护法预防原则的法律要求。

(三) 预防原则的实现

从根本上和源头上避免和减少环境问题的发生,其基本思路就是实现环境与发展决策的一体化。体现环境与资源保护法预防原则的要求,将环境与资源保护法律制度创新重心向预防优先、风险防范、源头控制和决策一体化转移,是将环境与资源保护要求融入经济活动和社会发展的决策及其实施之中,并使决策者能够在经济活动和社会发展的决策及其实施中充分考虑环境与资源保护要求的根本保证。

对于政府的经济、社会发展决策而言,可以通过完善政府内部决策机制和加强外部的社会监督机制,增强决策的科学化、民主化,特别是运用战略环境影响评价法律制度,促使政府在进行决策及决策实施过程中将社会、经济发展和环境保护进行综合考虑。当前,在制定国民经济和社会发展规划时,将环境与资源保护要求纳入其中,是加强政府环境与资源保护工作的基本要求。环境与资源保护规划(计划)法律制度通过将环境与资源保护纳入经济和社会发展规划,以及制定专门的环境与资源保护规划(计划),推动社会、经济发展决策与环境保护的结合。我国环境规划(计划)法律制度从 20 世纪 80 年代创立以来,从国家的"六五"计划到现在的"十四五"规划,在规划体系、类型、方法上都有了较大的发展。同时,其存在的问题也很突出,主要表现在环境规划(计划)与其他社会、经济发展规划缺乏内在联系,尽管环境规划(计划)在内容、指标上正式纳入了国民经济和社会发展规划,但在技术、资金、金融、税收等具体方面尚难以体现综合平衡的要求,而现行法律对环境规划(计划)只作出了原则性的规定,缺乏编制、审批、实施等具体方面的法律保障措施。

案例讨论 2-6

21 世纪初,云南怒江傈僳族自治州辖区内的四个县均为国家级贫困县,接近一半的农村人口处于贫困之中。怒江州同时又拥有丰富的水电、矿产资源和旅游资源。为了脱贫,当地政府希望利用怒江流域的水资源建设大型的水电项目。2003 年,国家发展和改革委员会规划在怒江干流上建设两库 13 级的水电站,但是遭到了舆论的强烈反对。反对方认为,怒江水电开发会给怒江流域沿岸的生态环境带来灾难性影响。在把这些重大不利环境影响讨论清楚之前,怒江的开发应当慎之又慎。2004 年,国务院领导曾对国家发展和改革委员会提交的怒江开发报告批示说:"对这类引起社会高度关注,且有环保方面不同意见的大型水电工程,应慎重研究、科学决策。"怒江水电开发计划由此被搁置。

讨论:通过怒江水电开发事件,如何看待预防原则?

对于市场主体的经济决策而言,除了运用宣传、教育的手段和社会氛围的营造,促使市场主体强化环境保护的自觉意识和采取环境保护的自觉行动外,更重要的是通过依法加强环境与资源保护法律监督管理和采取合理的经济刺激手段,使其充分考虑决策及其决策实施过程中涉及的环境问题,并采取有效的环境与资源保护措施。具体地,主要有两种方法:一是采取环境与资源保护法律监督管理的强制性方法,即政府直接管制的方法。政府直接管制一般由确定环境质量和污染物排放标准(或者污染物排放总量)、给排污者核定和颁发

排放许可证、生态环境主管部门的监督实施和对违法排放污染行为进行法律制裁四个环节构成。对于市场主体拟议中的开发、建设项目,进行环境影响评价是促使其综合考虑环境与经济发展的一个有效的法律手段和制度。二是采取诱导性的经济刺激方法。经济刺激方法主要通过建立基于市场或非市场的经济杠杆机制,刺激市场主体涉及环境问题的市场经济行为,以达到放大对环境有利的经济行为、抑制对环境不利的经济行为的目的。它具体包括环境税(费)制度、财政信贷制度、排污权交易制度、环境标志制度、环境责任保险制度等。经济刺激的手段有助于改变我国长期以来存在的无偿或低价使用环境与自然资源,并将环境成本转嫁给社会和他人的状况,刺激市场主体在决策及其实施过程中进行利益衡量,并将环境与资源保护要求纳入其经济决策之中。

四、损害担责原则

(一) 损害担责原则的内涵

作为环境与资源保护法基本原则,损害担责原则是污染者负担、受益者负担、利用者补偿、开发者保护、破坏者恢复等适用于环境与资源保护法不同领域的一般法律原则的统称,它指在开发、利用和保护环境与自然资源的生产、生活活动中,以公平与正义的价值标准来判断和调整社会主体之间的开发、利用和保护环境与自然资源的责任关系,并确定相应主体的法律义务与责任,以保证不同社会主体之间能够公平地负担和合理地分配开发、利用和保护环境与自然资源的法律义务和责任。

理解和掌握损害担责原则,必须首先明确它与污染者负担原则(polluter pays principle)的联系和区别。损害担责原则源自环境与资源保护法的污染者负担原则,污染者负担原则的基本含义是污染环境造成的损失及治理污染的费用应当由排污者承担,而不应转嫁给国家和社会[1]。污染者负担原则来源于一个基本的社会伦理确信:产生污染者,而不是别人或者政府,应该承担污染削减的成本。

从法理的角度分析,污染者负担是在环境污染等法律事实尚未出现前,就赋予排污者支付费用义务的行为。因此,对于排污者而言,支付费用行为属于依据科学知识推定排污行为即将导致环境损害出现而应当承担的恢复或填补义务[2]。

由于污染既是生产经营过程的结果,又是产品和服务消费的结果,加之弥漫性面源污染的存在,以及污染在环境中所具有的累积性、滞留性、迁移性和复合性,确定污染者实际上往往较为困难。因此,尽管一些国家的环境与资源保护立法采纳了污染者负担原则,但是并没有采用"污染者"的提法。1990 年韩国颁布的《环境政策基本法》、1993 年日本颁布的《环境基本法》分别采用的是污染原因者责任原则和受益者负担原则的提法。而德国、瑞士环境与资源保护法采用的是原因者原则的提法。显然,"原因者""受益者"主体范围已经超出了

---

① 陈泉生. 环境法原理[M]. 北京:法律出版社,1997:75.
② 汪劲. 环境法学[M]. 4 版. 北京:北京大学出版社,2018:59.

"污染者"所涵盖的主体范围。同样,由于注意到"污染者"的概念并不能涵盖所有的环境影响者,污染不是环境污染与生态破坏的唯一原因,对自然资源毫无节制地开发、利用和消费也会引发环境问题,最早提出污染者负担原则的经济发展与合作组织(OECD,以下简称经合组织)在其一些建议和决定中,越来越多地采用了"使用者负担原则"(user pays principle)的提法。两种不同提法的主要区别在于,污染者负担原则适用于环境领域与环境污染者,使用者负担原则适用于自然资源领域与自然资源使用者。在我国环境与资源保护法中,一些学者也根据我国的实际情况采用了"损害者付费、受益者补偿"的提法,以避免和克服污染者负担原则的局限性①。还有学者采用了"环境责任原则"的提法,它实际上延伸了污染者负担原则的适用范围,不仅要求环境污染者承担污染预防与治理责任,而且还要求环境破坏者承担环境整治与恢复责任。环境责任原则较之污染者负担原则的涵盖面更为广泛,因为环境问题不仅包括环境污染,也包括环境破坏②。

随着环境保护实践从污染防治领域扩大到自然资源开发、利用和保护及物质消费领域,在一些国家环境与资源保护法中,污染者负担原则的主体范围逐步地扩大,出现了由生产者负担环境费用扩大到由所有受益者承担环境费用的现象,其负担环境责任的主体贯穿于从原材料的加工、生产到流通、消费、废弃及再生等各个环节,他们既可能是生产者,也可能是消费者,还可能是其他的利益主体。这种主体范围的扩大,对于环境与资源保护法的理论和实践的发展产生了重大的影响③。如日本基于1993年《环境基本法》确立的受益者负担原则,要求从环境或资源的开发、利用过程中获得实际利益者,都应当就环境与自然资源价值的减少付出应有的补偿费用,而不局限于开发者和污染者。同时,日本以《环境基本法》提出的使用者负担原则为基础,以2000年制定的《推进建立循环型社会基本法》为核心,通过《容器包装品的分类回收及再商品化促进法》(1995年)、《特定家用电器的再商品化促进法》(1998年)、《建筑废材再资源化法》(2000年)等环境与资源保护立法,分别规定了生产者的环境责任和消费者的环境责任。

纵观污染者负担原则的演变过程,其承载和表达的价值核心实质上就是环境与资源保护责任的公平价值。但是,由于污染者负担原则形成和发展的特定历史原因,无论是在语义表达方面,还是在价值内涵方面,污染者负担原则作为环境与资源保护法基本原则面临的一个日渐突出的现实难题是,它无法涵盖因环境与资源保护法理论和实践的迅速发展而形成的越来越复杂、越来越广泛的环境公平价值理念及其法律诉求。作为环境与资源保护法基本原则,它无疑应当能够统摄环境与资源保护法各个不同领域的一般法律原则。将损害担责原则作为环境与资源保护法基本原则,它能够统摄和包容污染者负担原则,以及损害者付费、受益者补偿(负担)、利用者补偿、开发者保护、破坏者恢复等适用于环境与资源保护法不同领域的一般法律原则。同时,它揭示和承载了环境与资源保护法的核心价值——环境

①　韩德培. 环境保护法教程[M]. 5版. 北京:法律出版社,2007:78-80.
②　陈泉生. 环境法原理[M]. 北京:法律出版社,1997:77.
③　柯坚. 论污染者负担原则的嬗变[J]. 法学评论,2010(6):87.

公平法律价值,并能够为环境与资源保护法律制度的完善和创新预设一个合理的法律价值空间。

(二) 损害担责原则的形成和发展

产业革命以来,工业化、城市化和人口的膨胀带来了环境污染的蔓延和生态环境的退化。以"命令－控制"为特征的法律强制成为国家实现特定环境污染控制目标的基本手段。同时,国家通过资金、技术等方面的公共投入,开展特定污染源和一定区域的污染控制和治理,以解决不断出现的严重环境污染问题。

事实上,国家使用公共资金用于污染治理和控制,不仅无助于阻止污染环境的行为,相反,它还会纵容污染者的污染行为及污染成本的社会转嫁。在 20 世纪 70 年代后,面对政府不断追加的环境保护公共财政投入,以及随之增加的纳税人的负担,污染治理与控制费用的合理负担问题首先在西方工业化国家引起了政府和社会公众的关注。由于政府用于污染治理和控制的公共投入来自全体纳税人贡献的税收,社会公众因此提出了广泛的质疑:公共财政来源于纳税人的税收,而政府使用纳税人的税收用于污染者造成的污染治理和控制有悖于社会公平,因为环境污染和生态破坏是污染者在追求利润的生产经营活动中所产生和所造成的。在 1972 年经合组织颁布的《关于环境政策国际层面指导原则的建议》中,率先提出了污染者负担原则,并将污染者负担原则作为该组织推动国际自由贸易的核心指导原则之一。该建议指出,提出污染者负担原则的目的,在于指导分配预防和控制污染措施的费用,以鼓励稀缺环境资源的合理利用,避免国际贸易和投资的扭曲。污染者负担原则意味着,污染者应承担由公共机构决定实施的污染治理和控制措施的费用,以确保一种可接受的环境状态。经合组织理事会在 1991 年发布的《关于环境政策中经济手段的使用的建议》中进一步提出,可持续和经济有效的环境资源管理,不仅需要对治理和控制污染措施的成本予以内部化,而且要求将因污染造成的损害内部化[1]。这种变化表明,污染者不仅需要承担采取防止和控制污染措施(如污染处理设施的建设)、相关行政措施(如监测)的费用,而且还需要承担污染损害产生的成本(如清理费用)和民事赔偿的法律责任。

实践中,污染者负担原则的适用领域不断扩大。经合组织开始提出的污染者负担原则,主要适用于在生产经营活动中排放废水、废气、废渣等污染物并造成环境污染的工业和服务企业。1989 年经合组织则主张将污染者负担原则的适用领域扩大到农业污染之中,以解决日趋严重的农业面源污染治理责任问题[2]。在 1989 年发布的《污染事故适用污染者负担原则的建议》中,经合组织提出污染者负担原则的适用不能局限于常规、点源的污染,采取污染事故的预防、控制和补救措施的费用应当由所有污染者来承担,而不论其对污染的实际贡献如何[3]。从而,要求所有现实的、潜在的污染者承担预防、控制和补救污染事故成本的义务。

---

① OECD, Recommendation concerning the Uses of Economic Instruments in Environmental Policy, C(90)177(final), 1991.

② OECD, Agricultural and Environmental Policies: Opportunities for Integration, 1989.

③ OECD, Recommendation on the Application of the Polluter-Pays Principle to Accidental Pollution, C(89)88(final), 1989.

　　由于污染者负担原则既有利于实现社会公平,又有利于刺激环境污染者对其污染的治理和控制,因此,它很快就得到了一些国家环境与资源保护法的普遍认可,并成为国际环境法的一项基本原则。1992 年联合国环境与发展大会通过的《里约宣言》原则十三规定:"各国应制定关于污染和其他环境损害的责任和赔偿受害者的国家法律";原则十六规定:"考虑到污染者原则上应承担污染费用的观点,国家当局应该努力促使内部负担环境费用"。这实际上表明国际社会对损害担责的法律价值已经形成了广泛的共识。

　　借鉴西方工业化国家的环境与资源保护法理论和实践经验,我国在 1979 年颁布的《环境保护法(试行)》第 6 条规定了"谁污染、谁治理"的原则,它意味着造成环境污染的单位和个人必须承担恢复环境质量,治理和控制环境污染的责任,对其污染源及其造成的环境污染进行治理和控制。"谁污染、谁治理"原则确定了环境污染治理和控制责任的归属,它虽然没有直接采用污染者负担原则的表述形式,但是却体现了污染者负担原则的精神。在 1989 年颁布的《环境保护法》及以后发布的一些环保政策法律文件中,"谁污染、谁治理"原则得到了进一步的阐释和发展,环境污染者的污染治理责任扩大到自然资源开发者、利用者对自然资源保护和对自然生态破坏的整治责任。如 1990 年颁布的《国务院关于进一步加强环境保护工作的决定》明确规定了"谁开发谁保护,谁破坏谁恢复,谁利用谁补偿"的方针,以及 1996 年颁布的《国务院关于环境保护若干问题的决定》明确规定了"污染者付费、利用者补偿、开发者保护、破坏者恢复"的原则。然而,环境保护不仅需要污染防治,还需要污染防治与自然生态保护并重。因此,污染者负担原则不仅包括污染预防责任和污染治理责任,还包括对环境污染、自然生态破坏所造成的损害承担赔偿责任。2014 年修订的《环境保护法》第 5 条明文宣示环境保护应当坚持损害担责等原则,进一步明确了不同社会主体之间负担和分配开发、利用及保护环境与自然资源的法律义务和责任的原则。

　　在常州"毒地案"中,损害担责原则得到了具体适用。在该案中,二审法院认为"污染者担责是法律确定的环境保护的基本原则。"虽然常隆公司、常宇公司、华达公司历经改制,但是企业主体一直延续而未终止或灭失,三企业应当对其企业改制前的污染损害行为承担环境侵权责任。三企业主张的企业改制未计算环境污染债务、政府收储等不是法定的不承担侵权责任或减轻责任的情形。值得注意的是,"组织实施污染风险管控和修复是污染者的法律义务而不是法律权利,不具有人身专属性和排他性,并不产生排除其他主体实施污染风险管控、修复以维护社会公共利益的效力。其他主体组织实施风险管控、修复既不等同于其在承担环境污染侵权责任,也不与污染者担责的归责原则相冲突。工业污染场地尤其是化工、农药企业污染场地的环境治理修复难度大、周期长,需要较强的组织管理能力、专业技术能力及高度的责任意识。地方政府组织实施风险防控和修复,在资金保障、资源调度、组织管理等各方面具有其优势。"因此,"地方政府组织实施污染风险管控、修复与污染者担责并无冲突。"①

---

① 江苏省高级人民法院(2017)苏民终 232 号。

（三）损害担责原则的实现

损害担责原则的实现，有赖于环境与资源保护法律制度的调整、修正和创新。

第一，完善和创新我国的环境税费制度。造成环境污染的经济原因在于市场主体在对利润的追逐过程中，将环境污染的外部性成本转嫁给社会和他人。因而，污染者应当向国家缴纳环境税费，作为对利用公共环境与自然资源所致环境损害的公益补偿，国家则通过征收环境税费用以治理环境和恢复环境公益。当前，我国已经制定并实施了《环境保护税法》，使产品的环境成本内部化，对于提高市场竞争效率、切实保护生态环境具有重要意义。然而，在我国环境保护税立法过程中，按照"税负平移"的原则进行环境保护费改税，这就使得环境保护税在一定程度上带有排污收费制度的不足。我国排污收费制度的理论基础最早建立在"谁污染、谁治理"原则之上，在环境污染呈分散化、零星化的情况下，它对于推动污染者进行环境污染治理发挥了一定的积极作用，但是，以"谁污染、谁治理"原则为基础建立的排污收费制度难以适应我国环境污染控制和治理规模化、专业化、社会化的发展需要。比较而言，以损害担责原则为基础，完善我国的环境税费制度则更能适应这种环境污染控制和治理的发展需要。

第二，完善和创新我国环境污染损害赔偿责任制度。根据我国现行的环境污染损害赔偿制度，它主要是对环境私益的赔偿，即因环境污染遭受人身、财产损失的公民、法人或其他组织，污染者承担赔偿的民事法律责任。我国《民法典》和有关环境与资源保护立法将环境污染致人损害作为特殊侵权行为加以对待，它在无过错责任原则、因果关系认定、举证责任等方面都作出了一些特殊的规定，以保障污染受害者的合法环境权益。这种立法倾斜有助于保护污染者，体现了现代工业化背景下保护弱者的法律公平思想。然而，对于长期污染的累积、复合效应所产生的污染损害、多个污染源共同致害且责任难以明晰的污染损害、污染损害赔偿数额巨大的损害等问题，现行的环境污染损害赔偿责任制度则往往显得无能为力。为此，需要合理借鉴西方发达国家的经验，建立我国环境污染损害赔偿的社会化责任，包括环境污染保险责任制度和基金制度等，以确保污染受害者的合法环境权益得到切实的法律救济和保障。

第三，建立符合我国国情的生态保护补偿法律制度。生态保护补偿法律制度是为了维持生态系统对人类生存和发展的可持续性支持能力，减少、抑制和延缓自然资源的消耗和破坏，是法律所规定的要求损害生态环境的社会主体提供一定利益补偿，或者向保护生态环境的社会主体提供一定利益补偿的制度。生态保护补偿是"受益者负担原则"的重要体现。目前，我国生态补偿立法远远落后于生态环境保护与管理的实践需要，国家尚无统一的生态补偿立法，仅在《环境保护法》《水法》《水污染防治法》《矿产资源法》《森林法》《渔业法》《海洋环境保护法》《长江保护法》《湿地保护法》《黄河保护法》《青藏高原生态保护法》《自然保护区条例》等法律法规的若干条文之中，作出了一些涉及生态保护补偿的原则性规定。2021 年 9 月，中共中央办公厅、国务院办公厅印发了《关于深化生态保护补偿制度改革的意见》，提出到 2025 年，与经济社会发展状况相适应的生态保护补偿制度基本完备。

案例讨论 2-7

1998 年长江爆发洪灾,很多学者认为这次洪水与长江上游水土流失有关。随后,长江上游全面实施天然林保护工程。位于长江上游的云南省丽江市按照国家要求,停止市内天然林采伐,市内众多造纸企业一次性关闭,一万多名职工下岗,丽江市地方财政收入也因此大幅下降。类似于丽江市的例子还有很多,这些地方因保护生态环境而放弃了大量的经济发展机会。

讨论:对于因为保护生态环境而减少发展机会的地区,应当如何贯彻损害担责原则?

五、公众参与原则

(一) 公众参与原则的含义

公众参与原则的含义指公众有权知晓、参与、监督涉及环境与资源保护问题的社会发展和经济活动的决策及其实施,并有权通过法定的程序表达自己的环境与资源保护意愿,维护自身合法环境权益与环境公共利益。

公众参与既有利于实现环境公共利益,又有利于协调社会主体的多元利益冲突。环境与资源保护的权力规制和权益分配既要讲求效率,也要保障公平,以使权力规制和权益分配有利于实现环境与资源保护的社会目标,以及环境与资源保护的公共利益和长远利益。环境与资源保护的科学与民主决策是平衡效率与公平的必要基础,有效的环境与资源保护的公众参与是实现科学与民主决策的前提条件。通过政府、专家与社会公众的协力与合作,才能有效地推动环境与资源保护社会目标的实现,保障公民的环境与资源保护权益和社会的环境与资源保护公共利益。

(二) 公众参与原则的形成和发展

公众参与原则作为环境与资源保护法的基本原则,不仅是环境与资源保护法理论发展的结果,而且是环境与资源保护实践深化的必然要求。始于 20 世纪 60 年代末西方国家的环境保护民主运动,对当代社会环境保护的思想和实践产生了深远的影响,它使环境保护的民主思想深深地根植于社会意识形态、政治体制结构和社会日常生活之中,并为以公众参与原则为基本法律准则的西方国家环境与资源保护法的形成和发展,奠定了坚实的社会基础。美国 1969 年颁布的《国家环境政策法》明确规定了公众参与环境影响评价的法律制度,并在其后颁布的《清洁空气法》《清洁水法》《濒危物种法》等十余项重要的环境单项立法中,都规定了环境保护的公民诉讼制度。如美国《清洁空气法》规定:"任何人都可以自己的名义对任何人(包括美国政府、政府机关、公司和个人等)就该法规定的事项提起诉讼",该法第 307 条对司法审查作出了详细的规定,规定受司法审查的行为不仅包括行政机关的具体行政执法行为,还包括行政部门制定环境行政规章的抽象行政行为。又如,日本 1993 年制定的《环境基本法》第 1 条规定："本法的目的是在环境保全方面规定基本理念,并且明确国家、地方公共团体、企业者及国民的责任,规定作为环境保全基本对策的事项,从而综合且有计划地推进环境保全对策,以有助于确保现在及将来国民健康、文化的生活,为人类的福利作贡献。"日本《环境基本法》将促进不同社会主体对环境保护的共同参与作为环境与资源保护法的立法目的。从西方发达国家的环境与资源保护立法来看,通过公众的知情权、参与权、诉讼权、监督权等程序性法律权利及其法律实施的规定,环境与资源保护公众参与的范围、形式、程序、途径及法律保障等方面日臻完善。

环境与资源保护法律实践在世界范围的展开,直接推动了公众参与原则成为国际社会的一项普遍法律共识和基本法律准则,公众参与原则也逐步从若干国家的环境与资源保护法原则演变为一项公认的环境与资源保护法原则。《人类环境宣言》《世界人权宣言》《公民及政治权利公约》《发展权利宣言》《里约环境与发展宣言》《21 世纪议程》《奥胡斯公约》等一系列国际环境法律文件,都为公众参与原则的形成和发展提供了明确的国际法依据。1972 年联合国人类环境会议通过的《人类环境宣言》指出:"人类有权在一种能够获得尊严和福利的生活环境中,享有自由、平等和充足的生活条件的基本权利,并且负有保护和改善当代和未来世世代代环境的庄严责任。"1992 年联合国环境与发展大会通过的《里约环境与发展宣言》原则十明确提出:"环境问题最好是在全体有关市民的参与下,在有关级别上加以处理。在国家一级,每一个人都应能适当地获得公共当局所有的关于环境的资料,包括关于在其社区内的危险物质和活动的资料,并应有机会参与各项决策进程。各国应通过广泛提供资料来便利及鼓励公众的认识和参与。应让人人都能有效地使用司法和行政程序,包括补偿和补救程序。"

我国《宪法》规定:"人民依照法律规定,通过各种途径和形式,管理国家事务,管理经济和文化事业,管理社会事务"(第 2 条);"公民有言论、出版、集会、结社、游行、示威的自由"(第 35 条);"对于任何国家机关和国家机关工作人员,有提出批评和建议的权利。"(第 41 条)《宪法》的规定为人民群众参与环境与资源保护事务奠定了根本性的宪法基础。公众参与原则在我的环境与资源保护法中经历了一个不断发展和成熟的历程。早在 1979 年颁布的《环境保护法(试行)》规定的"三十二字方针"中就有"依靠群众,大家动手"的要求,它包含了环境与资源保护公众参与的思想萌芽。1989 年颁布的《环境保护法》第 6 条规定:"一切单位和个人都有保护环境的义务,并有权对污染和破坏环境的单位和个人进行检举和控告。";第 11 条第 2 款规定:"国务院和省、自治区、直辖市人民政府的生态环境主管部门,应当定期发布环境状况公报。从而为公众了解环境信息、参与环境保护提供了初步的法律保障。"2014 年修订的《环境保护法》第 5 条把公众参与原则确认为一项基本原则,并设置了"信息公开和公众参与"一章。

环境影响评价是我国公众参与最广泛、最深入的领域。1996 年修订的《水污染防治法》规定建设项目环境影响报告书中应有其所在地单位和居民的意见,它开启了我国环境影响评价公众参与在立法上的先河。在 2002 年颁布的《环境影响评价法》第 5 条确立了鼓励有关单位、专家和公众以适当方式参与环境影响评价的基本要求。2006 年国家环境保护总局颁布的《环境影响评价公众参与暂行办法》进一步规定:"国家鼓励公众参与环境影响评价活动,并实行公开、平等、广泛和便利的原则。"为规范环境影响评价公众参与和保障公众环境保护知情权、参与权、表达权和监督权,生态环境部于 2018 年颁布了《环境影响评价公众参与办法》,第 3 条规定:"国家鼓励公众参与环境影响评价。环境影响评价公众参与遵循依法、有序、公开、便利的原则。"

环境与资源保护信息公开是公众参与原则实施的基础和前提。近些年来,我国环境与资源保护立法中越来越多地出现了环境信息公开的法律规范。如《清洁生产促进法》第 6 条规定:"国家鼓励社会团体和公众参与清洁生产的宣传、教育、推广、实施及监督";第 17 条规定:"省、自治区、直辖市人民政府负责清洁生产综合协调的部门、环境保护部门,根据促进清洁生产工作的需要,在本地区主要媒体上公布未达到能源消耗控制指标、重点污染物排放控制指标的企业的名单,为公众监督企业实施清洁生产提供依据。"2007 年制定、2019 年修订的《政府信息公开条例》为公众获取政府环境信息提供了法律保障。2007 年国家环境保护总局发布了《环境信息公开办法(试行)》,它是我国第一部关于信息公开的部门规章。2014 年,环境保护部制定了《企业事业单位环境信息公开办法》,2021 年,生态环境部制定了《企业环境信息依法披露管理办法》。

拓展阅读 2-11　中华环保联合会诉修文县环保局信息公开案

2011 年 10 月 12 日,中华环保联合会诉贵州好一多乳业股份有限公司水污染侵权纠纷一案在贵州省清镇市环保法庭立案。基于案件需要,中华环保联合会于 2011 年 10 月 28 日向贵州省修文县环保局提交了政府信息公开申请,请求修文县环保局公开好一多公司的有关环境信息,但修文县环保局一直未将信息公开。

2011 年 11 月 24 日,中华环保联合会向贵阳市环保局发出《关于商请修文县环保局公开贵州好一多乳业股份有限公司有关信息的函》,建议贵阳市环保局督促修文县环保局将信息公开。但截至 2011 年 12 月 9 日(超过信息公开法定时间 15 个工作日)中华环保联合会未收到贵阳市环保局、修文县环保局任何答复。

2011 年 12 月 12 日,中华环保联合会向贵州省清镇市环保法庭提起环境信息公开公益诉讼,请求法院判令贵州省修文县环保局对中华环保联合会的政府信息公开申请予以答复。贵州省清镇市环保法庭于当日立案。

2012 年 1 月 10 日,该案在贵州省清镇市环保法庭公开审理。法院审理后当庭宣判支持中华环保联合会全部诉讼请求,中华环保联合会取得胜诉。这是我国环境信息公开第一例公益诉讼。

资料来源:中华环保联合会. 我国环境信息公开第一例公益诉讼胜诉[EB/OL]. 2012-06-08.

（三）公众参与原则的实现

确立环境与资源保护法公众参与原则,是我国环境与资源保护法制建设的现实要求和长远需要。根据我国环境与资源保护法的实际情况,贯彻、落实公众参与原则的法律要求,当前应着重考虑建立和完善以下几个公众参与法律机制。

一是环境信息公开机制。政府、市场主体和公众之间拥有的环境信息不对称,必须建立彼此之间的良好信息沟通途径。一方面,公众作为环境公害的直接受害者,对环境质量及其变化是最敏感、最有切身体验的,政府可以通过公众提高对环境基础资料、隐含信息的获得能力;另一方面,公众对于环境的整体状况,开发、建设项目的环境影响和环境公共事务信息方面缺乏了解渠道,需要通过政府的信息披露,保证公众能够及时获得环境信息,了解环境与资源保护的有关事务。

二是公众意愿表达机制。环境与资源保护公众意愿表达机制是公民言论自由权、监督权等宪法性权利在环境与资源保护领域的体现,建立环境与资源保护公众意愿表达机制,可以使我国环境与资源保护法制建设能够有效地体现环境与资源保护的民情,表达环境与资源保护的民意,有助于拉近政府与公众的关系,增强政府、社会公众和市场主体在环境与资源保护领域的合作,以共同推动环境与资源保护社会公共目标的实现。

案例讨论 2-8

A 公司垃圾焚烧发电厂项目的环境影响报告书已经顺利通过了 B 省生态环境厅的审批,在开工建设过程中,C 市部分居民认为该项目建成后将对当地的生态环境和人体健康造成严重影响,几千名当地居民在 C 市政府广场"散步"要求撤销该项目。迫于压力,C 市政府宣布撤销 A 公司的项目。

讨论:你认为 C 市政府因为部分公众的反对宣布撤销 A 公司的建设项目是否合法? 是否合理? 你认为行政机关在决策过程中应当如何对待公众意见?

三是法律实施监督机制。环境问题与社会公众的利益密切相关,明确公众对政府环境行政权力行使和企业环境影响活动的监督权利,其根本目的是推动环境与资源保护的广泛社会合作。法律实施监督机制包括权力实施监督和企业社会监督两方面:一方面,确保政府权力行使的效率与公平,建立权力实施监督机制至关重要。对政府环境与资源保护行政行为的监督,除了要加强人大、政协的监督作用和政府内部的行政监督外,还要建立和完善权力实施的公众监督机制,赋予公民、社会团体对政府行政行为提起司法审查权。另一方面,法律实施监督还包括企业社会监督,即对于开发、建设项目和经营活动可能造成的环境问题,社会公众有权进行监督。

四是司法救济机制。当公民环境权益或社会环境公共利益遭受不法侵害时,能够通过法律诉讼而获得司法救济是法治社会的基本要求。环境诉讼是公众参与环境与资源保护的一种重要方式,传统意义上的司法救济机制主要包括民事法律救济和行政法律救济。民事法律救济是对因环境污染、破坏给他人造成损害或者对社会公共环境造成损害的行为人,受害人或社会公众有权提起民事诉讼,要求行为人停止侵害、赔偿损失的民事法律规定和程序。行政法律救济指公民或社会公众对行政机关的环境行政行为或环境不作为有权提起行政诉讼,并通过行政行为的司法审查达到推动环境与资源保护的目的。针对环境与资源保护的公益性特点,借鉴西方发达国家公益诉讼的做法,发展适合我国国情的环境公益诉讼制度,是我国环境与资源保护法制创新的一个重要方向。

参考书目

1. 汪劲. 环境法学[M]. 4 版. 北京:北京大学出版社,2018.

2. 金瑞林. 环境法学[M]. 4 版. 北京:北京大学出版社,2016.

3. 韩德培. 环境保护法教程[M]. 8 版. 北京:法律出版社,2018.

4. 周珂. 环境与资源保护法[M]. 4 版. 北京:中国人民大学出版社,2019.

5. 张文显. 法理学[M]. 5 版. 北京:高等教育出版社,2018.

6. 蔡守秋. 环境资源法教程[M]. 3 版. 北京:高等教育出版社,2017.

7. 吕忠梅. 环境法学概要[M] 北京:法律出版社,2016.

8. 邓海峰. 环境法总论[M]. 北京:法律出版社,2020.

9. 陈泉生. 环境法原理[M]. 北京:法律出版社,1997.

推荐阅读

1. 汪劲. 环境法学[M]. 4 版. 北京:北京大学出版社,2018. 第二、三章。

2. 吕忠梅. 环境法新视野[M]. 北京:中国政法大学出版社,2007. 第一至三章。

3. 吕忠梅. 环境法原理[M]. 上海:复旦大学出版社,2007. 第一至五章。

4. 韩德培. 环境保护法教程[M]. 8 版. 北京:法律出版社,2018. 第二、三章。

5. 汪劲. 环境法律的理念与价值追求——环境立法目的论[M]. 北京:法律出版社,2000. 第一至四章,第十一章。

6. 吕忠梅. 环境法学概要[M]. 北京:法律出版社,2016. 第二、三章。

7. 邓海峰. 环境法总论[M]. 北京:法律出版社,2020. 第三章。

8. 温登平. 环境法学讲义(总论)[M]. 北京:法律出版社,2020. 第五章。

9. 爱迪丝·布朗·魏伊丝. 公平地对待未来人类:国际法、共同遗产与世代间衡平[M]. 汪劲,于方,王鑫海,译. 北京:法律出版社,2000.

10. 贝克. 风险社会[M]. 何博闻,译. 南京:译林出版社,2008.

11. 尼科·斯赫雷弗. 可持续发展在国际法中的演进:起源、涵义及地位[M]. 汪习根,黄海滨,译. 社会科学文献出版社,2010.

12. 徐以祥. 论我国环境法律的体系化[J]. 现代法学,2019,41(03):83-95.

13. 竺效. 论中国环境法基本原则的立法发展与再发展[J]. 华东政法大学学报,2014 (03):4-16.

14. 柯坚. 中国环境与资源保护法体系的若干基本问题——系统方法的分析与检测[J]. 重庆大学学报(社会科学版),2012,18(01):118-124.

15. 柯坚. 当代环境问题的法律回应——从部门性反应、部门化应对到跨部门协同的演进[J]. 中国地质大学学报(社会科学版),2011,11(05):25-32.

16. 柯坚. 环境法原则之思考——比较法视角下的共通性、差异性及其规范性建构[J]. 中山大学学报(社会科学版),2011,51(03):163-170.

思 考 题

1. 什么是环境与资源保护法,它有哪些区别于其他部门法律的特征?

2. 怎样认识环境与资源保护立法的目的?

3. 什么是环境利用行为? 它可以分为哪几大类?

4. 公众的概念包括哪些主体? 公众的环境权益包括哪些内容?

5. 企业开发利用环境的权利和义务包括哪些内容?

6. 试述企业环境社会责任的内涵和内容。

7. 为什么说环境保护是政府的基本职能?

8. 试述中国环境保护行政管理体制的模式及其权限划分。

9. 为什么政府有权代表国家对环境与资源损害行使民事索赔权?

10. 怎样认识环境与资源保护法这门新兴的法学学科在法律体系中的地位和作用?

11. 环境与资源保护法律规范体系分为哪几个部分?

12. 环境与资源保护立法体系的构成如何?

13. 试述环境与资源保护法与其他传统部门法的关系。

14. 试述环境与资源可持续性原则在环境法治实践中的作用和意义。

15. 试述预防原则的形成与发展。

16. 损害担责原则的内涵是怎样的?

17. 损害担责原则在实践中如何实现?

18. 结合实际事例,分析公众参与原则在环境法实践中应当如何实现。

第三章
环境与资源保护法基本制度

第一节　环境与资源保护法基本制度概述

一、环境与资源保护法基本制度的由来与确立

（一）环境与资源保护法基本制度的由来

　　制度一般指法则、执行机制和机构的总称。在我国,制度一词通常与政策结合使用,但两者在性质上却是不同的:政策是执政者在一定时期确立的行为目标或希望达到的结果,它不具有法的拘束力,但可以对制度的执行和变革产生影响。而制度是由法律确立的行为模式或行为准则,它具有法的拘束力,同时在执行中可能要求执政者采取有利于制度的政策。

拓展阅读 3-1　法律制度和基本制度

　　法律制度是指一个国家或地区的所有法律原则和规则的总称(例如"社会主义法律制度"),还可以指运用法律规范来调整各种社会关系时所形成的各种制度(例如"刑事法律制度""民事法律制度"或者"社会保障法律制度"等)。

　　基本制度是由国家制定的和在法律上作出规定的制度形式。所以并不是所有的法律制度都能成为基本制度,只有由国家制定,并且通过法律作出明确规定的制度才能成为基本制度。例如我国《宪法》第6条中明确规定:"国家在社会主义初级阶段,坚持公有制为主体、多种所有制经济共同发展的基本经济制度,坚持按劳分配为主体、多种分配方式并存的分配制度。"通过《宪法》的规定明确了我国的基本经济制度和分配制度。我国《宪法》第9条则明确规定:"矿藏、水流、森林、山岭、草原、荒地、滩涂等自然资源,都属于国家所有,即全民所有;由法律规定属于集体所有的森林和山岭、草原、荒地、滩涂除外。国家保障自然资源的合理利用,保护珍贵的动物和植物。禁止任何组织或者个人用任何手段侵占或者破坏自然资源。"通过《宪法》的明文规定确立了我国的自然资源国家所有和国家保护的基本制度。

　　资料来源:周旺生.法理学[M].北京:北京大学出版社,2006.

在总结了 40 多年来环境与资源保护实践中行之有效的制度和措施的基础上,结合对国外环境与资源保护立法成功经验的借鉴,我国的环境与资源保护立法针对防治环境污染和其他公害、合理开发利用自然资源、保护和改善环境确立了一系列法律制度和措施。

理论上,环境与资源保护法律制度有基本制度和特别制度之分。环境与资源保护法基本制度是按照环境与资源保护立法的目的和基本原则确立的,具体表现普遍适用于环境与资源保护各个领域的法律规范总称。环境与资源保护法基本制度具有共通适用性,在所有环境与资源保护的立法、行政和司法中都要体现和实施。

环境与资源保护法特别制度是在各单项环境与资源保护立法中为实现立法目的而确立的具有领域性、针对性和特殊性的法律措施和方法的总称。由于环境与资源保护法律体系的范畴既包含环境污染防治法律,又包括自然环境与资源保护法律,因此在单项环境与资源保护立法中,必须为实现立法的特殊目的而确立与环境和资源要素保护相关的具体措施和方法。

(二) 环境与资源保护法基本制度的确立

环境与资源保护法律数量众多,涉的领域也较为广泛,因此确立环境与资源保护法基本制度一般是按照法律对环境利用行为的调控顺位及其适用关系确立的。本书按照这个原理将环境与资源保护法基本制度分为生态环境标准制度、环境与资源保护规划制度、环境影响评价制度、环境税费制度和突发环境事件应急制度等五类。

此外,鉴于上述五类环境与资源保护法基本制度主要是以行政法律规范的形式出现的,因此有关的行政责任制度属于这些基本制度的法律后果。而有关民事责任和刑事责任制度属于违反环境与资源保护法律规定行为模式的法律后果,本书将在法律责任制度一章中专门论述这些消极的法律后果。

结合环境与资源保护立法的实践,本书认为我国环境与资源保护法的基本法律制度是依据如下原理确定的。

1. 具体体现环境与资源保护法的基本原则

就立法而言,环境与资源保护法的基本原则是为实现立法目的而对国家全部环境与资源保护管理实行综合调整所确立的基本准则和国家环境与资源保护方针、政策的出发点,它们蕴涵着环境与资源保护法的本质和它所认可的环境的根本价值。由于环境与资源保护法的基本原则是按照生态学原理、环境经济学理论、环境伦理思想,以及环境所表现于法的抽象价值与利益确立的,因此环境与资源保护法的基本原则一般只具有法的模糊性、概括性或指引性,并且大多数不具有法的拘束力,必须通过明确的法律规范来具体确定和体现。

2. 具体反映环境与资源保护法律的共通性和本质性的法律措施

在国内环境与资源保护法教科书中,一般将环境保护规划、环境标准、环境影响评价、"三同时"、排污许可、现场检查、环境监测、污染事故报告处理等作为基本制度加以阐述。在我国的环境保护实践中,还有以政府环保部门提出的环境保护基本法律制度的分类方法,如环境影响评价制度、"三同时"制度、城市环境综合整治制度、污染物排放许可制度、企业环境保护责任制度、现场检查制度。本书则从环境与资源保护法律的内在联系、规制方法及其本质出发,将具体确立于各单项环境与资源保护法律之中具有共通性的法律规范作为环境与资源保护法基本制度。

3. 依据基本国情和社会经济发展水平,通过对法的"立、改、废"逐步完善

20 世纪 80 年代初,我国在修改颁布的《宪法》中就将环境保护作为国家的责任予以规定。为此,我国制定和完善了一系列的环境保护法律法规,并逐步确立了一些行之有效的环境与资源保护的法律制度。但是我国是一个发展中国家,面临着发展经济以提高人民物质生活和文化需要与巨大的人口、资源压力,以及工业基础设施陈旧落后和管理水平低下等矛盾和问题,因此不可能将所有已被西方国家实施并证明成功的法律制度全部适用于我国。为此,环境与资源保护法基本制度是在充分研究了国情的基础上,结合现有科学技术的发展水平,将那些经济、适用、可行的方法和措施确立为基本制度的。所以它们具有中国自己的特色。

20 世纪 90 年代以后,随着我国市场经济的确立及政治和经济体制改革的不断深入,原有环境与资源保护法基本制度也逐渐显露出一些不适应改革需要的弊端和不符合法律公平性原则之处,而一些在单项环境与资源保护法律中确立的新的法律制度(如污染物排放总量控制制度、清洁生产制度等)也日益显现出其优越之处,因此有必要对现行《环境保护法》的基本法律制度做出相应的改革和调整。例如,随着《环境保护法》的修订及《环境保护税法》的出台,过去很长一段时间都被视为基本制度的限期治理制度和排污收费制度就已经被限产停产制度及环境保护税制度所取代。

此外,我国现行的环境与资源保护立法主要沿革于 20 世纪 80 年代以来国家有关环境与资源保护的政策和措施,因这个时期环境与资源保护工作的重点是放在对环境污染的治理之上,使得我国环境与资源保护法基本制度存在着突出环境污染防治的阶段性特点。从可持续发展的观念出发,环境保护应当包含资源和能源的保护,以及对资源的循环利用等各个方面。为此,我国目前正加强对自然资源和能源保护的立法,以完善自然资源保护和促进循环经济的基本法律制度。所以我国环境与资源保护法基本制度还会随着立法的发展而不断完善。

二、综合性环境与资源保护法和基本制度的关系

(一) 综合性环境与资源保护法的概念

综合性环境与资源保护法,是指包含国家环境政策目标、基本原则和基本制度及环境管理体制等内容的环境保护法律。综合性环境与资源保护法在具有法治传统的国家(地区)其立法形态表现多样,既有冠以国家环境政策法、环境基本法及自然保护法等名称而在环境与资源保护法律体系内处于高位阶和指导地位的单项法律,也有冠以环境保护法的名称,其内容涵盖全部环境与资源保护领域的内容庞大的法律或者环境法典。

本书在此仅用环境基本法来表述综合性环境与资源保护法的含义,它特指由国家立法机关制定的,在一国环境与资源保护法律体系内处于最高位阶和对立法、行政和司法及法律的适用具有指导地位的法律。环境基本法的产生具有如下背景:

第一,与经济利益相抗衡的环境利益不能及时在国家政治尤其是宪法上得到充分反映。近代宪法是基于保护个人利益为本位的资本主义生产关系的产物。20世纪中、后期,环境问题的出现导致各国社会关系领域许多重大事项发生改变。然而,许多国家鉴于修宪程序繁杂、涉及社会关系领域众多等原因,轻易不会修改宪法。这样就使环境问题所导致的社会关系改变不容易通过宪法表现和调整,而只能选择对环境问题领域制定一部高位阶的、新的法律予以应对。

但是,由于环境问题的社会关系非常复杂,并非大量单项环境与资源保护立法就可以解决。所以各国开始将以对应环境问题为中心的法律群共同集合成为一个法律部门,在此基础上以一部高位阶的综合性环境保护政策法或基本法作为"统领",以弥补国家宪法有关环境保护规范的不足。

第二,环境问题的对策措施关系到社会、生活、文化和经济等各个领域,需要综合平衡和统一协调社会各方利益。环境问题的产生是与人类社会进步和经济发展相互交织的,由于诸多环境保护对策仅从问题的结果出发单一确立应对策略的做法脱离了国家经济、社会及法治发展的现实,而环境保护的行政权力分属于政府各部门,也难以从总体上达成国家的环境政策和目标。

为此各国(地区)发现,通过制定一部高位阶的法律统合国家应对环境问题的各项法律与策略,明示环境保护的基本原则和基本制度,以及其他国家法律在环境保护领域的适用关系,才能够多层次、多方位地综合调整由环境问题引发及改变的社会关系。

例如,20世纪50年代西方主要国家分别在大气、水、噪声、废物、野生动植物、森林、土地、河流、海洋、草原、自然保护区与优美景观保护等领域制定实施了大量单项法律,之后各国开始重视环境基本法立法:美国于1969年制定了《国家环境政策法》;德国于1959年和1974年分别制定了《自然保护法》和《污染控制法》;日本于1968年和1972年分别制定了《公害对策基本法》和《自然环境保全法》,1993年又将这两部法律合二为一修改成为《环境基本法》。我国台湾地区也在完善环境与资源保护立法的基础上于2002年制定了新的《环境基本法》。

在一国环境与资源保护法律体系中,环境基本法的地位一般处于最高位阶,它确立了国家环境与发展关系的基本准则,通过明确的法律规定将其他现行政策、法律的原则统一到环境与资源保护的政策或原则上来。

从法律条文上考察,环境基本法的篇幅一般较为简短,目的主要在于确立国家综合性环境保护方针策略、调整环境与发展的关系、明确政府的环境责任、设立专门的环境问题对策委员会,以及确立有关环境纠纷在处理上的法律适用问题;从法的规范上考察,环境基本法对政府环境责任的规定较多,义务性、鼓励性和授权性规范也运用得较多,而很少对政府各行政主管部门的职权职责作出直接规定。而所有这些,不可能全部在以保护环境要素为目的的单项环境与资源保护法律中作出规定,只可能在环境基本法中做出明示。

为此,在一些国家,环境基本法也被称为"环境宪法"。

(二)　我国《环境保护法》及其和环境与资源保护法基本制度的关系

1.《环境保护法》的地位和作用

与国外(地区)环境基本法立法在时机上滞后于单项环境与资源保护法律所不同的是,我国环境基本法的立法是在社会主义法制建设恢复时期制定的,此时其他单项环境与资源保护法律尚处于空白状态①。1979年全国人大常委会原则通过《环境保护法(试行)》,确立了以环境污染防治为本位的环境保护立法目标。尽管制定《环境保护法(试行)》的设想是将其作为基本法,只规定国家环境基本方针和政策,但该法的制定重点放在了解决当时我国日益严重的环境污染问题之上。

到20世纪80年代,鉴于宪法修改并确立了社会主义有计划的商品经济体制,以及不断制定实施了一些单项环境与资源保护法律和行政法规,我国于1989年12月修改颁布了新的《环境保护法》。1989年版的《环境保护法》在理论上带有环境基本法的性质,但实质上属于一部偏重于污染防治的环境与资源保护综合性法律,共分总则、环境监督管理、保护和改善环境、防治环境污染和其他公害、法律责任及附则六章,计47条。

历史地考察我国在环境保护事业和社会主义法制建设起步时期制定或者修订的《环境保护法》,本书认为,它在保护和改善环境、防治环境污染和其他公害,以及完善环境与资源保护法律体系与促进社会、经济的协调发展方面都起到了重要的作用。但由于1989年我国还在实施"有计划的商品经济"体制,实质上还具有浓厚的计划经济色彩。计划经济时代制定的《环境保护法》已经在相当大的程度上脱离了社会主义市场经济时代的环境保护需求。1989年以后,我国已在环境与资源保护、清洁生产与循环经济促进及能源合理利用方面制定了30余部单项法律和上百部行政法规,我国环境与资源保护的法律体系已初步建立。在这个背景下,1989年版的《环境保护法》作为国家综合性环境保护法的地位和作用不断下降,显露出许多不适应实现社会经济可持续发展的弊端,最突出的体现就是无论是在执法还是在司法实践中几乎都成了摆设,亟须再次修订。

2014年4月,全国人大常委会通过了新修订的《环境保护法》,自2015年1月1日起施行。新修订的《环境保护法》共七章70条。

"总则"的内容包括立法目的、环境的定义、法的适用范围、保护环境是国家的基本国策、环境保护的基本原则、各个主体的环境保护义务、环保行政监督管理的职权职责与部门划分、奖励、环境日等一般性规定。(第1—12条)

---

① 需要说明的是,虽然这个时期我国尚未制定单项环境与资源保护法律,但国务院及其主管部门仍制定实施有大量自然资源管理的行政法规和部门规章。

"监督管理"的内容包括环境保护规划制度、省部级政府经济、技术政策环境影响评估、环境标准的制定权限、环境监测制度、环境资源承载能力监测预警机制、环境影响评价制度、跨行政区环境污染和生态破坏的治理原则、环境保护的经济激励制度、现场检查制度、查封扣押制度、环境保护目标责任制和考核评价制度、县级以上人民政府每年向本级人大报告环境状况制度等。(第13—27条)

"保护和改善环境"的内容包括地方人民政府改善或者限期达到环境质量的职责、生态保护红线和自然保护地制度、保护生物多样性防治外来物种入侵、生态保护补偿制度、环境调查、监测、评估和修复制度、农业和农村环境保护、海洋环境保护、城乡建设中的环境保护、鼓励绿色消费和绿色生活、生活废物分类处置、回收利用、公众的环保义务、环境与健康监测、调查和风险评估制度。(第28—39条)

"防治环境污染和其他公害"的内容包括清洁生产制度、"三同时"制度、企业事业单位和其他生产经营者的污染防治义务、环境税费制度、重点污染物排放总量控制制度、排污许可制度、落后工艺、设备和产品淘汰制度、突发环境事件应急制度、危险化学品和放射性物品污染防治义务、农业、农村污染防治、污染防治资金的财政支持、污染防治设置的建设和运行、鼓励投保环境污染责任保险等。(第40—52条)

"信息公开和公众参与"的内容包括公众的环境知情权、参与权和监督权,以及相关部门的信息公开和公众参与职责、中央和地方环保部门的环境信息公开职责、重点排污单位的环境信息公开义务、建设项目环境影响报告书编制和审批过程中的公众参与、公众的举报权、符合条件的社会组织可以提起环境公益诉讼等。(第53—58条)

"法律责任"的内容包括按日连续处罚、限产停产、对环评违法行为的处罚、对重点排污单位违反信息公开义务的处罚、对一些严重的环境违法行为的行政拘留、环境第三方服务机构的连带责任、环境损害赔偿诉讼的诉讼时效、上级环保部门对下级环保部门的监督、对政府部门工作人员违法行为的行政处分、对构成环境犯罪行为的处罚等。(第59—69条)

"附则"的内容包括该法的生效时间。(第70条)

2014年新修订的《环境保护法》增加了一章"信息公开和公众参与",更好地保护了公众的环境权益;规定了按日连续处罚制度、限产停产制度、行政拘留制度,赋予环保部门查封、扣押的权力,极大地提升了企业的环境违法成本;规定了社会组织可以提起环境公益诉讼,为公众保护环境提供了新的途径;规定了环境保护目标责任制和考核评价机制、生态保护红线、生态保护补偿、排污许可等新型环保制度,被誉为"史上最严"的《环境保护法》。

2. 我国《环境保护法》和环境与资源保护法基本制度的关系

在40多年的环境与资源保护管理实践中,尽管《环境保护法》是由全国人大常委会通过的,但它一直被视为环境与资源保护法律体系中处于最高位阶的基本法。

我国《环境保护法》和环境与资源保护法基本制度的关系主要表现在如下两个方面。

第一,《环境保护法》初步确立和完善了环境与资源保护法基本制度体系。我国环境与资源保护的基本法律制度中的生态环境标准制度、环境与资源保护规划制度、环境影响评价制度与"三同时"制度、排污许可制度、环境税费制度及突发环境事件应急制度等基本上是由《环境保护法》创立的。本着从预防、治理和救济等三方面解决环境问题的思路，我国《环境保护法》所确立的环境与资源保护法基本制度在制度设计、顺位安排及其相互关系上也相辅相成，有利于政府开展环境与资源保护的监管工作。

例如，从预防环境利用行为可能带来的环境污染和资源破坏的思路出发，《环境保护法》在基本制度的设计上首先确立了生态环境标准制度、环境与资源保护规划制度和环境影响评价制度，为政府制定和开展对环境利用行为的事前监管措施提供法律依据。接着，从治理现有环境污染和资源破坏的实际出发，《环境保护法》确立了排污许可、环境税费制度及其他自然保护的准用性规范，为环境与资源保护的过程管理奠定了执法基础。从救济可能存在的环境侵害及防治环境污染和自然破坏的需要出发，《环境保护法》还确立了限产停产制度、突发环境事件应急处理制度及环境侵害的民事责任制度。

在单项环境与资源保护立法及执法实践中，各单项环境与资源保护立法结合环境与资源保护要素与领域的实际又逐步发展和完善了这些基本制度。

第二，《环境保护法》所确立的环境与资源保护法基本制度，为单项环境与资源保护法律确立特别制度的构建奠定了基础。总体上看，开展环境与资源保护工作除了政府要安排专门的财政资金进行环境保护建设以外，主要的对策措施还是围绕环境问题的源头即合理控制环境容量利用和自然资源开发利用等环境利用行为之上。因此环境与资源保护特别法律制度的构建，需要在基本制度之外针对单项污染要素和有害因素等迁移转变规律，以及结合自然资源开发与保护方式方法的特点上予以确立，从而达到对基本制度予以补充的目的。

此外，由于基本制度并非一成不变，所以有些环境与资源保护的特别制度还可以上升为基本制度，它们也需要通过修订《环境保护法》的方式予以实现。

目前，我国《环境保护法》和单项环境与资源保护法律已基本建立，它们所确立的法律制度共同构成了以基本制度为主导，以特别制度为补充的环境与资源保护制度体系。

第二节　生态环境标准制度

一、制度概述

生态环境标准是指为了保护人群健康、保护社会财富和维护生态平衡，就生态环境质量、污染物的排放、生态环境监测方法及其他需要的事项，按照法律规定程序制定的各种技术指标与规范的总称。除污染控制外，广义的生态环境标准还包括在自然生态保护、绿色低碳发展及生态环境损害预防与救济等生态环境保护工作中需要统一的各项技术要求。

各国环境与资源保护立法一般将行政行为适用的具有强制性的环境标准直接在法律中

明确规定。例如,在日本,依照《环境基本法》规定,环境标准包括有关人体健康项目的标准和有关生活环境项目的标准两大类。在我国,依照《环境保护法》的规定,环境标准主要包括环境质量标准和污染物排放标准两大类。除此之外,在具体实施监测、测定和技术分析时,还要按照一定的科学方法来进行,因此除强制性环境标准外还存在着一些基础性、方法性的技术规范,这些在我国也一并纳入环境标准的范畴。根据 2020 年生态环境部制定的《生态环境标准管理办法》,生态环境标准包括生态环境质量标准、生态环境风险管控标准、污染物排放标准、生态环境监测标准、生态环境基础标准和生态环境管理技术规范等六类。

按照《标准化法》(2017 年修订)的规定,我国的国家标准有强制性标准和推荐性标准之分①。其中第 10 条规定:"对保障人身健康和生命财产安全、国家安全、生态环境安全,以及满足经济社会管理基本需要的技术要求,应当制定强制性国家标准。"在生态环境标准中,生态环境质量标准、生态环境风险管控标准、污染物排放标准和法律法规规定强制执行的其他生态环境标准属于强制性生态环境标准,必须执行,其他生态环境标准属于推荐性生态环境标准。国家鼓励采用推荐性生态环境标准,推荐性生态环境标准被强制性生态环境标准或者规章、行政规范性文件引用并赋予其强制执行效力的,被引用的内容必须执行,推荐性生态环境标准本身的法律效力不变。此外,根据第 12 条规定,对没有推荐性国家标准、需要在全国生态环境保护行业范围内统一的技术要求,生态环境部还可以制定生态环境部标准。

根据《关于环境标准管理的协调意见》(国家质量技术监督局,2001)的规定,国家生态环境质量标准和国家污染物排放标准由生态环境部提出编制计划,经国家市场监督管理总局下达计划后由生态环境部制定,并由生态环境部、国家市场监督管理总局联合发布。机动车、船舶、飞机移动污染源的国家污染物排放标准由生态环境部提出计划,国家市场监督管理总局下达计划,生态环境部制定。生态环境监测标准、生态环境基础标准则由生态环境部提出计划、组织制定,并由国家市场监督管理总局下达计划、审批后联合发布。

由于生态环境保护工作涉及其他有关部门,如卫生、建设、交通、水利、自然资源、农业、林业等部门,这些部门也有权依法制定其职权范围内涉及环保工作的标准。鉴于我国的生态环境标准是各类性质和目的不同的技术指标和规范的统称,其制定机关、适用对象和强制性等的不同,导致它们本身的规范性也不确定。

---

① 有关强制性国家生态环境标准的代号,用"GB"表示;推荐性国家生态环境标准的代号,则用"GB/T"表示。推荐性标准又称非强制性标准或自愿性标准,是指生产、交换、使用等方面,通过经济手段或市场调节而自愿采用的一类标准。在生态环境标准体系中有大量技术规范属于推荐性标准。

拓展阅读 3-2　中国的生态环境标准体系

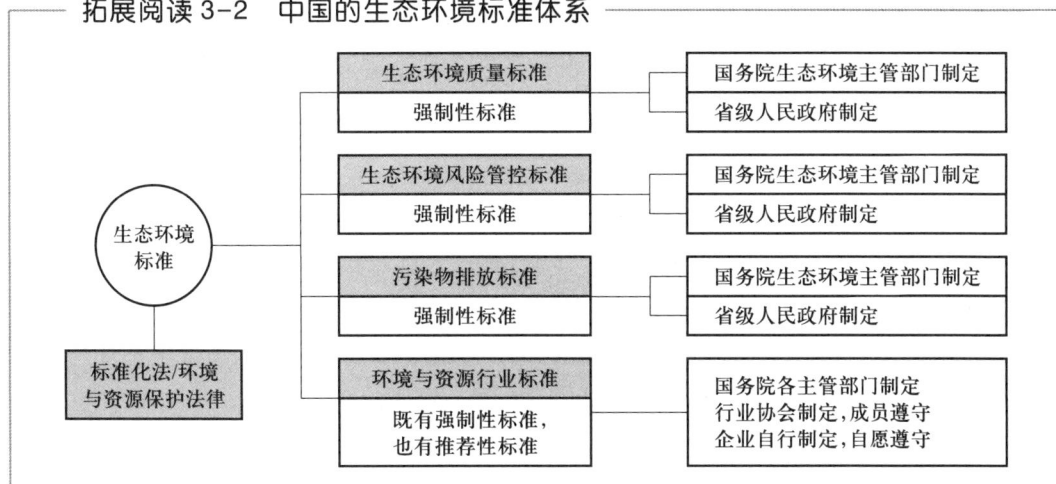

生态环境标准通过客观科学的数据对相关领域的人类活动及其所产生的环境负荷进行定量分析,以量化的方法来预测、判断和说明环境承载能力,约束人类的环境利用行为,间接地实现了对环境污染和生态破坏行为的"事前控制"。截至 2021 年 11 月 25 日,现行国家生态环境标准总数已达 2 202 项,其中生态环境质量标准 16 项,生态环境风险管控标准 2 项,污染物排放标准 183 项,生态环境监测标准 1 283 项,生态环境基础标准 49 项,生态环境管理技术规范 669 项。

二、强制性生态环境标准

(一) 生态环境质量标准

生态环境质量标准,是为保护生态环境,保障公众健康,增进民生福祉,促进经济社会可持续发展,限制环境中有害物质和因素所做的控制规定。例如,《环境空气质量标准》《海水水质标准》《地表水环境质量标准》《渔业水质标准》《景观娱乐用水水质标准》等。

生态环境质量标准是满足环境达到规定使用功能和生态环境质量的基本要求。制定生态环境质量标准,应当反映生态环境质量特征,以生态环境基准研究成果为依据,与经济社会发展和公众生态环境质量需求相适应,科学合理确定生态环境保护目标。

案例讨论 3-1

在 2011 年《环境空气质量标准》修订过程中,考虑到 $PM_{2.5}$ 危害极大且我国尚无标准数值的现状,编制组拟按照世界卫生组织(WHO)的要求对 $PM_{2.5}$ 作出限值规定。经测算,发现即便采用 WHO 推荐的最低标准,全国 113 个重点城市中大部分都难以达标。对此,很多地方政府和相关产业纷纷以"经济和技术不可行"为由反对加入 $PM_{2.5}$ 限值。但社会舆论普遍认为,为了保护公众健康,应当规定 $PM_{2.5}$ 的限值。

讨论:在环境质量标准制定过程中,应当如何权衡人体健康与经济和技术可行性的关系?

生态环境质量标准分为国家和地方两级。依照《环境保护法》规定,国务院生态环境主管部门制定国家生态环境质量标准。(第15条)省级人民政府对国家生态环境质量标准中未作规定的项目,可以制定地方生态环境质量标准;对国家生态环境质量标准中已作规定的项目,可以制定严于国家生态环境质量标准的地方生态环境质量标准。地方生态环境质量标准应当报国务院生态环境主管部门备案。(第15条第2款)

国家生态环境质量标准在整个生态环境标准中处于核心地位,是国家环境政策目标的综合反映和体现,是国家实行生态环境保护规划、控制污染,以及分级、分类管理环境和科学评价环境质量的基础,是制定污染物排放标准的主要科学依据,也是判断某地域环境质量状况和是否受到污染的直接依据。

《环境保护法》规定,地方各级人民政府应当对本行政区域的环境质量负责。(第6条)因此环境质量标准的强制性主要体现在政府环境管理行为方面,其可以作为考评各级人民政府负责人的直接依据。需要明确的是,我国生态环境质量标准的实施需经生态环境主管部门或其他主管部门按照环境质量功能区划的要求,在各该划定的区域内明确适用不同类别的标准数值后才具有法的拘束力,因此,对不同环境质量功能区的划定属于主管部门的行政裁量行为,在经划定的环境质量功能区内从事生产生活活动的公民依法负有容忍一定程度污染的义务。

由于对环境质量控制区域划定的结果将直接影响该区域内公众的环境权益,因此本书认为生态环境主管部门或其他主管部门对环境质量控制区域的划定行为应当听取公众的意见。

(二) 生态环境风险管控标准

生态环境风险管控标准,是为保护生态环境,保障公众健康,推进生态环境风险筛查与分类管理,维护生态环境安全,控制生态环境中的有害物质和因素所制定的控制规定。生态环境风险管控标准包括土壤污染风险管控标准及法律法规规定的其他环境风险管控标准,例如,《土壤环境质量　农用地土壤污染风险管控标准(试行)》《土壤环境质量　建设用地土壤污染风险管控标准(试行)》等。

《生态环境标准管理办法》增加了生态环境风险管控标准这一类别。与生态环境质量标准不同,生态环境风险管控标准主要用于风险筛查和分类,而非质量达标评价。生态环境风险管控标准是开展生态环境风险管理的技术依据。实施生态环境风险管控标准,例如土壤污染风险管控标准,应当按照土地用途分类管理,管控风险,实现安全利用。制定生态环境风险管控标准,应当根据环境污染状况、公众健康风险、生态环境风险、环境背景值和生态

环境基准研究成果等因素,区分不同保护对象和用途功能,科学合理确定风险管控要求。(第 17 条)

生态环境风险管控标准也分为国家和地方两级。依照《土壤污染防治法》的规定,国务院生态环境主管部门根据土壤污染状况、公众健康风险、生态风险和科学技术水平,并按照土地用途,制定国家土壤污染风险管控标准,加强土壤污染防治标准体系建设。省级人民政府对国家土壤污染风险管控标准中未作规定的项目,可以制定地方土壤污染风险管控标准;对国家土壤污染风险管控标准中已作规定的项目,可以制定严于国家土壤污染风险管控标准的地方土壤污染风险管控标准。地方土壤污染风险管控标准应当报国务院生态环境主管部门备案。土壤污染风险管控标准是强制性标准。(第 12 条)

(三) 污染物排放标准

污染物排放标准,是为改善生态环境质量,根据生态环境质量标准和经济、技术条件控制排入环境中的污染物或者其他有害因素所做的控制规定。例如,《污水综合排放标准》《恶臭污染物排放标准》《大气污染物综合排放标准》《船舶污染物排放标准》等。

污染物排放标准是针对污染物排放所规定的最大限值即"污染允许限度"而编制的。编制污染物排放标准的主要依据是环境质量标准,并按照不同类别的功能区分别规定与之相应的排放限值,适用于所有经划定的不同环境质量功能区内的污染源。

依照《环境保护法》的规定,国务院生态环境主管部门根据国家环境质量标准和国家经济、技术条件,制定国家污染物排放标准。(第 16 条第 1 款)省级人民政府对国家污染物排放标准中未作规定的项目,可以制定地方污染物排放标准;对国家污染物排放标准中已作规定的项目,可以制定严于国家污染物排放标准的地方污染物排放标准。地方污染物排放标准应当报国务院生态环境主管部门备案。(第 16 条第 2 款)

根据《生态环境标准管理办法》的规定,水和大气污染物排放标准,根据适用对象分为行业型、综合型、通用型、流域(海域)或者区域型污染物排放标准。行业型污染物排放标准适用于特定行业或者产品污染源的排放控制;综合型污染物排放标准适用于行业型污染物排放标准适用范围以外的其他行业污染源的排放控制;通用型污染物排放标准适用于跨行业通用生产工艺、设备、操作过程或者特定污染物、特定排放方式的排放控制;流域(海域)或者区域型污染物排放标准适用于特定流域(海域)或者区域范围内的污染源排放控制。(第 21 条)

制定行业型或者综合型污染物排放标准,应当反映所管控行业的污染物排放特征,以行业污染防治可行技术和可接受生态环境风险为主要依据,科学合理确定污染物排放控制要求。制定通用型污染物排放标准,应当针对所管控的通用生产工艺、设备、操作过程的污染物排放特征,或者特定污染物、特定排放方式的排放特征,以污染防治可行技术、可接受生态环境风险、感官阈值等为主要依据,科学合理确定污染物排放控制要求。制定流域(海域)或者区域型污染物排放标准,应当围绕改善生态环境质量、防范生态环境风险、促进转型发展,在国家污染物排放标准基础上作出补充规定或者更加严格的规定。(第 22 条)

在执行污染物排放标准时,地方污染物排放标准优先于国家污染物排放标准;地方污染物排放标准未规定的项目,应当执行国家污染物排放标准的相关规定。同属国家污染物排放标准的,行业型污染物排放标准优先于综合型和通用型污染物排放标准;行业型或者综合型污染物排放标准未规定的项目,应当执行通用型污染物排放标准的相关规定。同属地方污染物排放标准的,流域(海域)或者区域型污染物排放标准优先于行业型污染物排放标准,行业型污染物排放标准优先于综合型和通用型污染物排放标准。流域(海域)或者区域型污染物排放标准未规定的项目,应当执行行业型或者综合型污染物排放标准的相关规定;流域(海域)或者区域型、行业型或者综合型污染物排放标准均未规定的项目,应当执行通用型污染物排放标准的相关规定。(第 24 条)

由于污染物排放(控制)标准是针对污染物排放而作出的限制,因此对排放污染物的行为具有直接的约束力。污染物排放标准规定的污染物排放方式、排放限值等是判定污染物排放是否超标的技术依据。排放污染物或者其他有害因素,应当符合污染物排放标准规定的各项控制要求。在许多国家的环境与资源保护立法中,一般将污染物排放标准作为判断排污行为是否违法的客观标准和依据。

(四) 强制性生态环境标准与环境行政的关系

强制性生态环境标准即生态环境质量标准、生态环境风险管控标准和污染物排放标准本属于技术规范,从法的角度看,它们的规范性并不确定。人类环境利用行为的强度越大对环境要素的压力也越大,这时就必须通过一定的指标将可以反映环境各要素对其外在的生态需求予以表现,以指导人类对环境的合理利用。

为提高环境行政决策的效率、减少行政机关对各类环境利用行为的审查程序、填补法律在具体规定上的不足,必须通过法律授权专门的主管部门制定专业性较强的科技标准规范并适用于不同环境利用行为,它们可以弥补环境与资源保护立法的不足,体现出对环境法律关系的参与主体在环境法律规范适用上的预见性、确定性和可罚性。因此,将生态环境质量标准、生态环境风险管控标准和污染物排放标准作为国家强制性标准授权环境行政按照不同的环境地域要求予以分别适用是非常重要的。

例如,在生态环境质量标准的制定中,本着既满足环境的各类使用功能,又满足环境的生态质量要求的理念,针对人类活动强度和环境要素需求的不同,将环境地域按照环境要素的功能和人类对环境的利用目的、保护目标等分为若干类别并确立不同的标准值分别适用。相似地,在生态环境风险管控标准的制定中,需要考虑生态环境风险筛查与分类管理的需要,区分不同的保护对象和用途功能确定风险管控的要求。这样,既有利于政府在编制环境规划时明确环境质量保护和风险管控的目标,又有利于公众对规划执行效果的监督。

与之相适应,在污染物排放标准的制定中,应当根据环境质量标准确立一个维持该标准值所要求状态的最低数值作为控制污染物排放的最高数值,以实现人类生存对环境质量状况的基本要求。同样,污染物排放标准既是政府环境监督检查的依据,也是对超标排污者予以行政处罚和行政指导的依据。

由于环境利用行为和环境保护技术的发展经常处于一个动态的过程,而强制性生态环境标准的制定是以现有科技水平为基础的,这样在标准管制行政中经常会出现新发现的环境问题没有相应的标准对应或现有标准的规制水平较低等现象。所有这些也都需要环境行政对生态环境标准进行动态的调整以适应改变,并且在环境行政决策中考虑这一现实以促使决策能够防范环境风险。

案例讨论 3-2

现行大气污染物排放标准中一直允许企业向大气排放一定浓度的 A 物质。但是,直到最近科学家才证实 A 物质是一种强致癌物。为此,生态环境主管部门立即发出命令:禁止企业向大气排放 A 物质。对此,排放 A 物质的企业认为,生态环境主管部门无权禁止企业向大气排放 A 物质,因为只要企业向大气排放 A 物质符合现行大气污染物排放标准其行为就属合法。

讨论:在对现行有效的大气污染物排放标准修订之前,生态环境主管部门是否有权命令禁止企业向大气排放 A 物质?

本书认为,强制性生态环境标准本身不属于法的规范,其具体适用需依附于法定环境行政决定即公法上的判断。为此,强制性生态环境标准不具有判断或决定平等主体间是否存在环境妨害或者侵害的法的效力。从这个意义上讲,强制性生态环境标准必须经环境与资源保护立法确认并由生态环境等主管部门决定适用后才具有相应的法的拘束力。

基于强制性生态环境标准的专业性特点,各国制定、适用与解释环境标准的权力均为环保部门。但是,在缺乏法律程序规范的条件下,环保部门对具体个案的适用具有较大的弹性空间,并存在着标准适用上的随机性、模糊性及难以掌握等问题。因此,相对人及公众参与决策就显得非常重要。美国为克服这些问题在环境行政上施行了"管制协商"(regulatory negotiation)式的规则确定方法,即在与相对人和公众的协商下决定相对人所适用的标准。

另外,当强制性生态环境标准的适用因涉及公共利益而发生纠纷时,应当在尊重专业判断的前提下行使司法审查权。

三、其他类别的生态环境标准

其他类别的生态环境标准,是指除国家生态环境标准以外的,以政府主管部门、行业或企业制定的推荐性或自愿性标准为主的技术规范。此类生态环境标准也分为强制性标准和推荐性标准。

(一) 生态环境监测标准、生态环境基础标准和生态环境管理技术规范

在我国,生态环境监测标准、生态环境基础标准、生态环境管理技术规范一般属于推荐性环境标准。其中,生态环境监测标准是为监测生态环境质量和污染物排放情况,开展达标

评定和风险筛查与管控,规范布点采样、分析测试、监测仪器、卫星遥感影像质量、量值传递、质量控制、数据处理等监测技术要求而制定的技术规范;生态环境基础标准是为统一规范生态环境标准的制订技术工作和生态环境管理工作中具有通用指导意义的技术要求所制定的技术规范,包括生态环境标准制订技术导则,生态环境通用术语、图形符号、编码和代号(代码)及其相应的编制规则等;生态环境管理技术规范是为规范各类生态环境保护管理工作的技术要求所制定的技术规范,包括大气、水、海洋、土壤、固体废物、化学品、核与辐射安全、声与振动、自然生态、应对气候变化等领域的管理技术指南、导则、规程、规范等。

鉴于有关环境监测方法、技术规范和相关数据需要在全国范围内统一,因此上述三类生态环境标准只有国家标准没有地方标准。这类生态环境标准的制定权限来源于《标准化法》的授权,由国务院生态环境主管部门和其他主管部门制定,属于指导生态环境监测和实施环境监督的技术规范,不具有法的拘束力。

当对认定污染物排放是否超标问题上发生分歧时,可以在诉讼中用上述三类生态环境标准所规定的技术规范判断监测方法及测定技术等操作程序和内容是否符合国家生态环境标准的规定。

案例讨论 3-3

生态环境主管部门在对 A 企业进行现场检查后,发现 A 企业存在超标排污行为,遂决定对 A 企业进行行政处罚。A 企业认为,生态环境主管部门对 A 企业排放的污染物所进行的监测过程不符合相关生态环境监测标准规定的程序和方法,所得出的监测结果不能作为处罚的依据。生态环境主管部门认为,虽然监测过程未完全依照相关生态环境监测标准的规定,但不影响监测结果的准确性,所得出的结论可以作为处罚的依据。

讨论:违反生态环境监测标准得出的监测结论是否有效?

(二) 环境与资源保护行业标准和企业排放标准

1. 生态环境部标准

在生态环境标准体系中,生态环境部标准是一类较为特殊的标准,特指需要在全国生态环境保护工作范围内统一的技术要求而又没有国家生态环境标准时由生态环境部制定的标准。

生态环境部标准属于环境保护行业标准的性质,不属于国家标准。由于实践中不存在独立的环境保护行业,因此将此类标准命名为生态环境部标准。目前,生态环境部标准主要局限于生态环境基础标准和环境影响评价技术规范,属于推荐性标准。例如,在环境影响评价工作中适用的《环境影响评价技术导则　总纲》(HJ 2.1—2001)就属于生态环境部标准。

生态环境部标准由生态环境部负责制定,向国家市场监督管理总局备案。

2. 其他主管部门制定的环境与资源保护行业标准

由于我国生态环境保护实行统一管理与部门分工负责管理的体制,国务院有关环境与资源保护的主管部门都可以在本部门范围内制定统一适用的行业标准。

拓展阅读 3-3　我国环境与资源保护行业标准的类别、代号及其主管部门

类别	代号	主管部门
生态环境保护	HJ	生态环境部
农业	NY	农业农村部
水产	SC	农业农村部
水利	SL	水利部
林业	LY	国家林业和草原局
海洋	HY	自然资源部
地质矿产	DZ	自然资源部
土地管理	TD	自然资源部
核工业	EJ	工业和信息化部/国防科技工业局
铁路运输	TB	交通运输部
交通	JT	交通运输部
劳动和劳动安全	LD	人力资源和社会保障部
文化	WH	文化和旅游部
城镇建设	CJ	住房和城乡建设部
煤炭	MT	国家矿山安全监察局
卫生	WS	国家卫生健康委员会
气象	QX	中国气象局

3. 企业排放标准

企业排放标准,是指企业自行制定的比国家或地方更为严格的污染物排放标准。依照《标准化法》的规定,企业标准的技术要求不得低于强制性国家标准的相关技术要求。国家鼓励企业制定高于推荐性标准相关技术要求的企业标准。(第 21 条)

随着循环经济的兴起,许多企业在技术改造过程中运用了新设备和新技术,在提高能源利用效率的同时也减少了污染物的排放。目前,许多著名的大型企业及特殊领域的企业为赢得社会的公信力和当地民众的支持,纷纷制定了更为严格的排放标准,直接适用或者通过与政府或者周边居民签订环境协议的方式予以适用。

本书认为,企业排放标准因不为法律所规定,所以一般不具有法的拘束力。但是,如下两种情况则应当认可其法的拘束力:一是在企业与政府或者周边居民签订的环境协议中作为企业义务明确规定的;二是当司法机关认可某些特殊领域的企业排放标准可以作为鉴定标准适用的。

第三节　环境与资源保护规划制度

一、制度概述

世界各国环境与资源保护立法确立的环境计划与规划是国家环境行政的重要依据。通常,国家环境计划与规划和该国的国家环境政策密切相关,环境基本法一般要求任何发展决策和政策计划都必须与环境计划相一致。

鉴于我国对环境保护实行统一监督管理和分工负责管理的体制,有关计划和规划的编制和实施也分别由对环境保护享有监督管理权的不同主管部门掌管,因此我国并没有一部统一的环境与资源保护规划。本书所谓的环境与资源保护规划,是指由国民经济和社会发展五年规划的环境保护篇章、全国主体功能区规划、国家各类生态建设和保护规划、专项环境保护规划等共同组成的以环境与资源保护为目的的规划统一体。

其中,由国务院编制并由全国人大通过的国民经济和社会发展五年规划纲要中的环境保护篇章在所有环境与资源保护规划中处于最高地位。国家级主体功能区规划由国务院审议通过,其他各类环境与资源保护专项规划则由国务院主管部门编制并报国务院批准实施。

环境与资源保护规划是环境预测与科学决策的产物,因此它们是实现环境与资源保护立法目的和指导国家环境保护工作、考评政府官员执政业绩的重要依据。

二、国民经济和社会发展规划中的环境保护篇章和专项规划

依照宪法规定,国务院编制国民经济和社会发展规划,报全国人民代表大会审查批准后执行。

在我国,国务院编制的国民经济和社会发展五年规划一般包含三个层次:第一层次是编制国民经济和社会发展五年规划纲要;第二层次是在纲要的指导之下由国务院主管部门编制的重点专项规划;第三层次是各部门、各地区根据纲要和重点专项规划内容编制的行业规划和地区规划。

(一)　五年规划纲要中的环境保护篇章

从 1975 年起,国务院环境保护领导小组在其制定的《关于制定环境保护十年规划和"五五"(1976—1980 年)计划》中就规定要把环境保护纳入国民经济和社会发展计划,提出了"五年控制、十年基本解决环境污染问题"的行政目标。为此还开展了污染源调查、环境质量评价等基础性的环境保护工作。由于未能制定具有强制力的环境保护法律并编制科学系统的环境保护规划而使这一目标未能实现。

在我国国民经济和社会发展的第六个五年计划时期,我国首次根据《环境保护法(试行)》的规定将国家环境保护"六五"(1981—1985 年)计划作为一个独立的篇章纳入国家国

民经济和社会发展计划之中,为我国后来的环境保护规划纳入国家规划奠定了基础。从1986年实行"七五"计划开始,我国在环境保护规划和计划工作的各方面都得到了顺利的开展。

1989年,我国修改颁布了新的《环境保护法》,规定国家制定的环境保护规划必须纳入国民经济和社会发展计划。2014年修订的《环境保护法》规定县级以上人民政府应当将环境保护工作纳入国民经济和社会发展规划。据此规定,国家在制定的各个国民经济和社会发展五年规划中均将环境保护与经济、社会协调发展、综合平衡作为编制规划的重要指导思想,并专门设立了环境保护篇章。以2021年全国人大通过的"十四五"规划和2035年远景目标纲要为例,该规划设立了题为"推动绿色发展 促进人与自然和谐共生"一篇(第十一篇)计三章,分别就提升生态系统质量和稳定性、持续改善环境质量、加快发展方式绿色转型做出了安排,同时将"广泛形成绿色生产生活方式,碳排放达峰后稳中有降,生态环境根本好转,美丽中国建设目标基本实现"作为2035年远景目标之一。

(二) 国务院主管部门编制的环境与自然保护专项规划

1. 生态环境部门制定的环境保护规划

《环境保护法》规定,国务院生态环境主管部门会同有关部门,根据国民经济和社会发展规划编制国家环境保护规划,报国务院批准并公布实施。县级以上地方人民政府生态环境部门会同有关部门,根据国家环境保护规划的要求编制本行政区域的环境保护规划,报同级人民政府批准并公布实施。(第13条第2、3款)

环境保护规划是各级政府和各有关部门在规划期内要实现的环境目标和所要采取的防治措施的具体体现。环境保护规划的目的是保证将环境保护作为国民经济和社会发展规划的重要组成部分参与综合平衡,发挥规划的指导和宏观调控作用,强化环境管理,推动污染防治和自然保护,改善环境质量,促进环境与国民经济和社会的协调发展。

根据《环境保护法》的规定,环境保护规划的内容主要包括生态保护和污染防治的目标、任务、保障措施等。以2016年12月国务院通过的《"十三五"生态环境保护规划》为例,为实现生态环境质量总体改善的目标,规划提出了约束性和预期性目标,规划的目标是到2020年生态环境质量总体改善,保障措施是将规划重点任务根据有关职责进行分工,将约束性指标分解并明确部门责任,定期对规划实施情况进行监测评估和考核,考核结果向国务院报告,向社会公布,纳入领导干部综合考核评价体系。

由于国务院与各部门编制的规划很多,环境保护规划可能在涉及环境污染防治、资源开发利用与自然保护等方面与其他规划在内容上相重合。为避免不同规划之间出现矛盾与冲突,《环境保护法》规定,环境保护规划应当与主体功能区规划、土地利用总体规划和城乡规划等相衔接。(第13条第4款)当前,我国已经开始逐步推进"多规合一",将国民经济和社会发展规划、城乡规划、土地利用规划、生态环境保护规划等多个规划融合到一个区域上,实现一个市县一本规划、一张蓝图,解决现有各类规划自成体系、内容冲突、缺乏衔接等问题。

2. 有关部门编制的环境与资源保护规划与行业和地区规划

按照环境保护分工负责的管理体制,除国务院生态环境主管部门外,其他有关部门也依法享有环境保护与自然资源保护管理的职权,它们可以单独或者与国务院生态环境主管部门联合编制有关的规划并报国务院批准发布和实施。

有关部门编制的环境与资源保护规划既有专项规划,也有行业和地区规划,例如全国生态环境保护纲要与全国生态环境建设规划、全国野生动植物保护及自然保护区建设工程总体规划、全国草原保护建设利用总体规划、全国生物物种资源保护与利用规划纲要、中国水生生物资源养护行动纲要、全国湿地保护工程实施规划、天然林保护工程规划等。

以长江流域为例,为了持续实施长江大保护,推动长江生态环境保护修复,全国人大常委会于 2020 年制定《长江保护法》。依该法规定,国家建立以国家发展规划为统领,以空间规划为基础,以专项规划、区域规划为支撑的长江流域规划体系,充分发挥规划对长江流域生态环境保护和绿色发展的引领、指导和约束作用。

三、全国主体功能区规划

2000 年,国家计划委员会在有关规划体制改革的意见中首次提出规划编制的"空间协调与平衡"思想。要求政府在制定规划时,必须考虑将产业分布与空间、人、资源与环境相协调。2006 年《国民经济和社会发展第十一个五年规划纲要》授权国务院编制全国主体功能区规划。2011 年 6 月国务院正式发布了《全国主体功能区规划》。2015 年 8 月国务院发布了《全国海洋主体功能区规划》。

《全国主体功能区规划》是我国第一部国土空间开发规划。该规划根据不同区域的资源环境承载能力、现有开发密度和发展潜力,按照人口分布、经济布局、国土利用和城镇化格局,将国土空间划分为优化开发、重点开发、限制开发和禁止开发四类。

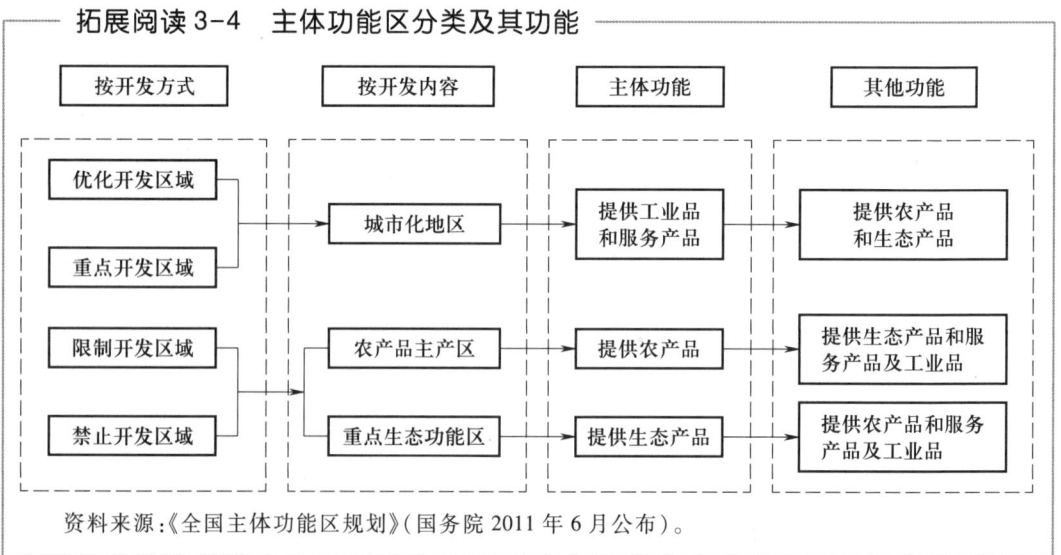

拓展阅读 3-4   主体功能区分类及其功能

资料来源:《全国主体功能区规划》(国务院 2011 年 6 月公布)。

其中,优化开发区域是国土开发密度已经较高、资源环境承载能力开始减弱的区域;重点开发区域是资源环境承载能力较强、经济和人口集聚条件较好的区域;限制开发区域是资源环境承载能力较弱、大规模集聚经济和人口条件不够好并关系到全国或较大区域范围生态安全的区域;禁止开发区域是依法设立的各类自然保护区域。

案例讨论 3-4

A市拟将途经其下属B县的河流沿岸规划为工业开发园区,通过招商引资发展B县的地方经济。但是依照国务院通过的《全国主体功能区规划》,B县河流沿岸被国家确定为禁止开发区域,因为B县下游有一个特大城市C,被国家确定为优化开发区域。

讨论:对于B县发展机会的丧失,应当如何进行补偿?

与以往的国家综合性开发利用和环境与资源保护规划相比,《全国主体功能区规划》的最大特点在于打破了以往全国传统行政区划界限,要求今后的各类政策及考核模式等都将以功能区为单位展开。根据功能区划分标准,《全国主体功能区规划》由国家主体功能区规划和省级主体功能区规划组成,分国家和省级两个层次编制,规划期至2020年。

实施《全国主体功能区规划》后,国家和地方有关财政、投资、产业、土地、人口管理、环境保护、绩效评价,以及政绩考核政策和指标均要发生改变。

拓展阅读 3-5　《全国主体功能区规划》确立的绩效考核评价体系

2011年国务院印发的《全国主体功能区规划》规定,按照不同区域的主体功能定位,实行各有侧重的绩效考核评价办法。

1. 优化开发区域:实行转变经济发展方式优先的绩效评价,强化对经济结构、资源消耗、环境保护、自主创新,以及外来人口公共服务覆盖面等指标的评价,弱化对经济增长速度、招商引资、出口等指标的评价。

2. 重点开发区域:实行工业化城镇化水平优先的绩效评价,综合评价经济增长、吸纳人才、质量效益、产业结构、资源消耗、环境保护,以及外来人口公共服务覆盖面等内容,弱化对投资增长速度等指标的评价,对中西部地区的重点开发区域,还要弱化吸引外资、出口等指标的评价。

3. 限制开发区域:限制开发的农产品主产区,实行农业发展优先的绩效评价,强化对农产品保障能力的评价,弱化对工业化城镇化相关经济指标的评价;限制开发的重点生态功能区,实行生态保护优先的绩效评价,强化对提供生态产品能力的评价,弱化对工业化城镇化相关经济指标的评价。

4. 禁止开发区域:根据法律法规和规划要求,按照保护对象确定评价内容,强化对自然文化资源原真性和完整性保护情况的评价。

与其他各类环境与资源保护规划相比,《全国主体功能区规划》是国土空间开发的战略性、基础性和约束性规划,是国民经济和社会发展总体规划、人口规划、区域规划、城市规划、土地利用规划、环境保护规划、生态建设规划、流域综合规划、水资源综合规划、海洋功能区规划、海域使用规划、粮食生产规划、交通规划、防灾减灾规划等在空间开发和布局的基本依据。因此,国民经济和社会发展规划中的环境与资源保护规划与行业和地区规划的编制都应当以《全国主体功能区规划》为准。

四、环境与资源保护规划的效力

理论上讲,环境与资源保护规划属于行政行为之一种,是针对一定目标确立的多阶段、分时期的行政过程。在各国环境与资源保护法律实践中,环境与资源保护规划的表现形式多种多样,既有依照法律制定的计划或规划,也有通过行政法规或者规章确立的计划或规划。因此其法律效力也各不相同。

从我国各类环境与资源保护规划的编制与执行看,国民经济与社会发展五年规划纲要由全国人民代表大会审议通过,具有最高规划效力,其后依次为国务院发布的《全国主体功能区规划》及其他类别的规划。

如果规划的实施未以相应的法律规范予以指引,就不具有一般行政法规范的性质。由于我国现行环境与资源保护法律并未对环境与资源保护规划的编制与执行规定相应的法律后果,所以环境与资源保护规划主要对政府及其主管部门依法审批规划范围内相关开发利用环境项目,以及规划所确立的项目具有指导和准据作用,一般不对行政机关以外的人具有直接的法的强制力。

我国除了环境与资源保护规划外,还有国土空间规划,区域、流域、海域的建设、开发利用规划等综合性指导规划,以及工业、农业、畜牧业、林业、能源、水利、交通、城市建设、旅游、自然资源开发等专项规划,这些规划均依照法律、行政法规编制实施。从它们之间的效力上看,尽管目前法律没有明确规定,但是在执行环境影响评价制度时,法定应当进行环境影响评价的规划若未经环境影响评价审查,该规划就会因程序违法而不具有规划的效力。

当环境与资源保护规划的具体实施涉及公众的环境权益时,应当按照不同环境与资源保护规划的性质决定该规划的编制和审批行为是否可以接受司法审查。

案例讨论 3-5

根据国家"十三五"规划以及国务院《"十三五"节能减排综合性工作方案》规定的节能减排约束性指标,A省在"十三五"期间,每年都应当完成相应的节能减排指标。经考核,A省并未完成年度节能减排指标。

讨论：A 省未能完成节能减排规划确定的指标，是否应当承担相应的法律责任？由谁承担法律责任？

第四节　环境影响评价制度

一、制度概述

（一）环境影响评价的概念

环境影响评价（environmental impact assessment）的概念，西方国家一般指决策者在作出可能带来环境影响的决定之前，事先对环境的现状进行调查，在此基础上提出各种不同的替代方案，并就各种方案可能造成的环境影响进行预测、评价和比较，从而选择最适合于环境的决定。

拓展阅读 3-6　环境影响评价制度的历史和核心

环境影响评价的概念，是于 1964 年在加拿大召开的国际环境质量评价会议上首次提出来的。当时，环境影响评价仅仅是一种科学的理论和方法。之后，人们将其运用于开发建设项目对环境影响的预测评价实践中，通过进一步改进和完善，终于使这项学术研究成果逐步成熟并为法律所确立。

环境影响评价制度是美国于 20 世纪 60 年代末在《国家环境政策法》（NEPA）中首创的，之后很快为各国环境与资源保护立法所借鉴。

环境影响评价制度的核心是公众参与和替代方案。公众参与环境影响评价制度对于完善民主政治、提高政府决策的公众认知程度、降低决策风险，以及最终妥善地解决环境问题都有很大的促进意义。替代方案是决策者用来做比较的基础，由此决策者才能作出合理的判断和决定。因此，替代方案对实现科学决策具有重大作用。

资料来源：汪劲. 中外环境影响评价制度比较研究［M］. 北京：北京大学出版社，2006.

依照我国《环境影响评价法》规定，环境影响评价是指对规划和建设项目实施后可能造成的环境影响进行分析、预测和评估，提出预防或者减轻不良环境影响的对策和措施，进行跟踪监测的方法与制度。（第 2 条）

环境影响评价制度是环境与资源保护法有关预防原则的具体体现，也是我国环境与资源保护立法借鉴和吸收西方国家环境管理有关环境影响评价制度的产物。实行环境影响评价制度的主要意义在于环境影响评价具有科学技术性、前瞻预测性和内容综合性等优点，是环境行政决策的主要科学依据。

我国于 20 世纪 70 年代末开始建立环境影响评价制度。1978 年中共中央在批转国务院关于《环境保护工作汇报要点》的报告中首次提出了进行环境影响评价工作的意向,同年国务院有关部门组织对位于江西省的永平铜矿进行了环境影响评价。1979 年颁布的《环境保护法(试行)》正式确立了环境影响评价制度。1989 年的《环境保护法》中采用准用性规范规定了"建设污染环境的项目,必须遵守国家有关建设项目环境保护管理的规定。"1998 年国务院发布的《建设项目环境保护管理条例》对建设项目环境影响评价制度作了专章规定。2002 年全国人大常委会通过的《环境影响评价法》对环境影响的评价范围、原则、内容、程序及法律责任作了全面规定。2009 年国务院通过的《规划环境影响评价条例》对规划环境影响评价的范围和程序作了详细的规定。在我国颁布的一系列环境保护法律如《水污染防治法》《噪声污染防治法》《海洋环境保护法》《大气污染防治法》《固体废物污染环境防治法》《土壤污染防治法》中,也毫无例外地对建设项目施行环境影响评价作了重申。此外,在《环境保护法》《水污染防治法》《大气污染防治法》中,还规定了"区域限批"制度,即对超过国家重点污染物排放总量控制指标或者未完成国家确定的环境质量目标的地区,省级以上人民政府环境保护主管部门应当暂停审批其新增重点污染物排放总量的建设项目环境影响评价文件。

(二) 环境影响评价的对象

世界各国环境影响评价立法对评价对象的规定并不一致。环境影响评价的对象大体上包括两类:一是对政府宏观决策活动(主要指立法、决策、编制计划和规划等)的环境影响评价(又称战略环境评价,strategic environmental assessment);二是对开发建设项目的环境影响评价。

我国《环境影响评价法》规定,环境影响评价的对象包括应当进行环境影响评价的规划和建设项目两大类。

1. 应当进行环境影响评价的规划

我国在 2003 年以前只对建设项目实行环境影响评价。2003 年施行的《环境影响评价法》之所以将规划也纳入环境影响评价的对象范围,是因为建设项目只处在整个决策链的末端。实践证明,如果不从各种开发建设活动的源头即规划阶段预防环境问题,就无法彻底地从源头上保护环境,也不能指导政策或规划的发展方向。然而,由于国务院有关部门、设区的市级以上地方人民政府及其有关部门组织编制的规划范围很广、种类繁多,不可能也没有必要都进行环境影响评价。为此,我国《环境影响评价法》只规定对综合性规划和专项规划实行环境影响评价。

综合性规划是就国家或地方有关宏观、长远发展提出的具有指导性、预测性、参考性的指标。综合性规划包括国务院有关部门、设区的市级以上地方人民政府及其有关部门组织编制的土地利用的有关规划,区域、流域、海域的建设、开发利用规划。(第 7 条)专项规划是对有关的指标、要求作出具体的执行安排。专项规划涉及几乎所有的经济活动领域,包括国务院有关部门、设区的市级以上地方人民政府及其有关部门组织编制的工业、农业、畜牧业、林业、能源、水利、交通、城市建设、旅游、自然资源开发的有关专项规划。（第 8 条）

至于政策，2014 年修订的《环境保护法》第 14 条采用折中的方式予以规定："国务院有关部门和省、自治区、直辖市人民政府组织制定经济、技术政策，应当充分考虑对环境的影响，听取有关方面和专家的意见。"

2. 建设项目

建设项目的概念伴随我国经济发展和环境管理范围的调整一直在发生改变，一般指由《建设项目环境保护分类管理名录》规定的对环境可能产生影响的新建、改建、扩建工程项目和其他开发活动。对环境可能造成影响的饮食娱乐服务性行业，也属建设项目环境保护管理的范围。根据建设项目特征和所在区域的环境敏感程度，综合考虑建设项目可能对环境产生的影响，我国对建设项目的环境影响评价实行分类管理。建设单位应当按照生态环境部于 2021 年修订的《建设项目环境影响评价分类管理名录》的规定，分别组织编制建设项目环境影响报告书、环境影响报告表或者填报环境影响登记表。

（三）环境影响评价的基本内容和基本程序

之所以将环境影响评价作为环境与资源保护法基本制度，不仅因为它是预防原则在环境与资源保护立法中的重要体现，而且还在于它直接关系到评价和决定的内容是否完备、程序是否正当。我国《环境影响评价法》规定："环境影响评价必须客观、公开、公正，综合考虑规划或者建设项目实施后对各种环境因素及其所构成的生态系统可能造成的影响，为决策提供科学依据。"（第 4 条）

环境影响评价的基本内容一般反映在环境影响报告书之中，主要包括对拟议行动方案及其可供选择的其他方案实施后可能造成环境影响的科学评估、受影响的环境和环境受到影响后可能产生的不良后果等两个大的方面。

环境影响评价的基本程序主要包括确定是否应当进行环境影响评价的必要性判断程序（screening）、确定评价范围和项目程序（scoping）、实施环境影响评价和编制环境影响报告书程序、公众参与程序及最终决定程序等。

有关环境影响评价的基本内容和基本程序，各国在法律规定上略有不同。但是，作为环境影响评价基本内容的对拟议行动方案及其可供选择的其他方案一并评估，以及公众参与评估和决策全过程是必不可少的，它们是环境影响评价制度的核心和精髓。但在我国，考虑到编制行动方案的成本较高，法律并不要求在拟议行动方案之外再提供可选择的其他方案，因此被评价的方案只有一个。另外，公众参与的广度、深度及其权益保障也有待进一步明确。

二、规划与建设项目环境影响评价的程序

（一）规划环境影响评价的程序

1. 编写环境影响篇章或者说明及环境影响报告书

按照《环境影响评价法》和《规划环境影响评价条例》的规定，对规划进行环境影响评价

应当由规划编制机关在规划编制过程中组织进行。其方法是依照规划环评的技术规范分析、预测和评估规划实施可能对环境产生的整体影响,可能对环境和人群健康产生的长远影响,以及规划实施的经济效益、社会效益与环境效益之间和当前利益与长远利益之间的关系。

其中,编制综合性规划与专项规划中的指导性规划,应当根据规划实施后可能对环境造成的影响,编写环境影响篇章或者说明,内容包括规划实施对环境可能造成影响的分析、预测和评估,以及预防或者减轻不良环境影响的对策和措施;编制专项规划,应当在规划草案报送审批前编制环境影响报告书,内容除了包括环境影响篇章或者说明的内容外,还包括环境影响评价结论。

对可能造成不良环境影响并直接涉及公众环境权益的专项规划,除依法需要保密的外,编制机关应当在规划草案报送审批前征求有关公众的意见。当有关公众的意见与环境影响评价结论有重大分歧的,规划编制机关还应当采取论证会、听证会等形式进一步论证。在规划编制机关向审查机关报审环境影响报告书时,应当附具对公众意见采纳与不采纳情况及其理由说明。

若已批准的规划进行重大调整或者修订的,规划编制机关应当重新或者补充进行环境影响评价。

对环境有重大影响的规划实施后,编制机关应当及时组织环境影响的跟踪评价,并将评价结果报告审批机关;发现有明显不良环境影响的,应当及时提出改进措施。

2. 对规划环境影响评价文件的审查与规划的审批

依照《规划环境影响评价条例》规定,规划编制机关在报送指导性规划草案时,应当将环境影响篇章或者说明作为规划草案的组成部分一并报送规划审批机关;规划编制机关在报送审批专项规划草案时,应当将环境影响报告书一并附送规划审批机关。设区的市级以上人民政府审批的专项规划,在审批前由其环境保护主管部门召集有关部门代表和专家组成审查小组,对环境影响报告书进行审查。(第15—17条)

审查小组对规划环境影响评价文件进行审查后应当向审批机关提交书面意见。内容包括:基础资料、数据的真实性;评价方法的适当性;环境影响分析、预测和评估的可靠性;预防或者减轻不良环境影响的对策和措施的合理性和有效性;公众意见采纳与不采纳情况及其理由说明的合理性;环境影响评价结论的科学性。(第19条)

依据现有知识水平和技术条件,对规划实施可能产生的不良环境影响的程度或者范围不能作出科学判断的;规划实施可能造成重大不良环境影响的,并且无法提出切实可行的预防或者减轻对策和措施的,审查小组应当提出不予通过环境影响报告书的意见。(第21条)

规划审批机关在审批专项规划草案时,应当将环境影响报告书结论及审查意见作为决策的重要依据。当规划审批机关对环境影响报告书结论及审查意见不予采纳的,应当逐项就不予采纳的理由作出书面说明,并存档备查。(第22条)

（二）建设项目环境影响评价的程序

1. 通过分类管理方式筛选评价对象和决定评价范围

《环境影响评价法》规定，国家根据建设项目对环境的影响程度，对建设项目的环境影响评价实行分类管理。分类管理标准如下：可能造成重大环境影响的，应当编制环境影响报告书，对产生的环境影响进行全面评价；可能造成轻度环境影响的，应当编制环境影响报告表，对产生的环境影响进行分析或者专项评价；对环境影响很小、不需要进行环境影响评价的，应当填报环境影响登记表。（第16条）

至于何种程度的环境影响属于法律规定的重大、轻度或者很小，则由主管部门根据《建设项目环境影响评价分类管理目录》（2021年版）的规定，分别按照项目对环境可能造成重大影响、轻度影响、影响很小的界定原则的规定进行判断并作出决定。

2. 编制环境影响报告书

对于拟建的建设项目所需编制的环境影响报告书，其内容包括：建设项目概况；建设项目周围环境现状；建设项目对环境可能造成影响的分析、预测和评估；建设项目环境保护措施及其技术、经济论证；建设项目对环境影响的经济损益分析；对建设项目实施环境监测的建议；环境影响评价的结论等七部分。（第17条）

需要说明的是，建设项目的环境影响评价应当避免与规划的环境影响评价相重复。作为一项整体建设项目的规划，按照建设项目进行环境影响评价，不进行规划的环境影响评价。另外，已经进行了环境影响评价的规划所包含的具体建设项目，其环境影响评价内容建设单位可以简化。（第18条）

除国家规定需要保密的情形外，对环境可能造成重大影响、应当编制环境影响报告书的建设项目，建设单位应当在报批建设项目环境影响报告书前，举行论证会、听证会，或者采取其他形式，征求有关单位、专家和公众的意见。建设单位报批的环境影响报告书应当附具对有关单位、专家和公众的意见采纳或者不采纳的说明。（第21条）

3. 环境影响报告书的审批

就建设项目组织编制环境影响报告书，建设单位应当向有审批权的生态环境主管部门或者其他依法行使审批权的部门提出审批申请。有关审批部门在对环境影响报告书进行审查时，可以由其所属评估机构组织专家对环境影响报告书进行技术评估。其间应当将有关信息向社会公布。对可能影响项目所在地居民生活环境质量及存在重大意见分歧的建设项目，可以举行听证会、论证会、座谈会，征求有关单位、专家和公众的意见。国家规定需要保密的建设项目除外。

审批部门认为环境影响报告书符合环境影响评价法规规定的，应当向建设单位发放同意批复。

建设项目的环境影响评价文件经批准后，建设项目的性质、规模、地点、采用的生产工艺或者防治污染、防止生态破坏的措施发生重大变动的，建设单位应当重新报批建设项目的环境影响评价文件。建设项目的环境影响评价文件自批准之日起超过五年，方决定该项目开

工建设的,其环境影响评价文件应当报原审批部门重新审核。(第 24 条)

建设项目建设过程中,建设单位应当同时实施环境影响报告书、环境影响报告表及环境影响评价文件审批部门审批意见中提出的环境保护对策措施。(第 26 条)

在项目建设、运行过程中产生不符合经审批的环境影响评价文件的情形的,建设单位应当组织环境影响的后评价,采取改进措施,并报原环境影响评价文件审批部门和建设项目审批部门备案;原环境影响评价文件审批部门也可以责成建设单位进行环境影响的后评价,采取改进措施。(第 27 条)

案例讨论 3-6

A 化工厂在筹建过程中,遭到当地部分居民的强烈反对。然而,当地居民发现生态环境主管部门公布的 A 化工厂环境影响报告书的公众参与部分,并未对不采纳其提出的诸多反对意见说明理由。居民认为,该环境影响报告书存在程序上的瑕疵,生态环境主管部门不应批准。生态环境主管部门认为,既然大多数的居民都支持该项目,对不采纳少数人的反对意见说明理由就是一个微不足道的瑕疵,仍然批准了该报告书。

讨论:生态环境主管部门批准该环境影响报告书的做法是否合法?

依照《环境影响评价法》规定,规划编制机关违反本法规定,未组织环境影响评价,或者组织环境影响评价时弄虚作假或者有失职行为,造成环境影响评价严重失实的,对直接负责的主管人员和其他直接责任人员,由上级机关或者监察机关依法给予行政处分。(第 29 条)

此外,建设单位未依法报批建设项目环境影响报告书、报告表,或者未依照本法第 24 条的规定重新报批或者报请重新审核环境影响报告书、报告表,擅自开工建设的,由县级以上生态环境主管部门责令停止建设,根据违法情节和危害后果,处建设项目总投资额百分之一以上百分之五以下的罚款,并可以责令恢复原状;对建设单位直接负责的主管人员和其他直接责任人员,依法给予行政处分。(第 31 条)建设项目环境影响报告书、环境影响报告表存在基础资料明显不实,内容存在重大缺陷、遗漏或者虚假,环境影响评价结论不正确或者不合理等严重质量问题的,由设区的市级以上人民政府生态环境主管部门对建设单位处五十万元以上二百万元以下的罚款,并对建设单位的法定代表人、主要负责人、直接负责的主管人员和其他直接责任人员,处五万元以上二十万元以下的罚款。(第 32 条)

三、环境影响评价的公众参与

环境影响评价的公众参与,是指除开发单位及审查环境影响评价机关外,其他相关机关、团体、地方政府、学者专家、当地居民等,依照法定程序或方式,参与环境影响报告书的制作、审查与监督等阶段的活动。

环境影响报告书编制中的公众参与是环境与资源保护法有关公众参与原则的具体体

现,是环境决策民主化和科学化的具体要求。

《环境影响评价法》规定,国家鼓励有关单位、专家和公众以适当方式参与环境影响评价。(第5条)此外,该法在有关规划和建设项目环境影响评价方面也规定了公众参与的途径和方法。

一般情况下,在规划和建设项目环境影响报告书的编制和审批阶段,除国家规定需要保密的情形外,规划的编制机关或者建设单位应当在报批环境影响报告书前举行论证会、听证会或采取其他形式,征求有关单位、专家和公众的意见。从公众参与方式看,论证会适合专家参与的场合,而听证会则适合所有公众。

依照《行政许可法》的规定,行政许可直接涉及申请人与他人之间重大利益关系的,行政机关在作出行政许可决定前,应当告知申请人、利害关系人享有要求听证的权利;申请人、利害关系人在被告知听证权利之日起五日内提出听证申请的,行政机关应当在二十日内组织听证。(第47条)

2006年2月,国家环境保护总局颁布了《环境影响评价公众参与暂行办法》(已失效),确立了公众参与环境影响评价实行公开、平等、广泛和便利的四项原则和公众参与建设项目环境影响评价的具体步骤和程序。2018年4月,生态环境部制定了《环境影响评价公众参与办法》,该办法明确环境影响评价公众参与应当遵循依法、有序、公开、便利的原则,并针对建设项目环境影响评价公众参与相关规定进行了全面修订,主要包括要求建设单位对公众参与组织实施的真实性和结果负责,将听取意见的公众范围明确为环境影响评价范围内公民、法人和其他组织,并鼓励建设单位听取范围外公众的意见,进一步细化信息公开的方式并优化公众意见调查方式和参与程序细节。

当利害关系人认为建设项目环境影响报告书的审批部门作出同意决定或者批复侵犯其合法权益的,可以依法就该决定或者批复申请行政复议或者提起行政诉讼。《规划环境影响评价条例》还规定,任何单位和个人对违反条例规定的行为或者对规划实施过程中产生的重大不良环境影响,有权向规划审批机关、规划编制机关或者环境保护主管部门举报。有关部门接到举报后,应当依法调查处理。(第6条)

拓展阅读3-7　六里屯垃圾焚烧发电厂环境影响评价案

六里屯位于北京西北上风口,临近京密引水渠。2006年底,该地区居民在"海淀北部新区规划展"上了解到政府拟于六里屯建设垃圾焚烧发电厂。在项目规划阶段并不知情的居民们担心,这会带来垃圾焚烧产生致癌物二噁英等隐患,因此向北京市政府和国家环境保护总局分别申请行政复议。

在六里屯垃圾焚烧发电厂的环境影响报告书中,公众参与部分的真实性与发放问卷的有效性受到居民的强烈质疑。该环境影响报告书中写道:"项目评价期间共发放调查表100份,收回85份。据统计,同意焚烧项目的占71%……"然而,小区居民自主发放的

400 份调查问卷,却无一人同意。

　　针对居民的申请,国家环境保护总局的行政复议决定要求该项目"在进行进一步论证前应暂缓建设,论证过程应向社会公布,扩大公众意见征求范围。在相关环境论证和意见征求结果报送备案并核准公布之前,项目不得开工建设。"

　　环境影响评价中的公众参与不足等问题,导致这个政府投资超过 8 亿的项目搁置多年,也造成了严重的政府公信力危机。居民们在维护环境权益、表达诉求的过程中,争取了参与公共事务管理的权利。

　　资料来源:王骞.北京六里屯垃圾场事件如何收场[EB/OL]. 2007-12-18.

四、环境影响评价机构及其权利和义务

　　尽管法律规定规划的编制机关或建设单位有义务对编制的规划草案或者拟建的项目方案进行环境影响评价,但由于环境影响评价工作的科学技术性和专业性,这些工作往往是由社会成立的专门从事环境影响评价服务的机构承担完成的。

　　环境影响评价机构是指接受委托为规划草案或者建设项目环境影响评价提供技术服务的机构。2018 年修正的《环境影响评价法》取消了环境影响评价机构的资质审批监管,规定建设单位可以委托技术单位对其建设项目开展环境影响评价,编制建设项目环境影响报告书、环境影响报告表;建设单位具备环境影响评价技术能力的,可以自行对其建设项目开展环境影响评价,编制建设项目环境影响报告书、环境影响报告表。编制建设项目环境影响报告书、环境影响报告表应当遵守国家有关环境影响评价标准、技术规范等规定。国务院生态环境主管部门应当制定建设项目环境影响报告书、环境影响报告表编制的能力建设指南和监管办法。接受委托为建设单位编制建设项目环境影响报告书、环境影响报告表的技术单位,不得与负责审批建设项目环境影响报告书、环境影响报告表的生态环境主管部门或者其他有关审批部门存在任何利益关系。

　　《环境影响评价法》规定,接受委托编制建设项目环境影响报告书、环境影响报告表的技术单位违反国家有关环境影响评价标准和技术规范等规定,致使其编制的建设项目环境影响报告书、环境影响报告表存在基础资料明显不实,内容存在重大缺陷、遗漏或者虚假,环境影响评价结论不正确或者不合理等严重质量问题的,由设区的市级以上人民政府生态环境主管部门对技术单位处所收费用三倍以上五倍以下的罚款;情节严重的,禁止从事环境影响报告书、环境影响报告表编制工作;有违法所得的,没收违法所得。编制单位有第 22 条第 1 款、第 2 款规定的违法行为的,编制主持人和主要编制人员五年内禁止从事环境影响报告书、环境影响报告表编制工作;构成犯罪的,依法追究刑事责任,并终身禁止从事环境影响报告书、环境影响报告表编制工作。(第 32 条)《规划环境影响评价条例》规定,规划环境影响评价技术机构弄虚作假或者有失职行为,造成环境影响评价文件严重失实的,由国务院生态

环境主管部门予以通报,处所收费用一倍以上三倍以下的罚款;构成犯罪的,依法追究刑事责任。(第 34 条)此外,2014 年修订的《环境保护法》第 65 条还规定:"环境影响评价机构……在有关环境服务活动中弄虚作假,对造成的环境污染和生态破坏负有责任的,除依照有关法律法规规定予以处罚外,还应当与造成环境污染和生态破坏的其他责任者承担连带责任。"

案例讨论 3-7

2020 年,A 化工厂发生重大水污染事故,导致所在城市城区停水超过 60 小时。经查,A 化工厂采用落后生产工艺,但 B 环境影响评价机构在编制的环境影响报告书中声称 A 化工厂在生产过程中"无废水外排"。此外,B 机构还在环境影响报告书中编造附近众多居民"坚决支持"该项目。

讨论:B 环境影响评价机构应当承担何种法律责任?

五、与环境影响评价相关的"三同时"制度

(一)"三同时"制度的含义

我国《环境保护法》第 41 条规定:"建设项目中防治污染的设施,应当与主体工程同时设计、同时施工、同时投产使用。防治污染的设施应当符合经批准的环境影响评价文件的要求,不得擅自拆除或者闲置。"这一规定在我国其他污染防治法律中也有规定,一般将其统称为"三同时"制度。

"三同时"制度是国务院于 1973 年在《关于保护和改善环境的若干规定(试行草案)》中首创的。后经环境管理实践不断改革完善,并将其由"防治污染的措施"扩大到"环境保护的措施",使得这项制度与环境影响评价制度一道成为国家法律规定中有关控制新污染源的重要手段。

(二)"三同时"制度的内容

1. 同时设计

同时设计是指在对有关建设项目的主体工程进行设计时,设计单位必须按照国家规定的设计程序进行,执行环境影响报告书(表)的编审制度,并且环境保护的设施必须与主体工程同时进行设计。

与环境影响评价制度相比,"三同时"制度中的同时设计程序与环境影响评价程序基本上相重叠。对违反者可以适用《环境影响评价法》的规定处理。根据 2017 年修订的《建设项目环境保护管理条例》的规定,建设单位编制建设项目初步设计未落实防治环境污染和生态破坏的措施及环境保护设施投资概算,未将环境保护设施建设纳入施工合同,或者未依法开展环境影响后评价的,由建设项目所在地县级以上生态环境行政主管部门责令限期改

正,处五万元以上二十万元以下的罚款;逾期不改正的,处二十万元以上一百万元以下的罚款。

2. 同时施工

当建设项目的初步设计与施工图设计完成后,建设项目就开始进入施工阶段。同时施工,是指建设项目中有关环境保护的设施必须与主体工程同时进行施工。

依照 2017 年修订的《建设项目环境保护管理条例》的规定,建设单位在项目建设过程中未同时组织实施环境影响报告书、环境影响报告表及其审批部门审批决定中提出的环境保护对策措施的,由建设项目所在地县级以上生态环境行政主管部门责令限期改正,处二十万元以上一百万元以下的罚款;逾期不改正的,责令停止建设。

3. 同时投产使用

编制环境影响报告书、环境影响报告表的建设项目竣工后,建设单位应当按照国务院生态环境行政主管部门规定的标准和程序,对配套建设的环境保护设施进行验收,编制验收报告。其配套建设的环境保护设施经验收合格,方可投入生产或者使用;未经验收或者验收不合格的,不得投入生产或者使用。

对于违反建设项目环境保护设施验收规定的法律责任,2017 年修订的《建设项目环境保护管理条例》规定,需要配套建设的环境保护设施未建成、未经验收或者验收不合格,建设项目即投入生产或者使用,或者在环境保护设施验收中弄虚作假的,由县级以上生态环境行政主管部门责令限期改正,处二十万元以上一百万元以下的罚款;逾期不改正的,处一百万元以上二百万元以下的罚款;对直接负责的主管人员和其他责任人员,处五万元以上二十万元以下的罚款;造成重大环境污染或者生态破坏的,责令停止生产或者使用,或者报经有批准权的人民政府批准,责令关闭。建设单位未依法向社会公开环境保护设施验收报告的,由县级以上生态环境行政主管部门责令公开,处五万元以上二十万元以下的罚款,并予以公告。

案例讨论 3-8

2018 年 12 月某铁路客运专线全线贯通投入使用,于 2019 年 10 月经某省生态环境厅同意投入试运行,但其配套建设的环境保护设施一直未进行验收,编制验收报告。2020 年 11 月,生态环境部向该客运专线运行公司发出"改正违法行为决定书",要求该工程必须在 2021 年 3 月底之前进行环境保护设施验收,否则将责令该客运专线停止使用。该客运专线运行公司认为,该工程是连接重要城市的繁忙干线,一旦停止使用、中断运输,将给国家社会、经济、国防造成重大损失,旅客出行受阻,影响社会稳定。到 2021 年 3 月底,该客运专线仍未进行环境保护设施验收。

讨论:你认为本案应当如何处理?

第五节　环境税费制度

一、制度概述

环境税费是对所有环境收费和收税等资金筹措行为的统称,是国家或者其他公法人团体依法向环境利用行为人收取与其行为相对等的金钱,以用于改善环境和恢复生态的环境经济制度。

环境税费有三个特征:首先,环境税费的主体具有特定性。征收者为依法代表国家或地方专门行使特定管理权的公权力机关或其他公法人团体;缴纳者则为特定的、基于公权力关系而从环境获益的环境利用行为人,其他人则无须担负此种缴纳义务。其次,环境税费的作用具有补偿性。根据损害担责原则,环境利用行为人所支付的金钱属于补偿其利用环境而造成环境利益损失的恢复和治理成本。最后,环境税费的用途具有专门性。也就是说,环境税费只能由征收者依法专门适用于以环境与生态保护为目的的相关领域。

我国从 1979 年就在《环境保护法(试行)》中规定了排污收费制度并实施了 30 多年。但该制度与税收制度相比存在执法刚性不足、地方政府和部门干预等问题。为此,2014 年修订的《环境保护法》在第 43 条第 2 款规定:"依照法律规定征收环境保护税的,不再征收排污费。"这一规定为费改税提供了法律适用依据。2016 年我国通过了《环境保护税法》,2018 年实施后全面取代了排污收费制度。

按照损害担责原则,我国实行自然保护费制度,开发利用自然资源或自然环境者,按其对自然资源与环境要素的利用程度,依法向法律授权的行政主管部门缴纳一定费用。

二、环境保护税制度

(一) 环境保护税的概念

环境保护税是对在中国境内直接向环境排放应税污染物的开发利用人,就其排放的相应污染物征收的一种税。

环境保护税开征的主要目的是让企业既算经济账又算环境账,使高污染、高排放企业加速绿色转型,让清洁生产的企业获得发展先机。2016 年全国人大常委会通过了《环境保护税法》,于 2018 年 1 月 1 日起施行。2017 年国务院发布了《环境保护税法实施条例》,同步于 2018 年 1 月 1 日起施行。

(二) 环境保护税的类别和纳税主体

依照《环境保护税法》规定,应税污染物是《环境保护税税目税额表》《应税污染物和当量值表》规定的大气污染物、水污染物、固体废物和噪声。《环境保护税法》中的《环境保护税税目税额表》对环境保护税的税目、税额进行了具体规定。(第 3、6 条)

在中华人民共和国领域和中华人民共和国管辖的其他海域,直接向环境排放应税污染物的企业事业单位和其他生产经营者为环境保护税的纳税人,应当依照本法规定缴纳环境保护税。(第2条)

有下列情形之一的,不属于直接向环境排放污染物,不缴纳相应污染物的环境保护税:① 企业事业单位和其他生产经营者向依法设立的污水集中处理、生活垃圾集中处理场所排放应税污染物的;② 企业事业单位和其他生产经营者在符合国家和地方环境保护标准的设施、场所贮存或者处置固体废物的。(第4条)

依法设立的城乡污水集中处理、生活垃圾集中处理场所超过国家和地方规定的排放标准向环境排放应税污染物的,应当缴纳环境保护税。企业事业单位和其他生产经营者贮存或者处置固体废物不符合国家和地方环境保护标准的,应当缴纳环境保护税。(第5条)

(三) 环境保护税的计税依据和应纳税额

1. 计税依据

《环境保护税法》规定,应税污染物的计税依据,按照下列方法确定:① 应税大气污染物按照污染物排放量折合的污染当量数确定;② 应税水污染物按照污染物排放量折合的污染当量数确定;③ 应税固体废物按照固体废物的排放量确定;④ 应税噪声按照超过国家规定标准的分贝数确定。(第7条)

在具体适用上,应税大气污染物、水污染物的污染当量数,以该污染物的排放量除以该污染物的污染当量值计算。每种应税大气污染物、水污染物的具体污染当量值,依照本法所附《应税污染物和当量值表》执行。每一排放口或者没有排放口的应税大气污染物,按照污染当量数从大到小排序,对前三项污染物征收环境保护税。每一排放口的应税水污染物,按照本法所附《应税污染物和当量值表》,区分第一类水污染物和其他类水污染物,按照污染当量数从大到小排序,对第一类水污染物按照前五项征收环境保护税,对其他类水污染物按照前三项征收环境保护税。省、自治区、直辖市人民政府根据本地区污染物减排的特殊需要,可以增加同一排放口征收环境保护税的应税污染物项目数,报同级人民代表大会常务委员会决定,并报全国人民代表大会常务委员会和国务院备案。(第8、9条)

应税大气污染物、水污染物、固体废物的排放量和噪声的分贝数,按照下列方法和顺序计算:① 纳税人安装使用符合国家规定和监测规范的污染物自动监测设备的,按照污染物自动监测数据计算;② 纳税人未安装使用污染物自动监测设备的,按照监测机构出具的符合国家有关规定和监测规范的监测数据计算;③ 因排放污染物种类多等原因不具备监测条件的,按照国务院生态环境主管部门规定的排污系数、物料衡算方法计算;④ 不能按照本条第一项至第三项规定的方法计算的,按照省、自治区、直辖市人民政府生态环境主管部门规定的抽样测算的方法核定计算。(第10条)

2. 应纳税额

《环境保护税法》规定,环境保护税应纳税额按照下列方法计算:① 应税大气污染物的应纳税额为污染当量数乘以具体适用税额;② 应税水污染物的应纳税额为污染当量数乘以具体适用税额;③ 应税固体废物的应纳税额为固体废物排放量乘以具体适用税额;④ 应税噪声的应纳税额为超过国家规定标准的分贝数对应的具体适用税额。(第 11 条)

(四) 税收减免

下列情形,暂予免征环境保护税:① 农业生产(不包括规模化养殖)排放应税污染物的;② 机动车、铁路机车、非道路移动机械、船舶和航空器等流动污染源排放应税污染物的;③ 依法设立的城乡污水集中处理、生活垃圾集中处理场所排放相应应税污染物,不超过国家和地方规定的排放标准的;④ 纳税人综合利用的固体废物,符合国家和地方环境保护标准的;⑤ 国务院批准免税的其他情形。前款第五项免税规定,由国务院报全国人民代表大会常务委员会备案。(第 12 条)

纳税人排放应税大气污染物或者水污染物的浓度值低于国家和地方规定的污染物排放标准百分之三十的,减按百分之七十五征收环境保护税。纳税人排放应税大气污染物或者水污染物的浓度值低于国家和地方规定的污染物排放标准百分之五十的,减按百分之五十征收环境保护税。(第 13 条)

(五) 环境保护税的征收管理和使用

1. 征收管理体制

环境保护税由税务机关依照《税收征收管理法》和《环境保护税法》的有关规定征收管理。生态环境主管部门负责对污染物的监测管理。县级以上地方人民政府应当建立税务机关、生态环境主管部门和其他相关单位分工协作工作机制,加强环境保护税征收管理,保障税款及时足额入库。(第 14 条)

生态环境主管部门和税务机关应当建立涉税信息共享平台和工作配合机制。生态环境主管部门应当将排污单位的排污许可、污染物排放数据、环境违法和受行政处罚情况等环境保护相关信息,定期交送税务机关。税务机关应当将纳税人的纳税申报、税款入库、减免税额、欠缴税款及风险疑点等环境保护税涉税信息,定期交送生态环境主管部门。(第 15 条)

2. 税收申报

纳税义务发生时间为纳税人排放应税污染物的当日。纳税人应当向应税污染物排放地的税务机关申报缴纳环境保护税。(第 16、17 条)

环境保护税按月计算,按季申报缴纳。不能按固定期限计算缴纳的,可以按次申报缴纳。纳税人申报缴纳时,应当向税务机关报送所排放应税污染物的种类、数量,大气污染物、水污染物的浓度值,以及税务机关根据实际需要要求纳税人报送的其他纳税资料。纳税人按季申报缴纳的,应当自季度终了之日起十五日内,向税务机关办理纳税申报并缴纳税款。纳税人按次申报缴纳的,应当自纳税义务发生之日起十五日内,向税务机关办理纳税申报并缴纳税款。纳税人应当依法如实办理纳税申报,对申报的真实性和完整性承担责任。(第 18、19 条)

申报之后,税务机关应当将纳税人的纳税申报数据资料与生态环境主管部门交送的相关数据资料进行比对。税务机关发现纳税人的纳税申报数据资料异常或者纳税人未按照规定期限办理纳税申报的,可以提请生态环境主管部门进行复核,生态环境主管部门应当自收到税务机关的数据资料之日起十五日内向税务机关出具复核意见。税务机关应当按照生态环境主管部门复核的数据资料调整纳税人的应纳税额。(第 20 条)

3. 税收使用

根据 2018 年修正的《预算法》第 6 条第 1 款的规定,一般公共预算是对以税收为主体的财政收入,安排用于保障和改善民生、推动经济社会发展、维护国家安全、维持国家机构正常运转等方面的收支预算。所以,环境保护税的使用,是按照《预算法》的规定,将环境保护税收和其他税收一并纳入一般公共预算管理,统筹安排使用。根据国务院的决定,环境保护税全部作为地方收入。

三、自然保护费制度

用于自然保护目的的收入统称为自然保护费。在我国法律法规中,由于自然保护行为与自然资源的开发利用行为经常联系在一起,因此我国自然保护领域的自然保护费一般由各单项自然资源法律予以规定。此外,在生态保护相关法律法规中也有专门的规定。

(一) 直接用于自然保护的收费

直接用于自然保护的环境费主要有:

2019 年修订的《森林法》中规定了森林火灾保障费、森林植被恢复费、森林保险费及森林生态效益补偿金。其中,森林火灾保障费指用于预防和扑救森林火灾所需费用;森林植被恢复费属于政府性基金,用于林业主管部门组织的植树造林、恢复森林植被,包括调查规划设计、整地、造林、抚育、护林防火、病虫害防治、资源管护等开支[①];森林保险费是森林经营者按照一定标准缴纳的保险费,以使保险人在森林遭受灾害时获得经济补偿;森林生态效益补偿金现已被统筹纳入林业改革发展资金中的森林资源管护支出,是对国家规定的国有林,非国有的地方公益林,停伐后的天然商品林,国家级公益林和符合国家级公益林区划界定条件、政策到期的上一轮退耕还生态林等森林资源的保护、管理,以及非国有的国家级公益林权利人的经济补偿等[②]。

2021 年修正的《草原法》中规定了草原植被恢复费。因建设征用或者使用草原的应当交纳草原植被恢复费。草原植被恢复费由草原部门按照规定用于恢复草原植被。

(二) 间接用于自然保护的收费

间接用于自然保护的环境费主要有:2019 年修正的《土地管理法》中规定的耕地开垦费、土地复垦费;2016 年修正的《水法》中规定的水资源费;2013 年修正的《渔业法》中规定的渔业资源增殖保护费。

依照各单项自然资源或生态保护法律法规的规定,上述自然保护费的征收和使用一般

---

① 参见《森林植被恢复费征收使用管理暂行办法》(2002 年 10 月 25 日发布,财政部、国家林业局)。

② 参见《林业改革发展资金管理办法》(2021 年 6 月 4 日修订,财政部、国家林业和草原局)。

也必须纳入财政预算并实行专款专用。

应当注意的是,有关自然资源的使用费或资源税不属于自然保护费的范畴。此外,随着建立循环性经济社会国家的提倡,有关自然资源方面的环境费还在不断扩大。例如,在产品的生产和回收方面,目前世界各国广泛实行着抵押金制度、预付金制度等。

四、环境与资源保护法中的优惠和鼓励措施

虽然环境与资源保护法中的优惠措施与环境税费制度的目的无关,但因其涉及环境利用行为的积极法律后果且与环境税费相关,本书仍然将其纳入基本制度的范畴。

环境与资源保护法中的优惠,是指对制造、使用对环境有益的产品或者综合利用自然资源的行为,由政府依法赋予利用者、生产者或使用者一定利益以鼓励的法律措施。优惠措施经常表现为减、免征费或征税、给予金钱补助,以及表彰等精神奖励方面,其效果是促使企业的竞争和产品市场的拓展符合环境保护目的。我国《环境保护法》多处对优惠和鼓励措施进行了规定。例如国家支持环境保护科学技术研究、开发和应用,鼓励环境保护产业发展,促进环境保护信息化建设,提高环境保护科学技术水平。(第7条)对保护和改善环境有显著成绩的单位和个人,由人民政府给予奖励。(第11条)国家采取财政、税收、价格、政府采购等方面的政策和措施,鼓励和支持环境保护技术装备、资源综合利用和环境服务等环境保护产业的发展。(第21条)国家鼓励和引导公民、法人和其他组织使用有利于保护环境的产品和再生产品,减少废物的产生。国家机关和使用财政资金的其他组织应当优先采购和使用节能、节水、节材等有利于保护环境的产品、设备和设施。(第36条)

环境与资源保护的鼓励措施通常是通过市场方法实现的,例如环境标志、ISO14000系列环境管理标准及其认证体系等。

拓展阅读3-8　环境标志与ISO14000系列环境管理标准

1. 环境标志

环境标志属于商标之一,在形式上表现为一种标注在产品或其包装物上的标签,是产品的"证明性商标",它表明该产品不仅质量合格,而且在生产、使用和处理处置过程中符合特定的环境保护要求,与同类产品相比,具有低毒少害、节约资源等环境优势。

环境标志产生于20世纪70年代,主要目的在于让消费者在市场上了解那些有益于环境的产品,同时引导企业在产品的竞争中向有益于环境的方向发展。我国于1993年创建了环境标志。涉及环境标志产品的要求和指南等技术规范属于推荐性标准,由生态环境部制定。

由于环境标志需要标注使用,因此各国政府会依照各国商标法的规定将环境标志予以注册登记以防不当使用或不法使用。在中国,环境标志经国家知识产权局商标局注册,是环境保护领域的证明性商标,受商标法保护。

2. ISO14000 系列环境管理标准

ISO14000 系列环境管理标准是在环境行政管制手段以外,基于贸易与环境的关系而产生的一种新的间接环境管理方式,目的在于实现自由贸易与环境保护的统一。国际标准化组织(ISO)于 1992 年组织制定了 ISO14000 系列环境管理标准并于 1996 年公布实施。ISO14000 系列环境管理标准适用的对象是所有与环境利用行为相关的主体,包括企业事业单位、地方政府、法人团体、社会组织等。目前,许多跨国公司均将获得 ISO14000 系列环境管理标准的认证作为其供应商或销售商的要求。ISO 授权中国环境管理体系认证指导委员会负责指导并统一管理 ISO14000 系列环境管理标准在中国的适用。

ISO14000 是一个系列的标准族,包括 ISO14001 环境管理体系标准、ISO14011 环境审核标准、环境行为评价标准、环境标志标准、生命周期分析标准和产品标准中环境指标的标准。ISO14001 于 1996 年进行首次发布,2004 年由国际标准化组织对该标准进行了修订,最新版本为 ISO14001-2015。

实践中,优惠的一般要件以产品或行为低于法律限制性规定的上限、废物的循环程度、资源的利用和节约效率等为标准。随着科技水平的提高,优惠的标准或条件也会相应地发生改变。因此,需要政府在实践中根据具体事项灵活掌握。

我国几乎所有环境与资源保护法律都对优惠与鼓励措施作了规定。2012 年修正的《清洁生产促进法》还明确规定国家鼓励和促进清洁生产。(第 4 条)但是,由于优惠措施需以市场的发达和国家相关法律如税法等的完备为基础才能实施,而在我国市场经济尚未完全建立的条件下,无论是立法还是行政上只能对优惠措施作出原则规定和在实践中由环境行政机关自行掌握,最为简单易行的环境与资源保护优惠措施是授予生产者一定的荣誉称号。

我国在推行建立资源节约型、环境友好型社会的进程中,环境与资源保护法上的优惠措施还有进一步深化的余地。

第六节　突发环境事件应急制度

一、制度概述

突发环境事件的概念是进入 21 世纪以后逐步为国家规范性文件所确立的。2003 年以来我国相继发生的"非典"流行事件、松花江重大水污染事件等危害公共安全的重大突发事件,造成了对部分地区人民生命、财产安全的危害,并给国家带来了严重的不良影响。究其原因,很大程度是在突发公共事件发生之际,政府各部门之间缺乏统一协调的应对机制而延误了最佳处理时机。

为提高政府保障公共安全和处置突发公共事件的能力,最大限度地预防和减少突发公共事件及其造成的损害,2006 年 1 月国务院发布了《国家突发公共事件总体应急预案》,将环境污染和生态破坏事件纳入事故灾难类突发公共事件的范畴。与此同时,国务院还依据《环境保护法》《海洋环境保护法》《放射性污染防治法》《安全生产法》和《国家突发公共事件总体应急预案》及相关的法律法规,制定实施了专项应急预案《国家突发环境事件应急预案》,并于 2014 年对《国家突发环境事件应急预案》进行了修订。《国家突发环境事件应急预案》适用于我国境内突发环境事件应对工作。核设施及有关核活动发生的核事故所造成的辐射污染事件、海上溢油事件、船舶污染事件的应对工作按照其他相关应急预案规定执行。重污染天气应对工作按照国务院《大气污染防治行动计划》等有关规定执行。

2007 年 8 月我国颁布实施了《突发事件应对法》,对突发事件的预防与应急准备、监测与预警、应急处置与救援、事后恢复与重建等应对活动作出了规定。

二、突发环境事件的定义和分类

依照《国家突发环境事件应急预案》的规定,突发环境事件是指由于污染物排放或自然灾害、生产安全事故等因素,导致污染物或放射性物质等有毒有害物质进入大气、水体、土壤等环境介质,突然造成或可能造成环境质量下降,危及公众身体健康和财产安全,造成生态环境破坏或重大社会影响,需要采取紧急措施予以应对的事件,主要包括大气污染、水体污染、土壤污染等突发性环境污染事件和辐射污染事件。

所谓突发环境事件应急预案制度,是指为及时应对突发环境事件,由政府事先编制突发环境事件的应急响应方案及其应急机制,在发生或者可能发生突发环境事件时,启动该应急预案以最大限度地预防和减少突发环境事件及其可能带来的危害等规范性措施的总称。

按照突发事件严重性和紧急程度,《国家突发环境事件应急预案》将突发环境事件分为特别重大突发环境事件(Ⅰ级)、重大突发坏境事件(Ⅱ级)、较大突发环境事件(Ⅲ级)和一般突发环境事件(Ⅳ级)四级。

三、突发环境事件应急的组织指挥体系

《国家突发环境事件应急预案》规定,国家层面,生态环境部负责重特大突发环境事件应对的指导协调和环境应急的日常监督管理工作。地方层面,县级以上地方人民政府负责本行政区域内的突发环境事件应对工作,明确相应组织指挥机构。跨行政区域的突发环境事件应对工作,由各有关行政区域人民政府共同负责,或由有关行政区域共同的上一级地方人民政府负责。对需要国家层面协调处置的跨省级行政区域突发环境事件,由有关省级人民政府向国务院提出请求,或由有关省级生态环境主管部门向生态环境部提出请求。现场指挥层面,负责突发环境事件应急处置的人民政府根据需要成立现场指挥部,负责现场组织指挥工作。参与现场处置的有关单位和人员要服从现场指挥部的统一指挥。

四、突发环境事件管理的运行机制

《国家突发环境事件应急预案》规定了监测预警和信息报告、应急响应、后期工作、应急保障四项机制。

监测预警和信息报告方面,各级生态环境主管部门及其他有关部门应当加强日常环境监测,并对可能导致突发环境事件的风险信息加强收集、分析和研判。其他有关部门应当及时将可能导致突发环境事件的信息通报同级生态环境主管部门。当出现可能导致突发环境事件的情况时,企业事业单位和其他生产经营者要立即报告当地生态环境主管部门。

对可以预警的突发环境事件,按照事件发生的可能性大小、紧急程度和可能造成的危害程度,将预警分为四级,由低到高依次用蓝色、黄色、橙色和红色表示。

地方生态环境主管部门研判可能发生突发环境事件时,应当及时向本级人民政府提出预警信息发布建议,同时通报同级相关部门和单位。地方人民政府或其授权的相关部门,及时通过电视、广播、报纸、互联网、手机短信、当面告知等渠道或方式向本行政区域公众发布预警信息,并通报可能影响到的相关地区。上级生态环境主管部门要将监测到的可能导致突发环境事件的有关信息,及时通报可能受影响地区的下一级生态环境主管部门。

突发环境事件发生后,涉事企业事业单位或其他生产经营者必须采取应对措施,并立即向当地生态环境主管部门和相关部门报告,同时通报可能受到污染危害的单位和居民。因生产安全事故导致突发环境事件的,安全监管等有关部门应当及时通报同级生态环境主管部门。事发地生态环境主管部门接到突发环境事件信息报告或监测到相关信息后,应当立即进行核实,对突发环境事件的性质和类别作出初步认定,按照国家规定的时限、程序和要求向上级生态环境主管部门和同级人民政府报告,并通报同级其他相关部门。突发环境事件已经或者可能涉及相邻行政区域的,事发地人民政府或生态环境主管部门应当及时通报相邻行政区域同级人民政府或生态环境主管部门。地方各级人民政府及其生态环境主管部门应当按照有关规定逐级上报,必要时可越级上报。接到已经发生或者可能发生跨省级行政区域突发环境事件信息时,生态环境部要及时通报相关省级生态环境主管部门。在发生影响巨大的突发环境事件时,省级人民政府和生态环境部应当立即向国务院报告。

应急响应方面,根据突发环境事件的严重程度和发展态势,将应急响应设定为Ⅰ级、Ⅱ级、Ⅲ级和Ⅳ级四个等级。初判发生特别重大、重大突发环境事件,分别启动Ⅰ级、Ⅱ级应急响应,由事发地省级人民政府负责应对工作;初判发生较大突发环境事件,启动Ⅲ级应急响应,由事发地设区的市级人民政府负责应对工作;初判发生一般突发环境事件,启动Ⅳ级应急响应,由事发地县级人民政府负责应对工作。突发环境事件发生在易造成重大影响的地区或重要时段时,可适当提高响应级别。应急响应启动后,可视事件损失情况及其发展趋势调整响应级别,避免响应不足或响应过度。

后期工作方面,在突发环境事件应急响应终止后,应当进行损害评估、事故调查和善后处置。

应急保障方面,包括队伍保障、物资与资金保障、通信、交通与运输保障、技术保障等。

案例讨论 3-9

2020 年 7 月,A 公司发生严重的污染物泄漏事故,大量污染物流入 B 江。为了减轻社会影响,A 公司决定自己尽快处理善后事宜,暂不向政府和公众公布此次事件的信息。不料,第二天天降大雨,B 江江水猛涨,污染物下泄的速度大大加快。A 公司见情况已经无法控制,只好向当地政府报告了该事故。当地政府指示 A 公司采取一切措施防止污染扩散,但并未及时向社会公布该消息。三天之后,B 江下游的养殖户发现鱼类大量死亡,损失超过 1 000 万元,遂向当地生态环境部门和渔业部门举报。迫于压力,A 公司和当地政府在事发一周之后,才向社会公布了发生污染事故的事实。

讨论:在本案中,A 公司和当地政府在处理突发环境事件时,存在哪些违法之处?

参 考 书 目

1. 汪劲. 环境法学[M]. 4 版. 北京:北京大学出版社,2018.

2. 金瑞林. 环境法学[M]. 4 版. 北京:北京大学出版社,2016.

3. 朱谦. 环境法基本原理——以环境污染防治法律为中心[M]. 北京:知识产权出版社,2009.

4. 韩德培. 环境保护法教程[M]. 8 版. 北京:法律出版社,2018.

5. 周珂. 环境法[M]. 6 版. 北京:中国人民大学出版社,2021.

推 荐 阅 读

1. 汪劲. 环境法学[M]. 4 版. 北京:北京大学出版社,2018. 第五章。

2. 汪劲. 环保法治三十年:我们成功了吗?——中国环保法治蓝皮书(1979—2010)[M]. 北京:北京大学出版社,2011. 第二、三章。

3. 吕忠梅. 环境法学概要[M]. 北京:法律出版社,2016. 第五章。

4. 温登平. 环境法学讲义(总论)[M]. 北京:法律出版社,2020. 第六章。

5. 朱谦. 环境法基本原理——以环境污染防治法律为中心[M]. 北京:知识产权出版社,2009. 第四至九章。

6. 韩德培. 环境保护法教程[M]. 8 版. 北京:法律出版社,2018. 第四章。

7. 汪劲. 中外环境影响评价制度比较研究[M]. 北京:北京大学出版社,2006.

8. 张晏,汪劲.我国环境标准制度存在的问题及对策[J].中国环境科学,2012,32(01):187-192.

9. 王金南,万军,王倩,等.改革开放 40 年与中国生态环境规划发展[J].中国环境管理,2018,10(06):5-18.

10. 秦天宝,胡邵峰.环境保护税与排污费之比较分析[J].环境保护,2017,45(Z1):24-27.

思 考 题

1. 我国环境与资源保护法的基本法律制度的确定依据是什么?

2. 环境与资源保护法基本制度与基本原则有什么关系?

3. 如何评价我国《环境保护法》的地位和作用?

4. 强制性环境标准分为哪几类? 它们与环境行政决策之间存在怎样的关系?

5. 环境与资源保护规划有何效力?

6. 为什么说公众参与是环境影响评价制度的核心内容?

7. 试述《环境保护税法》中规定的税收减免制度。

8. 环境与资源保护法中的优惠和鼓励措施包括哪些? 它们有哪些作用?

9. 试论突发环境事件管理的运行机制。

第四章
环境污染防治法

第一节 概 述

一、环境污染的概念与特征

环境污染是指人类活动产生的有害物质或能量进入环境,引起环境系统的结构与功能发生变化,危害人体健康或破坏生态平衡的现象。

法律意义上的环境污染必须具备以下几个方面的特征:

第一,须由人为原因产生。在环境科学的研究中,一般将环境问题分为两类:一类是由自然原因引起的,被称为第一环境问题或者原生环境问题;另一类是由于人为原因引起的,被称为第二环境问题或者次生环境问题。自然原因和人为原因都可以导致环境污染,但作为环境与资源保护法律调整对象的环境污染是指由纯粹人为原因或者人为原因与自然原因相结合引发的环境污染。纯粹由于自然原因导致的环境污染,一般由防灾减灾法调整。

第二,须有物质、能量向环境排放或者泄漏。环境污染的直接原因就是有害的物质或能量进入环境,导致环境中的组成成分发生物理或者化学变化,使得环境质量下降,危害人体健康或者破坏生态平衡。导致环境污染的物质或能量一般是人类生产、生活活动的副产品。人类在正常的生产、生活活动中,不可避免地要产生一些有害的物质或能量,尽管现代环境与资源保护法律规定了行为人合理处置这些有害物质或能量的义务,但仍然会有部分有害物质或者能量通过人类有意识的排放或者无意识的泄漏而进入环境并最终导致环境污染。

按照引发环境污染现象的不同原因,可以将环境污染分为物质流污染和能量流污染两大类。前者主要是物质进入环境所致,如大气污染、水污染等都属于物质流污染;而后者则主要是能量进入环境所致,如噪声与振动污染、放射性污染、电磁辐射污染及光污染等都属于能量流污染。

第三,须出现环境质量下降的结果。环境污染的实质就是环境质量恶化。环境具有一定的自净能力,但在具体的时空条件下,环境的自净能力是有限的,当向环境排放或泄漏的有害物质或能量超过了环境的自净能力时,就会导致环境污染。鉴于环境污染状态可以通过定量的方法予以明确表现,因此在实践中一般通过环境质量标准所确立的具体数值来衡量某环境区域是否已经受到污染①。如果环境中某个指标的数值超过环境质量标准中的限值,就可以认为出现了环境污染现象。

二、环境污染防治法和环境与资源保护法基本制度

(一) 环境污染防治法的概念

环境污染防治法有广义和狭义之分,广义上的环境污染防治法是所有与预防和减少污染物排放、恢复和治理环境污染有关的法律的总称。而狭义上的环境污染防治法,则特指以污染因子控制为目的的法律②。本书所谓的环境污染防治法指广义上的环境污染防治法。

目前,我国已制定的环境污染防治单项法律主要有《水污染防治法》《大气污染防治法》《海洋环境保护法》《噪声污染防治法》《放射性污染防治法》《核安全法》《固体废物污染环境防治法》《土壤污染防治法》,以及针对化学品、农药、电磁辐射等控制和管理的行政法规和部门规章。此外,致力于从源头削减污染的《清洁生产促进法》和致力于在生产、流通和消费全过程中减少废物的《循环经济促进法》,也是我国环境污染防治法的重要组成部分。

(二) 环境污染防治法和环境与资源保护法基本制度

由于环境污染产生和发展机理基本相同,因此不论是对污染物的控制还是对能量危害的防除,在总体上有关法律制度和措施的安排和适用基本相同③。本书第三章阐述的环境与资源保护基本制度,在各种污染防治法中都有所体现,并且贯穿了污染防治的全过程。

拓展阅读 4-1　环境污染防治法律制度与行为/结果对应关系

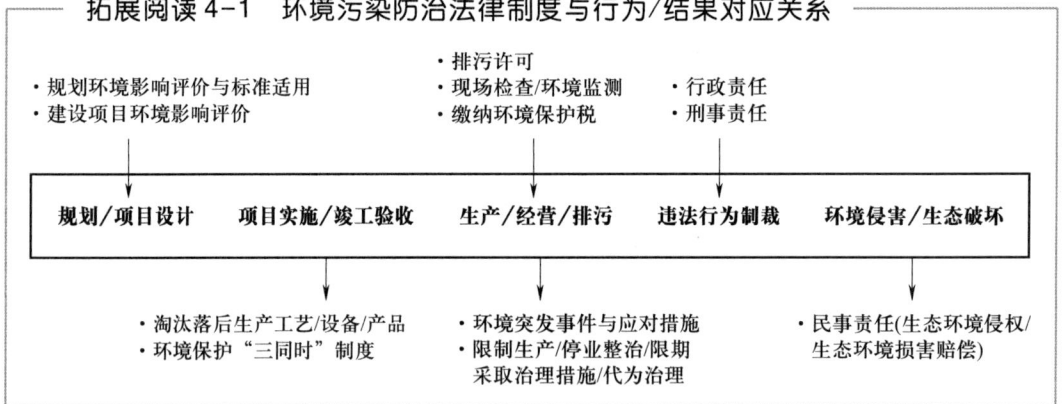

- 规划环境影响评价与标准适用
- 建设项目环境影响评价
- 排污许可
- 现场检查/环境监测
- 缴纳环境保护税
- 行政责任
- 刑事责任

| 规划/项目设计 | 项目实施/竣工验收 | 生产/经营/排污 | 违法行为制裁 | 环境侵害/生态破坏 |

- 淘汰落后生产工艺/设备/产品
- 环境保护"三同时"制度
- 环境突发事件与应对措施
- 限制生产/停业整治/限期采取治理措施/代为治理
- 民事责任(生态环境侵权/生态环境损害赔偿)

1. 事先预防类制度

首先,根据国家和地方主体功能区划的要求,在禁止开发区域不得建设污染企业或者从事其他可能导致环境污染的活动,实现污染物零排放;在限制开发区域,原则上不再新建各类开发区和扩大现有工业开发区的面积,已有的工业开发区要逐步改造成为低消耗、可循

①　汪劲. 环境法学[M]. 4 版. 北京:北京大学出版社,2018:151.
②　汪劲. 环境法学[M]. 4 版. 北京:北京大学出版社,2018:153.
③　汪劲. 环境法学[M]. 4 版. 北京:北京大学出版社,2018:154.

环、少排放、零污染的生态型工业区。在优化开发、重点开发区域的污染企业,要严格执行相应的环境规制要求。

其次,根据国家或地方社会、经济、技术条件和环境形势的要求,制定适当的生态环境质量标准、生态环境风险管控标准和污染物排放标准,并随着社会、经济、技术、环境形势的变迁及时进行更新。

最后,政府及其部门在制定各类可能导致不良环境影响的政策或者规划时,应当依法进行政策环境影响评价或规划环境影响评价,从源头上防止或减轻污染。

2. 事中管制类制度

首先,各类建设项目在建设和运行过程中必须严格执行建设项目环境影响评价和"三同时"制度,禁止使用法律明令淘汰的落后生产设备和工艺;其次,排污单位应当申请获得排污许可,依照排污许可证规定的条件排放污染物并依法缴纳环境保护税;再次,排污单位应当自觉接受和配合依法行使生态环境监督管理职权的部门的监测和现场执法活动。最后,当发生或者可能发生突发环境污染事件时,排污单位应当及时通报可能受到污染危害的单位和居民并向生态环境等部门报告,接受调查处理。

3. 事后追责类制度

当排污者违反法定义务时,就应当追究其行政法律责任。如果排污者排放的污染物造成生态环境破坏或者人身权、财产权损害,排污者应当依法承担相应的民事责任(包括生态环境侵权责任和/或生态环境损害赔偿责任)。如果排污者造成的损害后果很严重,还可能被追究刑事责任。

当然,由于各种物质流和能量流在造成环境污染的过程中还存在着各自的独特之处,因此,在具体的污染防治中,除了适用上述环境与资源保护法基本制度之外,还需要适用各自特别的对策措施。

(三) 污染物排放的总量控制和排污权交易

1. 浓度控制和总量控制

浓度控制是在对污染物排放实施控制的手段上,主要以污染物的浓度作为控制对象的一种污染物排放控制方法。在具体实施过程中,浓度控制主要是通过污染物排放标准来实施的。政府给排污者施加一个遵守排放标准的强制性义务,要求企业排放的污染物浓度必须在排放标准之内,如果排污者超标排污,就会受到处罚。

浓度控制操作简单,但存在较大缺陷:首先,只要排污不超标即为合法,企业缺乏额外的动力来更新生产技术,减少排污总量;其次,即使所有的排污者均遵守排放标准,但由于环境容量有限,当排入环境的污染物总量超过环境的自净能力时,仍然会导致环境质量下降甚至出现环境污染事件。在早期的污染防治法中,多使用浓度控制。

随着环境形势日益严峻,总量控制开始逐渐兴起。总量控制是根据一定时空条件下环境容量的限值对污染物排放进行定量控制的方法。总量控制的前提在于确定某个区域内环境容量的限值(即可以容纳的各种污染物的总量),然后将这个总量按照一定的标准分配给申报排污许可的排污者,排污者必须依照排污许可证上载明的数量和条件向环境排污。

相对于浓度控制制度,总量控制制度操作起来更加复杂,如何科学、合理地确定环境容量的限值,以及如何公平、公正地给排污者分配排污限额,直接关系到总量控制的实施效果。但如果运用得当,其实施效果要优于浓度控制。在总量控制制度下,各个排污者排放的污染物总量不会超过环境容量,也就不会导致环境质量显著下降。目前,我国在《大气污染防治法》《水污染防治法》《土壤污染防治法》及《海洋环境保护法》中都规定了总量控制制度。

2. 排污权交易

排污权交易是随着总量控制制度发展起来的一种通过经济手段控制污染物排放的制度。在浓度控制下,每个企业只要达标排放就可以无限量地排放污染物,因此不需要排污权交易。在总量控制下,每个企业的排放数量都是有限的,如果一些排污者通过各种手段降低了排放总量,使其低于排污许可证上的总量限额,就可以把这些"富余"的排污量出售给那些实际排污量超过排污许可证上限额的排污者。综合运用总量控制和排污权交易制度,理论上不但可以实现污染防治的目的,而且可以大幅度减少排污者的守法成本。因为排污者可以自主地根据市场需求决定其生产规模和排污总量,如果一些企业能够以很低的成本减少排放总量,而另一些企业要花很高的成本才能减少排放总量,则后者可以通过向前者购买排污限额的方式来实现守法。这样,既实现了国家总量控制的环境目标,又节约了企业的守法成本。

实践中,排污权交易是否能够顺利进行,需要取决于制度和技术条件。"制度条件"是指较为完善的市场经济制度。只有在市场经济制度下,企业才能通过成本、价格等信号调整和交易各自的排污限额。"技术条件"是精确的点源监测技术。如果政府缺乏精确监测单个点源排放量的技术,就无法确定企业是否遵守了总量控制的要求,排污权交易根本无法进行[1]。

目前,我国已经在部分省市试点过排污权交易制度,取得了不错的环境和经济效果。2015年修订的《大气污染防治法》明确规定了"国家逐步推行重点大气污染物排污权交易"。2021年7月,我国启动了全国性的碳排放交易市场,但对于传统的大气、水、海洋等"污染物"的排污权交易,由于排污总量的初始分配机制、定价机制、交易规则、监管措施等尚不完善,目前还处于地方试点阶段,尚未在全国范围内普遍推行。

拓展阅读 4-2   中国排污权交易的实践

1989 年,我国开始实施排污许可证制度,其基础是对污染物的排放实施总量控制。1990 年,首批被选定的 16 个城市开始进行大气排污许可证的试点工作,并同时在其中的 6 个城市进行大气排污权交易试点。修订后的《大气污染防治法》与《水法》均为排污权交

---

[1] 丹尼尔 H. 科尔. 污染与财产权:环境保护的所有权制度比较研究[M]. 严厚福,王社坤,译. 北京:北京大学出版社,2009:76-78.

易奠定了法律基础,同时,我国立法机关相继批准了《联合国气候变化框架公约》及《京都议定书》,为我国参与国际市场碳减排交易铺平了道路。

1999年4月,中美两国签署了"在中国运用市场机制减少二氧化硫排放的可行性研究意向书"。以此为契机,国家环境保护总局与美国环境保护基金会签署了关于帮助地方政府和企业实现国务院制定的污染物排放总量控制目标的合作协议备忘录,并将江苏省南通市与辽宁省本溪市确定为项目试点城市。2001年11月,江苏省南通市两个不同行业的企业依靠当地政府牵线搭桥,完成了中国第一例真正意义上的二氧化硫排污权交易。根据协议,出卖人以50万元的价格有偿转让1 800吨二氧化硫的排污权,供买受人在今后6年内使用。同时,江苏省环保厅与经贸厅联合制定公布了国内第一部排污权交易办法——《江苏省电力行业二氧化硫排污权交易管理暂行办法》。

2007年以来,国务院有关部门组织天津、河北、内蒙古等11个省(自治区、直辖市)开展排污权有偿使用和交易试点,取得了一定进展。2014年8月,国务院办公厅发布了《关于进一步推进排污权有偿使用和交易试点工作的指导意见》,提出到2017年,试点地区排污权有偿使用和交易制度基本建立,试点工作基本完成。从成效来看,各试点地区排污权交易制度建设和实践进展不一,据公开数据,从2007年启动排污权交易试点以来的10年间,浙江、山西、湖南、重庆在11个试点市场中交易相对活跃,其中湖南的交易笔数接近10万,浙江的交易金额超过100亿元(约占全国2/3),其他试点交易则相对较为冷清。全国性的排污权交易市场尚无时间表。

资料来源:

[1] 邓海峰. 排污权——一种基于私法语境下的解读[M]. 北京:北京大学出版社,2008.

[2] 陈浩. 走向何方:排污权交易试点10年[EB/OL]. 2017-07-14.

第二节　物质流污染防治法

物质流污染是环境污染和生态破坏的主要来源和原因。从物质流污染的类型看,既包括企业排污导致环境要素(主要是大气、水体、海洋和土壤)污染,也包括化学物质使用、固体废物处理不当所造成的环境污染。

一、环境要素污染防治

(一) 大气污染防治

1. 概述

大气污染,一般指大气因某种物质的介入,导致其化学、物理、生物或者放射性等方面特性发生改变,从而影响大气的有效利用,危害人体健康或财产安全,以及破坏自然生态系统,造成大气质量恶化的现象。

大气污染的来源主要分为固定污染源和移动污染源两类。前者是指工农业生产、生活活动中由设备装置、燃料燃烧设施和固定操作作业等向大气排放的污染物;后者主要包括机动车船等交通运输工具在运行时向大气排放的污染物。

我国是一个以燃煤为主要能源的国家,燃煤是形成我国大气煤烟型污染的主要原因。此外,伴随经济发展和人民生活水平的提高,我国已经成为世界第一大汽车生产国和新车消费国,机动车已经成为大中城市主要的大气污染源。

1987年9月我国颁布了首部《大气污染防治法》,1995年8月我国对《大气污染防治法》进行了修正,实行了酸雨控制区和二氧化硫污染控制区划定制度。2000年4月,我国对《大气污染防治法》进行了再次修订,加强了机动车污染防治,实行禁止超标排污和重点大气污染物排放总量控制和许可制度。2015年8月,我国对《大气污染防治法》进行了再次修订,首次明确对"温室气体"进行协同控制工作。2018年,我国再次对《大气污染防治法》进行了修正,主要是根据2018年国务院机构改革的情况修改了一些部门的名称。

依照《大气污染防治法》规定,县级以上人民政府生态环境部门对大气污染防治实施统一监督管理。县级以上人民政府其他有关主管部门在各自职责范围内对大气污染防治实施监督管理。(第5条)

2. 大气污染物排放总量控制制度

在我国许多人口和工业集中的地区,由于大气质量已经很差,即使污染源实现浓度达标排放,也不能遏制大气质量的继续恶化。因此,对主要大气污染物推行总量控制势在必行。主要大气污染物是指颗粒物、二氧化硫、氮氧化物、挥发性有机物、氨。国家对重点大气污染物排放实行总量控制。重点大气污染物排放总量控制目标,由国务院生态环境主管部门在征求国务院有关部门和各省、自治区、直辖市人民政府意见后,会同国务院经济综合主管部门报国务院批准并下达实施。省、自治区、直辖市人民政府可以根据本行政区域大气污染防治的需要,对国家重点大气污染物之外的其他大气污染物排放实行总量控制。(第21条)对超过国家重点大气污染物排放总量控制指标或者未完成国家下达的大气环境质量改善目标的地区,省级以上人民政府生态环境主管部门应当会同有关部门约谈该地区人民政府的主要负责人,并暂停审批该地区新增重点大气污染物排放总量的建设项目环境影响评价文件。(第22条)

案例讨论 4-1

A公司向大气排放工业废气。某日,生态环境部门执法人员对A公司进行现场检查,发现A公司排放的大气污染物浓度均未超过国家或地方规定的排放标准,但A公司并未办理排污许可证。

讨论：对 A 公司的行为应当如何处理？

3. 重点区域大气污染联合防治制度

由于大气污染具有流动性,仅从行政区划的角度考虑单个城市大气污染防治措施已难以解决大气污染问题,实施区域联防联控战略才是防治大气污染的根本途径。为此,《大气污染防治法》规定,国务院生态环境主管部门根据主体功能区划、区域大气环境质量状况和大气污染传输扩散规律,划定国家大气污染防治重点区域,报国务院批准。重点区域内有关省、自治区、直辖市人民政府应当确定牵头的地方人民政府,定期召开联席会议,按照统一规划、统一标准、统一监测、统一的防治措施的要求,开展大气污染联合防治,落实大气污染防治目标责任。(第 86 条)

4. 大气环境标准制度和限期达标规划

(1) 环境质量标准

《大气污染防治法》规定,制定大气环境质量标准,应当以保障公众健康和保护生态环境为宗旨,与经济社会发展相适应,做到科学合理。(第 8 条)我国第一部大气环境质量标准是 1996 年发布的《环境空气质量标准》(GB 3095—1996)。2012 年 2 月,环境保护部颁布了新的《环境空气质量标准》(GB 3095—2012),将环境空气功能区分为两类,一类区为自然保护区、风景名胜区和其他需要特殊保护的地区;二类区为居住区、商业交通居民混合区、文化区、工业区和农村地区。环境空气污染物基本项目包括二氧化硫(SO_2),二氧化氮(NO_2)、一氧化碳(CO)、臭氧(O_3)、颗粒物(粒径≤10 μm)和颗粒物(粒径≤2.5 μm);环境空气污染物其他项目包括总悬浮颗粒物(TSP)、氮氧化物(NO_x)、铅(Pb)、苯并[a]芘(BaP),并根据不同的环境空气功能区和平均时间分别规定了不同的浓度限值。

(2) 污染物排放标准

《大气污染物综合排放标准》(GB 16297—1996)是我国大气污染物排放标准中主要的综合性排放标准。该标准主要依据《环境空气质量标准》(GB 3095—1996)制定,对 33 种大气污染物的排放限值即最高允许排放浓度、最高允许排放速率和无组织排放监控浓度限值作出了具体规定。依照该标准的解释,在我国现有的国家大气污染物排放标准体系中,按照综合性排放标准与行业性排放标准不交叉执行的原则,锅炉、工业炉窑、火电厂、炼焦炉、水泥厂、恶臭、机动车等实施各自的行业性大气污染物排放标准,其他的大气污染物执行该标准。

《大气污染防治法》规定,企业事业单位和其他生产经营者向大气排放污染物的,应当符合大气污染物排放标准,遵守重点大气污染物排放总量控制要求。否则应当责令改正或者限制生产、停产整治,并处十万元以上一百万元以下的罚款;情节严重的,报经有批准权的人民政府批准,责令停业、关闭。(第 18、99 条)

（3）限期达标规划

未达到国家大气环境质量标准城市的人民政府应当及时编制大气环境质量限期达标规划，采取措施，按照国务院或者省级人民政府规定的期限达到大气环境质量标准。编制城市大气环境质量限期达标规划，应当征求有关行业协会、企业事业单位、专家和公众等方面的意见。（第14条）城市人民政府每年在向本级人民代表大会或者其常务委员会报告环境状况和环境保护目标完成情况时，应当报告大气环境质量限期达标规划执行情况，并向社会公开。（第16条）城市大气环境质量限期达标规划应当根据大气污染防治的要求和经济、技术条件适时进行评估、修订。（第17条）

5. 防治燃煤污染的措施

煤炭是我国最主要的一次能源。近年来我国煤炭消费量占一次能源消费总量的比例一直在下降，但2020年煤炭消费量仍然占我国一次能源消费总量的56.8%。我国的大气污染主要就是煤烟型污染。因而《大气污染防治法》专列一节规定了相关的措施，主要包括：

（1）调整能源结构，推广清洁能源的生产和使用；优化煤炭使用方式，推广煤炭清洁高效利用，逐步降低煤炭在一次能源消费中的比重，减少煤炭生产、使用、转化过程中的大气污染物排放。（第32条）

（2）推行煤炭洗选加工，降低煤的硫分和灰分，限制开采高硫分、高灰分煤炭。新建煤矿应当同步配套煤炭洗选设施，使煤炭的硫分、灰分含量达到规定标准；已建成的煤矿除所采煤炭属于低硫分、低灰分或者根据已达标排放的燃煤电厂要求不需要洗选的以外，应当限期建成配套的煤炭洗选设施。禁止对含放射性和砷等有毒有害物质超过规定标准煤炭的开采。（第33条）

（3）禁止进口、销售和燃用不符合质量标准的煤炭，鼓励燃用优质煤炭。单位存放煤炭、煤矸石、煤渣、煤灰等物料，应当采取防燃措施，防止污染大气。（第35条）

（4）划定并公布高污染燃料禁燃区。在禁燃区内，禁止销售、燃用高污染燃料；禁止新建、扩建燃用高污染燃料的设施，已建成的，应当在城市人民政府规定的期限内改用天然气、页岩气、液化石油气、电或者其他清洁能源。（第38条）

（5）城市建设应当统筹规划，在燃煤供热地区，推进热电联产和集中供热。在集中供热管网覆盖地区，禁止新建、扩建分散燃煤供热锅炉；已建成的不能达标排放的燃煤供热锅炉，应当在城市人民政府规定的期限内拆除。（第39条）

6. 防治工业污染的措施

企业生产过程中排放粉尘、硫化物和氮氧化物的，应当采用清洁生产工艺，配套建设除尘、脱硫、脱硝等装置，或者采取技术改造等其他控制大气污染物排放的措施。生产、进口、销售和使用含挥发性有机物的原材料和产品的，其挥发性有机物含量应当符合质量标准或者要求。产生含挥发性有机物废气的生产和服务活动，应当在密闭空间或者设备中进行，并按照规定安装、使用污染防治设施；无法密闭的，应当采取措施减少废气排放。钢铁、建材、有色金属、石油、化工、制药、矿产开采等企业,应当加强精细化管理,采取集中收集处理等措施,严格控制粉尘和气态污染物的排放。工业生产企业应当采取密闭、围挡、遮盖、清扫、洒水等措施,减少内部物料的堆存、传输、装卸等环节产生的粉尘和气态污染物的排放。工业生产、垃圾填埋或者其他活动产生的可燃性气体应当回收利用,不具备回收利用条件的,应当进行污染防治处理。(第43—49条)

7. 防治机动车船污染的措施

中国是世界汽车产销量第一大国,机动车尾气导致的污染十分严重。《大气污染防治法》在防治机动车船污染方面主要规定了如下措施:

(1)在政策层面,倡导低碳、环保出行,推广应用节能环保型和新能源机动车船、非道路移动机械,鼓励地方提前执行国家机动车大气污染物排放标准中相应阶段排放限值。(第50条)

(2)在尾气排放控制方面,规定机动车船、非道路移动机械向大气排放污染物不得超过标准。禁止生产、进口或者销售大气污染物排放超过标准的机动车船、非道路移动机械。建立机动车船和非道路移动机械环境保护召回制度。(第51、58条)

(3)在监督检查方面,在用机动车应当按照国家或者地方的有关规定,由机动车排放检验机构定期对其进行排放检验。经检验合格的,方可上道路行驶。县级以上地方人民政府生态环境主管部门可以在机动车集中停放地、维修地对在用机动车的大气污染物排放状况进行监督抽测。(第53条)

(4)在燃料质量方面,禁止生产、进口、销售不符合标准的机动车船、非道路移动机械用燃料;禁止向汽车和摩托车销售普通柴油及其他非机动车用燃料;禁止向非道路移动机械、内河和江海直达船舶销售渣油和重油。(第65条)

8. 防治扬尘污染的措施

扬尘污染是城市大气污染的重要来源之一。《大气污染防治法》在防治扬尘污染方面主要规定了如下措施:建设单位应当将防治扬尘污染的费用列入工程造价,并在施工承包合同中明确施工单位扬尘污染防治责任。施工单位应当制定具体的施工扬尘污染防治实施方案。施工单位应当设置硬质围挡,并采取覆盖、分段作业、择时施工、洒水抑尘、冲洗地面和车辆等有效防尘降尘措施。建筑土方、工程渣土、建筑垃圾应当及时清运;在场地内堆存的,应当采用密闭式防尘网遮盖。工程渣土、建筑垃圾应当进行资源化处理。(第69条)运输煤炭、垃圾、渣土、砂石、土方、灰浆等散装、流体物料的车辆应当采取密闭或者其他措施防止物料遗撒造成扬尘污染,并按照规定路线行驶。装卸物料应当采取密闭或者喷淋等方式防治扬尘污染。(第70条)贮存煤炭、煤矸石、煤渣、煤灰、水泥、石灰、石膏、砂土等易产生扬尘的物料应当密闭;不能密闭的,应当设置不低于堆放物高度的严密围挡,并采取有效覆盖措施防治扬尘污染。码头、矿山、填埋场和消纳场应当实施分区作业。(第72条)

9. 防治农业和其他污染的措施

《大气污染防治法》在防治农业和其他污染方面主要规定了如下措施:农业生产经营者

应当改进施肥方式,科学合理施用化肥并按照国家有关规定使用农药,减少氨、挥发性有机物等大气污染物的排放。禁止在人口集中地区对树木、花草喷洒剧毒、高毒农药(第74条)。省、自治区、直辖市人民政府应当划定区域,禁止露天焚烧秸秆、落叶等产生烟尘污染的物质。(第77条)国务院生态环境主管部门应当会同国务院卫生行政部门公布有毒有害大气污染物名录,实行风险管理。(第78条)企业事业单位和其他生产经营者在生产经营活动中产生恶臭气体的,应当科学选址,设置合理的防护距离,并安装净化装置或者采取其他措施。排放油烟的餐饮服务业经营者应当安装油烟净化设施并保持正常使用,或者采取其他油烟净化措施,使油烟达标排放,并防止对附近居民的正常生活环境造成污染。禁止在居民住宅楼、未配套设立专用烟道的商住综合楼,以及商住综合楼内与居住层相邻的商业楼层内新建、改建、扩建产生油烟、异味、废气的餐饮服务项目。任何单位和个人不得在当地人民政府禁止的区域内露天烧烤食品或者为露天烧烤食品提供场地。任何单位和个人不得在城市人民政府禁止的时段和区域内燃放烟花爆竹。(第80—82条)国家鼓励、支持消耗臭氧层物质替代品的生产和使用,逐步减少直至停止消耗臭氧层物质的生产和使用。(第85条)

案例讨论 4-2

A 在某小区一楼商铺开了一家小吃店,主营臭豆腐。开业不久,附近居民纷纷向当地生态环境部门投诉,认为 A 炸臭豆腐的油锅飘出恶臭,造成空气污染。当地生态环境部门要求 A 限期整改,A 买了抽油烟机、活性炭等器具,以吸收恶臭。但附近的居民仍不堪忍受,再次向当地生态环境部门投诉,要求关闭 A 的小吃店。

讨论:当地生态环境部门该如何处理本案?

(二) 水污染防治

1. 概述

依照《水污染防治法》的解释,水污染是指水体因某种物质的介入,而导致其化学、物理、生物或者放射性等方面特性的改变,从而影响水的有效利用,危害人体健康或者破坏生态环境,造成水质恶化的现象。(第102条)

1984 年 5 月,全国人大常委会通过了《水污染防治法》,对防治陆地水污染作出了系统的规定。在 1988 年制定的《水法》中,也对合理开发利用水资源和防治水环境污染作出了规定。1996 年 5 月,全国人大常委会通过了新修正的《水污染防治法》,对水污染防治的流域管理、城市污水的集中治理、饮用水源保护等方面作出了新的规定,并实行重点区域水污染物排放的总量核定制度。2008 年 2 月,全国人大常委会修订了《水污染防治法》,禁止超标排污,实行重点水污染物排放总量控制和许可制度,进一步加强了对饮用水水源和其他特殊水体的保护。2017 年 6 月,全国人大常委会再次修正了《水污染防治法》,进一步细化了总量控制制度和排污许可制度,增加了河长制、流域水环境保护联合协调机制和饮用水安全突发事件应急预案等制度。

《水污染防治法》适用于中华人民共和国领域内的江河、湖泊、运河、渠道、水库等地表水体,以及地下水体的污染防治。海洋污染防治适用《海洋环境保护法》的规定。(第 2 条)

案例讨论 4-3

A 公司位于内蒙古自治区某沙漠边上,为了降低污染物处置成本,A 公司擅自在附近的沙漠中挖了一个大坑,将生产废水直接排放在大坑里面。生态环境部门经调查发现,大坑附近的地下水受到了严重污染。

讨论:本案是否适用《水污染防治法》?

依照《水污染防治法》规定,县级以上人民政府生态环境主管部门对水污染防治实施统一监督管理。交通主管部门的海事管理机构对船舶污染水域的防治实施监督管理。县级以上人民政府水行政、国土资源、卫生、建设、农业、渔业等部门,以及重要江河、湖泊的流域水资源保护机构,在各自的职责范围内,对有关水污染防治实施监督管理。(第 9 条)

2. 水污染防治的标准和规划制度

(1) 水环境标准制度

《地表水环境质量标准》(GB 3838—2002)是水环境标准体系的核心。该标准依据地表水水域环境功能和保护目标,按功能高低依次将地表水水域划分为五类。该标准主要对 24 种项目规定了具体的标准限值。为对应地表水上述五类水域功能,该标准将基本项目标准值也分为五类,不同功能类别分别执行相应类别的标准值。水域功能类别高的标准值严于水域功能类别低的标准值。同一水域兼有多类使用功能的,执行最高功能类别对应的标准值。

除综合性的《地表水质量标准》外,我国还针对特定水域制定了《渔业水质标准》《景观娱乐用水水质标准》《地下水质量标准》《农田灌溉水质标准》等水质标准。

为了解决跨界水污染造成的纠纷,《水污染防治法》规定由国务院生态环境主管部门会同国务院水行政主管部门和有关省、自治区、直辖市人民政府,根据国家确定的重要江河、湖泊流域水体的使用功能,以及有关地区的经济、技术条件,确定该重要江河、湖泊流域的省界水体适用的水环境质量标准,报国务院批准后施行。(第 13 条)据此,省界水体适用的水环境质量标准成为判断省界水体是否受到污染,以及确定相邻省级行政区防治水污染责任的依据。

在水污染物排放标准方面,最主要的是《污水综合排放标准》(GB 8978—1996)。该标准按照污水排放去向,分年限规定了 69 种水污染物最高允许排放浓度及部分行业最高允许排水量。此外,生态环境部还制定了一系列适用于不同工业的水污染排放标准。

《水污染防治法》第 10 条规定:"排放水污染物,不得超过国家或者地方规定的水污染物排放标准和重点水污染物排放总量控制指标。"第 83 条规定:"对违反者,由县级以上人民政府生态环境主管部门责令改正或者责令限制生产、停产整治,并处十万元以上一百万元以下的罚款。"

（2）水污染防治规划制度

为了最有效地应对水污染问题,避免地方各自为政甚至以邻为壑,《水污染防治法》规定了水污染防治规划制度。防治水污染应当按流域或者按区域进行统一规划。国家确定的重要江河、湖泊的流域水污染防治规划,由国务院生态环境主管部门会同国务院经济综合宏观调控、水行政等部门和有关省级人民政府编制,报国务院批准。其他跨省、自治区、直辖市江河、湖泊的流域水污染防治规划,根据国家确定的重要江河、湖泊的流域水污染防治规划和本地实际情况,由有关省级人民政府生态环境主管部门会同同级水行政等部门和有关市、县人民政府编制,经有关省级人民政府审核,报国务院批准。省、自治区、直辖市内跨县江河、湖泊的流域水污染防治规划,根据国家确定的重要江河、湖泊的流域水污染防治规划和本地实际情况,由省级人民政府生态环境主管部门会同同级水行政等部门编制,报省级人民政府批准,并报国务院备案。经批准的水污染防治规划是防治水污染的基本依据,规划的修订须经原批准机关批准。

3. 重点水污染物总量控制制度和排污许可制度

鉴于我国水污染形势十分严峻,浓度控制已经无法实现防治水污染的目标,因此,《水污染防治法》规定了重点水污染物总量控制制度。

重点水污染物排放总量控制指标,由国务院生态环境主管部门在征求国务院有关部门和各省、自治区、直辖市人民政府意见后,会同国务院经济综合宏观调控部门报国务院批准并下达实施。省、自治区、直辖市人民政府应当按照国务院的规定削减和控制本行政区域的重点水污染物排放总量。具体办法由国务院生态环境主管部门会同国务院有关部门规定。省、自治区、直辖市人民政府应当按照国务院的规定削减和控制本行政区域的重点水污染物排放总量,同时可以根据本行政区域水环境质量状况和水污染防治工作的需要,对国家重点水污染物之外的其他水污染物排放实行总量控制。对超过重点水污染物排放总量控制指标或者未完成水环境质量改善目标的地区,省级以上人民政府生态环境主管部门应当会同有关部门约谈该地区人民政府的主要负责人,并暂停审批新增重点水污染物排放总量的建设项目的环境影响评价文件。（第 20 条）

在总量控制的基础上,《水污染防治法》规定了排污许可制度。直接或者间接向水体排放工业废水和医疗污水,以及其他按照规定应当取得排污许可证方可排放的废水、污水的企业事业单位,应当取得排污许可证;城镇污水集中处理设施的运营单位,也应当取得排污许可证。禁止企业事业单位无排污许可证或者违反排污许可证的规定向水体排放前款规定的废水、污水。

4. 水污染防治措施

（1）水污染防治的一般规定

禁止向水体排放油类、酸液、碱液或者剧毒废液；禁止向水体排放、倾倒放射性固体废物或者含有高放射性和中放射性物质的废水；禁止向水体排放、倾倒工业废渣、城镇垃圾和其他废物；禁止将含有汞、镉、砷、铬、铅、氰化物、黄磷等的可溶性剧毒废渣向水体排放、倾倒或者直接埋入地下；禁止在江河、湖泊、运河、渠道、水库最高水位线以下的滩地和岸坡堆放、存贮固体废物和其他污染物；禁止利用渗井、渗坑、裂隙、溶洞，私设暗管，篡改、伪造监测数据等逃避监管的方式排放水污染物；禁止利用无防渗漏措施的沟渠、坑塘等输送或者存贮含有毒污染物的废水、含病原体的污水和其他废物；多层地下水的含水层水质差异大的，应当分层开采；对已受污染的潜水和承压水，不得混合开采；兴建地下工程设施或者进行地下勘探、采矿等活动，应当采取防护性措施，防止地下水污染；人工回灌补给地下水，不得恶化地下水质。（第33—43条）

（2）对不同领域水污染防治的专门规定

第一，在工业水污染防治方面：合理规划工业布局，配套建设污水集中处理设施，淘汰落后工艺和设备，采取综合治理措施，从源头上减少废水和污染物排放量；禁止新建小型造纸、制革等严重污染水环境的生产项目；鼓励企业进行清洁生产。（第44—48条）

第二，在城镇水污染防治方面：城镇污水应当集中处理；县级以上地方人民政府应当通过财政预算和其他渠道筹集资金，统筹安排建设城镇污水集中处理设施及配套管网，提高城镇污水的收集率和处理率；城镇污水集中处理设施的运营单位应向排污者提供有偿服务，收取污水处理费用，保证污水集中处理设施的正常运行；收取的污水处理费用应当专门用于城镇污水集中处理设施的建设和运行。向城镇污水集中处理设施排放水污染物，应当符合水污染物排放标准。城镇污水集中处理设施的运营单位或者污泥处理处置单位应当安全处理处置污泥，保证处理处置后的污泥符合国家标准，并对污泥的去向等进行记录。（第49—51条）

第三，在农业和农村水污染防治方面：推进农村污水、垃圾集中处理，统筹规划建设农村污水、垃圾处理设施；科学、合理地施用化肥和农药，加强管理运输、存贮农药和处置过期失效农药等活动；支持畜禽养殖场、养殖小区建设畜禽粪便、废水的综合利用或者无害化处理设施，在畜禽散养密集区应当组织对畜禽粪便污水进行分户收集、集中处理利用；从事水产养殖应当科学确定养殖密度，合理投饵和使用药物；农田灌溉水应当符合相应的水质标准，禁止向农田灌溉渠道排放工业废水或者医疗污水。（第52—58条）

第四，在船舶水污染防治方面：加强对船舶排放含油污水、生活污水的管理，禁止将船舶的残油、废油排入水体，禁止向水体倾倒船舶垃圾；船舶装载运输油类或者有毒货物，应当采取防止溢流和渗漏的措施，防止货物落水造成水污染；港口、码头、装卸站和船舶修造厂应当备有足够的船舶污染物、废物的接收设施；船舶进行可能污染水体的活动，应当编制作业方案，采取有效的安全和防污染措施，并报作业地海事管理机构批准。（第59—62条）

5. 饮用水水源和其他特殊水体保护

生活饮用水的安全事关公众健康,保护饮用水水源不受污染是水污染防治的重中之重。其他特殊水体具有重大的生态和经济功能,也需要进行特殊保护。

饮用水水源保护区分为一级保护区和二级保护区;必要时,可以在饮用水水源保护区外围划定一定的区域作为准保护区。省内的饮用水水源保护区的划定由省级人民政府批准,跨省的饮用水水源保护区,由有关省级人民政府协商有关流域管理机构划定,协商不成的,由国务院生态环境主管部门会同国务院相关部门提出划定方案,报国务院批准。国务院和省、自治区、直辖市人民政府可以根据保护饮用水水源的实际需要,调整饮用水水源保护区的范围,确保饮用水安全。有关地方人民政府应当在饮用水水源保护区的边界设立明确的地理界标和明显的警示标志。(第63条)

在饮用水水源保护区内,禁止设置排污口。在饮用水水源一级保护区内,禁止新建、改建、扩建与供水设施和保护水源无关的建设项目,已建成的与供水设施和保护水源无关的建设项目,由县级以上人民政府责令拆除或者关闭。禁止在饮用水水源一级保护区从事网箱养殖、旅游、游泳、垂钓或者其他可能污染饮用水水体的活动。

案例讨论 4-4

我国《水污染防治法》(2017年修正)第65条规定:"禁止在饮用水水源一级保护区内新建、改建、扩建与供水设施和保护水源无关的建设项目。"A市人大常委会据此制定的《引水渠环境保护条例》也规定:"引水渠一级保护区为非建设区和非旅游区,禁止在引水渠两侧各水平外延100米以内地区新建、改建、扩建除水利或者供水工程以外的工程项目。"

此后,A市为实施修建输电线工程的计划,在引水渠一级保护区100米内新建数十座高压线铁塔。对此许多公众提出了反对意见。争议的焦点在于"高压线铁塔"是否属于法律和地方性法规禁止新建的项目。

对此,A市人民政府依照条例的授权作出了这样的解释:该条例规定禁止建设的工程项目不包括对水质不产生污染或污染威胁的市政基础设施建设项目。

讨论:你是否认同A市人民政府的解释?

在饮用水水源二级保护区内,禁止新建、改建、扩建排放污染物的建设项目;已建成的排放污染物的建设项目,由县级以上人民政府责令拆除或者关闭。在饮用水水源二级保护区内从事网箱养殖、旅游等活动的,应当按照规定采取措施,防止污染饮用水水体。(第66条)

饮用水水源受到污染可能威胁供水安全的,生态环境主管部门应当责令有关企业事业单位采取停止或者减少排放水污染物等措施。(第69条)

在饮用水水源保护区内设置排污口的,由县级以上地方人民政府责令限期拆除,处十万元以上五十万元以下的罚款;逾期不拆除的,强制拆除,所需费用由违法者承担,处五十万元以上一百万元以下的罚款,并可以责令停产整顿。(第84条)

县级以上人民政府可以对风景名胜区水体、重要渔业水体和其他具有特殊经济文化价值的水体划定保护区,并采取措施,保证保护区的水质符合规定用途的水环境质量标准。在风景名胜区水体、重要渔业水体和其他具有特殊经济文化价值的水体的保护区内,不得新建排污口。(第74、75条)

6. 水污染事故处置

近年来,我国重大水污染事故层出不穷,为了妥善处理水污染事故,防止损害扩大,《水污染防治法》专设"水污染事故处置"一章。

各级人民政府及其有关部门,可能发生水污染事故的企业事业单位,应当制定有关水污染事故的应急方案,做好应急准备,并定期进行演练。企业事业单位发生事故或者其他突发性事件,造成或者可能造成水污染事故的,应当立即启动本单位的应急方案,采取应急措施,并向事故发生地的县级以上地方人民政府或者生态环境主管部门报告。造成渔业污染事故或者渔业船舶造成水污染事故的,应当向事故发生地的渔业主管部门报告,接受调查处理。

市、县级人民政府应当组织编制饮用水安全突发事件应急预案。饮用水水源发生水污染事故,或者发生其他可能影响饮用水安全的突发性事件,饮用水供水单位应当采取应急处理措施,向所在地市、县级人民政府报告,并向社会公开。有关人民政府应当及时启动应急预案,采取有效措施,保障供水安全。

企业事业单位违法造成水污染事故的,由县级以上生态环境部门处以罚款,责令限期采取治理措施,消除污染;不按要求采取治理措施或者不具备治理能力的,由生态环境部门指定有治理能力的单位代为治理,所需费用由违法者承担;对造成重大或者特大水污染事故的,可以报经有批准权的人民政府批准,责令关闭;对直接负责的主管人员和其他直接责任人员可以处上一年度从本单位取得的收入50%以下的罚款。对造成一般或者较大水污染事故的,按照水污染事故造成的直接损失的20%计算罚款;对造成重大或者特大水污染事故的,按照水污染事故造成的直接损失的30%计算罚款。造成渔业污染事故或者渔业船舶造成水污染事故的,由渔业主管部门进行处罚;其他船舶造成水污染事故的,由海事管理机构进行处罚。(第94条)

案例讨论 4-5

A 公司私设暗管,向 B 江排放未经处理的污水。2021 年 3 月 20 日,A 公司收到一大笔订单,遂开足马力加班加点生产,排放的污染物也大大增加。3 月 23 日,下游养殖户发现鱼类大量死亡,损失超过 3 000 万元,遂向生态环境部门和渔业部门举报。经生态环境部门检测,B 江中的主要污染物超标 100 倍以上。下游 C 市的自来水厂被迫停止从 B 江取水,C 市停水三天,直接经济损失超过 1 000 万元。

讨论:A 公司应当承担哪些法律责任?

(三) 海洋污染防治

1. 概述

海洋环境污染,指直接或间接地把物质或能量引入海洋环境,产生损害海洋生物资源、危害人体健康、妨碍渔业和海上其他合法活动、损坏海水使用素质和减损环境质量等有害影响。(第 94 条)

20 世纪 70 年代后期,我国参加了《联合国海洋法公约》[①]的起草谈判工作,鉴于国家保护海洋环境和确立防止、减少及控制海洋环境污染的法律措施是《联合国海洋法公约》生效后的重要内容和缔约国必须履行的国内法义务,为此我国于 1982 年 8 月参照公约草案的规定制定了第一部综合性海洋环境保护法律——《海洋环境保护法》。

1982 年《海洋环境保护法》从防治海洋污染的角度,对防止海岸工程对海洋环境的污染损害、防止海洋石油勘探开发对海洋环境的污染损害、防止陆源污染物对海洋环境的污染损害、防止船舶对海洋环境的污染损害、防止倾倒废物对海洋环境的污染损害等五个方面作了规定。此后,国务院又相继制定了一系列与海洋污染防治相关的行政法规。

1982 年的《海洋环境保护法》制定于改革开放初期,由于当时认识上的局限性,内容上侧重单个污染源防治,忽视了对整体海洋生态的保护,监管体制上也存在很大的缺陷,致使执法管理工作难以有效实施。为此,国家立法机关从 1995 年开始着手修订《海洋环境保护法》。1999 年 12 月底,全国人大常委会通过了新修订的《海洋环境保护法》。此后,全国人大常委会分别于 2013 年、2016 年和 2017 年对《海洋环境保护法》进行了修正。

2.《海洋环境保护法》的适用范围和域外效力

《海洋环境保护法》适用于中华人民共和国内水、领海、毗连区、专属经济区、大陆架及中华人民共和国管辖的其他海域。在中华人民共和国管辖海域内从事航行、勘探、开发、生产、旅游、科学研究及其他活动,或者在沿海陆域内从事影响海洋环境活动的任何单位和个人,都必须遵守该法。

> **拓展阅读 4-3　内水、领海、毗连区、专属经济区、大陆架**
>
> 内水是领海基线向陆地一面的水域,它构成国家领水的一部分,由港口、海湾、河口,以及领海基线与海岸之间的其他海域组成。内水是国家领土的一部分,其法律地位与陆地领土相同,沿海国对其享有完全和排他的主权。

---

① 具体内容请参见本书第七章国际环境法部分。

根据 1982 年《联合国海洋法公约》第 2 条的规定,沿海国的主权包括其陆地领土及内水外邻接的一带海域,在群岛国的情形下及与群岛水域以外邻接的一带海域,称为领海。1982 年《联合国海洋法公约》规定:"每一国家有权确定其领海宽度,直至从按照本公约确定的基线量起不超过 12 海里的界线为止。"我国 1958 年《关于领海的声明》和 1992 年《领海及毗连区法》都规定,我国的领海宽度为 12 海里。

毗连区是邻接领海并由沿海国对某些事项行使必要管制的一定宽度的海域。我国《领海及毗连区法》规定,我国毗连区的宽度为 12 海里。

专属经济区是 1982 年《联合国海洋法公约》确立的一项新的海洋法制度,指领海以外并邻接领海的一个区域,其宽度从测算领海宽度的基线量起,不超过 200 海里。沿海国在专属经济区内的权利主要是与自然资源和经济活动有关的权利。

大陆架原是地理学和地质学上的概念,通常指从海岸向海自然延伸到大陆坡为止的,一段坡度比较平坦的海底区域。1982 年《联合国海洋法公约》第 76 条规定:"沿海国的大陆架包括其领海以外依其陆地领土的全部自然延伸,扩展到大陆外缘的海底区域的海床和底土。如果从测算领海宽度的基线量起到大陆边外缘的距离不到 200 海里,则扩展到 200 海里的距离"。

资料来源:邵沙平. 国际法［M］. 2 版. 北京:中国人民大学出版社,2010.

值得注意的是,《海洋环境保护法》第 2 条规定:"在中华人民共和国管辖海域以外,造成中华人民共和国管辖海域污染的,也适用该法的规定。"这就是学界所称的《海洋环境保护法》的"域外效力"。之所以这样规定,是因为海洋是一个整体,排入某一海域的污染物会随着海洋运动扩散影响到另一个海域。在我国管辖海域范围以外,例如公海,排放污染物质,很有可能会对我国海洋环境造成污染损害。因此,这种规定对于维护我国的海洋权益而言是非常必要的,而且也符合国际惯例。

案例讨论 4-6

2011 年 3 月,A 国发生 9.0 级地震并引发海啸,导致某核电站大量核废水泄漏至邻近海域,这些含有大量放射性物质的海水由于洋流作用流到我国海域,致使我国海域的生态环境遭受重大污染,一些养殖户也遭受了重大损失。

讨论:该案是否可以适用我国《海洋环境保护法》?

3. 海洋环境保护监督管理体制与海洋联合执法制度

根据《海洋环境保护法》第 5 条的规定,国务院生态环境主管部门对全国海洋环境保护工作实施指导、协调和监督。国家海洋行政主管部门负责组织海洋环境的调查、监测、监视、评价和科学研究,负责防止全国海洋工程建设项目和海洋倾废污染损害的环境保护工作。国家海事行政主管部门负责非军事船舶排污的监督和调查处理,以及港区水域的监视,并主管防止船舶污染损害的环境保护工作。国家渔业行政主管部门负责渔业船舶排污的监督管理和渔业水域的保护。军队环境保护部门负责军事船舶污染海洋环境的监督及污染事故的调查处理。沿海县级以上人民政府行使海洋环境监督管理权的职责。

由于海洋环境保护涉及多个政府部门,而海洋环境保护客观上要求实施整体性、关联性的综合污染防治措施,为此,《海洋环境保护法》规定了跨区域的海洋环境保护工作的政府协调解决机制和依法行使海洋环境监督管理权部门的海上联合执法机制。(第9、19条)

2018年3月,全国人大通过的国务院机构改革方案,将国家海洋局的海洋环境保护职责转移给生态环境部,国家海洋局的其他职责划归自然资源部。2018年6月,全国人民代表大会常务委员会制定了《关于中国海警局行使海上维权执法职权的决定》,授权中国海警局执行海洋资源开发利用、海洋生态环境保护、海洋渔业管理、海上缉私等方面的执法任务,行使法律规定的有关行政机关相应执法职权。中国海警局与公安机关、有关行政机关建立执法协作机制。2021年全国人大常委会制定的《海警法》明确规定了由海警机构依法履行海洋环境保护职责。

4. 海洋污染防治的一般措施

(1)海洋环境标准制度

目前,我国实施的国家海洋环境质量标准是由原国家环境保护局和国家海洋局于1997年共同发布的《海水水质标准》(GB 3097—1997)。该标准按照海域的不同使用功能和保护目标,将海水水质分为四类:第一类适用于海洋渔业水域,海上自然保护区和珍稀濒危海洋生物保护区;第二类适用于水产养殖区,海水浴场,人体直接接触海水的海上运动或娱乐区,以及与人类食用直接有关的工业用水区;第三类适用于一般工业用水区,滨海风景旅游区;第四类适用于海洋港口水域,海洋开发作业区。

由于陆地上的水往往最终流入海洋,陆地水的水质可能对海水水质造成直接的影响,因此《海洋环境保护法》特别规定:"国家和地方水污染物排放标准的制定,应当将国家和地方海洋环境质量标准作为重要依据之一。在国家建立并实施排污总量控制制度的重点海域,水污染物排放标准的制定,还应当将主要污染物排海总量控制指标作为重要依据。"(第11条)

(2)对重点海域排污实施总量控制

为控制国家划定的重点海域①的污染,《海洋环境保护法》确立了重点海域排污总量控制制度。由国务院批准确定主要污染物排海总量控制指标,在此基础上对主要污染源采取分解排放控制指标的方式具体实施。(第11条)

5. 防治陆源污染物对海洋环境的污染损害

陆源污染物是由陆地污染源排放的污染物。防治陆源污染物对海洋环境的污染损害,

_____

① 根据中国海洋环境保护管理实践,《海洋环境保护法》所谓的"重点海域",一般指黄海、南海、渤海和东海四大海域。

主要是防止沿海地区的工农业生产和居民生活所产生的废物直接向海域排放、防止在海岸滩涂设置废物堆放场或处理场、防止沿海农田施用化肥农药等污染海洋，以及防止陆源污染物通过江河进入海洋环境。

为此，《海洋环境保护法》从入海排污口设置（第30条）和禁限措施两方面对防治陆源污染物污染损害海洋环境作出了规定。其中，禁止性义务规范主要包括：禁止向海域排放油类、酸液、碱液、剧毒废液和高、中水平放射性废水；禁止经中华人民共和国内水、领海转移危险废物。（第33、39条）限制性义务规范主要是对直接或间接向海域排放各类污染物所作的限制性规定。（第33—38条）

为履行《联合国海洋法公约》有关防止大气污染物造成海洋污染的义务，《海洋环境保护法》特别规定，国家采取必要措施，防止、减少和控制来自大气层或者通过大气层造成的海洋环境污染损害。（第41条）

6. 防治海岸工程建设项目对海洋环境的污染损害

海岸工程是指位于海岸或与海岸相邻，需要利用海洋完成其部分或全部功能的建设工程。为防止海岸工程对海洋环境造成污染损害，《海洋环境保护法》主要从以下几个方面规定了保护措施：

第一，在依法划定的海洋自然保护区、海滨风景名胜区、重要渔业水域及其他需要特别保护的区域，不得从事污染环境、破坏景观的海岸工程项目建设或者其他活动。（第42条第2款）

第二，对海岸工程建设项目实行环境影响评价和"三同时"制度，并把防治污染所需资金纳入建设项目投资计划。（第42—44条）对于违反环境影响评价制度者，由生态环境主管部门责令停止建设，根据违法情节和危害后果，处建设项目总投资额百分之一以上百分之五以下的罚款，并可以责令恢复原状；对于违反"三同时"制度者，由生态环境主管部门责令其停止生产或者使用，并处二万元以上十万元以下的罚款。（第79、80条）

第三，禁止在沿海陆域内新建不具备有效治理措施的化学制浆造纸、化工、印染、制革、电镀、酿造、炼油、岸边冲滩拆船，以及其他严重污染海洋环境的工业生产项目。（第45条）对违反者，由县级以上人民政府责令关闭。（第81条）

第四，兴建海岸工程建设项目，必须采取有效措施，保护国家和地方重点保护的野生动植物及其生存环境和海洋水产资源。（第46条第1款）

第五，严格限制在海岸采挖砂石。露天开采海滨砂矿和从岸上打井开采海底矿产资源，必须采取有效措施，防止污染海洋环境。（第46条第2款）

对于防治海岸工程建设项目对海洋环境的污染损害，《防治海岸工程建设项目污染损害海洋环境管理条例》（1990年制定，经2007年、2017年、2018年三次修订）作出了更加详细的规定。

7. 防治海洋工程建设项目对海洋环境的污染损害

海洋工程建设是指在海岸线以下施工兴建的各类海洋工程建设项目。防治海洋工程建

设项目对海洋环境污染损害的主要措施包括:

第一,海洋工程建设项目应当严格执行环境影响评价和"三同时"制度。(第47、48条)对违反环境影响评价制度的,由生态环境主管部门责令其停止施工,根据违法情节和危害后果,处建设项目总投资额百分之一以上百分之五以下的罚款,并可以责令恢复原状。对违反"三同时"制度的,由生态环境主管部门责令其停止施工或者生产、使用,并处五万元以上二十万元以下的罚款。(第82条)

第二,海洋工程建设项目建设不得使用含超标准放射性物质或者易溶出有毒有害物质的材料。(第49条)对违反者,由生态环境主管部门处五万元以下的罚款,并责令其停止该建设项目的运行,直到消除污染危害。(第83条)

第三,当海洋工程建设项目需要爆破作业时,必须采取有效措施,保护海洋资源。在海洋石油勘探开发及输油过程中必须采取有效措施,避免溢油事故的发生。(第50条)对违反者,由生态环境主管部门予以警告,并处二万元以上二十万元以下的罚款。(第84条)

第四,海洋石油钻井船、钻井平台和采油平台产生的废物必须经过处理,达标后方可向海洋排放。含油工业垃圾不得排放入海。海上试油时,确保油气充分燃烧。勘探开发海洋石油,必须按有关规定编制溢油应急计划,报生态环境部备案。(第51—54条)

对于防治海洋工程建设项目对海洋环境的污染损害,《海洋石油勘探开发环境保护管理条例》和《防治海洋工程建设项目污染损害海洋环境管理条例》作出了更加详细的规定。

8. 防治倾倒废物对海洋环境的污染损害

倾倒是通过船舶、航空器、平台或者其他载运工具,向海洋处置废物和其他有害物质的行为,包括弃置船舶、航空器、平台及其辅助设施和其他浮动工具的行为。但不包括船舶、航空器及其他载运工具和设施正常操作产生的废物的排放。

按照废物的毒性、有害物质含量和对海洋环境的影响等因素,我国将向海洋倾倒的废物分为三类:第一类为禁止倾倒的废物,即毒性大或长期不能分解及严重妨害海上航行、渔业等活动的物质;第二类为需要获得特别许可证才能倾倒的,即对海洋生物没有剧毒性,但能通过生物富集污染水产品或危害航行、渔业等活动的物质;第三类为不属于前两类物质的其他低毒性或无毒的,即要事先获得普通许可证即可倾倒的物质。

根据《海洋倾废管理条例实施办法》(2017年修正)第7条的规定,海洋倾倒区分为一、二、三类倾倒区,试验倾倒区和临时倾倒区。一、二、三类倾倒区是为处置一、二、三类废物而相应确定的,其中一类倾倒区是为紧急处置一类废物而确定的。试验倾倒区是为倾倒试验而确定的(使用期不超过两年)。临时倾倒区是因工程需要等特殊原因而划定的一次性专用倾倒区。

防治倾倒废物对海洋环境的污染损害的主要措施包括:第一,需要倾倒废物的单位,应根据其倾倒废物的具体情况申领许可证,获得许可证后方可按照许可证规定的条件倾倒,并向批准部门报告倾倒情况;第二,禁止中华人民共和国境外的废物在中华人民共和国管辖海域倾倒;第三,禁止在海上焚烧废物。禁止在海上处置放射性废物或者其他放射性物质。

（第55—61条）

对于防治倾倒废物对海洋环境的污染损害，《海洋倾废管理条例》（1985年制定，2011年、2017年两次修订）作出了更加详细的规定。

9. 防治船舶及有关作业活动对海洋环境的污染损害

船舶是海洋的主要污染源之一。为了有效防治船舶及有关作业活动对海洋环境的污染损害，《海洋环境保护法》主要规定了如下措施：

第一，禁止任何船舶及相关作业向海洋排放污染物或其他有害物质。（第62条）船舶应持有防止海洋环境污染的证书与文书。（第63条）必须配置防污设备和器材，载运具有污染危害性货物的船舶结构与设备当能够防止或者减轻所载货物对海洋环境的污染。（第64条）

第二，对于载运具有污染危害性货物进出港口的船舶，其承运人、货物所有人或者代理人，必须事先向海事部门申报。需要船舶装运污染危害性不明的货物，应当按照有关规定事先进行评估。交付船舶装运污染危害性货物的单证、包装、标志、数量限制等，必须符合对所装货物的有关规定。装卸油类及有毒有害货物的作业，船岸双方必须遵守安全防污操作规程。（第67、68条）

第三，港口、码头、装卸站和船舶修造厂必须按照有关规定备有足够的用于处理船舶污染物、废物的接收设施，并使该设施处于良好状态。装卸油类的港口、码头、装卸站和船舶必须编制溢油污染应急计划，并配备相应的溢油污染应急设备和器材。进行可能产生海洋污染的活动，还应当事先按照有关规定报经有关部门批准或者核准。（第69、70条）

第四，船舶应当遵守海上交通安全法律、法规的规定，防止因碰撞、触礁、搁浅、火灾或者爆炸等引起的海难事故，造成海洋环境的污染。当船舶发生海难事故，造成或者可能造成海洋环境重大污染损害的，法律规定国家海事部门有权强制采取避免或者减少污染损害的措施。对在公海上因发生海难事故，造成中华人民共和国管辖海域重大污染损害后果或者具有污染威胁的船舶、海上设施，国家海事部门有权采取与实际的或者可能发生的损害相称的必要措施。同时法律规定所有船舶均有监视海上污染的义务。民用航空器发现海上排污或者污染事件，必须及时向就近的民用航空空中交通管制单位报告。接到报告的单位，应当立即向依照本法规定行使海洋环境监督管理权的部门通报。（第65、71、72条）

第五，为有效补偿和赔偿油污损害，法律规定国家完善并实施船舶油污损害民事赔偿责任制度，并按照船舶油污损害赔偿责任由船东和货主共同承担风险的原则，建立船舶油污保险、油污损害赔偿基金制度。（第66条）

2009年，国务院颁布了《防治船舶污染海洋环境管理条例》（2013年、2014年、2016年、2017年、2018年修订），要求在中华人民共和国管辖海域内航行的船舶，其所有人应当投保船舶油污损害民事责任保险或者取得相应的财务担保，其额度不低于《海商法》和我国缔结或者参加的有关国际条约规定的油污赔偿限额。船舶污染事故的赔偿限额依照《海商法》关于海事赔偿责任限制的规定执行。但是，船舶载运的散装持久性油类物质造成中华人民共和国管辖海域污染的,赔偿限额依照中华人民共和国缔结或者参加的有关国际条约的规定执行。虽然我国是《1969 年国际油污损害民事责任公约》和《修正 1971 年设立国际油污损害赔偿基金国际公约的 1992 年议定书》这两项公约的缔约国,但油污基金公约只适用于香港特别行政区①。

10. 海洋生态损害赔偿制度

海洋环境污染往往给海洋生态造成巨大的损害。为了切实贯彻"损害担责原则",《海洋环境保护法》第 89 条第 2 款规定:"对破坏海洋生态、海洋水产资源、海洋保护区,给国家造成重大损失的,由依照本法规定行使海洋环境监督管理权的部门代表国家对责任者提出损害赔偿要求。"2017 年 12 月,最高人民法院颁布了《关于审理海洋自然资源与生态环境损害赔偿纠纷案件若干问题的规定》,进一步明确了提起海洋自然资源与生态环境损害赔偿诉讼的相关程序。2022 年 5 月,最高人民法院、最高人民检察院颁布实施了《关于办理海洋自然资源与生态环境公益诉讼案件若干问题的规定》,对涉及海洋环境保护的环境公益诉讼作出了明确规定。

拓展阅读4-4　中国海洋生态损害赔偿的实践

2002 年 11 月 23 日凌晨 4 时左右,马耳他籍"塔斯曼海"油轮与中国沿海船舶"顺凯 1 号"在天津海域发生碰撞,造成"塔斯曼海"油轮所载原油泄漏,严重污染了当地海域。2002 年 11 月 28 日,天津市海洋局率先向天津市海事法院提出申请,要求扣押肇事"塔斯曼海"油轮进行财产保全,并责令其提供 1 500 万美元的担保。2002 年 12 月 26 日,天津市海洋局正式向天津市海事法院递交了起诉书,要求"塔斯曼海"油轮赔偿 9 000 万元人民币的海洋生态损失。2004 年 12 月 30 日,天津市海事法院依法作出一审判决,最终赔偿金额确定为 4 209 万余元人民币。被告其后上诉至天津市高级人民法院。2009 年,该案作出终审判决,判令被告赔偿 1 513.42 万元人民币。该案是我国第一起由海洋主管部门依法代表国家向破坏海洋生态的责任人提出海洋生态损害赔偿要求的案件。

2011 年 6 月,康菲公司负责作业的渤海湾蓬莱 19-3 油田发生漏油事故,导致渤海湾遭受严重污染,油田周边海域有 840 平方千米海水由一类水质变为劣四类水质。事故发生之后,国家海洋局宣布将依法要求康菲公司赔偿生态损失,并面向全国招聘律师团队准备对康菲公司提起损害赔偿诉讼。2012 年 4 月 27 日,国家海洋局在官网上宣布,经过协商,康菲公司同意出资 10.9 亿元人民币,赔偿本次溢油事故对海洋生态造成的损失;中国海洋石油集团有限公司和康菲公司分别出资 4.8 亿元人民币和 1.13 亿元人民币,承担保护渤海环境的社会责任。国家海洋局表示,上述资金将按国家有关法律规定,用于渤海

---

① 参见交通部《关于〈1992 年国际油污损害民事责任公约议定书〉2000 年修正案和〈1992 年国际油污赔偿基金公约议定书〉2000 年修正案生效的公告》,2003 年 11 月 11 日颁布。

生态建设与环境保护、渤海入海石油类污染物减排、受损海洋生境修复、溢油对生态影响监测和研究等。

资料来源：

[1] 贺莉丹. 溢油事故的索赔困局[J]. 新民周刊,2011(29).

[2] 国家海洋局. 蓬莱 19-3 油田溢油事故海洋生态损害索赔取得重大进展[EB/OL]. 2012-04-27.

（四）土壤污染防治

1. 概述

根据《土壤污染防治法》的解释,土壤污染,是指因人为因素导致某种物质进入陆地表层土壤,引起土壤化学、物理、生物等方面特性的改变,影响土壤功能和有效利用,危害公众健康或者破坏生态环境的现象。（第 2 条）

2016 年,国务院发布了《土壤污染防治行动计划》。2018 年 8 月,十三届全国人大常委会第五次会议通过了《土壤污染防治法》。该法强调土壤污染防治坚持预防为主、保护优先、分类管理、风险管控、污染担责、公众参与的原则,并从总则、预防和保护、风险管控和修复、保障和监督等方面进行了规定。

2. 土壤污染防治目标责任制和考核评价制度

地方各级人民政府应当对本行政区域土壤污染防治和安全利用负责。国家将土壤污染防治目标完成情况作为考核评价地方各级人民政府及其负责人、县级以上人民政府负有土壤污染防治监督管理职责的部门及其负责人的内容。（第 5 条）

3. 土壤环境信息共享机制

国务院生态环境主管部门对全国土壤污染防治工作实施统一监督管理,国务院农业农村、自然资源、住房城乡建设、林业草原等主管部门在各自职责范围内对土壤污染防治工作实施监督管理。各部门之间共同建立土壤环境基础数据库,构建全国土壤环境信息平台,实行数据动态更新和信息共享。（第 7、8 条）

4. 土壤污染风险管控标准

国务院生态环境主管部门根据土壤污染状况、公众健康风险、生态风险和科学技术水平,并按照土地用途,制定国家土壤污染风险管控标准,加强土壤污染防治标准体系建设;省级人民政府对国家土壤污染风险管控标准中未作规定的项目,可以制定地方土壤污染风险管控标准;对国家土壤污染风险管控标准中已作规定的项目,可以制定严于国家土壤污染风险管控标准的地方土壤污染风险管控标准。地方土壤污染风险管控标准应当报国务院生态环境主管部门备案。土壤污染风险管控标准是强制性标准。应当定期对标准执行情况进行评估,并根据评估结果对标准适时修订。（第 12、13 条）

1995 年,国家环境保护局颁布了《土壤环境质量标准》（GB 15618—1995）。该标准按土壤应用功能、保护目标和土壤主要性质,规定了土壤中污染物的最高允许浓度指标值及相应的监测方法。标准适用于农田、蔬菜地、茶园、果园、牧场、林地、自然保护区等地的土壤，实施土壤分类、标准分级规定。2018 年,生态环境部与国家市场监督管理总局联合发布《土壤环境质量 农用地土壤污染风险管控标准(试行)》(GB 15618—2018)和《土壤环境质量 建设用地土壤污染风险管控标准(试行)》(GB 36600—2018),规定了农用地土壤和建设用地土壤污染风险筛选值和管制值,以及监测、实施与监督要求,从而代替了《土壤环境质量标准》(GB 15618—1995)。

5. 土壤环境监测制度和全国土壤污染状况普查

国务院生态环境主管部门制定土壤环境监测规范,会同国务院有关主管部门组织监测网络,统一规划国家土壤环境监测站(点)的设置。(第 15 条)

地方人民政府农业农村、林业草原主管部门应当会同生态环境、自然资源主管部门对下列农用地地块进行重点监测:① 产出的农产品污染物含量超标的;② 作为或者曾作为污水灌溉区的;③ 用于或者曾用于规模化养殖,固体废物堆放、填埋的;④ 曾作为工矿用地或者发生过重大、特大污染事故的;⑤ 有毒有害物质生产、贮存、利用、处置设施周边的。(第 16 条)

地方人民政府生态环境主管部门应当会同自然资源主管部门对下列建设用地地块进行重点监测:① 曾用于生产、使用、贮存、回收、处置有毒有害物质的;② 曾用于固体废物堆放、填埋的;③ 曾发生过重大、特大污染事故的。(第 17 条)

国务院生态环境主管部门会同有关主管部门,每 10 年至少组织开展一次全国土壤污染状况普查。国务院有关部门、设区的市级以上地方人民政府可以根据本行业、本行政区域实际情况组织开展土壤污染状况详查。(第 14 条)

6. 农用地分类管理制度

国家按照土壤污染程度和相关标准,将农用地划分为优先保护类、安全利用类和严格管控类。县级以上地方人民政府应当依法将符合条件的优先保护类农用地地块划为永久基本农田,实行严格保护。对安全利用类农用地地块,地方人民政府农业农村、林业草原主管部门,应当结合主要作物品种和种植习惯等情况,制定并实施安全利用方案。对严格管控类农用地地块,采取调整种植结构、退耕还林还草、退耕还湿、轮作休耕、轮牧休牧等风险管控措施。

7. 建设用地土壤污染风险管控和修复名录制度

建设用地土壤污染风险管控和修复名录由省级人民政府生态环境主管部门会同自然资源等主管部门制定,按照规定向社会公开,并根据风险管控、修复情况适时更新。(第 58 条)对有土壤污染风险的建设用地地块,土地使用权人应当进行土壤污染状况调查。(第 59 条)土壤污染责任人应当按照要求,采取相应的风险管控措施,并定期向地方人民政府生态环境主管部门报告。列入建设用地土壤污染风险管控和修复名录的地块,不得作为住宅、公共管理与公共服务用地。(第 61、62 条)

对建设用地土壤污染风险管控和修复名录中需要实施修复的地块,遵循以下措施:首先,由土壤污染责任人编制修复方案,报地方人民政府生态环境主管部门备案并实施;其次,风险管控、修复活动完成后,另行委托有关单位对风险管控效果、修复效果进行评估,并将效果评估报告备案;最后,对达到风险管控、修复目标的建设用地地块,土壤污染责任人、土地使用权人可以申请移出建设用地土壤污染风险管控和修复名录。(第64—66条)

8. 土壤污染风险管控、修复制度和土壤污染防治基金制度

土壤污染责任人负有实施土壤污染风险管控和修复的义务。土壤污染责任人无法认定的,应当由土地使用权人实施土壤污染风险管控和修复。因实施或者组织实施土壤污染状况调查和土壤污染风险评估、风险管控、修复、风险管控效果评估、修复效果评估、后期管理等活动所支出的费用,由土壤污染责任人承担。土壤污染责任人变更的,由变更后承继其债权、债务的单位或者个人履行相关土壤污染风险管控和修复义务并承担相关费用。(第45—47条)

国家建立土壤污染防治基金制度。设立中央土壤污染防治专项资金和省级土壤污染防治基金,主要用于农用地土壤污染防治和土壤污染责任人或者土地使用权人无法认定的土壤污染风险管控和修复。对《土壤污染防治法》实施之前(2019年1月1日)产生的,并且土壤污染责任人无法认定的污染地块,土地使用权人实际承担土壤污染风险管控和修复的,可以申请土壤污染防治基金,集中用于土壤污染风险管控和修复。(第71条)

二、化学物质与固体废物污染环境控制

(一) 化学物质环境管理

1. 概述

化学物质很多都是有毒有害物质,如果使用或者处置不当,将给环境和人体健康造成重大威胁。事实上,在现代环境与资源保护法的产生过程中发挥了重大作用的著作——《寂静的春天》,描写的就是滥用双对氯苯基三氯乙烷(DDT,一种强力杀虫剂)的严重后果。近年来,我国发生的重大环境污染事故中,很大一部分都是由于化学物质使用或处置不当导致的。

目前,我国尚未制定有关化学物质环境管理的法律,但国务院、生态环境部等已经颁布了一系列行政法规和部门规章,这些行政法规和部门规章主要侧重于对危险化学物质、新化学物质及化学品进出口的管理。

2. 危险化学物质安全管理

(1) 危险化学品的安全管理

1987年国务院就制定了《化学危险物品安全管理条例》,2002年修改为《危险化学品安全管理条例》,并于2011年和2013年进行修订。该条例主要对生产、储存、使用、经营、运输危险化学品的行为进行了严格管制,同时还规定了危险化学品登记与事故应急救援制度[①]。

---

① 该条例所谓的危险化学品,指具有毒害、腐蚀、爆炸、燃烧、助燃等性质,对人体、设施、环境具有危害的剧毒化学品和其他化学品。危险化学品目录,由国务院安全生产监督管理部门会同国务院工业和信息化、公安、环境保护、卫生、质量监督检验检疫、交通运输、铁路、民用航空、农业主管部门,根据化学品危险特性的鉴别和分类标准确定、公布,并适时调整。

在对危险化学品进行监督管理的过程中,各个部门的职责分工是:

安全生产监督管理部门负责危险化学品安全监督管理综合工作,组织确定、公布、调整危险化学品目录,对新建、改建、扩建生产、储存危险化学品(包括使用长输管道输送危险化学品,下同)的建设项目进行安全条件审查,核发危险化学品安全生产许可证、危险化学品安全使用许可证和危险化学品经营许可证,并负责危险化学品登记工作。

公安机关负责危险化学品的公共安全管理,核发剧毒化学品购买许可证、剧毒化学品道路运输通行证,并负责危险化学品运输车辆的道路交通安全管理。

质量监督检验检疫部门负责核发危险化学品及其包装物、容器(不包括储存危险化学品的固定式大型储罐,下同)生产企业的工业产品生产许可证,并依法对其产品质量实施监督,负责对进出口危险化学品及其包装实施检验。

生态环境主管部门负责废弃危险化学品处置的监督管理,组织危险化学品的环境危害性鉴定和环境风险程度评估,确定实施重点环境管理的危险化学品,负责危险化学品环境管理登记和新化学物质环境管理登记;依照职责分工调查相关危险化学品环境污染事故和生态破坏事件,负责危险化学品事故现场的应急环境监测。

交通运输主管部门负责危险化学品道路运输、水路运输的许可及运输工具的安全管理,对危险化学品水路运输安全实施监督,负责危险化学品道路运输企业、水路运输企业驾驶人员、船员、装卸管理人员、押运人员、申报人员、集装箱装箱现场检查员的资格认定。铁路监管部门负责危险化学品铁路运输及其运输工具的安全管理。民用航空主管部门负责危险化学品航空运输和航空运输企业及其运输工具的安全管理。

卫生主管部门负责危险化学品毒性鉴定的管理,负责组织、协调危险化学品事故受伤人员的医疗卫生救援工作。

工商行政管理部门依据有关部门的许可证件,核发危险化学品生产、储存、经营、运输企业营业执照,查处危险化学品经营企业违法采购危险化学品的行为。

邮政管理部门负责依法查处寄递危险化学品的行为。

在以上分工负责的基础上,同时规定:县级以上人民政府应当建立危险化学品安全监督管理工作协调机制,支持、督促负有危险化学品安全监督管理职责的部门依法履行职责,协调、解决危险化学品安全监督管理工作中的重大问题。负有危险化学品安全监督管理职责的部门应当相互配合、密切协作,依法加强对危险化学品的安全监督管理。

在管制原则上,《危险化学品安全管理条例》坚持"安全第一、预防为主、综合治理"的方针。在管制措施上,主要通过一系列的禁限措施和行政许可制度,对危险化学品的登记、生产、储存、使用、经营、运输,以及发生事故后的应急救援作了详细的规定。

(2)农药及其他危险化学物质的管理

在农药管理方面,1997年国务院制定了《农药管理条例》(2001年、2017年、2022年修订),以加强管理农药的登记、生产、经营、使用和监督管理,保护生态环境和维护人畜安全。

此外在食品卫生、劳动场所保护等方面我国也制定了相关的化学物质管理措施。

3. 新化学物质管理

2003 年,国家环境保护总局颁布了《新化学物质环境管理办法》,对新化学物质的申报、登记、监督管理进行了规定。2010 年环境保护部对《新化学物质环境管理办法》进行了重大修订并重新颁布。2020 年,生态环境部发布《新化学物质环境管理登记办法》,对新化学物质的申报程序、登记管理和跟踪控制作出了更详细的规定。《新化学物质环境管理登记办法》适用于在中华人民共和国境内从事新化学物质研究、生产、进口和加工使用活动的环境管理登记,但进口后在海关特殊监管区内存放且未经任何加工即全部出口的新化学物质除外。依照该办法规定,"新化学物质"是指未列入《中国现有化学物质名录》的化学物质。(第 3 条)

该办法规定的主要措施包括:

第一,对新化学物质实行环境管理登记制。新化学物质环境管理登记分为常规登记、简易登记和备案。新化学物质的生产者或者进口者,应当在生产前或者进口前取得新化学物质登记证或办理备案。新化学物质申报,按照"申报数量越大、测试数据要求越高"的原则进行管理。

第二,当受理常规申报后,应当将新化学物质申报报告提交专家评审委员会对新化学物质进行识别和技术评审,生态环境部在对技术评审意见进行审查后确定新化学物质管理类别并作出决定是否准予登记。(第 15—21 条)

第三,对新化学物质实行跟踪控制。要求常规申报的登记证持有人在化学品安全技术说明书中明确新化学物质危害特性,并向加工使用者传递新化学物质的登记证号或者备案回执号、申请用途、环境和健康危害特性及环境风险控制措施、环境管理要求等相关信息。(第 38 条)

4. 化学品进出口的管理

1994 年制定的《化学品首次进口及有毒化学品进出口环境管理规定》适用于首次进口的化学品环境管理和列入《中国禁止或严格限制的有毒化学品名录》的化学品进出口环境管理。但是食品添加剂、医药、兽药、化妆品和放射性物质不适用该规定。

所谓"化学品首次进口",是指外商或其代理人向中国出口其未曾在中国登记过的化学品,即使同种化学品已有其他外商或其代理人在中国进行了登记,仍被视为化学品首次进口。(第 4 条)

对化学品首次进口的环境管理措施主要包括:

第一,全面执行《国际贸易中化学品资料交换的伦敦准则》的事先知情同意程序。对中国禁止或严格限制的有毒化学品编制有毒化学品名录,实行名录制与登记和审批制(第 5 条)。"事先知情同意"是指为保护人类健康和环境目的而被禁止或严格限制的化学品的国际运输,必须在进口国指定的国家主管部门同意的情况下进行。(第 4 条)

第二,对进口化学品实行分类管理。对化学品、禁止的化学品、严格限制的化学品、有毒化学品分别予以定义并实行分类管理。其中,"化学品"是指人工制造的或者是从自然界取得的化学物质,包括化学物质本身、化学混合物或者化学配制物中的一部分,以及作为工业化学品和农药使用的物质。"禁止的化学品"是指因损害健康和环境而被禁止使用的化学品。"严格限制的化学品"是指因损害健康和环境而被禁止使用,但经授权在一些特殊情况下仍可使用的化学品。"有毒化学品"是指进入环境后通过环境蓄积、生物累积、生物转化或化学反应等方式损害健康和环境,或者通过接触对人体具有严重危害和具有潜在危险的化学品。(第4条)

第三,防止口岸污染和消除污染的责任。因包装损坏或者不符合要求而造成或者可能造成口岸污染的,口岸主管部门应立即采取措施,防止和消除污染,并及时通知当地生态环境部门,进行调查处理。防止和消除其污染的费用由有关责任人承担。(第21条)

2004年12月,全国人大常委会批准了《关于在国际贸易中对某些危险化学品和农药采用事先知情同意程序的鹿特丹公约》,此后我国对禁用和严格限用的化学品清单进行了调整。

5. 新污染物环境风险管控

新污染物是指新发现或被关注的,对生态环境或人体健康存在风险,但尚未纳入管理或者现有管理措施不足以有效防控其风险的污染物。有毒有害化学物质的生产和使用是新污染物的主要来源。当前我国相关环境法律法规和标准中缺乏对新污染物环境风险防控的要求,对于化学物质的环境风险防控主要集中在有毒有害化学物质的进出口管理,以及新化学物质的环境登记两个方面,对于现有化学物质及其他类型的新污染物的环境风险防控还存在较为严重的不足。

2018年5月,习近平总书记在全国生态环境保护大会上提出应针对新污染物治理开展专项研究和前瞻研究,标志着新污染物环境风险防控被正式提上了议事日程。2021年3月,全国人民代表大会通过的《国民经济和社会发展第十四个五年规划和2035年远景目标纲要》提到"重视新污染物治理",为"十四五"期间治理新污染物造成的环境风险奠定了法律基础。2021年11月发布的《中共中央、国务院关于深入打好污染防治攻坚战的意见》首次较为详细地规定了新污染物治理的要求。2022年5月,国务院办公厅发布了《新污染物治理行动方案》,迈出了新污染物环境风险防控的坚实一步。《新污染物治理行动方案》发布后,全国绝大部分省份均出台了相应的地方新污染物治理行动方案。2022年12月,生态环境部等六部门联合发布了《重点管控新污染物清单(2023年版)》,标志着我国新污染物环境风险防控工作逐渐步入正轨。

(二) 固体废物环境管理

1. 固体废物的概念

固体废物通常也称废弃物,指被丢弃的固体和泥状物质,包括从废水、废气中分离出来的固体颗粒。依照《固体废物污染环境防治法》的规定,固体废物是指在生产、生活和其他活动中产生的丧失原有利用价值或者虽未丧失利用价值但被抛弃或者放弃的固态、半固态和置于容器中的气态的物品、物质,以及法律、行政法规规定纳入固体废物管理的物品、物

质。(第 124 条)

1995 年 7 月全国人大常委会通过了《固体废物污染环境防治法》,并于 2004 年、2013 年、2015 年、2016 年、2020 年进行了五次修正或修订。

2.《固体废物污染环境防治法》的适用范围

根据《固体废物污染环境防治法》第 2 条的规定:"固体废物污染环境的防治适用本法。固体废物污染海洋环境的防治和放射性固体废物污染环境的防治不适用本法。"之所以这样规定,是考虑到《海洋环境保护法》和《放射性污染防治法》已经分别对防止倾倒废物污染海洋环境及放射性废物污染防治作了规定。因此,有关固体废物污染海洋环境的防治、放射性污染的防治问题,分别适用《海洋环境保护法》和《放射性污染防治法》的规定,而不适用本法。

同时,本法第 125 条规定:"液态废物的污染防治,适用本法;但是,排入水体的废水的污染防治适用有关法律,不适用本法。"也就是说,排入水体的废水的污染防治,适用《水污染防治法》,不适用本法;液态废物如废油、废酸等的污染防治,仍适用本法。

3. 对固体废物实行减量化、资源化、无害化和全过程管理

《固体废物污染环境防治法》规定,固体废物污染环境防治坚持减量化、资源化和无害化的原则。(第 4 条第 1 款)这一规定的内容简称"三化"管理。"三化"管理原则相互之间是有密切联系的:首先是减量化,要从源头上减少固体废物的产生;其次是资源化,对于已经产生的固体废物,要尽量"废物利用",把"废物"变成"资源";最后是无害化,对于无法作为资源重新利用的固体废物,要进行无害化处理,以减轻对环境的危害。

为此,《固体废物污染环境防治法》主要确立了如下鼓励性规范:第一,鼓励、支持固体废物污染环境防治的科学研究、技术开发、先进技术推广和科学普及;第二,鼓励、支持有关方面采取有利于固体废物污染环境防治的措施,鼓励、支持集中处置固体废物并促进相关产业的发展;第三,鼓励单位和个人购买、使用再生产品和可重复利用产品。(第 10、93、100 条)

此外,防治固体废物污染环境的另一个原则是全过程管理。它是指对固体废物从产生、收集、贮存、运输、利用直到最终处置的全部过程实行一体化的管理,这通常也被人们形象地比喻为"从摇篮到坟墓"的管理。《固体废物污染环境防治法》确立了污染担责的原则,即产生、收集、贮存、运输、利用、处置固体废物的单位和个人对其所造成的环境污染依法承担责任。

为了减少"洋垃圾"对我国环境的污染,《固体废物污染环境防治法》规定国家逐步实现固体废物零进口。(第 24 条)2020 年 11 月,生态环境部等部门发布了《关于全面禁止进口固体废物有关事项的公告》,规定自 2021 年 1 月 1 日起,禁止以任何方式进口固体废物。禁止我国境外的固体废物进境倾倒、堆放、处置。

4. 固体废物污染防治的分类管理

《固体废物污染环境防治法》将固体废物分为工业固体废物、生活垃圾、建筑垃圾和农

业固体废物等及危险废物。其中对工业固体废物、生活垃圾、建筑垃圾和农业固体废物等采取一般管理措施,对危险废物则采取严格管理措施。

（1）工业固体废物

工业固体废物,是指在工业生产活动中产生的固体废物。（第124条）工业固体废物产生者的法律义务包括:在规定期限内停止生产、销售、进口或者使用限期淘汰名录中的生产工艺或者设备。（第33条）建立工业固体废物管理台账,如实记录产生工业固体废物的种类、数量、流向、贮存、利用、处置等信息。（第36条）产生工业固体废物的单位应当取得排污许可证。（第39条）对产生的工业固体废物加以利用,暂时不利用或者不能利用的,安全分类存放,或者采取无害化处置措施。（第40条）矿山企业应当采取科学的开采方法和选矿工艺,减少尾矿、煤矸石、废石等矿业固体废物的产生量和贮存量。（第42条）

《固体废物污染环境防治法》还特别对企业事业单位变更、终止后污染防治责任的承担作出了规定:产生工业固体废物的单位需要终止的,应当在终止前对工业固体废物的贮存、处置的设施、场所采取污染防治措施,并对未处置的工业固体废物作出妥善处置。产生工业固体废物的单位发生变更的,对未处置的工业固体废物及其贮存、处置的设施、场所进行安全处置或者采取措施保证该设施场所安全运行。对在2005年4月1日前已终止的单位未处置的工业固体废物及其贮存、处置的设施、场所进行安全处置的费用,法律规定由有关人民政府承担;但是该单位享有的土地使用权依法转让的,应当由土地使用权受让人承担处置费用。（第41条）

案例讨论 4-7

A公司将其产生的大量工业固体废物堆放在厂区附近。2016年,A公司被B公司兼并,但B公司并未对这些工业固体废物及时进行妥善处置。2020年,因经营不善,B公司破产,堆放了大量工业固体废物的地块被法院判决转让给C公司以抵偿B公司欠C公司的债务。

讨论: 谁应当承担处置这些工业固体废物的责任?

（2）生活垃圾

生活垃圾,是指在日常生活中或者为日常生活提供服务的活动中产生的固体废物以及法律、行政法规规定视为生活垃圾的固体废物。（第124条）

对生活垃圾的处理主要涉及收集、运输、处置等环节。为此《固体废物污染环境防治法》规定县级以上地方人民政府应当建立分类投放、分类收集、分类运输、分类处理的生活垃圾管理系统,实现生活垃圾分类制度有效覆盖。（第43条）

县级以上人民政府统筹安排建设城乡生活垃圾收集、运输、处理设施,确定设施厂址,提高生活垃圾的综合利用和无害化处置水平。县级以上地方人民政府环境卫生等主管部门应当组织对城乡生活垃圾进行清扫、收集、运输和处理,可以通过招标等方式选择具备条件的单位从事生活垃圾的清扫、收集、运输和处理。(第45、48条)

为减少生活垃圾的产生量,地方政府应当采取包括改进燃料结构、组织净菜进城、合理安排生活垃圾回收利用收购网点等措施。为防止从生活垃圾中回收的物质危害人体健康,法律特别规定此类物质必须按照国家规定的用途或者标准使用,不得用于生产可能危害人体健康的产品。(第44、45、54条)

(3) 建筑垃圾和农业固体废物等

建筑垃圾,是指建设单位、施工单位新建、改建、扩建和拆除各类建筑物、构筑物、管网等,以及居民装饰装修房屋过程中产生的弃土、弃料和其他固体废物。针对建筑垃圾,法律要求建立建筑垃圾分类处理制度,县级以上地方人民政府应当制定包括源头减量、分类处理、消纳设施和场所布局及建设等在内的建筑垃圾污染环境防治工作规划;建立建筑垃圾回收利用体系,推进建筑垃圾源头减量;建立建筑垃圾全过程管理制度,规范建筑垃圾产生、收集、贮存、运输、利用、处置行为,推进综合利用。(第60—62条)

农业固体废物,是指在农业生产活动中产生的固体废物。针对农村生活垃圾,法律要求产生秸秆、废弃农用薄膜、农药包装废物等农业固体废物的单位和其他生产经营者,采取回收利用和其他防止污染环境的措施。从事畜禽规模养殖应当及时收集、贮存、利用或者处置养殖过程中产生的畜禽粪污等固体废物。禁止在人口集中地区、机场周围、交通干线附近,以及当地人民政府划定的其他区域露天焚烧秸秆。(第65条)

此外,《固体废物污染环境防治法》对其他可能产生污染的产品或固体废物进行了特殊规定。建立电器电子、铅蓄电池、车用动力电池等产品的生产者责任延伸制度。电器电子、铅蓄电池、车用动力电池等产品的生产者应当建立与产品销售量相匹配的废旧产品回收体系,并向社会公开,实现有效回收和利用。(第66条)对废弃电器电子产品等实行多渠道回收和集中处理制度,拆解、利用、处置废弃电器电子产品、废弃机动车船等,应当遵守有关规定,防止污染环境。(第67条)产品和包装物的设计、制造应当遵守清洁生产的规定,防止过度包装,禁止、限制生产、销售和使用不可降解塑料袋等一次性塑料制品。(第69条)城镇污水处理设施维护运营单位或者污泥处理单位应当安全处理污泥并符合国家有关标准,禁止擅自倾倒、堆放、丢弃、遗撒。对污泥的流向、用途、用量等进行跟踪、记录,并报告城镇排水主管部门、生态环境主管部门。(第71、72条)

(4) 危险废物

危险废物,是指列入国家危险废物名录或者根据国家规定的危险废物鉴别标准和鉴别方法认定的具有危险特性的固体废物。(第124条)所谓危险特性,主要是指毒性、易燃性、腐蚀性、反应性、传染疾病性、放射性等。

对于危险废物必须执行下列更为严格的管理措施。

第一,国家危险废物名录与标识。国家危险废物名录由国务院生态环境主管部门会同有关部门制定,规定统一的危险废物鉴别标准、鉴别方法、识别标志和鉴别单位管理要求,并进行动态调整。危险废物的容器和包装物,以及收集、贮存、运输、处置危险废物的设施、场所,必须设置危险废物识别标志。(第 75、77 条)2020 年 11 月,生态环境部等部门制定了《国家危险废物名录》(2021 年版)。

第二,危险废物集中处置。省级政府组织有关部门编制危险废物集中处置设施、场所的建设规划,科学评估、合理布局危险废物集中处置设施、场所。相邻省、自治区、直辖市之间可以开展区域合作,统筹建设区域性危险废物集中处置设施、场所。(第 76 条)

为了解决重点危险废物集中处置设施、场所的退役费用,法律规定应当在建设重点危险废物集中处置设施、场所时将费用预提,并列入投资概算或者经营成本。(第 88 条)

第三,危险废物产生者的义务。首先是申报义务,即产生危险废物的单位必须按照国家有关规定制定危险废物管理计划,并向所在地生态环境部门申报危险废物的种类、产生量、流向、贮存、处置等有关资料。(第 78 条)其次是处置义务,即产生危险废物的单位必须按照国家有关规定处置危险废物,不得擅自倾倒、堆放。(第 79 条)

第四,危险废物经营者的义务。从事收集、贮存、利用、处置危险废物经营活动的单位,应当按照国家有关规定申请取得许可证。(第 80 条)收集、贮存危险废物,必须按照危险废物特性分类进行,不得混合收集、贮存、运输、处置性质不相容而未经安全性处置的危险废物。贮存危险废物必须采取符合国家环境标准的防护措施并不得超过一年。(第 81 条)2004 年,国务院制定了《危险废物经营许可证管理办法》,并于 2013 年和 2016 年进行了修订。

第五,危险废物转移者的义务。转移危险废物的,必须按照国家规定填写、运行危险废物转移联单。跨省转移危险废物的,应当向危险废物移出地省级人民政府生态环境主管部门申请,在及时商经接受地省级人民政府生态环境主管部门同意后,在规定期限内批准转移该危险废物,并将批准信息通报相关省级人民政府生态环境主管部门和交通运输主管部门。未经批准的,不得转移。禁止将危险废物与旅客在同一运输工具上载运。(第 82、83 条)2021 年 11 月,生态环境部等部门制定了《危险废物转移管理办法》。

此外,法律还明确规定,禁止经中华人民共和国过境转移危险废物。(第 89 条)违反者由海关责令退运该危险废物,处五十万元以上五百万元以下的罚款。(第 116 条)

第三节   能量流污染防治法

目前我国的能量流污染防治的对象主要包括噪声污染与振动、放射性污染、电磁辐射污染及光照妨害等。

一、噪声污染防治与振动控制

（一）噪声污染防治

1. 概述

在对噪声污染的法律控制方面，全国人大常委会于 1996 年制定了《环境噪声污染防治法》并于 2021 年将其修订为《噪声污染防治法》。根据《噪声污染防治法》的解释，噪声是指在工业生产、建筑施工、交通运输和社会生活中产生的干扰周围生活环境的声音。由于人类对环境噪声的感觉因人而异，所以对各种环境噪声应当在何种程度上进行行政管制就需要有一个明确的标准数值。为此，我国法律确立了区别于"噪声"的"噪声污染"的概念，即超过噪声排放标准或者未依法采取防控措施产生噪声，并干扰他人正常生活、工作和学习的现象。

根据《噪声污染防治法》的规定，地方人民政府生态环境主管部门对本行政区域内噪声污染防治实施统一监督管理。各级住房和城乡建设、公安、交通运输、铁路监督管理、民航、海事等部门，在各自职责范围内，对建筑施工、交通运输和社会生活噪声污染防治实施监督管理。

在世界各国噪声控制立法中，企业内部的噪声防治一般都不受噪声控制法的调整，我国《噪声污染防治法》第 3 条也规定，因从事本职生产经营工作受到噪声危害的防治，适用劳动保护等其他有关法律的规定。

2. 噪声污染防治的环境标准和规划制度

在噪声环境质量标准方面，《噪声污染防治法》规定了分区域管理制度。国务院生态环境主管部门制定国家声环境质量标准。县级以上地方人民政府根据国家声环境质量标准和国土空间规划及用地现状，划定本行政区域内各类声环境质量标准的适用区域。声环境质量标准适用区域范围和噪声敏感建筑物集中区域范围应当向社会公布。目前，我国主要的声环境质量标准是《声环境质量标准》（GB 3096—2008）。该标准将声环境功能区分为五种类型，分别适用不同的声环境质量标准。机场周围区域受飞机通过（起飞、降落、低空飞越）噪声的影响，适用《机场周围飞机噪声环境标准》（GB 9660—1988），不适用《声环境质量标准》。

国务院生态环境主管部门根据国家声环境质量标准和国家经济、技术条件，制定国家环境噪声排放标准及相关的环境振动控制标准。目前我国噪声排放标准主要包括《建筑施工场界环境噪声排放标准》（GB 12523—2011）、《工业企业厂界环境噪声排放标准》（GB 12348—2008）、《社会生活环境噪声排放标准》（GB 22337—2008）等。

在噪声污染防治规划方面，《噪声污染防治法》规定，各级人民政府及其有关部门制定、修改国土空间规划和相关规划，应当依法进行环境影响评价，充分考虑城乡区域开发、改造和建设项目产生的噪声对周围生活环境的影响，统筹规划，合理安排土地使用用途和建设布局，防止、减轻噪声污染。

3. 工业噪声污染防治

工业噪声,是指在工业生产活动中产生的干扰周围生活环境的声音。在城市范围内向周围生活环境排放工业噪声的,应当符合《工业企业厂界环境噪声排放标准》(GB 12348—2008)。

《噪声污染防治法》规定,我国在工业噪声污染防治领域实行排污许可制度。一方面,排放工业噪声的企业事业单位和其他生产经营者,应当采取有效措施减少振动、降低噪声,依法取得排污许可证或者填报排污登记表。实行排污许可管理的单位,不得无排污许可证排放工业噪声,并应当按照排污许可证的要求进行噪声污染防治。另一方面,设区的市级以上地方人民政府生态环境主管部门应当按照国务院生态环境主管部门的规定,根据噪声排放、声环境质量改善要求等情况,执行本行政区域噪声重点排污单位名录,向社会公众公开并适时更新。

4. 建筑施工噪声污染防治

建筑施工噪声,是指在建筑施工过程中产生的干扰周围生活环境的声音。在城市市区范围内向周围生活环境排放建筑施工噪声的,应当符合《建筑施工场界环境噪声排放标准》(GB 12523—2011)。

建设单位应当按照规定将噪声污染防治费用列入工程造价,在施工合同中明确施工单位的噪声污染防治责任。施工单位应当按照规定制定噪声污染防治实施方案,采取有效措施,减少振动、降低噪声。建设单位应当监督施工单位落实噪声污染防治实施方案。

在噪声敏感建筑物集中区域施工作业,应当优先使用低噪声施工工艺和设备,并设置噪声自动监测系统,与监督管理部门联网,保存原始监测记录[1]。禁止夜间进行产生噪声污染的建筑施工作业,但抢修、抢险施工作业,因生产工艺要求或者其他特殊需要必须连续施工作业的除外。因特殊需要必须连续施工作业的,必须有地方人民政府住房和城乡建设、生态环境主管部门或者地方人民政府指定的部门的证明,并在施工现场显著位置公示或者以其他方式公告附近居民。(第43条)根据该法规定,"夜间"是指晚上十点至次日早晨六点之间的时段。(第88条)

5. 交通运输噪声污染防治

交通运输噪声,是指机动车、铁路机车车辆、城市轨道交通车辆、机动船舶、航空器等交通运输工具在运行时产生的干扰周围生活环境的声音。

交通运输噪声主要来源于机动车发动机的声音和机动车运行于道路摩擦产生的声音。因此交通运输噪声的控制主要包括如下几个方面:

第一,对交通基础建设的规定。各级人民政府及其有关部门制定、修改国土空间规划和交通运输等相关规划,应当综合考虑公路、城市道路、铁路、城市轨道交通线路、水路、港口和

---

[1]　依照《噪声污染防治法》第88条的规定,噪声敏感建筑物是指用于居住、科学研究、医疗卫生、文化教育、机关团体办公、社会福利等需要保持安静的建筑物。

民用机场及其起降航线对周围环境的影响。新建公路、铁路线路选线设计,应当尽量避开噪声敏感建筑物集中区域。新建民用机场选址与噪声敏感建筑物集中区域的距离应当符合标准要求。(第45条)

制定交通基础设施工程规范,应当明确噪声污染防治要求。新建、改建、扩建经过噪声敏感建筑物集中区域的高速公路、城市高架、铁路和城市轨道交通线路等的,建设单位应当在可能造成噪声污染的重点路段设置声屏障或者采取其他减少振动、降低噪声的措施,符合有关交通基础设施工程技术规范和要求。(第46条)

第二,对声响装置的规定。机动车的消声器和喇叭应当符合国家规定。禁止驾驶拆除或者损坏消声器、加装排气管等擅自改装的机动车以轰鸣、疾驶等方式造成噪声污染。机动车、铁路机车车辆、城市轨道交通车辆、机动船舶都等交通运输工具运行时,应当按照规定使用喇叭等声响装置。警车、消防救援车、工程救险车、救护车等机动车安装、使用警报器,应当符合国务院公安等部门的规定;非执行紧急任务,不得使用警报器。(第47、48条)对违反者,机动车辆由县级以上地方公安机关依照有关道路交通安全的法律法规处罚;铁路机车车辆、城市轨道交通车辆、机动船舶等交通运输工具分别由交通运输、铁路监督管理、海事等部门或者地方人民政府指定的城市轨道交通有关部门按照职责责令改正,并处罚款(第79条)。

机动车辆使用的声响装置往往是瞬间性的,这种突发性的瞬间噪声容易导致人体精神受到伤害或诱发其他疾病。为此,地方人民政府生态环境土管部门会同公安机关根据声环境保护的需要,可以划定禁止机动车行驶和使用喇叭等声响装置的路段和时间,向社会公布,并由公安机关交通管理部门依法设置相关标志、标线。(第49条)

第三,对交通枢纽地区噪声控制的规定。在车站、铁路站场、港口等地指挥作业时使用广播喇叭的,应当控制音量,减轻噪声污染。(第50条)

第四,对航空器噪声的控制。民用航空器应当符合国务院民用航空主管部门规定的适航标准中的有关噪声要求。民用机场管理机构负责机场起降航空器噪声的管理,会同航空运输企业、通用航空企业、空中交通管理部门等单位,采取低噪声飞行程序、起降跑道优化、运行架次和时段控制、高噪声航空器运行限制或者周围噪声敏感建筑物隔声降噪等措施,防止、减轻民用航空器噪声污染。(第53、54条)

6. 社会生活噪声污染防治规定

社会生活噪声,是指人为活动所产生的除工业噪声、建筑施工噪声和交通运输噪声之外的干扰周围生活环境的声音。《噪声污染防治法》主要对经营场所、公共场所、家庭生活、室内装修等行为产生的噪声作出了控制性规定。

首先,在经营场所方面,根据《噪声污染防治法》规定,文化娱乐、体育、餐饮等场所的经营管理者必须采取有效措施,防止、减轻噪声污染。使用可能产生社会生活噪声污染的设备、设施的企业事业单位和其他经营管理者等,应当采取优化布局、集中排放等措施,防止、减轻噪声污染。禁止在商业经营活动中使用高音广播喇叭或者采取其他持续反复发出高噪

声的方法进行广告宣传。(第61—63条)

其次,在公共场所方面,根据《噪声污染防治法》规定,在街道、广场、公园等公共场所组织或者开展娱乐、健身等活动,应当遵守公共场所管理者有关活动区域、时段、音量等规定,采取有效措施,防止噪声污染;不得违反规定使用音响器材产生过大音量。公共场所管理者应当合理规定娱乐、建设等活动的区域、时段、音量,可以采取设置噪声自动监测和显示设施等措施加强管理。(第64条)

再次,在家庭生活方面,根据《噪声污染防治法》规定,家庭及其成员应当培养形成减少噪声产生的良好习惯,乘坐公共交通工具、饲养宠物和其他日常活动尽量避免产生噪声对周围人员造成干扰,互谅互让解决噪声纠纷,共同维护声环境质量。使用家用电器、乐器或者进行其他家庭场所活动,应当控制音量或者采取其他有效措施,防治噪声污染。(第65条)

最后,在室内装修方面,根据《噪声污染防治法》规定,对已竣工交付使用的住宅楼、商铺、办公楼等建筑物进行室内装修活动,应当按照规定限定作业时间,采取有效措施,防止、减轻噪声污染。(第66条)

对噪声敏感建筑物集中区域的社会生活噪声扰民行为,基层群众性自治组织、业主委员会、物业服务人应当及时劝阻、调解;劝阻、调解无效的,可以向负有社会生活噪声污染防治监督管理职责的部门或者地方人民政府指定的部门报告或者投诉,接到报告或者投诉的部门应当依法处理。(第70条)

案例讨论 4-8

A 买了一间新房,为了尽快入住,A 让装修公司每天加班加点装修,周末也不例外。装修的噪声让邻居不堪其扰,邻居要求 A 每天中午午休时间和周末停止进行产生大量噪声的装修活动,A 置之不理。

讨论:对 A 的行为,应当如何处理?

(二) 振动控制规定

与噪声控制相关的还有对振动的控制。振动是指具有主观性质的、以对心理和感觉上造成影响、局部多发且不发生二次污染的能量流污染现象。

目前,我国尚未制定专门的振动控制法律。《噪声污染防治法》仅对环境振动控制标准、交通基础设施维护及居民住宅区安装共用设施设备的振动控制进行原则性规定。根据该法的规定,国务院生态环境主管部门根据国家环境质量标准和国家经济、技术条件,制定国家噪声排放标准及相关的环境振动控制标准;公路养护管理单位、城市道路养护维修单位及城市轨道交通运营单位、铁路运输企业应当加强对公路、城市道路、城市轨道交通线路和城市轨道交通车辆、铁路线路和铁路机车车辆的维护和保养,保持减少振动、降低噪声设施正常运行;建设单位应当合理设置电梯、水泵、变压器等公用设施设备,采取减少振动、降低噪声的措施,符合民用建筑隔声设计相关标准要求。

在振动控制方面,主要执行的是《城市区域环境振动标准》(GB 10070—1988)。该标准主要对城市区域环境振动的标准值及其适用地带范围和监测方法作出了规定。

二、放射性污染防治

(一) 放射性污染防治立法概述

依照《放射性污染防治法》的规定,放射性污染,是指由于人类活动造成物料、人体、场所、环境介质表面或者内部出现超过国家标准的放射性物质或者射线的现象。(第62条)

2003年6月,全国人大常委会制定了《放射性污染防治法》。该法主要对核设施、核技术利用、铀(钍)矿和伴生放射性矿开发利用及放射性废物的管理作出了规定。该法适用于中国领域和管辖的其他海域在核设施选址、建造、运行、退役和核技术、铀(钍)矿、伴生放射性矿开发利用过程中发生的放射性污染的防治活动。

2017年9月,全国人大常委会制定了《核安全法》。该法以安全利用核能,预防与应对核事故,保护公众和从业人员的安全与健康,保护环境,促进经济社会可持续发展为目的,该法适用于对核设施、核材料及相关海域在核设施选址、建造、运行、退役和核技术、铀(钍)矿、伴生放射性矿开发利用过程中发生的放射性污染的防治活动。

至于劳动者在职业活动中接触放射性物质造成的职业病的防治,依照《职业病防治法》的规定执行。

根据《放射性污染防治法》的规定,国务院生态环境主管部门对全国放射性污染防治工作依法实施统一监督管理。国务院卫生行政部门和其他有关部门依据国务院规定的职责,对有关的放射性污染防治工作依法实施监督管理。

(二) 放射性污染防治的法律制度

1. 放射性污染防治环境标准制度

国家放射性污染防治标准由国务院生态环境主管部门根据环境安全要求、国家经济技术条件制定。(《放射性污染防治法》第9条)目前,我国主要制定有《核动力厂环境辐射防护规定》(GB 6249-2011)、《核电厂放射性液态流出物排放技术要求》(GB 14587—2011)、《电离辐射防护与辐射源安全基本标准》(GB 18871—2002)、《放射性废物管理规定》(GB 14500—2002)、《核设施流出物监测的一般规定》(GB 11217—1989)、《核辐射环境质量评价一般规定》(GB 11215—1989)等标准。

2. 涉核单位的预防义务

涉核单位是指核设施营运单位、核技术利用单位、铀(钍)矿和伴生放射性矿开发利用单位。涉核单位的预防义务包括采取安全与防护措施、对员工进行业务培训、对放射性物质和射线装置①设置明显的放射性标识和中文警示说明、遵守国家放射性污染防治标准等。

---

① 依照《放射性污染防治法》的规定,射线装置是指X射线机、加速器、中子发生器及含放射源的装置。

（《放射性污染防治法》第13、14、16、17条）

在放射性物品的运输安全方面，国务院于2009年制定的《放射性物品运输安全管理条例》根据放射性物品的特性及其对人体健康和环境的潜在危害程度，将放射性物品分为一类、二类和三类。运输放射性物品，应当使用专用的放射性物品运输包装容器。

3. 核设施的管理

根据《核安全法》和《放射性污染防治法》的解释，核设施包括：核动力厂（核电厂、核热电厂、核供汽供热厂等）和其他反应堆（研究堆、实验堆、临界装置等）；核燃料生产、加工、贮存和后处理设施；放射性废物的处理和处置设施等。

核设施的管理包括营运、进口、规划限制区、安全管理与核事故措施等方面。

核设施营运单位在进行核设施建造、装料、运行、退役等活动前，必须完成申请领取核设施建造、运行许可证和办理装料、退役等审批手续，方可进行相应的活动。进口核设施应当符合国家放射性污染防治标准。此外，核设施营运单位还应当制定核设施退役计划。（《放射性污染防治法》第19、22、27条，《核安全法》第22条）对违反者，由国务院生态环境主管部门责令停止违法行为，限期改正，并处二十万元以上五十万元以下罚款；构成犯罪的，依法追究刑事责任。（《放射性污染防治法》第52条）

对于核动力厂等重要核设施外围地区，应当划定规划限制区。核设施营运单位应当对核设施周围环境中所含的放射性核素的种类、浓度，以及核设施流出物中的放射性核素总量实施监测，并定期向生态环境部门报告监测结果。国务院生态环境主管部门负责对核动力厂等重要核设施实施监督性监测，并根据需要对其他核设施的流出物实施监测。（《放射性污染防治法》第23、24条，《核安全法》第19条）

核设施营运单位应当建立健全安全保卫制度，按照核设施的规模和性质制定核事故场内应急计划，做好应急准备。出现核事故应急状态时，核设施营运单位必须立即采取有效的应急措施控制事故，并向政府部门报告。（《放射性污染防治法》第25条）

国家建立健全核事故应急制度。核设施主管部门和其他有关部门按照各自的职责依法建立核事故应急制度，中国人民解放军和中国人民武装警察部队按照国务院、中央军事委员会的有关规定在核事故应急中实施有效的支援。（《放射性污染防治法》第26条、《核安全法》第55条）

拓展阅读4-5　世界核电站重大核事故

根据核事件对人和环境、辐射屏蔽和控制设施及纵深防御能力的影响，国际核与辐射事件共分8级，0级表示无核安全意义的事件，7级代表特大事故。世界上典型的核电站核事故如下：

三里岛核电站核事故（5级）发生于1979年3月28日，因反应堆设计缺陷及错误操作等导致堆芯严重损坏，大量放射性物质从燃料中释放出来，但安全壳起到了包容作用，最终释放到环境中的放射性物质很少。该事故对环境和居民几乎没有产生任何危害,但依然有 8 万居民自发撤离,造成严重的社会影响和重大财产损失。

切尔诺贝利核电站核事故(7 级)发生于 1986 年 4 月 26 日,因设计缺陷和错误操作导致反应堆爆炸,大量放射性物质释放到环境中并扩散到欧洲广大地区,事故中 2 人直接死于爆炸,238 人患急性放射病,其中 29 人死亡,这 240 人都是工作人员和消防人员,另有 1 000 多名儿童患上甲状腺癌。事故后约 33.6 万人移居,约 53 万事故恢复工作人员受到严重超剂量照射,并造成极为严重的经济损失和极坏的社会影响。

福岛核电站核事故(7 级)发生于 2011 年 3 月 11 日,由于里氏 9.0 级地震引发特大海啸导致反应堆冷却剂泵停止工作,造成堆芯温度不断升高,安全壳内氢气不断聚集而爆炸,使大量放射性物质外泄。事故造成周边 30 千米的居民全部疏散,没有人员伤亡。

资料来源:

[1] 潘自强. 辐射安全手册[M]. 北京:科学出版社,2011.

[2] 国家核事故应急委员会办公室,中国人民解放军总参谋部防化部. 核事故应急响应教程[M].
北京:原子能出版社,1993.

4. 核技术利用的管理

核技术利用,是指密封放射源、非密封放射源和射线装置在医疗、工业、农业、地质调查、科学研究和教学等领域中的使用。

（1）放射性同位素和射线装置许可

《放射性污染防治法》规定,生产、销售、使用放射性同位素和射线装置的单位,应当按照国务院有关放射性同位素与射线装置放射防护的规定申请领取许可证,办理登记手续。转让、进口放射性同位素和射线装置的单位,以及装备有放射性同位素仪表的单位,应当按照国务院有关放射性同位素与射线装置放射防护的规定办理有关手续。（《放射性污染防治法》第 28 条）

生产、销售、使用放射性同位素和加速器、中子发生器及含放射源的射线装置的单位,应当在申请领取许可证前编制环境影响评价文件并报省级人民政府生态环境部门审查批准;未经批准,有关部门不得颁发许可证。（《放射性污染防治法》第 29 条第 1 款）

为了加强对放射性同位素、射线装置安全和防护的监督管理,促进放射性同位素、射线装置的安全应用,国务院 1989 年制定了《放射性同位素与射线装置放射防护条例》(已失效),后于 2005 年制定了《放射性同位素与射线装置安全和防护条例》(2014 年、2019 年修订)。

（2）放射性同位素管理

国家建立放射性同位素备案制度。放射性同位素应当单独存放,贮存场所应当采取有效的防火、防盗、防射线泄漏的安全防护措施,不得与易燃、易爆、腐蚀性物品等一起存放,并指定专人负责保管。贮存、领取、使用、归还放射性同位素时,应当进行登记、检查,做到账物

相符。(《放射性污染防治法》第31条)

生产、使用放射性同位素和射线装置的单位,应当按照国务院生态环境主管部门的规定对其产生的放射性废物进行收集、包装、贮存。(《放射性污染防治法》第32条第1款)

对违法生产、销售、使用、转让、进口、贮存放射性同位素和射线装置及装备有放射性同位素仪表的单位,由生态环境部门或者其他有关部门依据职权责令停止违法行为,限期改正;逾期不改正的,责令停产停业或者吊销许可证;有违法所得的,没收违法所得;违法所得十万元以上的,并处违法所得一倍以上五倍以下罚款;没有违法所得或者违法所得不足十万元的,并处一万元以上十万元以下罚款;构成犯罪的,依法追究刑事责任。(《放射性污染防治法》第53条)

(3) 放射源管理

放射源,是指除研究堆和动力堆核燃料循环范畴的材料以外,永久密封在容器中或者有严密包层并呈固态的放射性材料。生产放射源的单位,应当按照国务院生态环境主管部门的规定回收和利用废旧放射源;使用放射源的单位,应当按照国务院生态环境主管部门的规定将废旧放射源交回生产放射源的单位或者送交专门从事放射性固体废物贮存、处置的单位。(《放射性污染防治法》第32条第2款)

生产、销售、使用、贮存放射源的单位,应当建立健全安全保卫制度,指定专人负责,落实安全责任制,制定必要的事故应急措施。发生放射源丢失、被盗和放射性污染事故时,有关单位和个人必须立即采取应急措施,并向公安部门、卫生部门和生态环境部门报告。(《放射性污染防治法》第33条第1款)

公安部门、卫生部门和生态环境部门接到放射源丢失、被盗和放射性污染事故报告后,应当报告本级人民政府,并按照各自的职责立即组织采取有效措施,防止放射性污染蔓延,减少事故损失。当地人民政府应当及时将有关情况告知公众,并做好事故的调查、处理工作。(《放射性污染防治法》第33条第2款)

5. 铀(钍)矿和伴生放射性矿开发利用的管理

(1) 报告审批

开发利用或者关闭铀(钍)矿的单位,应当在申请领取采矿许可证或者办理退役审批手续前编制环境影响报告书,报国务院生态环境主管部门审查批准。

开发利用伴生放射性矿[①]的单位,应当在申请领取采矿许可证前编制环境影响报告书,报省级以上人民政府生态环境部门审查批准。(《放射性污染防治法》第34条)

(2) 开发利用单位的义务

铀(钍)矿开发利用单位应当对铀(钍)矿的流出物和周围的环境实施监测,并定期向国务院环境保护行政主管部门和所在地省、自治区、直辖市人民政府生态环境部门报告监测结

---

① 根据《放射性污染防治法》第62条的规定,伴生放射性矿是指含有较高水平天然放射性核素浓度的非铀矿(如稀土矿和磷酸盐矿等)。

果。对铀(钍)矿和伴生放射性矿开发利用过程中产生的尾矿,应当建造尾矿库进行贮存、处置;建造的尾矿库应当符合放射性污染防治的要求。铀(钍)矿开发利用单位应当制定铀(钍)矿退役计划。铀矿退役费用由国家财政预算安排。(《放射性污染防治法》第36—38条)

6. 放射性废物的管理

根据《放射性污染防治法》的解释,放射性废物,是指含有放射性核素或者被放射性核素污染,其浓度或者比活度大于国家确定的清洁解控水平,预期不再使用的废物。而《核安全法》强调放射性废物是核设施运行、退役产生的,其指代的范围较《放射性污染防治法》的更为具体。

对放射性废物的管理,首先法律规定要求减量化,即涉核单位应当合理选择和利用原材料,采用先进的生产工艺和设备,尽量减少放射性废物的产生量。(《放射性污染防治法》第39条、《核安全法》第41条)

在处理处置放射性废物的管理方面,向环境排放放射性废气、废液的,必须符合国家放射性污染防治标准。其中,产生放射性废气、废液的单位向环境排放符合国家放射性污染防治标准的放射性废气、废液,应当向审批环境影响评价文件的生态环境部门申请放射性核素排放量,并定期报告排放计量结果。(《放射性污染防治法》第40、41条)

对于产生放射性废液的,必须采用符合规定的排放方式向环境排放符合国家放射性污染防治标准的放射性废液。并且必须按照这一标准的要求,对不得向环境排放的放射性废液进行处理或者贮存。(《放射性污染防治法》第42条)

对产生放射性固体废物的,应当按照国务院生态环境主管部门的规定,对其产生的放射性固体废物进行处理后,送交放射性固体废物处置单位处置,并承担处置费用。(《放射性污染防治法》第45条第1款)设立专门从事放射性固体废物贮存、处置的单位,必须经审查批准取得许可证。核设施营运单位利用与核设施配套建设的处理、贮存设施,处理、贮存本单位产生的放射性固体废物的,无需申请许可。(《放射性污染防治法》第46条第1款、《核安全法》第43条)

对低、中水平放射性固体废物,必须在符合国家规定的区域实行近地表处置;对高水平放射性固体废物实行集中的深地质处置。(《放射性污染防治法》第43条第1、2款、《核安全法》第40条)在放射性固体废物处置场所选址方面,由主管部门在环境影响评价的基础上编制放射性固体废物处置场所选址规划,报国务院批准后实施。(《放射性污染防治法》第44条第1款)

对放射性废物的运输,国家实行分类管理,采取有效措施,保障运输安全。公安机关对放射性废物道路运输的实物保护实施监督,依法处理可能危及放射性废物安全运输的事故。通过道路运输放射性废物的,应当报启运地县级以上人民政府公安机关按照规定权限批准;其中,运输乏燃料或者高水平放射性废物的,应当报国务院公安部门批准。(《核安全法》第49、51条)

对处理处置放射性废物规定的主要禁止性规范包括：禁止利用渗井、渗坑、天然裂隙、溶洞或者国家禁止的其他方式排放放射性废液；禁止在内河水域和海洋上处置放射性固体废物；禁止未经许可或者不按照许可的有关规定从事贮存和处置放射性固体废物的活动；禁止将放射性固体废物提供或者委托给无许可证的单位贮存和处置；禁止将放射性废物和被放射性污染的物品输入中华人民共和国境内或者经中华人民共和国境内转移。

案例讨论 4-9

A 有色金属研究院未经有关部门审批，就于 2020 年底和某村党支部书记 B 签订协议：由 B 负责提供 5 吨高放射性固体废物永久存放地点并负责运输，A 付给 B 10 万元。随后，B 组织三辆卡车将高放射性固体废物拉回，填入本村西南的枯井内。井下未采取任何防渗措施，上面也只用 3 袋水泥和砂浆草草覆盖。后据有关部门测定，散落在现场的废物中放射性物质含量高出当地自然本底数百倍，已造成严重的放射性污染。

讨论：A 和 B 应当承担何种法律责任？

对违反上述规定者，生态环境部门可以根据情节责令停止违法行为、限期改正和处以罚款；构成犯罪的，依法追究刑事责任。（《放射性污染防治法》第 54—57 条）向中华人民共和国境内输入放射性废物和被放射性污染的物品，或者经中华人民共和国境内转移放射性废物和被放射性污染的物品的，由海关责令退运该放射性废物和被放射性污染的物品，并处五十万元以上一百万元以下罚款；构成犯罪的，依法追究刑事责任。（《放射性污染防治法》第58 条）

三、其他能量流污染危害的法律控制

（一）电磁辐射污染

为加强电磁辐射环境保护工作的管理，有效地保护环境，保障公众健康，国家环境保护局于 1997 年制定了《电磁辐射环境保护管理办法》。该办法规定的电磁辐射，是指以电磁波形式通过空间传播的能量流，且限于非电离辐射，包括信息传递中的电磁波发射，工业、科学、医疗应用中的电磁辐射，高压送变电中产生的电磁辐射。任何从事上述电磁辐射的活动，或进行伴有该电磁辐射活动的单位和个人，都必须遵守该办法的规定。（第 2 条）

《电磁辐射环境保护管理办法》主要涉及对电磁辐射建设项目或者设备的监管。要求电磁辐射建设项目或者设备执行环境保护申报登记和环境影响评价制度、"三同时"制度，并接受生态环境部门的审批及竣工验收。该办法还规定，从事电磁辐射活动的单位和个人必须定期检查电磁辐射设备及其环境保护设施的性能，及时发现隐患并及时采取补救措施。并且，规定在集中使用大型电磁辐射发射设施或商业设备的周围，按环境保护和城市规划要求划定的规划限内，不得修建居民住房和幼儿园等敏感建筑。

案例讨论 4-10

A 电力公司打算在 B 小区内建设一个高压线铁塔,该铁塔距居民楼最近仅 50 米,距小区幼儿园最近仅 30 米。小区居民强烈反对电力公司的决定。电力公司辩称,我国尚没有针对工频电磁场辐射的国家标准。经测量,该高压线铁塔的工频磁场小于国际辐射保护协会关于对公众全天辐射时的限值 0.1MT 的评价标准,不会对高压线下及附近居民产生影响。但小区居民提出,国际辐射保护协会的标准明确说明"0.1MT 限值的制定没有考虑长期电磁场暴露诱导癌症的因素",高压线铁塔建成之后,小区居民将长期暴露在电磁辐射之下,而世界卫生组织已经确认高压输电产生的工频电磁场是人类可疑致癌物。

讨论:在我国尚未制定强制性电磁辐射环境标准的前提下,你认为本案应当如何处理?

我国于 2014 年发布了《电磁环境控制限值》(GB 8702—2014)。该标准规定了电磁环境中控制公众暴露的电场、磁场、电磁场(1 Hz～300 GHz)的场量限值、评价方法和相关设施的豁免范围,并鼓励产生电场、磁场、电磁场、电磁场设施(设备)的所有者在遵循此标准限值的前提下遵循预防原则,积极采取有效措施,降低公众暴露。

(二) 光照妨害

光照妨害也称光污染,是指人为原因导致高强度光亮直接或间接照射到环境和受体,使原有的光照强度增强或者温度升高,从而干扰他人生活、学习或工作的现象。

国际上一般将光污染分成白亮污染、人工白昼和彩光污染三类。白亮污染主要来源于建筑物的玻璃幕墙、釉面砖墙、磨光大理石和各种涂料等装饰反射光线;人工白昼主要来源于夜幕降临后的广告灯、霓虹灯等;彩光污染则存在于舞厅、夜总会安装的黑光灯、旋转灯、荧光灯及闪烁的彩色光源等条件下。其中,白亮污染和人工白昼是目前光照妨害的主要来源和需要控制的对象。

案例讨论 4-11

A 夜总会与 B 的卧室隔街相对。A 在其外墙上安装了大量霓虹灯,每天晚上闪烁不停直至凌晨两点。尽管 B 在其卧室里装上了厚厚的窗帘,仍然难以阻挡霓虹灯的强光,致使 B 长期失眠。B 要求 A 拆除霓虹灯或者在晚上十点以后关闭霓虹灯,A 予以拒绝。

讨论:本案应当如何处理?

光照妨害属于地域性环境问题,其性质属于物权法有关相邻关系的范畴。因此,应当按照不动产相邻关系的准则处理有关的争议纠纷。

从预防的角度看,主要应当针对建筑物安装玻璃幕墙等可能产生光照妨害的设施进行控制。具体措施是通过建筑材料有关产品标准确定幕墙玻璃的反射率,要求建筑物安装使用的玻璃幕墙必须符合标准规定的要求。

第四节　环境污染的源头和全过程治理

一、概述

在治理环境污染的过程中,人们逐渐意识到:末端治理无论从经济成本上还是环境保护上来说都是不合算的,因此逐渐接受并开始践行源头治理和全过程治理的理念。源头治理在实践中的体现就是清洁生产,全过程治理在实践中的体现就是循环经济。

> **拓展阅读4-6　从摇篮到坟墓的环境管理**
>
> 从摇篮到坟墓的环境管理指全过程治理,这是与偏重于污染结果产生后的控制模式——"末端治理"相对的模式,全过程治理重视生产过程与污染控制的联系,是从预防工业污染的高度设计的新机制。
>
> 全过程治理的集中体现是清洁生产及其相关制度。《21世纪议程》所提出的全过程治理的思想包括三个方面的内容:采用清洁的能源,少废无废的清洁生产过程和对环境无害的清洁产品。它对生产过程和产品持续运用整体预防的环境保护战略,以期减少对人类和环境的风险。全过程治理要求通过采用先进技术、改进工艺和完善管理,使生产过程中的废物排放量减到最小。它强调在工业生产的各个方面、各个环节实现能源、原材料配置最优化,废物量最小化,环境效益最大化。
>
> 资料来源:吕忠梅.环境法学[M].北京:法律出版社,2004.

1992年,联合国环境与发展大会通过了《21世纪议程》,首次正式提出了清洁生产的概念,指出实施清洁生产是实现可持续发展的关键因素。1994年,国务院批准并颁布了《中国21世纪议程》,提出"为了实施可持续发展战略,要采用清洁技术,实施清洁生产",并将推行清洁生产作为优先实施的重点领域。实施清洁生产可以节约资源,削减污染,降低污染治理设施的建设和运行费用,提高企业的经济效益和竞争能力;将污染物消除在源头和生产过程中,可以有效解决污染转移问题;可以从根本上减轻因经济快速发展给环境造成的巨大压力,降低生产和服务活动对环境的破坏。

循环经济在清洁生产的基础上又向前迈了一步,其目的是通过资源高效和循环利用,实现污染的低排放甚至零排放。循环经济是把清洁生产和废物的综合利用融为一体的经济,本质上是一种生态经济。改革开放以来,我国经济快速增长,与此同时经济发展与资源环境的矛盾也日趋尖锐。这些问题与我国资源利用效率相对低下密切相关。发展循环经济,既可以为经济发展提供新的资源,又可以有效减少污染物的排放,实现经济发展和环境保护的双赢。

目前,我国促进清洁生产和循环经济的法律主要是《清洁生产促进法》和《循环经济促进法》。此外,《固体废物污染环境防治法》(2020年修订)中规定的"减量化、资源化、无害化"原则,以及"促进固体废物的综合利用""生活垃圾分类"等制度也体现了清洁生产和循环经济的理念。

二、清洁生产促进制度

(一)概述

我国于2002年6月制定了《清洁生产促进法》,2012年2月又进行了修正。依照该法的解释,清洁生产是指不断采取改进设计、使用清洁的能源和原料、采用先进的工艺技术与设备、改善管理、综合利用等措施,从源头削减污染,提高资源利用效率,减少或者避免生产、服务和产品使用过程中污染物的产生和排放,以减轻或者消除对人类健康和环境的危害。(第2条)

依照《清洁生产促进法》的规定,在我国领域内,从事生产和服务活动的单位,以及从事相关管理活动的部门依照本法规定,组织、实施清洁生产。(第3条)清洁生产制度的适用对象包括两个方面:一是从事相关管理活动的部门;二是从事生产和服务活动的单位。

(二)清洁生产的推行

推行清洁生产的主体是各级人民政府及其主管部门。依照《清洁生产促进法》的规定,国务院清洁生产综合协调部门负责组织、协调全国的清洁生产促进工作。国务院生态环境、工业、科学技术、财政部门和其他有关部门,按照各自的职责,负责有关的清洁生产促进工作。县级以上地方人民政府负责领导本行政区域内的清洁生产促进工作。县级以上地方人民政府确定的清洁生产综合协调部门负责组织、协调本行政区域内的清洁生产促进工作。县级以上地方人民政府其他有关部门,按照各自的职责,负责有关的清洁生产促进工作。

在推行清洁生产方面,政府及其主管部门的职责包括:制定有利于实施清洁生产的财政税收政策;编制国家清洁生产推行规划及行业专项清洁生产推行规划;安排中央财政清洁生产专项资金和中央预算安排的其他清洁生产资金;组织和支持建立促进清洁生产信息系统和技术咨询服务体系;定期发布清洁生产技术、工艺、设备和产品导向目录;组织编制重点行业或者地区的清洁生产指南;制定并发布限期淘汰的生产技术、工艺、设备及产品的名录;批准设立节能、节水、废物再生利用等环境与资源保护方面的产品标志;指导和支持清洁生产技术和有利于环境与资源保护的产品的研究、开发,以及清洁生产技术的示范和推广工作;做好清洁生产的宣传教育和培训工作;优先采购节能、节水、废物再生利用等有利于环境与资源保护的产品;定期公布未达到能源消耗控制指标、重点污染物排放控制指标的企业的名单。(第7—17条)

清洁生产综合协调部门或者其他有关部门未依照本法规定履行职责的,对直接负责的

主管人员和其他直接责任人员依法给予处分。（第 35 条）

（三）清洁生产的实施

实施清洁生产的主体是从事生产和服务活动的企业。依照《清洁生产促进法》的规定，企业实施清洁生产的强制性义务包括：未达到能源消耗控制指标、重点污染物排放控制指标的企业，应当按照公布能源消耗或者重点污染物产生、排放情况，接受公众监督；新建、改建和扩建项目应当优先采用资源利用率高，以及污染物产生量少的清洁生产技术、工艺和设备；企业在进行技术改造过程中，应当采取清洁生产措施；产品和包装物的设计应当优先选择无毒、无害、易于降解或者便于回收利用的方案；企业对产品不得进行过度包装；生产大型机电设备、机动运输工具，以及国务院工业部门指定的其他产品的企业，应当按照国务院标准化部门或者其授权机构制定的技术规范，在产品的主体构件上注明材料成分的标准牌号；农业、服务业、建筑、采矿等行业等应当采取节能、节水或有利于环境保护的措施，防止浪费资源或污染环境；在经济技术可行的条件下对生产和服务过程中产生的废物、余热等自行回收利用或者转让给有条件的其他企业和个人利用；超标或者超总量排放污染物、超过单位产品能源消耗限额标准，以及使用有毒、有害原料进行生产或者在生产中排放有毒、有害物质的企业，应当实施强制性清洁生产审核，将审核结果向所在地县级以上地方人民政府负责清洁生产综合协调的部门、环境保护部门报告，并在本地区主要媒体上公布，接受公众监督，但涉及商业秘密的除外；污染物排放超过国家或者地方规定的排放标准的企业，还应当按照环境保护相关法律的规定治理。（第 18—27 条）

案例讨论 4-12

A 企业是位于 B 市的一家化工企业。2021 年 7 月，B 市生态环境部门向社会公开了"未达到能源消耗控制指标、重点污染物排放控制指标的企业名单"，A 企业被列入该名单内。但直到 2021 年 9 月，A 企业一直未公开企业能源消耗或者重点污染物产生、排放情况等信息。有居民要求 A 企业公开这些信息，A 企业认为，这些信息属于企业的商业秘密，不予公开。

讨论：A 企业是否应当公开这些信息？

未按照规定公布能源消耗或者重点污染物产生、排放情况的，由县级以上地方人民政府负责清洁生产综合协调的部门、生态环境部门按照职责分工责令公布，可以处十万元以下的罚款。（第 36 条）生产大型机电设备、机动运输工具，以及国务院工业部门指定的其他产品的企业未标注产品材料的成分或者不如实标注的，由县级以上地方人民政府质量技术监督部门责令限期改正；拒不改正的，处以五万元以下的罚款。（第 37 条）生产、销售有毒、有害物质超过国家标准的建筑和装修材料的，依照产品质量法和有关民事、刑事法律的规定，追究行政、民事、刑事法律责任。（第 38 条）不实施强制性清洁生产审核或者在清洁生产审核

中弄虚作假的,或者实施强制性清洁生产审核的企业不报告或者不如实报告审核结果的,由县级以上地方人民政府负责清洁生产综合协调的部门、生态环境部门按照职责分工责令限期改正;拒不改正的,处以五万元以上五十万元以下的罚款。(第39条)

此外,《清洁生产促进法》还规定了一些自愿性规范,以鼓励企业自愿实施清洁生产。例如,未被列入实施强制性清洁生产审核的企业,可以自愿与清洁生产综合协调部门和环境保护部门签订进一步节约资源、削减污染物排放量的协议。该清洁生产综合协调部门和环境保护部门应当在本地区主要媒体上公布该企业的名称,以及节约资源、防治污染的成果。企业可以根据自愿原则,按照国家有关环境管理体系等认证的规定,委托经国务院认证认可监督管理部门认可的认证机构进行认证,提高清洁生产水平。(第28、29条)

(四) 促进清洁生产的鼓励措施

为了促进企业进行清洁生产的积极性,《清洁生产促进法》规定了一系列鼓励措施,包括:国家建立清洁生产表彰奖励制度;对从事清洁生产研究、示范和培训,实施国家清洁生产重点技术改造项目和自愿节约资源、削减污染物排放量协议中载明的技术改造项目,由县级以上人民政府给予资金支持;在依照国家规定设立的中小企业发展基金中,应当根据需要安排适当数额用于支持中小企业实施清洁生产;依法利用废物和从废物中回收原料生产产品的,按照国家规定享受税收优惠;企业用于清洁生产审核和培训的费用,可以列入企业经营成本。(第30—34条)

三、循环经济促进制度

(一) 概述

2008年8月29日,十一届全国人大常委会第四次会议审议通过了《循环经济促进法》,将发展循环经济纳入了法制轨道。2018年10月26日第十三届全国人大常委会第六次会议对《循环经济促进法》进行了修正。

该法所谓循环经济,是指在生产、流通和消费等过程中进行的减量化、再利用、资源化活动的总称。减量化,是指在生产、流通和消费等过程中减少资源消耗和废物产生;再利用,是指将废物直接作为产品或者经修复、翻新、再制造后继续作为产品使用,或者将废物的全部或者部分作为其他产品的部件予以使用;而资源化,是指将废物直接作为原料进行利用或者对废物进行再生利用。(第2条)

依照《循环经济促进法》的规定,国务院循环经济发展综合管理部门负责组织协调、监督管理全国循环经济发展工作;国务院生态环境等有关主管部门按照各自的职责负责有关循环经济的监督管理工作。(第5条)

(二) 循环经济促进的基本管理制度

循环经济发展综合管理部门会同生态环境等有关部门编制循环经济发展规划,并规定资源产出率、废物再利用和资源化率等指标。(第12条)循环经济发展综合管理部门会同统计、生态环境等有关部门建立和完善循环经济评价指标体系,上级人民政府将主要评价指

标完成情况作为对地方人民政府及其负责人考核评价的内容。(第14条)

生产列入强制回收名录的产品或者包装物的企业,必须对废弃的产品或者包装物负责回收;对因不具备技术经济条件而不适合利用的,由各该生产企业负责无害化处置。消费者应当将废弃的产品或者包装物交给生产者或者其委托回收的销售者或者其他组织。(第15条)

加强资源消耗、综合利用和废物产生的统计管理,并将主要统计指标定期向社会公布。标准化主管部门会同循环经济发展综合管理和生态环境等有关部门建立健全循环经济标准体系,制定和完善节能、节水、节材和废物再利用、资源化等标准。建立健全能源效率标识等产品资源消耗标识制度。(第17条)

(三) 减量化、再利用和资源化

减量化方面,对于生产过程,《循环经济促进法》规定了落后设备、材料和产品淘汰制度,确立了产品的生态设计制度。对于流通和消费过程,对服务业提出了节能、节水、节材的要求;在保障产品安全和卫生的前提下,限制一次性消费品的生产和消费等。此外,还对政府机构提出了厉行节约、反对浪费的要求。(第18—28条)

再利用和资源化方面,对于生产过程,《循环经济促进法》规定了各类产业园区发展区域循环经济、工业固体废物综合利用、工业用水循环利用、工业余热余压等综合利用、建筑废物综合利用、农业综合利用及对产业废物交换的要求。对于流通和消费过程,《循环经济促进法》规定了建立健全再生资源回收体系等具体要求。(第29—41条)

(四) 循环经济促进的激励措施

促进循环经济的发展,仅靠行政强制手段是不够的,必须依法建立合理的激励机制,调动各行各业的积极性。为此,《循环经济促进法》规定了设立循环经济专项资金,对促进循环经济发展的产业给予税收优惠,限制耗能高、污染重的产品出口,以及实行有利于资源节约和合理利用的价格政策、政府采购政策等。(第42—47条)

参考书目

1. 汪劲. 环境法学[M]. 4版. 北京:北京大学出版社,2018.

2. 韩德培. 环境保护法教程[M]. 8版. 北京:法律出版社,2018.

3. 吕忠梅. 环境法学[M]. 2版. 北京:法律出版社,2009.

4. 袁杰. 中华人民共和国大气污染防治法解读[M]. 北京:中国法制出版社,2015.

5. 陆浩. 中华人民共和国水污染防治法解读[M]. 北京:中国法制出版社,2017.

6. 别涛. 中华人民共和国固体废物污染环境防治法条文释解[M]. 北京:中国法制出版社,2020.

7. 生态环境部法规与标准司. 中华人民共和国土壤污染防治法解读与适用手册[M].

北京:法律出版社,2018.

8. 国家海洋局生态环境保护司,国务院法制办农林城建资源环保法制司. 中华人民共和国海洋环境保护法修改解读[M]. 北京:海洋出版社,2017.

推荐阅读

1. 汪劲. 环境法学[M]. 4 版. 北京:北京大学出版社,2018. 第七至九章。

2. 吕忠梅. 环境法学[M]. 2 版. 北京:法律出版社,2009. 第九、十二、十三章。

3. 韩德培. 环境保护法教程[M]. 8 版. 北京:法律出版社,2018. 第十三至十七章。

4. 徐祥民,陈书全. 中国环境资源法的产生与发展[M]. 北京:科学出版社,2007. 第三章。

思 考 题

1. 污染防治为什么要从浓度控制走向总量控制?

2. 污染防治的全过程治理在各个阶段分别适用哪些基本制度?

3. 大气和水污染防治的总量控制制度如何实施?

4.《水污染防治法》为加强饮用水水源地的保护规定了哪些特别保护措施?

5.《海洋环境保护法》规定的海洋生态损害赔偿有何意义?

6.《固体废物污染环境防治法》规定的"减量化、资源化、无害化"原则在具体制度中如何体现?

7. 如何理解《土壤污染防治法》中有关政府承担土壤污染兜底责任的规定?

8. 根据《噪声污染防治法》的规定,"噪声"与"环境噪声"有何区别?

9.《放射性污染防治法》和《核安全法》为核设施规定了哪些义务?

10. 我国为促进清洁生产和循环经济规定了哪些鼓励措施?

第五章
自然与资源保护法

第一节 概 述

一、自然与资源保护法的概念和分类

自然与资源保护法,是指国家以保护生态系统平衡或防止生物多样性破坏为目的,对利用自然环境和资源的行为实行控制而制定的法律规范的总称。不同于主要采取消极控制措施和对策的污染防治法,自然与资源保护法主要强调的是对自然环境和资源的积极管理和保护。

自然与资源保护法包括自然保护法和自然资源保护法两大部分。自然保护法是以保护生态系统平衡或防止生物多样性破坏为目的,对一定的自然地域(含区域与流域)、野生生物及其生境实行特殊保护并禁止或限制环境利用行为而制定的法律规范的总称①。而自然资源保护法是自然资源法中的自然保护规范,自然资源法是调整人们在自然资源的开发、利用、保护和管理过程中所发生的各种社会关系法律规范的总称②。自然资源法早在各国大量制定环境保护立法前就已经存在。自然资源作为环境要素的物质载体或空间体现,是生态系统的组成部分。在人类开发、利用、转化、处置自然资源的各个过程中都会涉及对自然环境和资源的破坏。因此,自然资源法的立法意图不应仅限于确定自然资源的权属关系和合理开发利用自然资源,还应当包括对环境生态利益的保护和自然资源的可持续利用。从自然资源法与自然保护法的关系看,两者之间既有共同点,又存在许多不同之处。

从保护对象来看,二者存在交叉的关系。广义的自然保护法,其保护的对象包括了各种自然环境要素,如大气、土地、水、森林、草原、海洋、湿地、冰川、矿产、野生动植物、自然保护区、风景名胜区、自然遗迹、人文遗迹等。而自然资源法的保护对象是在一定经济技术条件下,对人类有用的一切物质和能量,如土地、水、森林、矿产、草原、海洋、野生动植物、太阳能、风能等。由此可以看出,自然资源法和自然保护法的保护对象存在一部分的重合,如土地、

---

① 汪劲. 环境法学[M]. 4版. 北京:北京大学出版社,2018:228.
② 肖国兴,肖乾刚. 自然资源法[M]. 北京:法律出版社,1999:35.

水、森林、草原、野生动植物、矿产、海洋等。但其各自仍保留有一部分独有的保护成分,如冰川遗迹、地貌特征等属于自然保护法所特有的保护对象,不受自然资源法的调整。而各种能量,如风能、地热能、太阳能、潮汐能等,可能是自然资源法保护的对象,却不一定能成为自然保护法的保护对象。这种保护对象的重合和差异,反映在立法上,就是两种立法的交叉关系,既有重合又彼此独立。

从立法目的看,二者也各有侧重。自然保护法通过对各种自然环境要素的保护,使其能够以特有的性质、含量、分布、存在状态,以及各要素间的影响和作用保持自然环境的完整与和谐,维护生态平衡。自然保护法并不十分侧重于保护各种自然要素的经济价值。例如冰川遗迹、朱鹮、丹顶鹤等,这些自然资源虽然不具有巨大的经济价值,但是它们对于维护生态平衡,保护生物多样性具有非常重要的价值。由此可以看出,自然保护法在保护各种环境要素时侧重的是它们的环境效能。而自然资源法在涉及作为资源的环境要素时,主要侧重于对自然资源的开发、增值、分配、储备和利用,以便最大限度地发挥其经济效能。自然资源法对自然生态利益的保护只是在其保护自然资源经济效能的同时而派生的间接作用。

从保护方法看,二者的管理措施和手段也不尽相同。由于自然保护法侧重于对各种环境要素的环境效能的保护,因此,其保护的方法多采取划定保护区、严格限制开发利用、减少人为干扰、绝对避免数量减少和灭失等隔离式的举措。自然资源法则不然。鉴于自然资源法的立法目的主要在于发挥各种自然资源的经济效能,使各种自然资源能够在可持续发展理念之下最大限度地为人类所利用,因此,其保护举措更具针对性与实用性。对于不可再生自然资源的保护一般强调综合开发与利用。通过综合勘探开发、重复利用、替代使用、废物资源化、限制开发等"开源节流"措施达到充分发挥其经济效能的目的。对于可再生资源,则通常采用开发利用准入、鼓励增值和节约使用等措施保证可再生资源的永续利用。这种保护方法的不同,必然导致两种立法在具体内容上存在明显的差异①。

尽管自然资源保护侧重于对自然资源的直接保护,对生态环境的间接保护,但是自然资源保护和自然保护在终极目标上是一致的,都是为了实现人类的可持续发展。近年来,自然资源保护的重心也不仅局限于对自然资源经济价值的保护,而更侧重于对自然环境和生态平衡的保护。在某些情况下,当自然资源的经济价值与环境价值发生冲突时,人们甚至更侧重于对自然资源环境价值的保护,这也是环境法中"保护优先"原则的体现。

二、自然与资源保护法基本制度

除了适用本书第三章所阐述的环境与资源保护法基本制度之外,自然与资源保护法还适用一些共同的制度,主要包括生态保护红线制度与生态保护补偿制度。

(一) 生态保护红线制度

生态保护红线制度是自然与资源保护领域贯彻"预防原则"的关键性制度。通过将部

---

① 王灿发. 我国自然资源立法对自然保护的局限性分析——兼论自然资源法与自然保护法的相互关系[J]. 环境保护,1996(1):43-45.

分具有重要生态价值的区域划入生态保护红线,实行最严格的保护,可以有效避免不当开发对自然环境的影响。

《环境保护法》第 29 条规定:"国家在重点生态功能区、生态环境敏感区和脆弱区等区域划定生态保护红线,实行严格保护。"

生态空间是指具有自然属性、以提供生态服务或生态产品为主体功能的国土空间,包括森林、草原、湿地、河流、湖泊、滩涂、岸线、海洋、荒地、荒漠、戈壁、冰川、高山冻原、无居民海岛等。生态保护红线是指在生态空间范围内具有特殊重要生态功能,必须强制性严格保护的区域,是保障和维护国家生态安全的底线和生命线,通常包括具有重要水源涵养、生物多样性维护、水土保持、防风固沙、海岸生态稳定等功能的生态功能重要区域,以及水土流失、土地沙化、石漠化、盐渍化等生态环境敏感脆弱区域。

2017 年 2 月,中共中央办公厅、国务院办公厅印发了《关于划定并严守生态保护红线的若干意见》,要求将水源涵养、生物多样性维护、水土保持、防风固沙等生态功能重要区域及水土流失、土地沙化、石漠化、盐渍化等生态环境敏感脆弱区域两类区域进行空间叠加,划入生态保护红线,涵盖所有国家级、省级禁止开发区域,以及有必要严格保护的其他各类保护地等。2017 年年底前,京津冀区域、长江经济带沿线各省(直辖市)划定生态保护红线;2018 年年底前,其他省(自治区、直辖市)划定生态保护红线;2020 年年底前,全面完成全国生态保护红线划定,勘界定标,基本建立生态保护红线制度,国土生态空间得到优化和有效保护,生态功能保持稳定,国家生态安全格局更加完善。到 2030 年,生态保护红线布局进一步优化,生态保护红线制度有效实施,生态功能显著提升,国家生态安全得到全面保障。

生态保护红线划定后,相关规划要符合生态保护红线空间管控要求,不符合的要及时进行调整。空间规划编制要将生态保护红线作为重要基础,发挥生态保护红线对于国土空间开发的底线作用。生态保护红线原则上按禁止开发区域的要求进行管理。严禁不符合主体功能定位的各类开发活动,严禁任意改变用途。生态保护红线划定后,只能增加、不能减少,因国家重大基础设施、重大民生保障项目建设等需要调整的,由省级人民政府组织论证,提出调整方案,经生态环境部、国家发展改革委会同有关部门提出审核意见后,报国务院批准。因国家重大战略资源勘查需要,在不影响主体功能定位的前提下,经依法批准后予以安排勘查项目。

当前,我国生态环境总体仍比较脆弱,生态安全形势十分严峻。划定并严守生态保护红线,是贯彻落实主体功能区制度、实施生态空间用途管制的重要举措,是提高生态产品供给能力和生态系统服务功能、构建国家生态安全格局的有效手段,是健全生态文明制度体系、推动绿色发展的有力保障。

2021 年 7 月,生态环境部宣布全国生态保护红线划定工作基本完成,初步划定的全国生态保护红线面积比例不低于陆域国土面积的 25%,覆盖了重点生态功能区、生态环境敏感区和脆弱区,覆盖了全国生物多样性分布的关键区域。

（二）生态保护补偿制度

生态保护补偿制度是以保护生态环境、促进人与自然和谐为目的,根据生态系统服务价值、生态保护成本、发展机会成本,综合运用行政和市场手段,调整生态环境保护和建设相关各方之间利益关系的环境经济政策。在国际上,生态保护补偿通常被称为生态服务付费(payment for ecological services,PES)。生态保护补偿在本质上是一种经济激励措施,由享有生态服务的一方向提供生态服务的另一方支付费用。

在不同区域之间及其不同社会群体之间,公平地分担环境使用与自然资源开发、利用所带来的环境污染和破坏的社会成本,是实现环境与资源保护责任公平负担原则的基本要求。生态环境的整体性决定了环境污染、生态破坏的控制和治理,必须通过各地区、各部门之间的相互协作和统一行动。生态保护补偿制度是通过使生态保护和服务的受益者支付相应费用的方式,或者使对生态环境造成破坏的自然资源的开发、利用者承担相应费用的方式,保证受益或者受损的生态产品或者服务得到补偿,从而使生态外部性内部化。

生态保护补偿制度主要适用于两个方面:一是从事开发、利用环境和自然资源的活动导致生态环境破坏的主体,应当承担环境外部成本,履行生态环境恢复责任,赔偿相关损失,支付占用环境容量的费用;二是因为有些区域、单位或者个人为了保护生态环境牺牲了大量的发展机会,生态保护的受益者有责任向生态保护者支付适当的补偿费用。即生态补偿应当适用"谁开发、谁保护,谁破坏、谁恢复,谁受益、谁补偿,谁污染、谁付费"的原则。我国生态保护补偿的方式主要包括纵向补偿、横向补偿和市场化补偿。纵向补偿是指中央对地方的财政转移支付和省以下财政转移支付;横向补偿是指不同地方政府间通过资金补偿、对口协作、产业转移、人才培训、共建园区等方式进行的补偿方式;市场化补偿是指激励自然生态产品市场化的资金交易机制。

生态保护补偿制度是加强自然生态保护的重要举措,在我国的很多自然与资源保护法中都有所体现①。此外,《环境保护法》第31条也规定了一般性的生态保护补偿制度。目前,国务院正在制定《生态保护补偿条例》,以进一步整合分散在各部自然与资源保护法中的生态保护补偿制度,充分发挥生态保护补偿制度的重要作用。2021年9月,中共中央办公厅、国务院办公厅印发了《关于深化生态保护补偿制度改革的意见》,提出到2025年,与经济社会发展状况相适应的生态保护补偿制度基本完备。以生态保护成本为主要依据的分类补偿制度日益健全,以提升公共服务保障能力为基本取向的综合补偿制度不断完善,以受益者付费原则为基础的市场化、多元化补偿格局初步形成,全社会参与生态保护的积极性显著增强,生态保护者和受益者良性互动的局面基本形成。到2035年,适应新时代生态文明建设要求的生态保护补偿制度基本定型。

---

① 例如《海洋环境保护法》(2017年修正)第24条,《森林法》(2019年修订)第7条,《长江保护法》第76条,《湿地保护法》第36条。

案例讨论 5-1

全长 373 千米的新安江,从安徽省黄山市休宁县发源后,经黄山市歙县街口镇流入浙江省杭州市淳安县,汇入千岛湖。千岛湖是浙江省重要的饮用水水源地,也是长三角战略备用水源。为了保护千岛湖的水质,黄山市范围内,至今没有钢铁、建材、冶炼、重化工、印染、制革、纸浆造纸等高污染产业。但黄山市为此付出了巨大的经济代价,守着青山绿水过穷日子,饿着肚皮保生态让不少黄山市居民颇有怨言。

讨论:浙江省是否应当补偿黄山市为保护千岛湖水质所付出的代价?

第二节　自然保护法

自然保护法,是以保护生态系统平衡或防止生物多样性破坏为目的,对一定的自然地域(含区域与流域)、野生生物及其生境实行特殊保护并禁止或限制环境利用行为而制定的法律规范的总称①。

目前,我国专门的自然保护法律法规主要包括《野生动物保护法》《长江保护法》《黄河保护法》《青藏高原生态保护法》《湿地保护法》《海洋环境保护法》《海岛保护法》《野生植物保护条例》《自然保护区条例》《风景名胜区条例》等。

一、野生生物保护法

自然保护法上的野生生物,包括野生动物和野生植物两大类。野生生物在人类发展进化史上起着推动作用。但是,随着人类生产力水平的不断提高,野生生物受到极大的摧残,人类逐渐意识到野生生物保护的重要性。近年来,由于外来物种入侵对我国生态环境安全也造成了严重危害,我国开始加强对外来物种入侵的防治。

(一)野生动物

1. 野生动物保护及其立法

野生动物是指在自然状态下生长且未被驯化的动物。它既是重要的物种和环境要素,又是人类生活和生产中不可或缺的自然资源。从现行法律规定的保护范围来看,我国《野生动物保护法》所保护的野生动物,是指珍贵、濒危的陆生、水生野生动物和有重要生态、科学、社会价值的陆生野生动物。(第 2 条第 2 款)也就是说,并非所有的野生动物都受《野生动物保护法》的保护。此外,珍贵、濒危的水生野生动物以外的其他水生野生动物的保护,

---

① 汪劲. 环境法学[M]. 4 版. 北京:北京大学出版社,2018:228.

适用《渔业法》等有关法律的规定。(第 2 条第 4 款)

《野生动物保护法》按保护程度的不同,将受保护的野生动物分为国家重点保护野生动物、地方重点保护野生动物和有重要生态、科学、社会价值的陆生野生动物,并实行名录制保护管理。国家重点保护野生动物是指被列入国家重点保护野生动物名录而被加以严格保护的动物,分为一级保护野生动物和二级保护野生动物。这类野生动物通常是珍贵、濒危的野生动物。地方重点保护野生动物是指国家重点保护野生动物以外,列入地方重点保护野生动物保护名录,由省、自治区、直辖市重点保护的野生动物。

1950 年,中央人民政府发布了《中央人民政府政务院规定古迹、珍贵文物、图书及稀有生物保护办法,并颁布"古文化遗址及古墓葬之调查发掘暂行办法"的命令》,规定"珍贵化石及稀有生物(如四川万县水杉,松潘熊猫等),各地人民政府亦应妥为保护,严禁任意采捕。"1979 年,全国人大常委会通过了《环境保护法》(试行),其中规定"保护、发展和合理利用野生动物、野生植物资源。按照国家规定,对于珍贵和稀有的野生动物、野生植物,严禁捕猎、采伐。"

1988 年,全国人大常委会通过了《野生动物保护法》。它是我国第一部关于野生动物保护的综合性法律,也是迄今为止野生动物保护方面位阶最高的法律。该法自 1988 年颁布以来,历经两次修订(2016 年、2022 年)和三次修正(2004 年、2009 年和 2018 年)。

1991 年,全国人大常委会通过了《进出境动植物检疫法》及其实施条例,对进出境的动植物检疫作出了全面规定,并于 2009 年进行修正。同样在 1991 年,原林业部发布了《国家重点保护野生动物驯养繁殖许可证管理办法》。1992 年,国务院发布了《陆生野生动物保护实施条例》(2011 年、2016 年修订),林业部、财政部、国家物价局发布了《陆生野生动物资源保护管理费收费办法》。1993 年,国务院发布了《水生野生动物保护实施条例》(2011 年、2013 年修订)。

1997 年,全国人大常委会通过了《动物防疫法》,对家畜家禽和人工饲养、合法捕获的其他动物的防疫工作管理,预防、控制和扑灭动物疫病作出了规定,后又于 2013 年、2015 年对该法进行两次修正,并于 2007 年和 2021 年进行了两次修订。

2000 年,最高人民法院发布了《关于审理破坏野生动物资源刑事案件具体应用法律若干问题的解释》。2002 年,国家林业局发布了《鸟类环志管理办法(试行)》。2003 年,国家质量监督检验检疫总局发布了《进境水生动物检验检疫管理办法》,至 2016 年修改为《进境水生动物检验检疫监督管理办法》(2018 年修正)。2005 年,国务院发布了《重大动物疫情应急条例》(2017 年修订)。2006 年,国务院通过了《濒危野生动植物进出口管理条例》(2018 年、2019 年修订)。2022 年,最高人民法院、最高人民检察院发布了《关于办理破坏野生动物资源刑事案件适用法律若干问题的解释》

2020 年,全国人大常委会通过了《关于全面禁止非法野生动物交易、革除滥食野生动物陋习、切实保障人民群众生命健康安全的决定》,规定对违反《野生动物保护法》和其他有关法律禁止猎捕、交易、运输、食用野生动物的行为,在现行法律规定基础上加重处罚。全面禁止食用国家保护的有重要生态、科学、社会价值的陆生野生动物及其他陆生野生动物,包括人工繁育、人工饲养的陆生野生动物。全面禁止以食用为目的猎捕、交易、运输在野外环境自然生长繁殖的陆生野生动物。同年,全国人大常委会通过了《生物安全法》,对防控重大新发突发传染病、动植物疫情,防范外来物种入侵与保护生物多样性作出了规定。

2. 野生动物保护的法律规定

我国野生动物保护的主要法律措施包括三个方面。

(1) 野生动物的权属规定

在传统法理论中,野生动物是一种对人类具有经济价值的资源,一般属于"谁猎谁有,谁占谁有"的无主物。为了进一步保护野生动物资源,必须改变过去人们长期以来对野生动物所持的无主物的观念。为此,我国《野生动物保护法》明确规定野生动物资源属于国家所有。国家保障依法从事野生动物科学研究、人工繁育等保护及相关活动的组织和个人的合法权益。(第3条)国家所有权不因野生动物资源所依附的土地或水体的所有权而改变。国务院林业草原、渔业主管部门分别主管全国陆生、水生野生动物保护工作。县级以上地方人民政府林业草原、渔业主管部门主管本行政区域内陆生、水生野生动物保护工作。(第7条)

拓展阅读 5-1 野生动物的权属和地位

在我国,野生动物资源属于国家所有。《野生动物保护法》还规定了野生动物利用权,即指特定自然人、法人或其他组织对国家所有的野生动物资源可以依法取得猎捕、繁育和经营利用等方面的行政许可。其中,猎捕国家重点保护野生动物应取得国务院或省级野生动物保护主管部门发放的特许猎捕证,猎捕有重要生态、科学、社会价值的陆生野生动物和地方重点保护野生动物的,应当依法取得县级以上地方人民政府野生动物保护主管部门核发的狩猎证,并按照特许猎捕证、狩猎证规定的种类、数量或者限额、地点、工具、方法和期限进行猎捕。(第21—23条)人工繁育野生动物实行分类分级管理,严格保护和科学利用野生动物资源。国家支持有关科学研究机构因物种保护目的人工繁育国家重点保护野生动物。人工繁育国家重点保护野生动物实行许可制度,应当取得人工繁育许可证。人工繁育有重要生态、科学、社会价值的陆生野生动物的,应当向县级人民政府野生动物保护主管部门备案。(第25条)在经营利用方面,实行国家重点保护野生动物及其制品专用标识制度。出售、利用有重要生态、科学、社会价值的陆生野生动物和地方重点保护野生动物及其制品的,应当提供狩猎、人工繁育、进出口等合法来源证明。(第28条)

20世纪70年代以来,当代动物权利主义兴起。《德国民法典》(1990年修订)第90a条规定"动物不是物"。由此引发了"动物不是物,是什么"的讨论。在法学界,有人主张动物也可以成为权利主体,甚至主张所有的生物或生命体都可以成为权利主体。也有人主张考虑后代人利益应当对动物给予特别保护,并提出动物福利的观点。民法学者一般认为《德国民法典》第90a条的"物"指"普通物",因此主张动物不是普通物而是特殊物。

（2）野生动物及其栖息地的保护措施

根据《野生动物保护法》第 4 条的规定,国家对野生动物实行保护优先、规范利用、严格监管的原则,鼓励和支持开展野生动物科学研究与应用,秉持生态文明理念,推动绿色发展。具体的保护措施包括以下几个方面。

第一,保护野生动物栖息地。国家保护野生动物及其栖息地。县级以上人民政府应当制定野生动物及其栖息地相关保护规划和措施,并将野生动物保护经费纳入预算。（第 5条）任何组织和个人都有保护野生动物及其栖息地的义务。禁止违法猎捕、运输、交易野生动物,禁止破坏野生动物栖息地。（第 6 条）县级以上人民政府野生动物保护主管部门应当加强信息技术应用,定期组织或者委托有关科学研究机构对野生动物及其栖息地状况进行调查、监测和评估,建立健全野生动物及其栖息地档案。调查、监测和评估内容包括:野生动物野外分布区域、种群数量及结构;野生动物栖息地的面积、生态状况;野生动物及其栖息地的主要威胁因素;野生动物人工繁育情况等其他需要调查、监测和评估的内容。（第 11 条）

国务院野生动物保护主管部门应当会同国务院有关部门,根据野生动物及其栖息地状况的调查、监测和评估结果,确定并发布野生动物重要栖息地名录。省级以上人民政府依法将野生动物重要栖息地划入国家公园、自然保护区等自然保护地,保护、恢复和改善野生动物生存环境。对不具备划定相关自然保护地条件的,县级以上人民政府可以采取划定禁猎（渔）区、规定禁猎（渔）期等措施予以保护。（第 12 条）

县级以上人民政府及其有关部门在编制有关开发利用规划时,应当充分考虑野生动物及其栖息地保护的需要,分析、预测和评估规划实施可能对野生动物及其栖息地保护产生的整体影响,避免或者减少规划实施可能造成的不利后果。禁止在自然保护地建设法律法规规定不得建设的项目。机场、铁路、公路、航道、水利水电、风电、光伏发电、围堰、围填海等建设项目的选址选线,应当避让自然保护地以及其他野生动物重要栖息地、迁徙洄游通道;确实无法避让的,应当采取修建野生动物通道、过鱼设施等措施,消除或者减少对野生动物的不利影响。（第 13 条）

第二,建立重点保护野生动物名录。为拯救濒危野生动物,确立野生动物分级分类管理并实行重点保护野生动物名录制度实有必要。依据名录,国家对包括一级和二级保护野生动物在内的珍稀、濒危野生动物实行重点保护。我国《野生动物保护法》规定,国家重点保护野生动物名录,由国务院野生动物保护主管部门组织科学论证评估后,报国务院批准公布。应当每五年组织科学论证评估,根据论证评估情况对该名录进行调整,也可以根据野生动物保护的实际需要及时进行调整。（第 10 条）国务院林业草原主管部门和省、自治区、直辖市人民政府林业草原主管部门,应当定期组织野生动物资源调查,建立资源档案,为制定野生动物资源保护发展方案、制定和调整国家和地方重点保护野生动物名录提供依据。（《陆生野生动物保护实施条例》第 7 条）

1989 年林业部、农业部共同发布了《国家重点保护野生动物名录》,并于 2003 年和 2021年作出了调整。同时,为了履行濒危野生动植物种国际贸易公约的义务,我国于 1993 年还将公约附录一和附录二所列非原产我国的所有野生动物分别核准为国家一级和二级保护野生动物。

2021年国家林业和草原局、农业农村部公布了新的《国家重点保护野生动物名录》。现行《国家重点保护野生动物名录》共列入野生动物980种和8类。其中国家一级保护野生动物234种和1类、国家二级保护野生动物746种和7类;686种为陆生野生动物,294种和8类为水生野生动物。

除国家重点保护的野生动物外,地方也可以制定地方重点保护野生动物名录。地方重点保护野生动物,是指国家重点保护野生动物以外,由省、自治区、直辖市重点保护的野生动物。地方重点保护野生动物名录,由省、自治区、直辖市人民政府组织科学论证评估,征求国务院野生动物保护主管部门意见后制定、公布。(第10条)

此外,我国还有"三有"野生动物名录,即有重要生态、科学、社会价值的陆生野生动物名录。该名录由国务院野生动物保护主管部门征求国务院农业农村、自然资源、科学技术、生态环境、卫生健康等部门意见,组织科学论证评估后制定、公布。

第三,划定自然保护地制度。我国《野生动物保护法》规定,省级以上人民政府依法将野生动物重要栖息地划入国家公园、自然保护区等自然保护地,保护、恢复和改善野生动物生存环境。对不具备划定相关自然保护地条件的,县级以上人民政府可以采取划定禁猎(渔)区、规定禁猎(渔)期等措施予以保护。禁止或者限制在相关自然保护区域内引入外来物种、营造单一纯林、过量施洒农药等人为干扰、威胁野生动物生息繁衍的行为。(第12条)在相关自然保护地和禁猎(渔)区、禁猎(渔)期内,禁止猎捕和其他妨碍野生动物生息繁衍的活动。(第20条)

第四,对野生动物的监视性保护措施。《野生动物保护法》规定,各级野生动物保护主管部门应当监测环境对野生动物的影响,发现环境影响对野生动物造成危害时,野生动物保护主管部门应当会同有关部门及时进行调查处理。(第14条)建设项目可能对自然保护地以及其他野生动物重要栖息地、迁徙洄游通道产生影响的,环境影响评价文件的审批部门在审批环境影响评价文件时,涉及国家重点保护野生动物的,应当征求国务院野生动物保护主管部门意见;涉及地方重点保护野生动物的,应当征求省、自治区、直辖市人民政府野生动物保护主管部门意见。(第13条)

野生动物疫源疫病监测、检疫和与人畜共患传染病有关的动物传染病的防治管理,适用《动物防疫法》等有关法律法规的规定。(第16条)

第五,野生动物救助及致害补偿制度。《野生动物保护法》规定,国家重点保护野生动物和有重要生态、科学、社会价值的陆生野生动物或者地方重点保护野生动物受到自然灾害、重大环境污染事故等突发事件威胁时,当地人民政府应当及时采取应急救助措施。县级以上人民政府野生动物保护主管部门应当按照国家有关规定组织开展野生动物收容救护工作。(第15条)因保护本法规定保护的野生动物,造成人员伤亡、农作物或者其他财产损失的,由当地人民政府给予补偿。具体办法由省、自治区、直辖市人民政府制定。有关地方人民政府可以推动保险机构开展野生动物致害赔偿保险业务。有关地方人民政府采取预防、控制国家重点保护野生动物和其他致害严重的陆生野生动物造成危害的措施及实行补偿所需经费,由中央财政按照国家有关规定予以补助。具体办法由国务院财政部门会同国务院野生动物保护主管部门制定。(第19条)

案例讨论 5-2

2021年6月,某国家级自然保护区附近的村民 A 在放牛途中被路边突然出现的一只黑熊扑倒,背部被黑熊抓伤,花费医疗费18 000元。A 请求当地人民政府赔偿医药费,当地人民政府以当地没有相关规定为由予以拒绝。

讨论:A 的损失能否得到补偿? 由谁来补偿? 如果非国家或地方重点保护的野生动物致人损害,受害人能否得到赔偿?

---

(3)野生动物的管理制度

我国《野生动物保护法》对野生动物的具体管理措施主要包括:

第一,野生动物资源档案制度。县级以上人民政府野生动物保护主管部门应当加强信息技术应用,定期组织或者委托有关科学研究机构对野生动物及其栖息地状况进行调查、监测和评估,建立健全野生动物及其栖息地档案。(第11条)野生动物资源普查每10年进行一次。(《陆生野生动物保护实施条例》第7条)

第二,野生动物人工繁育制度。人工繁育野生动物实行分类分级管理,严格保护和科学利用野生动物资源。国家支持有关科学研究机构因物种保护目的人工繁育国家重点保护野生动物。人工繁育国家重点保护野生动物的,应当经省、自治区、直辖市人民政府野生动物保护主管部门批准,取得人工繁育许可证,但国务院对批准机关另有规定的除外。人工繁育有重要生态、科学、社会价值的陆生野生动物的,应当向县级人民政府野生动物保护主管部门备案。人工繁育野生动物应当使用人工繁育子代种源,建立物种系谱、繁育档案和个体数据。因物种保护目的确需采用野外种源的,应当遵守本法有关猎捕野生动物的规定。(第25条)人工繁育野生动物应当有利于物种保护及其科学研究,不得违法猎捕野生动物,破坏野外种群资源,并根据野生动物习性确保其具有必要的活动空间和生息繁衍、卫生健康条件,具备与其繁育目的、种类、发展规模相适应的场所、设施、技术,符合有关技术标准和防疫要求,不得虐待野生动物。(第26条)

第三,严格限制野生动物猎捕制度。其具体措施包括:禁止猎捕、杀害国家重点保护野生动物;因科学研究、种群调控、疫源疫病监测或者其他特殊情况,需要猎捕国家一级保护野生动物的,应当向国务院野生动物保护主管部门申请特许猎捕证;需要猎捕国家二级保护野生动物的,应当向省、自治区、直辖市政府野生动物保护主管部门申请特许猎捕证。(第21条)

猎捕有重要生态、科学、社会价值的陆生野生动物和地方重点保护的野生动物的,应当依法取得县级以上地方人民政府野生动物保护主管部门核发的狩猎证,并且服从猎捕量限额管理。(第 22 条)猎捕者应当严格按照特许猎捕证、狩猎证规定的种类、数量或者限额、地点、工具、方法和期限进行猎捕。持枪猎捕的,应当依法取得公安机关核发的持枪证。(第 23 条)禁止使用毒药、爆炸物、电击或者电子诱捕装置,以及猎套、猎夹、捕鸟网、地枪、排铳等工具进行猎捕,禁止使用夜间照明行猎、歼灭性围猎、捣毁巢穴、火攻、烟熏、网捕等方法进行猎捕。(第 24 条)

　　违反《野生动物保护法》有关野生动物保护管理的规定,情节严重、涉嫌构成犯罪的,将被追究刑事责任。除此以外,相关违法行为也可能被处以行政处罚。《野生动物保护法》所规定的行政处罚包括以下几种:责令停止违法行为、限期改正、罚款、没收野生动物及其制品、没收猎获物、没收猎捕工具、没收违法所得、没收违法证件、吊销特许猎捕证、吊销狩猎证、吊销人工繁育许可证、撤销批准文件、收回专用标识、责令限期捕回违法从境外引进并放归野外环境的野生动物。构成其他违法行为的,按照有关法律法规进行处罚。以上行政处罚根据具体情况,依法单独适用或者合并适用。

　　第四,对野生动物遗传资源的保护管理制度。根据 2020 年全国人大常委会通过的《生物安全法》第 58 条规定,采集、保藏、利用、运输出境我国珍贵、濒危、特有物种及其可用于再生或者繁殖传代的个体、器官、组织、细胞、基因等遗传资源,应当遵守有关法律法规。境外组织、个人及其设立或者实际控制的机构获取和利用我国生物资源,应当依法取得批准。

　　第五,对野生动物及其产品的贸易管制制度。《野生动物保护法》第 28 条规定,禁止出售、购买、利用国家重点保护野生动物及其制品。因科学研究、人工繁育、公众展示展演、文物保护或者其他特殊情况,需要出售、收购、利用国家重点保护野生动物及其制品的,应当经省、自治区、直辖市人民政府野生动物保护主管部门批准,并按照规定取得和使用专用标识,保证可追溯,但国务院对批准机关另有规定的除外。出售、利用有重要生态、科学、社会价值的陆生野生动物和地方重点保护野生动物及其制品的,应当提供狩猎、人工繁育、进出口等合法来源证明。

　　对人工繁育技术成熟稳定的国家重点保护野生动物或者有重要生态、科学、社会价值的陆生野生动物,经科学论证评估,纳入国务院野生动物保护主管部门制定的人工繁育国家重点保护野生动物名录或者有重要生态、科学、社会价值的陆生野生动物名录,并适时调整。对列入名录的野生动物及其制品,可以凭人工繁育许可证或者备案,按照省、自治区、直辖市人民政府野生动物保护主管部门或者其授权的部门核验的年度生产数量直接取得专用标识,凭专用标识出售和利用,保证可追溯。(第 29 条)

　　县级以上人民政府野生动物保护主管部门应当对科学研究、人工繁育、公众展示展演等利用野生动物及其制品的活动进行规范和监督管理。市场监督管理、海关、铁路、道路、水运、民航、邮政等部门应当按照职责分工对野生动物及其制品出售、购买、利用、运输、携带、寄递等活动进行监督检查。(第 35 条)

　　运输、携带、寄递国家重点保护野生动物及其制品、人工繁育技术成熟稳定的野生动物及其制品出县境的,应当持有或者附有法律规定的许可证、批准文件的副本或者专用标识,以及检疫证明。运输携带、寄递有重要生态、科学、社会价值的陆生野生动物和地方重点保护野生动物出县境的,应当持有狩猎、人工繁育、进出口等合法来源证明或者专用标识。(第34条)

禁止为出售、购买、利用野生动物或者禁止使用的猎捕工具发布广告。禁止为违法出售、购买、利用野生动物制品发布广告。(第32条)禁止网络平台、商品交易市场、餐饮场所等,为违法出售、购买、食用及利用野生动物及其制品或者禁止使用的猎捕工具提供展示、交易、消费服务。(第33条)

中华人民共和国缔结或者参加的国际公约禁止或者限制贸易的野生动物或者其制品名录,由国家濒危物种进出口管理机构制定、调整并公布;进出口列入名录的野生动物或者其制品的,或者出口国家重点保护野生动物或者其制品的,应当经国务院野生动物保护主管部门或者国务院批准,并取得国家濒危物种进出口管理机构核发的允许进出口证明书;海关凭允许进出口证明书办理进出境检疫,并依法办理其他海关手续。(第37条)为了加强对濒危野生动物及其产品的进出口管理,保护和合理利用野生动植物资源,履行《濒危野生动植物种国际贸易公约》,2006年国务院制定并通过了《濒危野生动植物进出口管理条例》,并于2018年和2019年进行了修订。

1988年国务院批准实施《实验动物管理条例》(2011年、2013年和2017年修订)。其中规定出口应用国家重点保护的野生动物物种开发的实验动物,必须按照国家的有关规定,取得出口许可证后,方可办理出口手续。(《实验动物管理条例》第23条)

第六,对境外人员的特殊管理。《野生动物保护法》规定,外国人在我国对国家重点保护野生动物进行野外考察或者在野外拍摄电影、录像,应当经省、自治区、直辖市人民政府野生动物保护主管部门或者其授权的单位批准,并遵守有关法律法规规定。(第43条)外国人在中国境内狩猎,必须在国务院野生动物保护主管部门批准的对外国人开放的狩猎场所内进行,并遵守中国有关法律、法规的规定。(《陆生野生动物保护实施条例》第21条)

3. 水生野生动物保护

根据《野生动物保护法》的规定,珍贵、濒危的水生野生动物以外的其他水生野生动物的保护,适用《渔业法》等有关法律的规定。(第2条)国务院渔业主管部门主管全国水生野生动物保护工作。县级以上地方人民政府渔业主管部门主管本行政区域内水生野生动物保护工作。(第7条)

我国《渔业法》第37条规定,国家对白鳍豚等珍贵、濒危水生野生动物实行重点保护,防止其灭绝。禁止捕杀、伤害国家重点保护的水生野生动物。

1993年国务院批准实施了《水生野生动物保护实施条例》(2011年、2013年修订),对珍贵、濒危的水生生物及其产品(即珍贵、濒危的水生生物的任何部分及其衍生物)规定了如下保护性措施:

第一,定期组织野生动物资源调查,建立资源档案,为制定水生野生动物资源保护发展

规划、制定和调整国家及地方重点保护水生野生动物名录提供依据。(第6条)

第二,维护和改善水生野生动物的生存环境,保护和增殖水生野生动物。(第7条)

第三,对于受伤、搁浅和因误入港湾、河汊而被困的水生野生动物实行紧急救护措施;对于在捕捞作业中误捕的水生野生动物,应当立即无条件放生。(第9条)

第四,对因保护国家或地方重点保护的水生野生动物受到损失者,由人民政府给予补偿。(第10条)

第五,在国家或地方重点保护的水生野生动物的主要生息繁衍的地区河水域,划定水生野生动物自然保护区,加强对国家或地方重点保护的水生野生动物及其生存环境的保护管理。(第11条)

此外,2020年全国人大常委会通过《长江保护法》,规定国务院农业农村主管部门和长江流域县级以上地方人民政府应当制定长江流域珍贵、濒危水生野生动植物保护计划,对长江流域珍贵、濒危水生野生动植物实行重点保护。国家鼓励有条件的单位开展对长江流域江豚、白鱀豚、白鲟、中华鲟、长江鲟、鲸、鲥、四川白甲鱼、川陕哲罗鲑、胭脂鱼、鳤、圆口铜鱼、多鳞白甲鱼、华鲮、鲈鲤和葛仙米、弧形藻、眼子菜、水菜花等水生野生动植物生境特征和种群动态的研究,建设人工繁育和科普教育基地,组织开展水生生物救护。(《长江保护法》第42条)

(二) 野生植物

1. 野生植物保护及其立法

野生植物一般指在自然状态下生长且无法证明为人工栽培的植物,包括藻类、菌类、地衣、苔藓、蕨类和种子等植物。它是自然界能量转化和物质循环的重要环节,也是重要的环境要素之一,它与人类的生活和自然环境的保护有着密切的联系。根据《中国植物志》记载,我国有301科3408属31142种植物。然而,由于人口压力的迅速增加,以及人类对自然环境和资源的开发利用强度的不断增大,野生植物资源也日益受到人为的破坏,许多物种已经处于濒危的状态,甚至灭绝。根据生态环境部2021年6月发布的《2020年中国生态环境状况公报》评估,我国需要重点关注和保护的高等植物占全部已知高等植物物种总数的29.3%。

在植物检验检疫方面,1982年国务院发布《进出口动植物检疫条例》。1983年国务院发布《植物检疫条例》(1992年修正、2017年修订)。1991年全国人大常委会在《进出口动植物检疫条例》基础上制定了《进出境动植物检疫法》(2009年修正)。1996年国务院制定了《进出境动植物检疫法实施条例》。

野生植物资源保护方面,1987年国务院发布了《野生药材资源保护管理条例》,对濒危野生药材资源作出了保护性的规定。1996年,国务院制定了《野生植物保护条例》(2017年修正)。1997年国务院制定了《植物新品种保护条例》(2013年、2014年修订)。1998年全国人大常委会发布《关于加入〈国际植物新品种保护公约(1978年文本)〉的决定》。2002年农业部发布了《农业野生植物保护办法》(2004年、2013年、2016年、2022年修订)。2006年

国务院制定《濒危野生动植物进出口管理条例》(2018 年、2019 年修订)

司法实践中,2001 年最高人民法院发布了《关于开展植物新品种纠纷案件审判工作的通知》(法〔2001〕18 号)和《关于审理植物新品种纠纷案件若干问题的解释》(2020 年修正),以确保人民法院依法受理和公正审判涉及植物新品种保护的纠纷案件。2007 年最高人民法院发布《关于审理侵犯植物新品种权纠纷案件具体应用法律问题的若干规定》(2020 年修正)。2021 年最高人民法院又发布了《关于审理侵害植物新品种权纠纷案件具体应用法律问题的若干规定(二)》。

目前调整我国野生植物保护管理最主要的法律法规是国务院 1996 年制定、2017 年修订的《野生植物保护条例》。《野生植物保护条例》所保护的野生植物,是指原生地天然生长的珍贵植物和原生地天然生长并具有重要经济、科学研究、文化价值的濒危、稀有植物。药用野生植物和城市园林、自然保护区、风景名胜区内的野生植物的保护,同时适用有关法律、行政法规。(第 2 条)

2. 野生植物保护的法律规定

(1) 野生植物的保护措施

《野生植物保护条例》确立了"国家对野生植物资源实行加强保护、积极发展、合理利用的方针"。(第 3 条)国家保护依法开发利用和经营野生植物资源的单位和个人的合法权益。(第 4 条)国家鼓励和支持野生植物科学研究、野生植物的就地保护和迁地保护。(第 5 条)任何单位和个人都有保护野生植物资源的义务,对侵占或者破坏野生植物及其生长环境的行为有权检举和控告。(第 7 条)其具体的保护措施包括:

第一,保护野生植物及其生长环境。禁止任何单位和个人非法采集野生植物或者破坏其生长环境。(第 9 条)建设项目对国家重点保护野生植物和地方重点保护野生植物的生长环境产生不利影响的,建设单位提交的环境影响报告书中必须对此作出评价;生态环境部门在审批环境影响报告书时,应当征求野生植物保护主管部门的意见。(第 13 条)野生植物保护主管部门和有关单位对生长受到威胁的国家重点保护野生植物和地方重点保护野生植物应当采取拯救措施,保护或者恢复其生长环境,必要时应当建立繁育基地、种质资源库或者采取迁地保护措施。(第 14 条)

第二,建立野生植物保护名录制度和分级保护制度。根据保护程度的不同,条例将野生植物分为国家重点保护野生植物和地方重点保护野生植物。其中,国家重点保护野生动物又分为国家一级保护野生植物和国家二级保护野生植物。国家重点保护野生植物是指列入国家重点保护野生植物名录而被采取特别措施加以保护的植物;地方重点保护野生植物是指除国家重点保护野生植物以外的列入地方重点保护野生植物名录而被省、自治区、直辖市特别保护的植物。(第 10 条)1984 年,国务院环境保护委员会公布了《中国珍稀濒危保护植物名录》。1999 年,国务院批准并由国家林业局和农业部发布了《国家重点保护野生植物名录(第一批)》(2001 年修订)。2021 年,经国务院批准,国家林业和草原局、农业农村部公布了新的《国家重点保护野生植物名录》,共列入国家重点保护野生植物 455 种和 40 类,包括国家一级保护野生植物 54 种和 4 类,国家二级保护野生植物 401 种和 36 类。

第三,建立自然保护区制度。条例规定,在国家重点保护野生植物物种和地方重点保护野生植物物种的天然集中分布区域,应当依法建立自然保护区;在其他区域,县级以上地方人民政府野生植物保护主管部门和其他有关部门可以根据实际情况建立国家重点保护野生植物和地方重点保护野生植物的保护点或者保护标志。(第 11 条)

第四,对野生植物的监视制度。条例规定有关部门应当监视、监测环境对国家重点保护野生植物生长和地方重点保护野生植物生长的影响,并采取措施,维护和改善国家重点保护野生植物和地方重点保护野生植物的生长条件。(第 12 条)

(2)野生植物的管理措施

第一,建立野生植物资源档案制度。条例规定,野生植物保护主管部门应当定期组织国家重点保护野生植物和地方重点保护野生植物资源调查,建立资源档案。(第 15 条)野生植物资源档案是记载野生植物种类、数量、质量、地区分布、利用和保护状况等资料的文书。它不仅是管理、保护、发展和合理利用开发野生植物资源的依据,也是整个自然资源开发利用的基础资料。

第二,重点保护野生植物采集证制度。条例规定,禁止采集国家一级保护野生植物;因科学研究、人工培育、文化交流等特殊需要,采集国家一级保护野生植物的,应当按照管理权限向国务院林业行政主管部门或者其授权的机构申请采集证,或者向采集地的省、自治区、直辖市人民政府农业行政主管部门或者其授权的机构申请采集证;采集国家二级保护野生植物的,必须经采集地的县级人民政府野生植物行政主管部门签署意见后,向省、自治区、直辖市人民政府野生植物行政主管部门或者其授权的机构申请采集证;采集城市园林或者风景名胜区内的国家一级或者二级保护野生植物的,须先征得城市园林或者风景名胜区管理机构同意,分别依照规定申请采集证;采集珍贵野生树木或者林区内、草原上的野生植物的,依照《森林法》《草原法》的规定办理。(第 16 条)重点保护野生植物采集证是有关单位和个人依法采集国家重点保护野生植物的法定凭证。它是控制珍稀濒危野生植物采集量,防止野生植物破坏的重要手段。

采集国家重点保护野生植物的,应当按照采集证规定的种类、数量、地点、期限和方法进行采集。(第 17 条)对于违反《野生植物保护条例》,未取得采集证或者未按照采集证的规定采集国家重点保护野生植物的,由野生植物保护主管部门没收所采集的野生植物和违法所得,可以并处违法所得 10 倍以下的罚款;有采集证的,可以吊销采集证。(第 23 条)

第三,重点保护野生植物进出口许可制度。为了控制重点保护野生植物的进出口,条例规定,出口国家重点保护野生植物或者进出口中国参加的国际公约所限制进出口的野生植物的,应当按照管理权限经国务院林业行政主管部门批准,或者经进出口者所在地的省、自治区、直辖市人民政府农业行政主管部门审核后报国务院农业行政主管部门批准,并取得国家濒危物种进出口管理机构核发的允许进出口证明书或者标签;海关凭允许进出口证明书或者标签查验放行;国务院野生植物行政主管部门应当将有关野生植物进出口的资料抄送国务院生态环境主管部门;禁止出口未定名的或者新发现并有重要价值的野生植物。(第20条)非法进出口野生植物的,由海关依照《海关法》的规定处罚。(第25条)伪造、倒卖、转让采集证、允许进出口证明书或者有关批准文件、标签的,由野生植物行政主管部门或者工商行政管理部门按照职责分工收缴,没收违法所得,可以并处5万元以下的罚款。(第26条)

第四,禁止和限制出售、收购野生植物制度。条例规定,禁止出售、收购国家一级保护野生植物;出售、收购国家二级保护野生植物的,必须经省、自治区、直辖市人民政府野生植物保护主管部门或者其授权机构批准。(第18条)违反条例规定,出售、收购国家重点保护野生植物的,由工商行政管理部门或者野生植物保护主管部门按照职责分工没收野生植物和违法所得,可以并处违法所得10倍以下的罚款。(第24条)

第五,对境外人员的特殊管理。外国人不得在中国境内采集或者收购国家重点保护野生植物。外国人在中国境内对农业主管部门管理的国家重点保护野生植物进行野外考察的,应当经农业主管部门管理的国家重点保护野生植物所在地的省、自治区、直辖市人民政府农业主管部门批准。(第21条)外国人在中国境内采集、收购国家重点保护野生植物,或者未经批准对农业主管部门管理的国家重点保护野生植物进行野外考察的,由野生植物保护主管部门没收所采集、收购的野生植物和考察资料,可以并处5万元以下的罚款。(第27条)

案例讨论 5-3

2020年11月,福建省某林场一株国家一级保护植物红豆杉树被台风刮倒,A联系到该林场负责人B,商议以28万元的价格购买该株红豆杉树。2020年年底,A又以40万元的价格将该株红豆杉树转让给C用来雕塑佛像,事后案发。经鉴定,该株红豆杉树立木蓄积为8.065立方米。

讨论:对于A、B、C的行为应当如何处理?

(三) 外来物种入侵的法律控制

1. 外来物种和外来物种入侵概述

所谓外来物种,是相对于本地物种而言的,指出现在其自然分布范围(过去或现在)和分布位置以外(即在原分布范围以外自然定殖的,或没有直接或间接引进,或没有人类活动就不能定殖)的一种物种、亚种或低级分类群,包括这些物种能生存和繁殖的任何部分、配子或繁殖体。依据世界自然保护联盟(IUCN)2000年公布的《防止外来入侵物种导致生物多样性丧失的指南》的解释,外来入侵物种是指在自然、半自然生态系统或栖息地中,建立种群并影响和威胁到本地生物多样性的一种外来物种①。在全球范围内,外来物种入侵已经成为除栖息地破坏以外造成生物多样性丧失的第二位原因。

外来物种入侵的途径主要有三种:有意引进、无意引进和自然入侵。外来物种通过以上三种途径到达新环境,再通过入侵、定居、适应和扩散四个阶段生存并致害。外来物种通过压制或排挤本地物种,危害本地物种的生存,加快物种多样性和遗传多样性的丧失,破坏生态系统的结构和功能,进而造成巨大的生态环境和经济损失。经济损失包括直接经济损失和间接经济损失两大类。直接经济损失是指外来病虫害和杂草对农林牧渔业、交通等行业或人类健康造成的物品损毁、实际价值的减少或防护费用的增加等;间接经济损失是指对生态系统服务功能、物种多样性和遗传多样性造成的经济损失。

根据 2001—2003 年我国首次对外来入侵物种开展的全国调查显示,在已查明的外来入侵物种中,39.6% 是属于有意引进造成的,49.3% 是属于无意引进造成的,自然入侵仅占3.1%。在外来入侵的植物中,有一半左右是作为有用植物引进的。其中,外来入侵物种的最大来源地为美洲,占总频次的 55.1%。根据《2020 年中国生态环境状况公报》统计,全国已经发现 660 多种外来入侵物种。在针对我国 69 个国家级自然保护区的外来入侵物种调查中,记录到 219 种外来入侵物种。

2. 外来物种入侵的立法控制

从国际层面看,外来物种入侵已成为一个全球性问题。20 世纪 50 年代以来,许多国家开始订立国际公约及区域性协议与措施以保护生物多样性,并通过成立联合管理机构等国家合作方式对外来物种入侵问题进行有效预防和管理。结合有关国际环境条约的规定分析,目前有 50 多个重要国际和区域环境法律文件涉及防治外来物种入侵问题。

我国有关外来物种入侵的相关规定主要集中在野生动植物保护与病虫害、杂草检疫和传染病防疫的法律法规中,例如《野生动物保护法》《生物安全法》《湿地保护法》《海洋环境保护法》《长江保护法》《黄河保护法》《青藏高原生态保护法》《草原法》《农业法》《种子法》《渔业法》《畜牧法》《进出境动植物检疫法》《动物检疫法》《植物检疫条例》《家畜家禽防疫条例》《农业转基因生物安全管理条例》《陆生野生动物保护实施条例》及相关实施细则等。目前尚未制定专门针对外来物种入侵的法律规定。

《海洋环境保护法》(2017 年修正)第 25 条规定:"引进海洋动植物物种,应当进行科学论证,避免对海洋生态系统造成危害。"《草原法》(2021 年修正)第 29 条规定:"从境外引进草种必须依法进行审批。"《渔业法》(2013 年修正)第 16、17 条规定:"水产苗种的进口、出口由国务院渔业行政主管部门或者省、自治区、直辖市人民政府渔业行政主管部门审批。""引进转基因水产苗种必须进行安全性评价。"《野生动物保护法》(2016 年修订)第 37 条规定:"从境外引进野生动物物种的,应当经国务院野生动物保护主管部门批准。""从境外引进野生动物物种的,应当采取安全可靠的防范措施,防止其进入野外环境,避免对生态系统

① 汪劲. 环境法学[M]. 4 版. 北京:北京大学出版社,2018:251.

造成危害。确需将其放归野外的,按照国家有关规定执行。"《长江保护法》(2020年制定)第42条规定:"禁止在长江流域开放水域养殖、投放外来物种或者其他非本地物种种质资源。"《农业法》(2012年修正)规定:"从境外引进生物物种资源应当依法进行登记或者审批,并采取相应安全控制措施。"《种子法》(2021年修订)第59条规定:"从境外引进农作物或者林木试验用种,应当隔离栽培,收获物也不得作为种子销售。"《畜牧法》(2015年修正)第15条规定:"从境外引进畜禽遗传资源的,应当向省级人民政府畜牧兽医行政主管部门提出申请;受理申请的畜牧兽医行政主管部门经审核,报国务院畜牧兽医行政主管部门经评估论证后批准。经批准的,依照《中华人民共和国进出境动植物检疫法》的规定办理相关手续并实施检疫。""从境外引进的畜禽遗传资源被发现对境内畜禽遗传资源、生态环境有危害或者可能产生危害的,国务院畜牧兽医行政主管部门应当商有关主管部门,采取相应的安全控制措施。"以上法律法规基本确定了我国对境外引进物种的审批、检疫、论证和采取安全措施的防治外来物种入侵制度。

2020年全国人大常委会通过《生物安全法》。作为我国防范外来物种入侵的纲领性、框架性法律,该法第18、60、81条规定:"国家建立生物安全名录和清单制度。国务院及其有关部门根据生物安全工作需要,对涉及生物安全的材料、设备、技术、活动、重要生物资源数据、传染病、动植物疫病、外来入侵物种等制定、公布名录或者清单,并动态调整。""国家加强对外来物种入侵的防范和应对,保护生物多样性。国务院农业农村主管部门会同国务院其他有关部门制定外来入侵物种名录和管理办法。国务院有关部门根据职责分工,加强对外来入侵物种的调查、监测、预警、控制、评估、清除及生态修复等工作。任何单位和个人未经批准,不得擅自引进、释放或者丢弃外来物种。""对未经批准,擅自引进外来物种的,由县级以上人民政府有关部门根据职责分工,没收引进的外来物种,并处罚款。未经批准,擅自释放或者丢弃外来物种的,由县级以上人民政府有关部门根据职责分工,责令限期捕回、找回释放或者丢弃的外来物种,并处罚款。"

此外,国家环境保护总局曾分别在《全国生态环境保护纲要》(2000年)、《2003年全国环境保护工作要点》和《关于加强外来入侵物种防治工作的通知》(2003年)中,要求建立对转基因生物活体及其产品的进出口管理制度和风险评估制度,防治外来物种入侵,并要求各级环境保护部门加强对物种引进的监督管理工作。2005年国家林业局发布《引进陆生野生动物外来物种种类及数量审批管理办法》(2015年和2016年修改),对实施引进陆生野生动物外来物种种类及数量审批的行政许可事项作出了比较详细的规定。

2011年,环境保护部在《国家环境保护"十二五"科技发展规划》中更进一步要求"研究外来物种入侵途径、扩散机制、危害机理、预警机制及其生态风险评价、管理与防除控制技术,以及有效应对外来物种入侵的国家政策与法律框架。研究转基因生物安全监管及风险评估与控制技术,开展转基因改性活生物体生产、转移、食用、处理和环境释放的监管机制研究。"

┌───┐

拓展阅读 5-2   外来入侵物种防治的流程

从各国防治外来物种入侵的实践来看,防治有意引进的流程一般是:① 外来物种的风险评估;② 预审查;③ 相关主管部门根据既有名录和数据库及风险评估报告,举行听证会和复审;④ 根据听证会的结论,相关主管部门裁决是否许可引进;⑤ 若准许引进的,须向国家或省级外来物种(或外来入侵物种)管理部门通报,并将其录入国家外来物种数据库;⑥ 针对已经许可的引进,还须建立监测、早期预警、报告、公告和快速反应等后续的跟踪监测制度和措施;⑦ 一旦发现该引进物种可能构成入侵和威胁生态安全的,应当迅速采取阻隔、控制、清除等措施。

防治无意引进的流程一般是:① 强化和完善边境检验、检疫制度,建立边境有害生物预警系统;② 建立国家监测制度、早期预警、报告、公告制度和快速反应体系;③ 建立控制、清除与恢复等综合治理机制。

资料来源:汪劲,王社坤,严厚福.抵御外来物种入侵:法律规制模式的比较与选择[M].北京:北京大学出版社,2009.

└───┘

为了更好地防范和应对外来入侵物种危害,保障农林牧渔业可持续发展,保护生物多样性,2022 年 5 月,农业农村部等四部门联合发布了《外来入侵物种管理办法》,明确建立外来入侵物种普查和监测制度,每十年组织开展一次全国普查,构建全国外来入侵物种监测网络,开展常态化监测。因品种培育等特殊需要从境外引进农作物和林草种子苗木、水产苗种等外来物种的,应当依据审批权限办理进口审批与检疫审批。海关应当加强口岸防控,对非法引进、携带、寄递、走私外来物种等违法行为进行打击,对发现的外来入侵物种依法进行处置。对外来入侵植物的治理,可根据实际情况在其苗期、开花期或结实期等生长关键时期,采取人工拔除、机械铲除、喷施绿色药剂、释放生物天敌等措施。对外来入侵病虫害的治理,应当采取选用抗病虫品种、种苗预处理、物理清除、化学灭除、生物防治等措施,有效阻止病虫害扩散蔓延。对外来入侵水生动物的治理,应采取针对性捕捞等措施,防止其进一步扩散危害。

二、自然区域保护法

区域环境与大气、水、土地、草原、海洋等以单个环境要素为名称的环境有所不同,它是指占有特定地域空间的各种自然因素或人工因素组成的综合体。其最明显的特点就是具有相对独立的结构和特征,并具有特殊的保护要求。在区域环境中有一类对于科学、文化、教育、历史、美学和环境保护等方面具有特殊价值的区域环境,就是特殊区域环境,包括自然保护区、风景名胜区、文化遗迹等。

特殊区域环境保护是指国家和社会为使特殊区域环境免遭人类活动的不利影响而采取的维护、保留、恢复、修复等措施的总称。它是环境与资源保护的一个重要方面。由于特殊区域环境具有特定的自然和社会历史特征,因此,它对于科学、文化、历史、美学、环境保护、经济发展,甚至对人民的身心健康和情操的陶冶都具有重要的价值。

目前我国有关自然区域保护的法律主要涉及自然保护地、风景名胜区与城市景观、流域、湿地、海洋生态、海岛等方面。

(一)　自然保护地

1. 自然保护地及其立法

自然保护地是指对有代表性的自然生态系统、珍稀濒危野生动植物物种的天然集中分布区、有特殊意义的自然遗迹等保护对象所在的陆地、陆地水体或者海域,依法划定一定面积予以特殊保护和管理的区域。它既是构成整体环境的一种环境要素,又是保护自然的一种比较严格和有效的形式。自然保护地对于保护环境和自然资源,监测和评价人为活动对环境的影响,认识和掌握自然生态规律,维护生态平衡,促进科学文化事业和社会文明的发展与进步,都有着重要的意义。1972 年 11 月 16 日联合国教科文组织通过了《保护世界文化和自然遗产公约》,并依照该公约规定成立了世界遗产委员会,设立了世界遗产基金,建立了《世界遗产目录》和《处于危险的世界遗产目录》。我国于 1985 年加入了该公约,1999年当选为世界遗产委员会成员。我国于 1986 年开始向联合国教科文组织申报世界遗产项目。自 1987 年至 2021 年 7 月,我国先后被批准加入《世界遗产名录》的世界遗产已达 56项,其中文化遗产 38 项、自然遗产 14 项、自然与文化双遗产 4 项。

2013 年党的十八届三中全会首次提出建立国家公园体制,并将其列入全面深化改革的重点任务,中国特色国家公园体制建设正式起步。2017 年中共中央办公厅、国务院办公厅印发《建立国家公园体制总体方案》,明确了中国国家公园管理体制机制。2019 年中共中央办公厅、国务院办公厅印发《关于建立以国家公园为主体的自然保护地体系的指导意见》,提出建立以国家公园为主体的自然保护地体系,将自然保护地按生态价值和保护强度高低依次分为 3 类,分别是:国家公园、自然保护区和自然公园。逐步形成以国家公园为主体、自然保护区为基础、各类自然公园为补充的自然保护地分类系统。目前,我国各类自然保护地总面积占陆域国土面积约 18%。

目前,我国没有针对自然保护地的统一立法。在有关法律法规中,对自然保护地相关问题作出了不同层面上的规定,且自制定以来大多经过了多次修订、修改。

(1)　国家公园

国家公园在我国属于新型的自然保护地类型,指以保护具有国家代表性的自然生态系统为主要目的,实现自然资源科学保护和合理利用的特定陆域或海域,是我国自然生态系统中最重要、自然景观最独特、自然遗产最精华、生物多样性最富集的部分,保护范围大,生态过程完整,具有全球价值、国家象征,国民认同度高。2021 年 10 月,国家主席习近平在云南昆明举行的《生物多样性公约》第十五次缔约方大会领导人峰会上宣布中国正式设立三江源、大熊猫、东北虎豹、海南热带雨林、武夷山等第一批国家公园。截至 2022 年 12 月,我国尚未制定针对国家公园的专门立法。2022 年 8 月,国家林业和草原局发布了《国家公园法(草案)》(征求意见稿),向社会公开征求意见。

（2）自然保护区

自然保护区在我国具有悠久的发展历史。从 1956 年在广东鼎湖山设立我国第一个自然保护区到 2020 年底,我国已建立国家级自然保护区 474 处,总面积约 98.34 万平方千米。此外,各地方也依法设立了自然保护区。目前,我国关于自然保护区没有专门的法律,有关行政法规主要有:《自然保护区条例》(1994 年制定,2011 年和 2017 年修订)和《森林和野生动物类型自然保护区管理办法》(1985 年)。部门规章主要有《自然保护区土地管理办法》(1995 年)、《海洋自然保护区管理办法》(1995 年)、《水生动植物自然保护区管理办法》(1997 年)和《国家级自然保护区监督检查办法》(2006 年)等。此外,《环境保护法》《海洋环境保护法》《森林法》《野生动物保护法》《长江保护法》《黄河保护法》《青藏高原生态保护法》《湿地保护法》《野生植物保护条例》《陆生野生动物保护实施条例》及《水生野生动物保护实施条例》中都有关于建立自然保护区的规定。

（3）自然公园

按照中共中央办公厅、国务院办公厅印发的《关于建立以国家公园为主体的自然保护地体系的指导意见》的规定,自然公园是指保护重要的自然生态系统、自然遗迹和自然景观,具有生态、观赏、文化和科学价值,可持续利用的区域,确保森林、海洋、湿地、水域、冰川、草原、生物等珍贵自然资源,以及所承载的景观、地质地貌和文化多样性得到有效保护,包括森林公园、地质公园、海洋公园、湿地公园等各类自然公园。据此,我国现行有关自然公园的规范性文件主要是部门规章,例如《森林公园管理办法》(1994 年)、《国家级森林公园管理办法》(2011 年)、《国家湿地公园管理办法》(2017 年)、《城市湿地公园管理办法》(2017 年)及《国家沙漠公园管理办法》(2017 年)等。

2. 自然保护区的建设

（1）建立自然保护区的条件

自然保护区的建立、撤销及其性质、范围、界限的调整或者改变,必须经法定程序向特定部门申请批准。

依据《自然保护区条例》规定,凡具有下列条件之一的,应当建立自然保护区:① 典型的自然地理区域、有代表性的自然生态系统区域以及已经遭受破坏但经保护能够恢复的同类自然生态系统区域;② 珍稀、濒危野生动植物物种的天然集中分布区域;③ 具有特殊保护价值的海域、海岸、岛屿、湿地、内陆水域、森林、草原和荒漠;④ 具有重大科学文化价值的地质构造、著名溶洞、化石分布区、冰川、火山、温泉等自然遗迹;⑤ 经国务院或者省、自治区、直辖市人民政府批准,需要予以特殊保护的其他自然区域(第 10 条)。确定自然保护区的范围和界线,应当兼顾保护对象的完整性和适度性,以及当地经济建设和居民生产、生活的需要。(第 14 条)

（2）自然保护区的分级制度

我国的自然保护区分为国家级自然保护区和地方级自然保护区两类。其中,在国内外有典型意义、在科学上有重大国际影响或者有特殊科学研究价值的自然保护区,列为国家级自然保护区。除列为国家级自然保护区的外,其他具有典型意义或者重要科学研究价值的自然保护区列为地方级自然保护区。地方级自然保护区实施分级管理制度。

在给自然保护区命名时,国家级自然保护区采用自然保护区所在地地名加"国家级自然保护区"的方式;地方级自然保护区采用自然保护区所在地地名加"地方级自然保护区"的方式;有特殊保护对象的自然保护区,可以在自然保护区所在地地名后加特殊保护对象的名称。(第16条)如铜陵淡水豚国家级自然保护区、青龙山恐龙蛋化石群国家级自然保护区等。

(3)自然保护区的分区保护制度

自然保护区可以分为核心区、缓冲区和实验区三类。(第18条)对自然保护区划分功能区以适应科学管理的需要,既是自然保护区目标的体现,也是为了更好实现保护目标。

第一类是核心区。自然保护区内保存完好的天然状态的生态系统以及珍稀、濒危动植物的集中分布地,应当划为核心区,禁止任何单位和个人进入;因科学研究的需要,必须进入核心区从事科学研究观测、调查活动的,应当事先向自然保护区管理机构提交申请和活动计划,并经自然保护区管理机构批准;其中,进入国家级自然保护区核心区的,应当经省、自治区、直辖市人民政府有关自然保护区行政主管部门批准;自然保护区核心区内原有居民确有必要迁出的,由自然保护区所在地的地方人民政府予以妥善安置。(第27条)

第二类是缓冲区。核心区外围可以划定一定面积的缓冲区,只准进入从事科学研究观测活动。禁止在自然保护区的缓冲区内开展旅游和生产经营活动。因教学科研的目的,需要进入自然保护区的缓冲区从事非破坏性的科学研究、教学实习和标本采集活动的,应当事先向自然保护区管理机构提交申请和活动计划,经自然保护区管理机构批准,并将其活动成果的副本提交自然保护区管理机构。(第28条)

第三类是实验区。缓冲区外围为实验区,可以进入从事科学试验、教学实习、参观考察、旅游以及驯化、繁殖珍稀、濒危野生动植物等活动。在自然保护区的实验区开展参观、旅游活动的,由自然保护区管理机构编制方案,方案应当符合自然保护区管理目标。在自然保护区组织参观、旅游活动的,应当严格按照前款规定的方案进行,并加强管理;进入自然保护区参观、旅游的单位和个人,应当服从自然保护区管理机构的管理。严禁开设与自然保护区保护方向不一致的参观、旅游项目。(第29条)

在自然保护区的实验区内,不得建设污染环境、破坏资源或者景观的生产设施;建设其他项目的,其污染物排放不得超过国家和地方规定的污染物排放标准。对于已建成的设施,其污染物排放超过国家和地方规定的排放标准的,应当限期治理;造成损害的,必须采取补救措施。(第32条)

原批准建立自然保护区的人民政府认为必要时,可以在自然保护区外围划定一定面积的外围保护地带。在外围保护地带建设的项目,不得损害自然保护区的环境质量;已造成损害的,应当限期治理。

案例讨论 5-4

A、B、C、D 四人是探险爱好者,某日他们听说某国家级自然保护区内有一区域风景别致,号称"人间仙境",遂决定前去探访。他们趁着夜色进入,在某处看见一块告知此处为自然保护区核心区的告示牌。告示牌上写明"未经批准,任何人不得入内"。但他们对此置若罔闻,依然继续前进。在从核心区出来的途中,他们被自然保护区管理部门发现。经查证,他们并未给自然保护区造成任何损害。

讨论:A、B、C、D 的行为是否违法?该受何种处罚?

3. 自然保护区的管理

为了保护和管理自然保护区,《自然保护区条例》规定了一系列保护管理措施,其主要措施有:

(1)设立自然保护区管理机构,明确职责

《自然保护区条例》规定,国家级自然保护区,由其所在地的省、自治区、直辖市人民政府有关自然保护区行政主管部门或者国务院有关自然保护区行政主管部门管理;地方级自然保护区,由其所在地的县级以上地方人民政府有关自然保护区行政主管部门管理;有关自然保护区行政主管部门应当在自然保护区内设立专门的管理机构,配备专业技术人员,负责自然保护区的具体管理工作。(第21条)此外,自然保护区所在地的公安机关可以根据需要在自然保护区设置公安派出机构,以维护自然保护区内的治安秩序。(第24条)

(2)明确自然保护区管理经费的来源

条例规定,管理自然保护区所需要的经费,由自然保护区所在地的县级以上地方人民政府安排;国家对国家级自然保护区的管理,给予适当的资金补助。(第23条)

(3)禁止和限制自然保护区内的人为活动

除上述针对核心区、缓冲区和实验区的特殊保护管理措施外,条例还规定一些对自然保护区的一般保护管理规定。例如,在自然保护区内的单位、居民和经批准进入自然保护区的人员,必须遵守自然保护区的各项管理制度,接受自然保护区管理机构的管理;(第25条)除法律、行政法规另有规定外,禁止在自然保护区内进行砍伐、放牧、狩猎、捕捞、采药、开垦、烧荒、开矿、采石、挖沙等活动;(第26条)外国人进入自然保护区,应当事先向自然保护区管理机构提交活动计划,并经自然保护区管理机构批准;其中,进入国家级自然保护区的,应当经省、自治区、直辖市环境保护、海洋、渔业等有关自然保护区行政主管部门按照各自职责批准。(第31条)因发生事故或者其他突然性事件,造成或者可能造成自然保护区污染或者破坏的单位和个人,必须立即采取措施处理,及时通报可能受到危害的单位和居民,并向自然保护区管理机构、当地环境保护行政主管部门和自然保护区行政主管部门报告,接受调查处理。(第33条)

违反条例规定,在自然保护区进行砍伐、放牧、狩猎、捕捞、采药、开垦、烧荒、开矿、采石、挖沙等活动的单位和个人,除可以依照有关法律、行政法规规定给予处罚以外,由县级以上人民政府有关自然保护区行政主管部门或者其授权的自然保护区管理机构没收违法所得,责令停止违法行为,限期恢复原状或者采取其他补救措施;对自然保护区造成破坏的,可以处以 300 元以上 1 万元以下的罚款。(第 35 条)

4. 自然保护区的土地管理规定

在自然保护区的建设和管理过程中,由于自然保护区土地没有明确的法律地位,土地的管理、使用和土地所有权关系的不顺,使自然保护区的土地管理和使用方面存在诸多问题。为了进一步加强自然保护区的土地管理,防止自然保护区的土地被侵占、蚕食,1995 年国家环境保护局与国家土地管理局联合发布了《自然保护区土地管理办法》,其主要保护措施有:① 查清自然保护区土地状况,建立土地资源地籍档案;② 进行自然保护区土地登记,明确所有权和使用权;③ 确保自然保护区土地的法定用途,禁止侵占、买卖、转让自然保护区的土地或者擅自改变用途;④ 加强执法监督,及时查处违法行为。

(二) 风景名胜区与城市景观

1. 风景名胜区及其立法

风景名胜区是指具有观赏、文化或者科学价值,自然景观、人文景观比较集中,环境优美,可供人们游览或者进行科学、文化活动的区域。按照其形成原因和主要构成因素的不同,可以分为天然风景名胜区和人工风景名胜区。前者是指主要由天然环境因素组成的风景区,如黄果树风景名胜区等;后者是指主要由人工建筑组成的风景区,如承德避暑山庄外八庙风景名胜区等。截至 2020 年,国务院已经分九批批准建立国家风景名胜区 244 处。

2. 风景名胜区的保护管理规定

为了加强对风景名胜区的管理,有效保护和合理利用风景名胜资源,2006 年国务院颁布实施了《风景名胜区条例》(2016 年修订)。条例对风景名胜区的设立、规划、保护、利用和管理作出了详细规定。此外《环境保护法》《城乡规划法》和《矿产资源法》等法律中也有对风景名胜区的保护规定。

《风景名胜区条例》确立了国家对风景名胜区实行科学规划、统一管理、严格保护、永续利用的原则。(第 3 条)对于违反条例规定,有破坏风景名胜区环境、从事禁止范围以外的建设活动等行为的,由风景名胜区管理机构给予行为人责令停止违法行为或建设行为、恢复原状或者限期拆除、采取其他补救措施、没收违法所得并处罚款的行政处罚。构成犯罪的,依法追究刑事责任。

(1) 风景名胜区的设立

第一,风景名胜区与自然保护区的分离设立。目前,我国的有些风景名胜区与自然保护区存在相重合的现象。然而,自然保护区强调的是保持生态系统原真性,严格禁止人为干扰和破坏,目的在于保留和提供环境的“本底”,而且在同一区域内还要分成不同的区域,采取严格程度不同的保护措施;而风景名胜区则特别强调具有特定美学价值的自然和人文景观及风土人情,并具有相当的欣赏价值,可供人游览参观,允许一定的人工修饰与恢复。一个区域既被划定为自然保护区,又被划定为风景名胜区,这种现象既不正常又不科学。

因此,条例明确规定,新设立的风景名胜区与自然保护区不得重合或者交叉;已设立的风景名胜区与自然保护区重合或者交叉的,风景名胜区规划与自然保护区规划应当相协调(第7条)。

第二,风景名胜区的分级设立。我国将风景名胜区分为国家级风景名胜区和省级风景名胜区两类。自然景观和人文景观能够反映重要自然变化过程和重大历史文化发展过程,基本处于自然状态或者保持历史原貌,具有国家代表性的,可以申请设立国家级风景名胜区;具有区域代表性的,可以申请设立省级风景名胜区。(第8条)设立国家级风景名胜区的,由省、自治区、直辖市人民政府提出申请,国务院建设主管部门会同国务院生态环境主管部门、林业草原主管部门、文物主管部门等有关部门组织论证,提出审查意见,报国务院批准公布;设立省级风景名胜区,由县级人民政府提出申请,省、自治区人民政府建设主管部门或者直辖市人民政府风景名胜区主管部门,会同其他有关部门组织论证,提出审查意见,报省、自治区、直辖市人民政府批准公布。(第10条)

第三,风景名胜区设立中的损失补偿。国家保护风景名胜区内的土地、森林等自然资源和房屋等财产的所有权人、使用权人的合法权益。条例规定,申请设立风景名胜区的人民政府应当在报请审批前,与风景名胜区内的土地、森林等自然资源和房屋等财产的所有权人、使用权人充分协商。因设立风景名胜区对区内的土地、森林等自然资源和房屋等财产的所有权人、使用权人造成损失的,应当依法给予补偿。(第11条)

(2)风景名胜区的规划

风景名胜区规划分为总体规划和详细规划。(第12条)编制规划,应当广泛征求有关部门、公众和专家的意见;必要时,应当进行听证。

风景名胜区总体规划的编制,应当体现人与自然和谐相处、区域协调发展和经济社会全面进步的要求,坚持保护优先、开发服从保护的原则,突出风景名胜资源的自然特性、文化内涵和地方特色。(第13条)总体规划应当自设立之日起2年内编制完成,规划期一般为20年。(第14条)规划期届满前2年,规划的组织编制机关应当组织专家对规划进行评估,以决定是否需要重新编制规划。在新规划批准前,原规划继续有效。(第23条)

风景名胜区的详细规划应当符合风景名胜区的总体规划,根据核心景区和其他景区的不同要求编制,确定基础设施、旅游设施、文化设施等建设项目的选址、布局与规模,并明确建设用地范围和规划设计条件。(第15条)

风景名胜区的规划经批准后,应当向社会公布,任何组织和个人有权查阅。(第21条)经批准的风景名胜区规划不得擅自修改。确需修改的,应当报原审批机关备案或者批准。因风景名胜区规划的修改对公民、法人或者其他组织造成财产损失的,应当依法给予补偿

（第 22 条）。

（3）风景名胜区的保护

条例规定，风景名胜区内的景观和自然环境，应当根据可持续发展的原则，严格保护，不得破坏或者随意改变。（第 24 条）风景名胜区管理机构应当对风景名胜区内的重要景观进行调查、鉴定，并制定相应的保护措施。（第 25 条）国家建立风景名胜区管理信息系统，对风景名胜区规划实施和资源保护情况进行动态监测。（第 31 条）

严格禁止会造成风景名胜区破坏的行为，包括开山、采石、开矿、开荒、修坟立碑等破坏景观、植被和地形地貌的活动；修建储存爆炸性、易燃性、放射性、毒害性、腐蚀性物品的设施；在景物或者设施上刻划、涂污；乱扔垃圾。（第 26 条）

此外，禁止违反风景名胜区规划，在风景名胜区内设立各类开发区和在核心景区内建设宾馆、招待所、培训中心、疗养院，以及与风景名胜资源保护无关的其他建筑物；对于已经建设的，应当按照风景名胜区规划，逐步迁出。（第 27 条）

对于除上述行为以外的建设活动，应经风景名胜区管理机构审核后，依照有关法律、法规的规定办理审批手续。建设项目应当符合风景名胜区规划，并与景观相协调，不得破坏景观、污染环境、妨碍游览。

在风景名胜区内进行建设活动的，建设单位、施工单位应当制定污染防治和水土保持方案，并采取有效措施，保护好周围景物、水体、林草植被、野生动物资源和地形地貌。

案例讨论 5-5

2018 年，某剧组在某国家级风景名胜区拍戏时，擅自砍伐了数十棵大树，并用这些大树搭建了几个临时建筑用于拍戏。拍完戏之后，剧组并未清理现场，直接就离开了。

讨论：对于该剧组的行为，应当如何处理？

（4）风景名胜区的利用和管理

第一，由风景名胜区管理机构进行具体的管理活动。风景名胜区所在地县级以上地方人民政府设置的风景名胜区管理机构，负责风景名胜区的保护、利用和统一管理工作。（第 4 条）风景名胜区管理机构应当根据风景名胜区的特点，保护民族民间传统文化，开展健康有益的游览观光和文化娱乐活动，普及历史文化和科学知识；（第 32 条）根据风景名胜区规划，合理利用风景名胜资源，改善交通、服务设施和游览条件；（第 33 条）对国家级风景名胜区的规划实施情况、资源保护状况进行监督检查和评估，对发现的问题，应当及时纠正、处理；（第 35 条）建立健全安全保障制度，加强安全管理，保障游览安全，并督促风景名胜区内的经营单位接受有关部门依据法律、法规进行的监督检查，禁止超过允许容量接纳游客和在没有安全保障的区域开展游览活动。（第 36 条）风景名胜区内涉及自然资源保护、利用、管理和文物保护及自然保护区管理的，还应当执行国家有关法律、法规的规定。（第 34 条）

第二,风景名胜区的门票收费和资源有偿使用费制度。条例规定由风景名胜区管理机构负责出售门票。风景名胜区内的交通、服务等项目,应当由风景名胜区管理机构依照有关法律、法规和风景名胜区规划,采用招标等公平竞争的方式确定经营者,并与经营者签订合同,收缴风景名胜资源有偿使用费。(第 37 条)风景名胜区的门票收入和风景名胜资源有偿使用费应当专门用于风景名胜资源的保护和管理以及风景名胜区内财产的所有权人、使用权人损失的补偿,实行收支两条线管理。(第 38 条)

3. 城市景观

城市的美化和绿化,是国家环境与资源保护的一个重要方面。我国过去比较重视对城市环境卫生管理的工作,尤其是对城市生活垃圾的管理。为了加强城市市容和环境卫生管理,创造清洁、优美的城市工作、生活环境,1992 年国务院发布了《城市市容和环境卫生管理条例》(2011 年、2017 年修订)。此外,为创造良好的公共场所卫生条件,预防疾病,保障人体健康,1987 年国务院还颁布了《公共场所卫生管理条例》(2016 年、2019 年修订),并于 2011 年 3 月发布了《公共场所卫生管理条例实施细则》(2016 年、2017 年修正),对与城市环境卫生相关的公共场所卫生的管理作出了详细规定。

同时,为了加强城乡规划管理,协调城乡空间布局,改善人居环境,促进城乡经济社会全面协调可持续发展,2007 年我国颁布了《城乡规划法》(2015 年、2019 年修正)。该法在总则中明确规定,制定和实施城乡规划,应当遵循城乡统筹、合理布局、节约土地、集约发展和先规划后建设的原则,改善生态环境,促进资源、能源节约和综合利用,保护耕地等自然资源和历史文化遗产,保持地方特色、民族特色和传统风貌,防止污染和其他公害,并符合区域人口发展、国防建设、防灾减灾和公共卫生、公共安全的需要。在规划区内进行建设活动,应当遵守土地管理、自然资源和环境保护等法律、法规的规定。(第 4 条)

1992 年,为了促进城市绿化事业的发展,改善生态环境,美化生活环境,增进人民身心健康,国务院制定了《城市绿化条例》(2011 年、2017 年修订)。该条例适用于在城市规划区内种植和养护树木花草等城市绿化的规划、建设、保护和管理,规定城市人民政府应当把城市绿化建设纳入国民经济和社会发展规划。(第 2、3 条)2021 年 3 月第十三届全国人民代表大会第四次会议通过的《国民经济和社会发展第十四个五年规划和 2035 年远景目标纲要》中明确规定要全面提升城市品质,增加绿化节点和公共开敞空间,并科学规划布局城市绿环绿廊绿楔绿道,推进生态修复和功能完善工程。

(三)流域

1. 流域保护及其立法

流域,指由分水线所包围的河流集水区,分为地面集水区和地下集水区两类。平时所称的流域,一般都指地面集水区。在我国,著名河流流域有长江流域、黄河流域、珠江流域、淮河流域、海河流域、松花江辽河流域,以及内陆河片、东南诸河片和西南诸河片。党中央国务院高度重视流域保护。2020 年 1 月农业农村部发布关于禁止捕捞天然渔业资源的《长江十年禁渔计划》,宣布长江干流和重要支流除水生生物自然保护区和水产种质资源保护区以外的天然水域,从 2020 年 1 月 1 日 0 时开始,最迟自 2021 年 1 月 1 日 0 时起实行暂定为期10 年的常年禁捕,其间禁止天然渔业资源的生产性捕捞。2020 年 7 月国务院办公厅发布了《国务院办公厅关于切实做好长江流域禁捕有关工作的通知》,同时公布了由农业农村部制定发布的《进一步加强长江流域重点水域禁捕和退捕渔民安置保障工作实施方案》、由公安部联合农业农村部制定发布的《打击长江流域非法捕捞专项整治行动方案》和由市场监管总局制定发布的《打击市场销售长江流域非法捕捞渔获物专项行动方案》。2020 年 12 月第十三届全国人大常委会通过了《长江保护法》,这是我国第一部流域保护专门立法。2021 年中共中央、国务院印发《黄河流域生态保护和高质量发展规划纲要》。2022 年 10 月,第十三届全国人民代表大会常务委员会通过了《黄河保护法》。

2. 长江流域保护的法律规定

(1)长江流域保护的管理和协调机制

作为中华民族的母亲河和高度复杂、跨行政区的江河流域系统,长江受到法律严格保护。《长江保护法》所保护的长江流域,是指由长江干流、支流和湖泊形成的集水区域所涉及的青海省、四川省、西藏自治区、云南省、重庆市、湖北省、湖南省、江西省、安徽省、江苏省、上海市,以及甘肃省、陕西省、河南省、贵州省、广西壮族自治区、广东省、浙江省、福建省的相关省级行政区域。长江流域经济社会发展,应当坚持生态优先、绿色发展,共抓大保护、不搞大开发;长江流域保护应当坚持统筹协调、科学规划、创新驱动、系统治理的基本工作原则。(第 3 条)

为解决长江流域跨越多个省级行政区的综合保护和调控问题,《长江保护法》规定国家建立长江流域协调机制,主要负责以下工作:统一指导、统筹协调长江保护工作,审议长江保护重大政策、重大规划,协调跨地区跨部门重大事项,督促检查长江保护重要工作的落实情况。(第 4 条)国家长江流域协调机制应当统筹协调国务院有关部门在已经建立的台站和监测项目基础上,健全长江流域生态环境、资源、水文、气象、航运、自然灾害等监测网络体系和监测信息共享机制;(第 9 条)设立专家咨询委员会,组织专业机构和人员对长江流域重大发展战略、政策、规划等开展科学技术等专业咨询;(第 12 条)统筹协调国务院有关部门和长江流域省级人民政府建立健全长江流域信息共享系统;(第 13 条)统筹协调国务院各有关部门和长江流域省级人民政府划定河湖岸线保护范围,制定河湖岸线保护规划,并制定长江流域河湖岸线修复规范,确定岸线修复指标。(第 26、55 条)

国务院有关部门和长江流域省级人民政府负责落实国家长江流域协调机制的决策,按照职责分工负责长江保护相关工作;长江流域地方各级人民政府应当落实本行政区域的生态环境保护和修复、促进资源合理高效利用、优化产业结构和布局、维护长江流域生态安全的责任;长江流域各级河湖长负责长江保护相关工作。(第 5 条)

(2)流域规划

《长江保护法》对保护长江流域规定了层级和内容丰富的规划体系,包括流域发展规划、国土空间规划、专项规划和区域规划。法律规定,国家建立以国家发展规划为统领,以空间规划为基础,以专项规划、区域规划为支撑的长江流域规划体系,充分发挥规划对推进长江流域生态环境保护和绿色发展的引领、指导和约束作用。(第17条)国务院和长江流域县级以上地方人民政府应当将长江保护工作纳入国民经济和社会发展规划。国务院发展改革部门会同国务院有关部门编制长江流域发展规划,科学统筹长江流域上下游、左右岸、干支流生态环境保护和绿色发展,报国务院批准后实施。(第18条)国家对长江流域国土空间实施用途管制。国务院自然资源主管部门会同国务院有关部门组织编制长江流域国土空间规划,报国务院批准后实施。长江流域县级以上地方人民政府组织编制本行政区域的国土空间规划。(第19条)

在资源利用管制相关的规划方面,《长江保护法》对涉及长江流域河湖岸线利用、河道采砂、取水用水、滩涂利用等行为规定了规划制度。例如,国家对长江流域河湖岸线实施特殊管制。国家长江流域协调机制统筹协调国务院自然资源、水行政、生态环境、住房和城乡建设、农业农村、交通运输、林业和草原等部门和长江流域省级人民政府划定河湖岸线保护范围,制定河湖岸线保护规划,严格控制岸线开发建设,促进岸线合理高效利用。(第26条)国家建立长江流域河道采砂规划和许可制度。(第28条)长江流域县级以上地方人民政府应当编制并组织实施养殖水域滩涂规划,合理划定禁养区、限养区、养殖区,科学确定养殖规模和养殖密度;强化水产养殖投入品管理,指导和规范水产养殖、增殖活动。(第70条)

在生态环境保护修复方面,《长江保护法》规定了国务院自然资源主管部门会同国务院有关部门编制长江流域生态环境修复规划。(第52条)

(3)资源管控

为了促进资源合理高效利用,《长江保护法》规定了多项资源管控制度。国家对长江流域国土空间实施用途管制。由长江流域县级以上地方人民政府自然资源主管部门依照国土空间规划,对所辖长江流域国土空间实施分区、分类用途管制。(第20条)国务院各有关主管部门对长江流域水资源、土地资源和环境容量实施总量控制;国务院水行政主管部门统筹组织实施取用水总量控制和消耗强度控制管理制度;国务院生态环境主管部门根据水环境质量改善目标和水污染防治要求,确定长江流域各省级行政区域重点污染物排放总量控制指标,长江流域水质超标的水功能区,应当实施更严格的污染物排放总量削减要求;国务院自然资源主管部门负责统筹长江流域新增建设用地总量控制和计划安排。(第21条)国务院水行政主管部门有关流域管理机构商长江流域省级人民政府依法制定跨省河流水量分配方案,报国务院或者国务院授权的部门批准后实施。(第30条)

水能利用管控方面,国家加强对长江流域水能资源开发利用的管理。对长江流域已建小水电工程,不符合生态保护要求的,县级以上地方人民政府应当组织分类整改或者采取措施逐步退出。(第23条)

国家对长江流域河湖岸线实施特殊管制。禁止在长江干支流岸线一公里范围内新建、扩建化工园区和化工项目;禁止在长江干流岸线三公里范围内和重要支流岸线一公里范围内新建、改建、扩建尾矿库,但是以提升安全、生态环境保护水平为目的的改建除外。(第

26 条）

（4）生态保护

在流域生态保护方面,《长江保护法》按照区域保护、生态支持功能保护和对象保护的方法,规定国家对长江干流和重要支流源头实行严格保护,设立国家公园等自然保护地,保护国家生态安全屏障。(第 24 条)国家统筹长江流域自然保护地体系建设。国务院和长江流域省级人民政府在长江流域重要典型生态系统的完整分布区、生态环境敏感区,以及珍贵野生动植物天然集中分布区和重要栖息地、重要自然遗迹分布区等区域,依法设立国家公园、自然保护区、自然公园等自然保护地。(第 39 条)为保障长江流域饮水安全,国家加强长江流域饮用水水源地保护。国务院水行政主管部门会同国务院有关部门制定长江流域饮用水水源地名录。(第 34 条)

在对生态支持功能的总体保护方面,《长江保护法》规定国务院有关部门在长江流域水生生物重要栖息地科学划定禁止航行区域和限制航行区域。严格限制在长江流域生态保护红线、自然保护地、水生生物重要栖息地水域实施航道整治工程;确需整治的,应当经科学论证,并依法办理相关手续(第 27 条)。提出长江干流、重要支流和重要湖泊控制断面的生态流量管控指标。国务院水行政主管部门有关流域管理机构应当将生态水量纳入年度水量调度计划,保证河湖基本生态用水需求,保障枯水期和鱼类产卵期生态流量、重要湖泊的水量和水位,保障长江河口咸淡水平衡。长江干流、重要支流和重要湖泊上游的水利水电、航运枢纽等工程应当将生态用水调度纳入日常运行调度规程,建立常规生态调度机制,保证河湖生态流量;其下泄流量不符合生态流量泄放要求的,由县级以上人民政府水行政主管部门提出整改措施并监督实施。(第 31 条)此外,《长江保护法》还结合《森林法》,对流域内的公益林管理与保护作出了严格规定。

在保护对象方面,《长江保护法》规定国务院农业农村主管部门和长江流域县级以上地方人民政府应当制定长江流域珍贵、濒危水生野生动植物保护计划,对长江流域珍贵、濒危水生野生动植物实行重点保护。国家鼓励有条件的单位开展对长江流域特有鱼类和水生野生动植物生境特征和种群动态的研究,建设人工繁育和科普教育基地,组织开展水生生物救护。禁止在长江流域开放水域养殖、投放外来物种或者其他非本地物种种质资源。(第 42 条)

案例讨论 5-6

2022 年 2 月,A 在明知长江流域十年禁渔的情况下,利用电鱼工具在长江流域电鱼,渔获物总共 2.3 千克。因群众及时举报,A 被渔政部门查获。

讨论:本案应当如何处理?

在生态环境修复方面,《长江保护法》规定国家对长江流域生态系统实行自然恢复为

主、自然恢复与人工修复相结合的系统治理。(第 52 条)同时规定了重点水域实行严格捕捞管理。在长江流域水生生物保护区全面禁止生产性捕捞;在国家规定的期限内,长江干流和重要支流、大型通江湖泊、长江河口规定区域等重点水域全面禁止天然渔业资源的生产性捕捞。(第 53 条)还规定了长江干流和重要支流的河湖水系连通修复,河湖岸线修复,重点库区消落区的生态环境保护和修复,流域森林、草原、湿地修复,重点湖泊生态环境修复,野生动植物及其栖息地修复,江河源头、上游地区和生态脆弱区生态环境修复,以及水土流失、地质隐患的政治措施等。(第 54—59、63 条)

此外,《长江保护法》还对长江流域的资源与生态环境监测、调查和评估、污染防治、绿色发展,以及法律实施的保障机制等事项作出了系统规定。

3. 黄河流域保护的法律规定

(1) 黄河流域保护的管理和协调机制

黄河是中华民族的母亲河,保护黄河是事关中华民族伟大复兴的千秋大计。黄河流域生态保护的突出问题在于黄河水少沙多、水沙关系不协调、生态环境脆弱。中华人民共和国成立后,党和国家开展了大规模的黄河治理保护工作,取得了举世瞩目的成就。特别是党的十八大以来,党中央着眼于生态文明建设全局,明确了"节水优先、空间均衡、系统治理、两手发力"的治水思路,黄河流域经济社会发展和百姓生活发生了很大的变化。但是,当前黄河流域仍存在一些突出困难和问题,既有先天不足的客观制约,也有后天失养的人为因素。从制度层面看,主要存在黄河流域管理体制有待完善、规划协调衔接不够、管控措施需要强化,以及生态保护与修复、水资源刚性约束、水沙调控与防洪安全、污染防治制度有待健全等问题,亟需通过制定《黄河保护法》予以解决。

黄河流域,是指黄河干流、支流和湖泊的集水区域所涉及的青海省、四川省、甘肃省、宁夏回族自治区、内蒙古自治区、山西省、陕西省、河南省、山东省的相关县级行政区域。黄河流域生态保护和高质量发展,坚持中国共产党的领导,落实重在保护、要在治理的要求,加强污染防治,贯彻生态优先、绿色发展,量水而行、节水为重,因地制宜、分类施策,统筹谋划、协同推进的原则。(第 3 条)在我国的自然保护法中,《黄河保护法》是第一部在法律原则中明确规定坚持党的领导的法律。

黄河流域涉及多个省份,建立适当的管理和协调机制是黄河流域生态保护的关键所在。为此,法律规定,国家建立黄河流域生态保护和高质量发展统筹协调机制(以下简称黄河流域统筹协调机制),全面指导、统筹协调黄河流域生态保护和高质量发展工作,审议黄河流域重大政策、重大规划、重大项目等,协调跨地区跨部门重大事项,督促检查相关重要工作的落实情况。黄河流域省、自治区可以根据需要,建立省级协调机制,组织、协调推进本行政区域黄河流域生态保护和高质量发展工作。(第 4 条)国务院水行政主管部门黄河水利委员会(以下简称黄河流域管理机构)及其所属管理机构,依法行使流域水行政监督管理职责,为黄河流域统筹协调机制相关工作提供支撑保障。国务院生态环境主管部门黄河流域生态环境监督管理机构依法开展流域生态环境监督管理相关工作。(第 5 条)黄河流域县级以上地方人民政府负责本行政区域黄河流域生态保护和高质量发展工作。黄河流域县级以上地方人民政府有关部门按照职责分工,负责本行政区域黄河流域生态保护和高质量发展相关工作。黄河流域建立省际河湖长联席会议制度。各级河湖长负责河道、湖泊管理和保护相关工作。(第6条)国家在黄河流域实行水资源刚性约束制度,坚持以水定城、以水定地、以水定人、以水定产,优化国土空间开发保护格局,促进人口和城市科学合理布局,构建与水资源承载能力相适应的现代产业体系。(第8条)国务院各有关部门,应当定期组织黄河流域自然资源状况调查、野生动物及其栖息地状况普查、黄河流域生态状况评估、土地荒漠化、沙化调查监测、水土流失调查监测,健全黄河流域生态环境、自然资源、水文、泥沙、荒漠化和沙化、水土保持、自然灾害、气象等监测网络体系。(第11—12条)

(2)流域规划

和《长江保护法》一样,《黄河保护法》也对黄河流域规定了层级和内容丰富的规划体系,建立了以国家发展规划为统领,以空间规划为基础,以专项规划、区域规划为支撑的黄河流域规划体系。(第20条)国务院和黄河流域县级以上地方人民政府应当将黄河流域生态保护和高质量发展工作纳入国民经济和社会发展规划。国务院发展改革部门应当会同国务院有关部门编制黄河流域生态保护和高质量发展规划,报国务院批准后实施。(第21条)国务院自然资源主管部门应当会同国务院有关部门组织编制黄河流域国土空间规划,科学有序统筹安排黄河流域农业、生态、城镇等功能空间,划定永久基本农田、生态保护红线、城镇开发边界,优化国土空间结构和布局,统领黄河流域国土空间利用任务,报国务院批准后实施。(第22条)国务院水行政主管部门应当会同国务院有关部门和黄河流域省级人民政府,按照统一规划、统一管理、统一调度的原则,依法编制黄河流域综合规划、水资源规划、防洪规划等,对节约、保护、开发、利用水资源和防治水害作出部署。黄河流域生态环境保护等规划依照有关法律、行政法规的规定编制。(第23条)

在资源利用管制相关的规划方面,黄河流域省级人民政府根据本行政区域的生态环境和资源利用状况,按照生态保护红线、环境质量底线、资源利用上线的要求,制定生态环境分区管控方案和生态环境准入清单,报国务院生态环境主管部门备案后实施。生态环境分区管控方案和生态环境准入清单应当与国土空间规划相衔接。(第26条)

在生态环境保护修复方面,《黄河保护法》规定了国务院自然资源主管部门应当会同国务院有关部门编制黄河流域国土空间生态修复规划。(第29条)

(3)资源管控和水资源节约集约利用

在资源管控方面,国家对黄河流域国土空间严格实行用途管制。黄河流域县级以上地方人民政府自然资源主管部门依据国土空间规划,对本行政区域黄河流域国土空间实行分区、分类用途管制。(第25条)黄河流域工业、农业、畜牧业、林草业、能源、交通运输、旅游、自然资源开发等专项规划和开发区、新区规划等,涉及水资源开发利用的,应当进行规划水资源论证。未经论证或者经论证不符合水资源强制性约束控制指标的,规划审批机关不得批准该规划。(第24条)禁止在黄河干支流岸线管控范围内新建、扩建化工园区和化工项目。禁止在黄河干流岸线和重要支流岸线的管控范围内新建、改建、扩建尾矿库;但是以提升安全水平、生态环境保护水平为目的的改建除外。(第26条)

在水资源节约集约利用方面,国家对黄河水量实行统一配置。制定和调整黄河水量分配方案,应当充分考虑黄河流域水资源条件、生态环境状况、区域用水状况、节水水平、洪水资源化利用等,统筹当地水和外调水、常规水和非常规水,科学确定水资源可利用总量和河道输沙入海水量,分配区域地表水取用水总量。黄河流域管理机构商黄河流域省级人民政府制定和调整黄河水量分配方案和跨省支流水量分配方案。黄河水量分配方案经国务院发展改革部门、水行政主管部门审查后,报国务院批准。跨省支流水量分配方案报国务院授权的部门批准。黄河流域省级人民政府水行政主管部门根据黄河水量分配方案和跨省支流水量分配方案,制定和调整本行政区域水量分配方案,经省级人民政府批准后,报黄河流域管理机构备案。(第46条)黄河流域县级以上行政区域的地表水取用水总量不得超过水量分配方案确定的控制指标,并符合生态流量和生态水位的管控指标要求;地下水取水总量不得超过本行政区域地下水取水总量控制指标,并符合地下水水位控制指标要求。(第49条)在黄河流域取用水资源,应当依法取得取水许可。(第50条)国家在黄河流域实行水资源差别化管理和强制性用水定额管理制度。(第51、52条)国家在黄河流域实行高耗水产业准入负面清单和淘汰类高耗水产业目录制度。(第54条)

(4)生态保护和污染防治

在生态保护方面,国家加强黄河流域生态保护与修复,坚持山水林田湖草沙一体化保护与修复,实行自然恢复为主、自然恢复与人工修复相结合的系统治理。(第29条)国家加强对黄河水源涵养区的保护,加大对黄河干流和支流源头、水源涵养区的雪山冰川、高原冻土、高寒草甸、草原、湿地、荒漠、泉域等的保护力度。(第30条)禁止在黄河流域水土流失严重、生态脆弱区域开展可能造成水土流失的生产建设活动。确因国家发展战略和国计民生需要建设的,应当进行科学论证,并依法办理审批手续。(第35条)国务院水行政主管部门确定黄河干流、重要支流控制断面生态流量和重要湖泊生态水位的管控指标。(第37条)国家统筹黄河流域自然保护地体系建设。国务院和黄河流域省级人民政府在黄河流域重要典型生态系统的完整分布区、生态环境敏感区以及珍贵濒危野生动植物天然集中分布区和重要栖息地、重要自然遗迹分布区等区域,依法设立国家公园、自然保护区、自然公园等自然保护地。(第38条)国务院林业和草原、农业农村主管部门应当会同国务院有关部门和黄河流域省级人民政府按照职责分工,对黄河流域数量急剧下降或者极度濒危的野生动植物和受到严重破坏的栖息地、天然集中分布区、破碎化的典型生态系统开展保护与修复,修建迁地保护设施,建立野生动植物遗传资源基因库,进行抢救性修复。(第39条)国务院农业农村主管部门应当会同国务院有关部门和黄河流域省级人民政府,建立黄河流域水生生物完整性指数评价体系,组织开展黄河流域水生生物完整性评价,并将评价结果作为评估黄河流域生态系统总体状况的重要依据。(第40条)国家保护黄河流域水产种质资源和珍贵濒危物种,支持开展水产种质资源保护区、国家重点保护野生动物人工繁育基地建设。禁止在黄河流域开放水域养殖、投放外来物种和其他非本地物种种质资源。(第41条)国家加强黄河流域水生生物产卵场、索饵场、越冬场、洄游通道等重要栖息地的生态保护与修复。国家实行黄河流域重点水域禁渔期制度。(第42条)

在污染防治方面,对于产业密集、水环境问题突出,或者现有水污染物排放标准不能满足黄河流域水环境质量要求,或者流域或者区域水环境形势复杂,无法适用统一的水污染物排放标准的,黄河流域省级人民政府应当制定严于国家水污染物排放标准的地方水污染物排放标准,报国务院生态环境主管部门备案。(第74条)黄河流域水环境质量不达标的水功能区,省级人民政府生态环境主管部门应当实施更加严格的水污染物排放总量削减措施,限期实现水环境质量达标。(第75条)国务院生态环境主管部门应当在黄河流域定期组织开展大气、水体、土壤、生物中有毒有害化学物质调查监测,并会同国务院卫生健康等主管部门开展黄河流域有毒有害化学物质环境风险评估与管控。国务院生态环境等主管部门和黄河流域县级以上地方人民政府及其有关部门应当加强对持久性有机污染物等新污染物的管控、治理。(第80条)这是我国的环境保护法律中第一次规定对"新污染物"的环境风险管控。

(四)湿地

1. 湿地及其立法

湿地具有涵养水源、调节气候、改善环境、维护生物多样性等多种生态功能。1971年2月,在伊朗的拉姆萨尔召开了湿地及水禽保护国际会议,通过了《关于特别是作为水禽栖息地的国际重要湿地公约》(Convention on Wetlands of Importance Especially as Waterfowl Habitat),简称《拉姆萨尔公约》。1992年3月,国务院发布《关于决定加入〈关于特别是作为水禽栖息地的国际重要湿地公约〉的批复》,决定加入该公约。根据该公约规定,湿地是指不问其为天然或人工、长久或暂时之沼泽地、湿原、泥炭地或水域地带,带有静止或流动,为淡水、半咸水或咸水体者,包括低潮时水深不超过六米的水域。截至2023年2月,中国有82块湿地被指定纳入该公约下的《国际重要湿地名录》。

2004年国务院办公厅发布《关于加强湿地保护管理的通知》,要求把湿地保护作为改善生态的重要任务来抓,坚决制止随意侵占和破坏湿地的行为。2013年,国家林业局发布了《湿地保护管理规定》(2017年修改)。2016年国务院办公厅,根据中共中央、国务院印发的《关于加快推进生态文明建设的意见》和《生态文明体制改革总体方案》要求,制定并印发《湿地保护修复制度方案》。2017年国家林业局发布《国家湿地公园管理办法》,住房和城乡建设部发布《城市湿地公园管理办法》。2021年12月,第十三届全国人大常委会制定了《湿地保护法》。

2. 湿地保护的法律规定

《湿地保护法》对湿地做出了与《拉姆萨尔公约》相近似的定义,规定湿地是指具有显著生态功能的自然或者人工的、常年或者季节性积水地带、水域,包括低潮时水深不超过六米的海域,但是水田及用于养殖的人工水域和滩涂除外。(第2条)该条同时规定,江河、湖泊、海域等的湿地保护、利用及相关管理活动还应当适用《水法》《防洪法》《水污染防治法》《海洋环境保护法》《长江保护法》《渔业法》和《海域使用管理法》等有关法律的规定。

（1）分级管理和目标责任制

《湿地保护法》规定，国家对湿地实行分级管理，按照生态区位、面积及维护生态功能、生物多样性的重要程度，将湿地分为重要湿地和一般湿地；重要湿地包括国家重要湿地和省级重要湿地，重要湿地以外的湿地为一般湿地；重要湿地依法划入生态保护红线；国际重要湿地应当列入国家重要湿地名录；湿地管理实施名录制度。（第14条）

国家实行湿地保护目标责任制，将湿地保护纳入地方人民政府综合绩效评价内容。（第49条）同时，湿地的保护、修复和管理情况，应当纳入领导干部自然资源资产离任审计。（第50条）

（2）湿地资源监测、调查评价和总量管控

国家建立湿地资源调查评价制度，并实行湿地面积总量管控制度，将湿地面积总量管控目标纳入湿地保护目标责任制。国务院自然资源主管部门应当会同国务院林业草原等有关部门定期开展全国湿地资源调查评价工作，对湿地类型、分布、面积、生物多样性、保护与利用情况等进行调查，建立统一的信息发布和共享机制。（第12条）国务院林业草原、自然资源主管部门会同国务院有关部门根据全国湿地资源状况、自然变化情况和湿地面积总量管控要求，确定全国和各省、自治区、直辖市湿地面积总量管控目标，报国务院批准。地方各级人民政府应当采取有效措施，落实湿地面积总量管控目标的要求。（第13条）

国务院林业草原主管部门应当按照监测技术规范开展国家重要湿地动态监测，对其生态状况进行评估，并按照规定发布预警信息。县级以上各级地方人民政府加强对国家重要湿地以外的其他湿地进行动态监测。（第22条）县级以上人民政府有关部门应当按照职责分工，开展湿地有害生物监测工作，及时采取有效措施预防、控制、消除有害生物对湿地生态系统的危害。（第29条）

国家严格控制占用湿地。禁止占用国家重要湿地，但国家重大项目、防灾减灾项目、重要水利及保护设施项目、湿地保护项目等除外。建设项目选址、选线应当避让湿地，无法避让的应当尽量减少占用，并采取必要措施减轻对湿地生态功能的不利影响。建设项目规划选址、选线审批或者核准时，涉及国家重要湿地的，应当征求国务院林业草原主管部门的意见；涉及省级重要湿地或者一般湿地的，应当按照管理权限，征求县级以上地方人民政府授权的部门的意见。（第19条）

（3）湿地保护

《湿地保护法》规定湿地保护坚持生态优先、绿色发展，保障湿地生态功能和永续利用，实现生态效益、社会效益、经济效益相统一。禁止下列破坏湿地及其生态功能的行为：开（围）垦、排干自然湿地，永久性截断自然湿地水源；擅自填埋自然湿地，擅自采砂、采矿、取土；排放不符合水污染物排放标准的工业废水、生活污水及其他污染湿地的废水、污水，倾倒、堆放、丢弃、遗撒固体废物；过度放牧或者滥采野生植物，过度捕捞或者灭绝式捕捞，过度

施肥、投药、投放饵料等污染湿地的种植养殖行为;以及其他破坏湿地及其生态功能的行为。(第28条)

作为水禽栖息地,任何单位和个人不得破坏鸟类和水生生物的生存环境。禁止在以水鸟为保护对象的自然保护地及其他重要栖息地从事捕鱼、挖捕底栖生物、捡拾鸟蛋、破坏鸟巢等危及水鸟生存、繁衍的活动。开展观鸟、科学研究及科普活动等应当保持安全距离,避免影响鸟类正常觅食和繁殖。在重要水生生物产卵场、索饵场、越冬场和洄游通道等重要栖息地应当实施保护措施。经依法批准在洄游通道建闸、筑坝,可能对水生生物洄游产生影响的,建设单位应当建造过鱼设施或者采取其他补救措施。(第30条)

拓展阅读5-3　深圳湾红树林湿地修复项目入选
基于自然的解决方案典型十大案例

2021年自然资源部与世界自然保护联盟(IUCN)在北京联合举办发布会,发布了《IUCN基于自然的解决方案全球标准》《IUCN基于自然的解决方案全球标准使用指南》中文版,以及《基于自然的解决方案中国实践典型案例》。深圳湾红树林湿地修复项目入选。

红树林湿地生态系统有"海岸卫士""蓝碳明星""天然物种库"等美称,红树林能吸收二氧化碳、调节气候、净化水质、抵御海啸与台风、养育丰富的鱼类和底栖动物,发挥着重要的生态系统服务功能。深圳湾湿地毗邻深圳和香港两个国际大都市,是全球九条候鸟迁飞路线之一东亚—澳大拉西亚迁飞区(EAAFP)候鸟越冬地和"中转站",每年有约10万只迁徙候鸟在此越冬或经停。

为了有效保护这片处于特大城市腹地的红树林湿地系统,深圳市政府在深圳湾滨海区启动了系列滨海红树林湿地修复行动。通过红树林湿地保护、可持续管理、重新种植红树林等方法,实施了治理河道、修复人工养殖鱼塘转为鸟类的栖息地、防治病虫害并清除外来入侵物种、种植红树林及营造滩涂,以及开展自然教育和加强深港合作等措施,保证了红树林总面积不再减少并逐步扩大,扭转了红树林湿地系统生态功能退化的趋势。

资料来源:罗明,杨崇曜,周妍等. 基于自然的解决方案典型案例之二:深圳湾红树林湿地修复项目[EB/OL]. 2021-01-16.

国家建立湿地生态保护补偿制度。国务院和省级人民政府应当按照事权划分原则加大对重要湿地保护的财政投入,加大对重要湿地所在地区的财政转移支付力度。国家鼓励湿地生态保护地区与湿地生态受益地区人民政府通过协商或者市场机制进行地区间生态保护补偿。因生态保护等公共利益需要,造成湿地所有者或者使用者合法权益受到损害的,县级以上人民政府应当给予补偿。(第36条)

(4)湿地修复

湿地修复坚持自然恢复为主、自然恢复和人工修复相结合的原则。修复重要湿地应当

编制湿地修复方案,报省级以上人民政府林业草原主管部门批准。修复湿地的主体主要有三类:

一是湿地所在地县级以上人民政府。县级以上人民政府对破碎化严重或者功能退化的自然湿地进行综合整治和修复,优先修复生态功能严重退化的重要湿地。(第37条)禁止违法占用耕地等建设人工湿地。(第39条)

二是经依法批准占用湿地的单位和个人。其中,建设项目确需临时占用湿地的,经依法办理审批手续后,临时占用湿地的期限一般不得超过二年,并不得在临时占用的湿地上修建永久性建筑物。临时占用湿地期满后一年内,用地单位或者个人应当恢复湿地面积和生态条件。(第20条)除因防洪、航道、港口或者其他水工程占用河道管理范围及蓄滞洪区内的湿地外,经依法批准占用重要湿地的单位应当根据当地自然条件恢复或者重建与所占用湿地面积和质量相当的湿地;没有条件恢复、重建的,应当缴纳湿地恢复费;缴纳湿地恢复费的,不再缴纳其他相同性质的恢复费用。(第21条)

三是因违法占用、开采、开垦、填埋、排污等活动,导致湿地破坏的,违法行为人应当负责修复。违法行为人变更的,由承继其债权、债务的主体负责修复。因重大自然灾害造成湿地破坏,以及湿地修复责任主体灭失或者无法确定的,由县级以上人民政府组织实施修复。(第44条)破坏湿地的违法行为人未按照规定期限或者未按照修复方案修复湿地的,由县级以上人民政府林业草原主管部门委托他人代为履行,所需费用由违法行为人承担;违法行为人因被宣告破产等原因丧失修复能力的,由县级以上人民政府组织实施修复。(第59条)

(五) 海洋生态

1. 海洋环境保护立法

海洋环境的范围既包括海水、海洋生物,也包括海岛、海礁及海底等。相较于陆地环境,海洋环境的整体性更为明显,海洋生态系统的构成也有其特殊之处。因此,我国有关海洋环境保护的立法也采用了一体化的立法模式,即将海洋资源保护、海洋生态保护和海洋污染控制等集于一体,于1982年以《海洋环境保护法》(1999年修订,2013年、2016年和2017年修正)的形式颁布。

2. 海洋生态保护的法律规定

为保护海洋资源和海洋生态,《海洋环境保护法》除了对海洋环境排污行为和海上作业等行为实行法律控制外,还设专章对海洋生态保护作出规定。

(1) 实行海洋功能区划制度与近岸海域环境功能区制度

海洋功能区划是根据海区的自然属性并结合社会需求而确定的,它将海洋环境与资源的开发利用和治理保护合二为一,其中自然保护区、特殊功能区和保留区的主要目的是保护海洋生态环境。因此,海洋功能区划制度也是海洋生态保护的基本制度。

近岸海域环境功能区,是指为适应近岸海域环境保护工作的需要,依据近岸海域的自然属性和社会属性及海洋自然资源开发利用现状,结合本行政区国民经济、社会发展计划与规划,按照本办法规定的程序,对近岸海域按照不同的使用功能和保护目标而划定的海洋区域。

为保护和改善近岸海域生态环境,执行海水水质标准,规范近岸海域环境功能区的划定工作,加强对近岸海域环境功能区的管理,我国于1999年发布了《近岸海域环境功能区管理办法》(2010年修改),将近岸海域环境功能区分为四类:一类包括海洋渔业水域、海上自然保护区、珍稀濒危海洋生物保护区等;二类包括水产养殖区、海水浴场、人体直接接触海水的海上运动或娱乐区、与人类食用直接有关的工业用水区等;三类包括一般工业用水区、海滨风景旅游区等;四类包括海洋港口水域、海洋开发作业区等。

近岸海域环境功能区划与海洋功能区划两者之间是整体与局部、综合与个别的关系。近岸海域环境功能区划作为海洋功能区划内容的一个组成部分,它不仅要和海洋功能区划保持衔接和协调,而且要以海洋功能区划为基础和前提条件,并在区划的目的、原则、方法和分类分级与指标体系等方面保持尽可能的一致。

（2）实行海洋自然保护区制度

《海洋环境保护法》规定,国务院有关部门和沿海省级人民政府应当根据保护海洋生态的需要,选划、建立海洋自然保护区。(第21条)海洋自然保护区属于自然保护区的一种。凡具有下列条件之一的,应当建立海洋自然保护区:① 典型的海洋自然地理区域、有代表性的自然生态区域,以及遭受破坏但经保护能恢复的海洋自然生态区域;② 海洋生物物种高度丰富的区域,或者珍稀、濒危海洋生物物种的天然集中分布区域;③ 具有特殊保护价值的海域、海岸、岛屿、滨海湿地、入海河口和海湾等;④ 具有重大科学文化价值的海洋自然遗迹所在区域;⑤ 其他需要予以特殊保护的区域。(第22条)

此外,《海洋环境保护法》还规定,凡具有特殊地理条件、生态系统、生物与非生物资源及海洋开发利用特殊需要的区域,可以建立海洋特别保护区,采取有效的保护措施和科学的开发方式进行特殊管理。(第23条)与海洋自然保护区的建设目的和管理方式的不同,海洋特别保护区内的保护,不是单纯保护某一种资源或维护自然生态系统的原始性或现有状态,而是提供科学依据,对所有资源积极地采取综合保护措施,协调各开发利用单位之间及其与某一资源或多项资源的关系,以保证最佳的开发利用秩序和效果①。

（3）政府保护海洋生态的义务

《海洋环境保护法》规定,国务院和沿海地方各级人民政府应当采取有效措施,保护红树林、珊瑚礁、滨海湿地、海岛、海湾、入海河口、重要渔业水域等具有典型性、代表性的海洋生态系统,珍稀、濒危海洋生物的天然集中分布区,具有重要经济价值的海洋生物生存区域及有重大科学文化价值的海洋自然历史遗迹和自然景观。对具有重要经济、社会价值的已遭到破坏的海洋生态,应当进行整治和恢复。(第20条)

---

① 　参见《国务院对海洋特别保护区管理工作方案的批复》,1992年12月7日发布。

案例讨论 5-7

A 公司的油田作业区 B 平台和 C 平台先后发生两起溢油事故,导致大量原油泄漏在中国海域。附近的海洋环境保护部门闻讯后立即组织清除油污。在清除工作结束之后,海洋环境保护部门除了要求 A 公司支付清污费用及其他相关费用之外,还要求赔偿原油泄漏给海洋生态和水产资源造成的损失。A 公司同意赔偿清除及其他相关费用,但拒绝赔偿给海洋生态造成的损失,认为并无法律依据。

讨论:海洋环境保护部门是否可以要求 A 公司赔偿其给海洋生态造成的损失?

(4) 开发、利用海洋资源中的保护措施

《海洋环境保护法》中有关开发、利用海洋资源的保护措施主要包括:

开发利用海洋资源,应当根据海洋功能区划合理布局,不得造成海洋生态环境破坏(第24 条)。引进海洋动植物物种,应当进行科学论证,避免对海洋生态系统造成危害。(第25条)开发海岛及周围海域的资源,应当采取严格的生态保护措施,不得造成海岛地形、岸滩、植被,以及海岛周围海域生态环境的破坏。(第26 条)

沿海地方各级人民政府应当结合当地自然环境的特点,建设海岸防护设施、沿海防护林、沿海城镇园林和绿地,对海岸侵蚀和海水入侵地区进行综合治理。禁止毁坏海岸防护设施、沿海防护林、沿海城镇园林和绿地。(第27 条)

在从事海洋渔业、养殖业的环境管理方面,国家鼓励发展生态渔业建设,推广多种生态渔业生产方式,改善海洋生态状况。新建、改建、扩建海水养殖场,应当进行环境影响评价。海水养殖应当科学确定养殖密度,并应当合理投饵、施肥,正确使用药物,防止造成海洋环境的污染。(第28 条)

(六) 海岛

1. 海岛及其立法

海岛是指四面环海水并在高潮时高于水面的自然形成的陆地区域,包括有居民海岛和无居民海岛。我国管辖海域中,面积 500 平方米以上的海岛有 6 500 多个,面积不足 500 平方米的海岛数以万计。这些海岛是海陆兼备的重要海上疆土,具有丰富的资源和特殊的功能区位,对我国政治、经济和国防安全具有极为重要的战略意义。有些海岛还是我国的领海基点,在我国已经公布的 77 个领海基点中,位于海岛上的有 75 个。海岛与其周围的海域组成的海岛生态系统,是生产力最高的海洋生态系统之一,蕴藏着丰富的生物资源、矿物资源、港口资源、旅游资源等①。

然而,由于我国长期存在的"重陆轻海"的思想,我国的海岛管理工作比较落后。新中

① 杨邦杰,吕彩霞. 中国海岛的保护开发与管理[J]. 中国发展,2009(2):10.

国成立后,海岛因为国防安全的需要长期禁止对外开放,自我封闭使得我国绝大部分海岛的社会经济现状都远落后于临近滨海地区。一直到20世纪80年代末期,我国的海岛工作才被提上议事日程。

1988年,国家有关部门开展了全国海岛资源综合调查和开发试验,初步摸清了我国海岛的家底。根据调查结果,先后建立了三批海岛开发、保护和管理的试点。2003年,国家海洋局、民政部和总参谋部联合发布了《无居民海岛保护与利用管理规定》,开始了我国无居民海岛管理制度建设。

为了保护海岛及其周边海域生态系统,合理开发利用海岛自然资源,维护国家海洋权益,促进经济社会可持续发展,我国于2009年制定了《海岛保护法》。此后,国家海洋局先后发布了《关于无居民海岛使用项目审理工作的意见》《无居民海岛开发利用具体方案编制办法》《海岛名称管理办法》《无居民海岛使用权登记办法》和《无居民海岛保护和利用指导意见》等一系列部门规章。

2. 海岛保护的法律规定

《海岛保护法》确定了国家对海岛实行科学规划、保护优先、合理开发、永续利用的原则。此外,国务院和沿海地方各级人民政府应当将海岛保护和合理开发利用纳入国民经济和社会发展规划,采取有效措施,加强对海岛的保护和管理,防止海岛及其周边海域生态系统遭受破坏。(第3条)

(1)海岛保护规划制度

《海岛保护法》规定国家实行海岛保护规划制度。海岛保护规划是从事海岛保护、利用活动的依据。(第8条)制定海岛保护规划应当遵循有利于保护和改善海岛及其周边海域生态系统,促进海岛经济社会可持续发展的原则。除涉及国家秘密外,海岛保护规划报送审批前,应当征求有关专家和公众的意见,经批准后应当及时向社会公布。

(2)海岛分类保护制度

除对海岛保护的一般性规定外,《海岛保护法》将我国海岛分为有居民海岛、无居民海岛和特殊用途海岛三类,实行分类保护制度。

对于有居民海岛,《海岛保护法》明确规定,有居民海岛的开发、建设应当遵守有关城乡规划、环境保护、土地管理、海域使用管理、水资源和森林保护等法律、法规的规定,保护海岛及其周边海域生态系统。(第23条)其具体措施包括:

第一,对有居民海岛的开发、建设应当对海岛土地资源、水资源及能源状况进行调查评估,依法进行环境影响评价;应当优先采用风能、海洋能、太阳能等可再生能源和雨水集蓄、海水淡化、污水再生利用等技术;应当划定禁止开发、限制开发区域,并采取措施保护海岛生物栖息地,防止海岛植被退化和生物多样性降低。此外,海岛的开发、建设不得超出海岛的环境容量;新建、改建、扩建建设项目,必须符合海岛主要污染物排放、建设用地和用水总量控制指标的要求。(第24条)

第二,工程建设应当坚持先规划后建设、生活保护设施优先建设或者与工程项目同步建

设的原则;进行工程建设若造成生态破坏的,应当负责修复。(第 25 条)

第三,严格限制在有居民海岛沙滩建造建筑物或者设施,严格限制在有居民海岛沙滩采挖海砂,严格限制填海、围海等改变有居民海岛海岸线的行为,严格限制填海连岛工程建设。如确有需要建造、采挖或者填海围海、填海连岛的,需要依照有关法律、法规的规定执行。

案例讨论 5-8

A 公司计划在某有居民海岛建造一个旅游度假村。为了吸引更多游客,该公司将海岛上的某片生物栖息地开发为一个生态公园,并且种植了许多观赏植物。此外,该公司还在建造旅游度假村的过程中采挖海砂用于工程建设。该海岛居民发现后向有关部门反映了上述情况,认为该公司的建设行为破坏了海岛生态环境。

讨论:A 公司的行为是否违法? 应当受到何种处罚?

对于无居民海岛的保护,《海岛保护法》规定的具体保护措施包括:

第一,明确无居民海岛的权属关系。《海岛保护法》规定无居民海岛属于国家所有,国务院代表国家行使无居民海岛所有权。

第二,无居民海岛的有偿使用制度。《海岛保护法》规定,除因国防、公务、教学、防灾减灾、非经营性公用基础设施建设和基础测绘、气象观测等公益事业使用无居民海岛的外,经批准开发利用无居民海岛的,应当依法缴纳使用金。为了加强和规范无居民海岛使用金的征收、使用管理,促进无居民海岛的有效保护和合理开发利用,2010 年 6 月财政部、国家海洋局联合出台了《无居民海岛使用金征收使用管理办法》,对无居民海岛的有偿使用制度作出了详细规定。

第三,无居民海岛使用权登记制度。无居民海岛使用权登记是指依法对无居民海岛的权属、面积、用途、位置、使用期限、建筑物和设施等情况所作的登记,包括无居民海岛使用权初始登记、变更登记和注销登记。为了加强无居民海岛使用权管理,规范无居民海岛使用权登记工作,维护国家无居民海岛所有权和无居民海岛使用权人的合法权益,国家海洋局制定了《无居民海岛使用权登记办法》,对无居民海岛使用权按照审批权限实行分级登记。

第四,对无居民海岛开发利用的禁限措施。《海岛保护法》规定,未经批准利用的无居民海岛,应当维持现状;禁止采石、挖海砂、采伐林木,以及进行生产、建设、旅游等活动(第28 条)。严格限制在无居民海岛采集生物和非生物样本;因教学、科学研究确需采集的,应当报经海岛所在县级以上地方人民政府海洋主管部门批准。(第 29 条)从事全国海岛保护规划确定的可利用无居民海岛的开发利用活动,应当遵守可利用无居民海岛保护和利用规划,采取严格的生态保护措施,避免造成海岛及其周边海域生态系统破坏。(第 30 条)临时性利用无居民海岛的,不得在所利用的海岛建造永久性建筑物或者设施。(第 34 条)在依法确定为开展旅游活动的可利用无居民海岛及其周边海域,不得建造居民定居场所,不得从事生产性养殖活动;已经存在生产性养殖活动的,应当在编制可利用无居民海岛保护和利用规划中确定相应的污染防治措施。(第35条)

《海岛保护法》规定,国家对领海基点所在海岛、国防用途海岛、海洋自然保护区内的海岛等具有特殊用途或者特殊保护价值的海岛,实行特别保护。对于特殊用途海岛的保护措施包括:

第一,对特殊用途海岛相关活动的严格禁止。《海岛保护法》规定,禁止在领海基点保护范围内进行工程建设,以及其他可能改变该区域地形、地貌的活动;禁止损毁或者擅自移动领海基点标志;禁止破坏国防用途无居民海岛的自然地形、地貌和有居民海岛国防用途区域及其周边的地形、地貌;禁止将国防用途无居民海岛用于与国防无关的目的。

第二,自然保护区制度。《海岛保护法》规定,根据海岛自然资源、自然景观,以及历史、人文遗迹保护的需要,对具有特殊保护价值的海岛及其周边海域,应当依法批准设立海洋自然保护区或者海洋特别保护区。对于违反《海岛保护法》有关规定,改变自然保护区内海岛的海岸线,填海、围海改变海岛海岸线,或者进行填海连岛的,依照《海域使用管理法》的规定处罚;违法采挖、破坏珊瑚、珊瑚礁,或者砍伐海岛周边海域红树林的,依照《海洋环境保护法》的规定处罚。

(七) 青藏高原

1. 青藏高原及其立法

青藏高原是世界屋脊、亚洲水塔,是地球第三极,是我国重要的生态安全屏障。青藏高原的生态系统质量与功能状况直接影响到我国的生态安全、生物多样性、水资源供应、气候系统稳定和碳收支平衡,在我国乃至世界生态安全中具有不可替代的作用。制定《青藏高原生态保护法》,依法保护好青藏高原自然生态系统,关乎国家长远、涉及子孙后代。同时,青藏高原自然生态系统先天脆弱敏感,自我维持和恢复能力差,受气候变化和人为活动影响,青藏高原生态环境面临诸多问题和挑战。党的十八大以来,习近平总书记多次就青藏高原生态保护发表重要讲话、作出重要指示。2021年10月,党中央印发《青藏高原生态环境保护和可持续发展方案》,提出建立青藏高原生态环境保护制度体系。2023年4月26日,第十四届全国人民代表大会常务委员会第二次会议通过了《青藏高原生态保护法》。

《青藏高原生态保护法》共七章,包括总则、生态安全格局、生态保护修复、生态风险防控、保障与监督、法律责任、附则,共六十三条。

2. 青藏高原生态保护的法律规定

(1) 适用范围

我国青藏高原涉及西藏、青海、新疆、四川、甘肃、云南六省(自治区)的有关县(市、区),总面积约250万平方公里。综合考虑青藏高原生态系统完整性、法律可操作性等因素,《青藏高原生态保护法》规定:从事或者涉及青藏高原生态保护相关活动,适用本法;本法未作规定的,适用其他有关法律的规定。本法所称青藏高原,是指西藏自治区、青海省的全部行政区域和新疆维吾尔自治区、四川省、甘肃省、云南省的相关县级行政区域。(第2条)

（2）基本原则

《青藏高原生态保护法》突出了"生态保护优先"的原则,规定:青藏高原生态保护应当尊重自然、顺应自然、保护自然;坚持生态保护第一,自然恢复为主,守住自然生态安全边界;坚持统筹协调、分类施策、科学防控、系统治理。(第3条)

（3）管理体制

青藏高原生态保护需要从中央到地方各级有关人民政府共同努力,协调分工,密切配合。为此,本法规定:国家建立青藏高原生态保护协调机制,统筹指导、综合协调青藏高原生态保护工作,审议青藏高原生态保护重大政策、重大规划、重大项目,协调跨地区跨部门重大问题,督促检查相关重要工作的落实情况。国务院有关部门按照职责分工,负责青藏高原生态保护相关工作。青藏高原地方各级人民政府应当落实本行政区域的生态保护修复、生态风险防控、优化产业结构和布局、维护青藏高原生态安全等责任。青藏高原相关地方根据需要在地方性法规和地方政府规章制定、规划编制、监督执法等方面加强协作,协同推进青藏高原生态保护。(第4、5条)

（4）构建生态安全格局

《青藏高原生态保护法》规定:优化以水源涵养、生物多样性保护、水土保持、防风固沙、生态系统碳汇等为主要生态功能的青藏高原生态安全屏障体系,提升生态系统质量和多样性、稳定性、持续性,增强生态产品供给能力和生态系统服务功能,建设国家生态安全屏障战略地。为实现这一目标,本法规定了青藏高原国土空间开发利用活动应当符合国土空间用途管制要求;从严制定生态环境分区管控方案和生态环境准入清单;巩固提升青藏高原内国家重点生态功能区的水源涵养、生物多样性保护、水土保持、防风固沙等生态功能;支持青藏高原自然保护地体系建设;青藏高原产业结构和布局应当与青藏高原生态系统和资源环境承载能力相适应等措施。(第11—17条)

（5）加强生态保护修复

《青藏高原生态保护法》规定:国家加强青藏高原生态保护修复,坚持山水林田湖草沙冰一体化保护修复,实行自然恢复为主、自然恢复与人工修复相结合的系统治理。为实现这一目标,本法规定了加强三江源地区的生态保护修复工作;建立健全青藏高原雪山冰川冻土保护制度;建立健全青藏高原江河、湖泊管理和保护制度;加强青藏高原高寒草甸、草原生态保护修复;加强青藏高原天然林保护;加强青藏高原湿地保护修复;加强野生动物重要栖息地、迁徙洄游通道和野生植物原生境保护;加强荒漠生态保护与荒漠化土地综合治理;防止水土流失;开展绿色矿山建设等措施。(第18—34条)

（6）强化生态风险防控

《青藏高原生态保护法》规定:国家建立健全青藏高原生态风险防控体系,采取有效措施提高自然灾害防治、气候变化应对等生态风险防控能力和水平,保障青藏高原生态安全。为实现这一目标,本法规定了加强青藏高原自然灾害调查评价和监测预警;加强自然灾害综合治理;重大工程生态和地质环境监测;加强对青藏高原种质资源的保护和管理;防控外来

物种入侵;加强对气候变化及其综合影响的监测等措施。(第35—41条)

(7)完善保障和监督

为了确保青藏高原生态保护的各项措施能够得以贯彻落实,《青藏高原生态保护法》还规定了一系列保障和监督措施,包括国家加大对青藏高原生态保护修复的财政投入;加大财政转移支付力度和生态保护补偿力度;实行有利于节水、节能、水土保持、环境保护和资源综合利用的金融、税收政策,鼓励发展绿色信贷、绿色债券、绿色保险等金融产品;鼓励和支持公益组织、社会资本参与青藏高原生态保护修复工作;支持在青藏高原因地制宜建设以风电、光伏发电、水电、水风光互补发电、光热、地热等清洁能源为主体的能源体系,加强清洁能源输送通道建设,推进能源绿色低碳转型;在青藏高原发展生态旅游应当符合资源和生态保护要求,尊重和维护当地传统文化和习俗,保护和合理利用旅游资源;此外,规定了执法协调机制、生态保护绩效评价考核、司法保障和人大监督等制度措施。(第42—52条)

第三节 自然资源保护法

自然资源保护法并不以保护自然资源和环境为直接目的,它更侧重于开发利用自然资源对人类的经济价值。自然资源保护是在开发利用自然资源的基础上,为了实现人类对自然资源的永续利用而采取特定的保护措施,进而在某种程度上实现维护生态平衡的保护作用。易言之,保护生态平衡是自然资源法的一种反射利益。

目前,我国有关自然资源保护的法律主要有《土地管理法》《黑土地保护法》《水法》《水土保持法》《森林法》《草原法》《渔业法》《海域使用管理法》《矿产资源法》《可再生能源法》《节约能源法》等。此外,国务院及其有关行政主管部门也制定了诸多自然资源保护的行政法规和部门规章。

一、土地资源保护法

(一)概述

土地是地球陆地的表层。它是人类赖以生存和发展的物质基础和环境条件,是生活生产活动中最重要的生产资料。同时它又是各种植物生长发育和各种动物栖息、繁衍后代的场所,因而被称为"财富之母"。目前土地资源主要由耕地、林地、草地、荒地、滩涂、山岭、各种建设用地和军事用地等组成,具有位置固定、面积有限和不可替代的基本属性。

目前,我国关于土地资源保护的立法主要由《土地管理法》(1986年制定,1988年、1998年、2004年、2019年修订)及其实施条例(1998年制定,2011年、2014年、2021年修订)、《水土保持法》(1991年制定,2010年修订)及其实施条例(1993年制定,2011年修订)、《黑土地保护法》(2022年制定)、《土地复垦条例》(2011年)、《土地调查条例》(2008年制定,2016年、2018年修订)、《城镇国有土地使用权出让和转让暂行条例》(1990年制定,2020年修订)、《城镇土地使用税暂行条例》(1988 年制定,2006 年、2011 年、2013 年、2019 年修订)、《土地增值税暂行条例》(1993 年制定,2011 年修订)、《基本农田保护条例》(1998 年制定,2011 年修订)等组成。此外,《环境保护法》《农业法》《矿产资源法》等法律中也有一些关于土地资源保护的规定。同时还有许多关于土地资源保护的地方性立法。

(二)《土地管理法》关于土地保护的基本规范

为了加强土地管理,维护土地的社会主义公有制,保护、开发土地资源,合理利用土地,切实保护耕地,促进社会经济的可持续发展,我国于 1986 年制定了《土地管理法》。此后,全国人大常委会对《土地管理法》又做了多次修订。《土地管理法》是我国土地制度的基本法律。该法从如下六个方面对土地的保护作出了具体规定。

1. "十分珍惜、合理利用土地和切实保护耕地"的基本原则

《土地管理法》规定我国实行"十分珍惜、合理利用土地和切实保护耕地"的基本原则,并将该项原则宣示为我国的一项基本国策。各级人民政府应当采取措施,全面规划,严格管理,保护、开发土地资源,制止非法占用土地的行为。(第 3 条)

2. 明确土地的所有权和使用权

我国实行土地的社会主义公有制,即全民所有制和劳动群众集体所有制。对于全民所有,即国家所有土地的所有权由国务院代表国家行使,并实行国有土地有偿使用制度。(第 2 条)

拓展阅读 5-4　土地上的权利体系

土地上的权利包括:① 土地所有权,在我国包括国家土地所有权和集体土地所有权。从土地所有权中派生出以下权利;② 国有土地使用权,目的为权利人进行房地产开发建设,客体为国有土地的地表,存续期限为 70 年、50 年、40 年不等;③ 宅基地使用权,目的为公民建造住房,客体为集体所有或国有土地的地表,没有存续期限限制;④ 土地承包经营权,目的为用于农林牧渔生产经营,客体为集体所有或国有土地的地表,存续期限为耕地 30 年、草地 30~50 年、林地 30~70 年;⑤ "四荒"(荒山、荒坡、荒沟、荒滩)土地使用权,通过招标、拍卖、公开协商等方式取得,期限依照合同;⑥ 矿藏、水流等自然资源国家所有权;⑦ 矿业权,包括探矿权和采矿权;⑧ 矿地使用权,即须取得以地表为客体的土地使用权;⑨ 抵押权,国有土地使用权、"四荒"土地使用权、以"四荒"为客体的土地承包经营权可以成为抵押权的客体;⑩ 租赁权,承认国有土地使用权、"四荒"土地使用权、土地承包经营权等土地使用权的租赁权;⑪ 与土地相关联的房屋所有权等。

资料来源:崔建远. 土地上的权利群论纲——我国物权立法应重视土地上权利群的配置与协调[J].中国法学,1998(2):14-20.

---

3. 编制土地利用总体规划

我国实行土地用途管制制度。通过编制土地利用总体规划,实现对土地的用途管制。

土地利用总体规划是指由国家或地方各级人民政府依据国民经济和社会发展规划、国土整治和资源环境保护的要求、土地供给能力,以及各项建设对土地的需求,从而组织编制关于土地利用的总体规划。(第 15 条)

土地利用总体规划的编制应当按照下列原则:落实国土空间开发保护要求,严格土地用途管制;严格保护永久基本农田,严格控制非农业建设占用农用地;提高土地节约集约利用水平;统筹安排城乡生产、生活、生态用地,满足乡村产业和基础设施用地合理需求,促进城乡融合发展;保护和改善生态环境,保障土地的可持续利用;占用耕地与开发复垦耕地数量平衡、质量相当。(第 17 条)

下级土地利用总体规划应当依据上一级土地利用总体规划编制。地方各级人民政府编制的土地利用总体规划中的建设用地总量不得超过上一级土地利用总体规划确定的控制指标,耕地保有量不得低于上一级土地利用总体规划确定的控制指标。(第 16 条)

此外,《土地管理法》还规定,城市总体规划、村庄和集镇规划,江河、湖泊综合治理和开发利用规划,应当与土地利用总体规划相衔接。(第 21、22 条)

4. 实行土地用途管制

《土地管理法》规定,依据用途的不同,将土地分为农用地、建设用地和未利用地三类。农用地是指直接用于农业生产的土地,包括耕地、林地、草地、农田水利用地、养殖水面等;建设用地是指建造建筑物、构筑物的土地,包括城乡住宅和公共设施用地、工矿用地、交通水利设施用地、旅游用地、军事设施用地等;未利用地是指农用地和建设用地以外的土地。国家严格限制农用地转为建设用地,控制建设用地总量,对耕地实行特殊保护。使用土地的单位和个人必须严格按照土地利用总体规划确定的用途使用土地。(第 4 条)

5. 具体行政管制措施

《土地管理法》还规定了关于土地的具体行政管制措施:加强土地利用计划管理,实行建设用地总量控制;建立土地调查制度、土地统计制度和全国土地管理信息系统,对土地利用状况进行动态监测。(第 23、26、28、29 条)同时,为了科学、有效地组织实施土地调查,保障土地调查数据的真实性、准确性和及时性,国务院颁布了《土地调查条例》,原国土资源部制定了《土地调查条例实施办法》。

6. 关于耕地的特殊保护

我国实行耕地的特殊保护制度,严格控制耕地转为非耕地。关于耕地保护的具体措施包括:

(1)实行占用耕地补偿制度

为了防止非农业建设导致耕地减少,国家实行占用耕地补偿制度。非农业建设经批准占用耕地的,按照"占多少,垦多少"的原则,由占用耕地的单位负责开垦与所占用耕地的数量和质量相当的耕地;没有条件开垦或者开垦的耕地不符合要求的,应当按照省、自治区、直辖市的规定缴纳耕地开垦费,专款用于开垦新的耕地。省、自治区、直辖市人民政府应当制定开垦耕地计划,监督占用耕地的单位按照计划开垦耕地或者按照计划组织开垦耕地,并进

行验收。(第 30 条)

(2)实行永久基本农田保护制度

永久基本农田,是指按照一定时期人口和社会经济发展对农产品的需求,依据土地利用总体规划确定的不得占用的耕地。国家实行永久基本农田保护制度,对于根据土地利用总体规划被划入永久基本农田保护区的耕地实行严格保护。为了对基本农田实行特殊保护,促进农业生产和社会经济的可持续发展,国务院制定了《基本农田保护条例》,对基本农田的划定、保护和监督管理作出了明确规定。

(3)节约使用土地,禁止闲置、荒芜耕地

《土地管理法》规定,非农业建设必须节约使用土地,可以利用荒地的,不得占用耕地;可以利用劣地的,不得占用好地。禁止占用耕地建窑、建坟或者擅自在耕地上建房、挖砂、采石、采矿、取土等;禁止占用永久基本农田发展林果业和挖塘养鱼;禁止任何单位和个人闲置、荒芜耕地。(第 37、38 条)

(4)鼓励对未开发利用土地的合理开发

《土地管理法》规定,国家鼓励单位和个人按照土地利用总体规划,在保护和改善生态环境、防止水土流失和土地荒漠化的前提下,开发未利用的土地;适宜开发为农用地的,应当优先开发成农用地。(第 39 条)开垦未利用的土地,必须经过科学论证和评估,在土地利用总体规划划定的可开垦区域内,经依法批准后进行。禁止毁坏森林、草原开垦耕地,禁止围湖造田和侵占江河滩地。根据土地利用总体规划,对破坏生态环境开垦、围垦的土地,有计划有步骤地退耕还林、还牧、还湖。(第 40 条)

(5)鼓励土地整理

《土地管理法》规定,国家鼓励土地整理。县、乡(镇)人民政府应当组织农村集体经济组织,按照土地利用总体规划,对田、水、路、林、村综合整治,提高耕地质量,增加有效耕地面积,改善农业生产条件和生态环境。同时,地方各级人民政府应当采取措施,改造中、低产田,整治闲散地和废弃地。(第 42 条)

(6)实行土地复垦制度

《土地管理法》规定,因挖损、塌陷、压占等造成土地破坏,用地单位和个人应当按照国家有关规定负责复垦;没有条件复垦或者复垦不符合要求的,应当缴纳土地复垦费,专项用于土地复垦。复垦的土地应当优先用于农业。(第 43 条)为了规范土地复垦活动,加强土地复垦管理,提高土地利用的社会效益、经济效益和生态效益,国务院颁布了《土地复垦条例》,对生态建设活动损毁土地的复垦、历史遗留损毁土地和自然灾害损毁土地的复垦,以及土地复垦的验收和激励措施作出了明确规定。

(7)对黑土地的特别保护措施

黑土地的土壤性状好、肥力高、水肥气热协调,相较于其他土地的单位面积产出,同肥不同量、同量不同质,粮食产量高、品质好。东北黑土区是我国重要的粮食生产基地,粮食产量约占全国的四分之一,粮食商品率高,是保障粮食市场供应的重要来源,也是保障国家粮食安全的压舱石。习近平总书记高度重视黑土地保护,2020 年 7 月在吉林考察时指出,一定要采取有效措施,保护好黑土地这一"耕地中的大熊猫";2020 年 12 月在中央农村工作会议上要求,把黑土地保护作为一件大事来抓,把黑土地用好养好。

根据《黑土地保护法》的规定,"黑土地"是指黑龙江省、吉林省、辽宁省、内蒙古自治区(以下简称四省区)相关区域范围内具有黑色或者暗黑色腐殖质表土层,性状好、肥力高的耕地。(第 2 条)国家实行科学、有效的黑土地保护政策,保障黑土地保护财政投入,综合采取工程、农艺、农机、生物等措施,保护黑土地的优良生产能力,确保黑土地总量不减少、功能不退化、质量有提升、产能可持续。(第 3 条)黑土地应当用于粮食和油料作物、糖料作物、蔬菜等农产品生产。黑土层深厚、土壤性状良好的黑土地应当按照规定的标准划入永久基本农田,重点用于粮食生产,实行严格保护,确保数量和质量长期稳定。(第 5 条)国家建立健全黑土地调查和监测制度。(第 9 条)县级以上人民政府应当将黑土地保护工作纳入国民经济和社会发展规划。(第 10 条)任何组织和个人不得破坏黑土地资源和生态环境。禁止盗挖、滥挖和非法买卖黑土。(第 20 条)建设项目不得占用黑土地;确需占用的,应当依法严格审批,并补充数量和质量相当的耕地。(第 21 条)国务院对四省区人民政府黑土地保护责任落实情况进行考核,将黑土地保护情况纳入耕地保护责任目标。(第 26 条)

案例讨论 5-9

A 在某村开办了一个砖厂,但一直未取得经营许可证。砖厂所用的泥土全部取自附近的耕地,A 给这些耕地的承包人每亩 1 万元的补偿。几年以来,该村已经有数十亩耕地的泥土被用于制砖,基本上丧失了耕地的功能。

讨论:对于 A 的行为应当如何处理?

(三)《水土保持法》中的土地保护和水土保持规范

1. 概述

水土保持是针对水土流失的现象提出的。所谓水土流失,是指由于自然或人为原因致使土地表层缺乏植被保护,被雨水冲蚀后导致土层逐渐变薄、变瘠的现象。依据《水土保持法》的解释,水土保持是指对自然因素和人为活动造成水土流失所采取的预防和治理措施(第 2 条)。

除受到自然的地貌、气候、土壤和植被等因素影响造成水土流失外,人类不合理的生产建设活动,包括陡坡开荒、毁林开垦、过度放牧等,通常被认为是导致水土流失的最重要原因。水土流失导致土壤减少、肥力减退、土地无法涵养水分并与干燥的气候形成恶性循环,从而导致土地的沙漠化。此外,由于水土流失是水流的冲蚀造成的,因此,水土流失还会造成河道泥沙淤积、河床升高,并导致泥石流和滑坡等自然破坏现象。

为预防和治理水土流失,保护和合理利用水土资源,减轻水、旱、风沙灾害,改善生态环境,保障经济社会可持续发展,1991 年我国制定了《水土保持法》,并于 2010 年 12 月 25 日进行修订。同时,国务院还于 1993 年制定了《水土保持法实施条例》(2011 年修订)。此外,我国在《环境保护法》《土地管理法》《水法》《森林法》《草原法》及《农业法》中也规定了防治水土流失的规定。

2. 主要内容

国家对水土保持工作实行预防为主、保护优先、全面规划、综合治理、因地制宜、突出重点、科学管理、注重效益的方针。(第 3 条)为贯彻实施水土保护的基本方针,我国《水土保持法》关于水土保持的具体规定主要包括以下三个方面。

(1)水土保持规划

《水土保持法》规定国家实行水土保持规划制度。水土保持规划应当在水土流失调查结果及水土流失重点预防区和重点治理区划定的基础上,遵循统筹协调、分类指导的原则编制(第 10 条)。内容应当包括水土流失状况、水土流失类型区划分、水土流失防治目标、任务和措施等。编制水土保持规划,应当征求专家和公众的意见。同时,水土保持规划应当与土地利用总体规划、水资源规划、城乡规划和环境保护规划等相协调。(第 13 条)

(2)水土流失预防

根据《水土保持法》的规定,地方各级人民政府应当按照水土保持规划,采取严格的禁止或者限制措施,以预防和减轻水土流失。

其具体措施包括:采取封育保护、自然修复等措施,组织单位和个人植树种草,扩大林草覆盖面积,涵养水源;加强对取土、挖砂、采石等活动的管理,禁止在崩塌、滑坡危险区和泥石流易发区从事取土、挖砂、采石等可能造成水土流失的活动;对于水土流失严重、生态脆弱的地区,应当限制或者禁止可能造成水土流失的生产建设活动,严格保护植物、沙壳、结皮、地衣;禁止开垦、开发植物保护带;禁止在二十五度以上陡坡地开垦种植农作物;禁止毁林、毁草开垦和采集发菜;林木采伐应当采用合理方式,严格控制皆伐。

同时,《水土保持法》还规定在山区、丘陵区、风沙区,以及水土保持规划确定的容易发生水土流失的其他区域开办可能造成水土流失的生产建设项目,生产建设单位应当编制水土保持方案,报县级以上人民政府水行政主管部门审批,并按照经批准的水土保持方案,采取水土流失预防和治理措施。(第 25 条)

案例讨论 5-10

A 公司计划在某山区开办一个食品加工厂,在筹建过程中,A 公司编制了环境影响报告书。有人提醒 A 公司在山区开办生产建设项目还需要编制水土保持方案。A 公司认为,环境影响报告书中已经提到了水土保持的相关问题,无须再多此一举编制水土保持方案。

讨论:A 公司的看法正确吗?

（3）水土保持治理

第一，国家对水土保持的治理义务。《水土保持法》规定了国家的水土保持治理义务，具体包括加强水土流失重点预防区和重点治理区的坡耕地改梯田、淤地坝等水土保持重点工程建设；加强江河源头区、饮用水水源保护区和水源涵养区水土流失的预防和治理工作；在水力侵蚀地区、风力侵蚀地区、重力侵蚀地区和饮用水水源保护区，组织单位和个人因地制宜地开展水土保持治理工作。

第二，水土保持补偿费制度。《水土保持法》规定，在山区、丘陵区、风沙区，以及水土保持规划确定的容易发生水土流失的其他区域开办生产建设项目或者从事其他生产建设活动，损坏水土保持设施、地貌植被，应当进行治理；不能恢复原有水土保持功能的，应当缴纳水土保持补偿费，专项用于水土流失预防和治理。水土保持补偿费的收取使用管理办法由国务院财政部门、国务院价格主管部门会同国务院水行政主管部门制定。（第32条）

第三，国家鼓励单位和个人参与对水土流失的治理，并在资金、技术、税收等方面予以扶持；鼓励和支持承包治理荒山、荒沟、荒丘、荒滩，保护和改善生态环境；鼓励和支持在山区、丘陵区、风沙区，以及容易发生水土流失的其他区域，采取有利于水土保持的措施。

（四）《防沙治沙法》中的土地保护规定

1. 概述

我国是世界上土地沙化危害最严重的国家之一。土地沙化会导致可利用的土地资源减少，土地生产力的严重衰退及自然灾害的加剧。土地沙化对我国经济和社会的可持续发展形成了巨大威胁。沙化土地的不断扩张，有气候变化、自然灾害等自然原因，然而更为主要的是不合理的人类活动，如过度放牧、滥采滥伐、盲目开荒、水资源利用不合理等人为原因。

为了限制人为破坏植被的行为，我国《森林法》《草原法》《水土保持法》等法律分别作过一些规定，但都未能从根本上起到遏制沙化扩张的作用。为预防土地沙化，治理沙化土地，维护生态安全，促进经济和社会的可持续发展，我国于2001年8月制定了《防沙治沙法》，并于2018年进行了修正。

2. 主要内容

土地沙化有广义和狭义之分。广义的土地沙化，是指因气候变化和人类活动导致的天然沙漠扩张和沙质土壤上植被破坏、沙土裸露的过程。狭义的土地沙化，是指主要因人类不合理活动导致的天然沙漠扩张和沙质土壤上植被及覆盖物被破坏，形成流沙及沙土裸露的过程。我国《防沙治沙法》所指的土地沙化是指狭义的土地沙化，关于防沙治沙的措施包括如下五个方面。

（1）防沙治沙工作应当遵循的七项原则

七项原则分别为：① 统一规划，因地制宜，分步实施，坚持区域防治与重点防治相结合；② 预防为主，防治结合，综合治理；③ 保护和恢复植被与合理利用自然资源相结合；④ 遵循生态规律，依靠科技进步；⑤ 改善生态环境与帮助农牧民脱贫致富相结合；⑥ 国家支持与地方自力更生相结合，政府组织与社会各界参与相结合，鼓励单位、个人承包防治；⑦ 保障

防沙治沙者的合法权益。（第 3 条）

（2）防沙治沙规划制度

防沙治沙规划应当对遏制土地沙化扩展趋势，逐步减少沙化土地的时限、步骤、措施等作出明确规定，并将具体实施方案纳入国民经济和社会发展五年规划和年度计划。编制防沙治沙规划，应当根据沙化土地所处的地理位置、土地类型、植被状况、气候和水资源状况、土地沙化程度等自然条件及其所发挥的生态、经济功能，对沙化土地实行分类保护、综合治理和合理利用。在规划期内不具备治理条件的，以及因保护生态的需要不宜开发利用的连片沙化土地，应当规划为沙化土地封禁保护区，实行封禁保护。此外，防沙治沙规划应当与土地利用总体规划相衔接；防沙治沙规划中确定的沙化土地用途，应当符合本级人民政府的土地利用总体规划。（第 10—13 条）

（3）土地沙化的预防措施

因地制宜地营造防风固沙林网、林带，种植多年生灌木和草本植物；禁止在沙化土地上砍挖灌木、药材及其他固沙植物；草原实行以产草量确定载畜量的制度；防止因地下水和上游水资源的过度开发利用，导致植被破坏和土地沙化；在沙化土地封禁保护区范围内，禁止一切破坏植被的活动等措施以期实现对土地沙化的预防。（第 14—22 条）

（4）沙化土地的治理措施

对于沙化土地的治理，《防沙治沙法》规定了公益性治沙活动、盈利性治沙活动和开发者治理三种模式。为此，法律分别规定了单位和个人资源、政府组织和开发者承担义务的治理方式。此外，为保障治理人的合法权益，法律还规定了相应的资金等补偿措施。（第 23—31 条）

案例讨论 5-11

A 系宁夏回族自治区某村村民，2000 年起 A 承包了 200 亩沙化土地从事治沙活动。经过 10 多年的努力，200 亩沙化土地全部种上了树，且成活率达到了 90% 以上。A 也为此负债近百万元，正当 A 准备采伐一些成材林进行出售时，其所承包的 200 亩沙化土地却被当地政府划为了保护区，禁止一切采伐活动。A 认为，这些树是自己的，政府不让采伐就应当按照市场价收购。

讨论：你认为该案应当如何处理？

（5）防沙治沙的保障措施

为了保障防沙治沙活动的开展，我国《防沙治沙法》规定了政府在本级财政预算中按照防沙治沙规划通过项目预算安排资金，用于本级人民政府确定的防沙治沙工程；制定优惠政策，鼓励和支持单位和个人防沙治沙；根据防沙治沙的面积和难易程度，给予从事防沙治沙活动的单位和个人资金补助、财政贴息及税费减免等政策优惠；经县级以上人民政府依法批准,给予使用已经沙化的国有土地从事治沙活动者不超过 70 年的土地使用权;由批准机关给予将治理后的土地批准划为自然保护区或者沙化土地封禁保护区的治理者合理的经济补偿等相关具体保障措施。(第 32—35 条)

二、森林资源保护法

(一) 概述

森林是指在一定区域内生长的以树木或者其他木本植物为主的植物群落。根据其生活习性的不同,可以将森林分为热带雨林、季雨林、亚热带常绿阔叶林、温带落叶阔叶林、中温带针阔混交林、寒温带针叶林、竹林等。根据其用途的不同,又可以分为防护林、用材林、经济林、薪炭林、特种用途林等。

森林是自然界中一类重要的生态系统和自然资源,具有多方面的功能。它除了可以给人类提供林产品,满足人类生产生活的需要外,还具有蓄水保土、防风固沙、调节气候、净化空气、美化环境、降低噪音,以及保护生物多样性和维护生态平衡等重要作用。

由于森林资源对人类的极端重要性,世界各国都十分重视森林资源保护。新中国成立以后,我国政府制定了许多关于合理利用森林资源的行政法规和部门规章。然而,早期的森林立法主要是出于持续林业产出的目的而规定限制采伐和保证伐后的林木更新。1984 年制定的《森林法》调整了对森林功能保护的顺序,明确将森林蓄水保土、调节气候、改善环境的功能放在首要位置,而将森林提供林产品的作用放在了次要位置。1998 年修订后的《森林法》更是在内容上强调了对森林生态效益的保护。2009 年对《森林法》进行修正后,全国人大常委会于 2019 年再次修订了《森林法》,一方面增加了生态文明、可持续发展等环境保护理念;另一方面规定了森林生态效益补偿制度、森林资源保护发展目标责任制和考核评价制度等新的制度。

除了《森林法》(2019 年修订)之外,国务院和相关部委还颁布了《森林法实施条例》(2018 年修订)、《森林采伐更新管理办法》(2011 年修订)、《森林防火条例》(2008 年修订)、《森林病虫害防治条例》(1989 年制定)、《森林公园管理办法》(2016 年修改)、《森林和野生动物类型自然保护区管理办法》(1985 年制定)等一系列行政法规和部门规章。

我国现行《森林法》的主要内容涉及森林权属、发展规划、森林保护、造林绿化、经营管理、监督检查等方面,以下将主要针对森林资源保护的内容进行介绍。

(二) 森林保护法律规定

1. 确立林权制度

林权是指森林法律关系的主体对森林、林木或者林地的占有、使用、收益和处分的权利。森林保护是围绕林权为中心展开的。我国《森林法》规定,森林资源属于国家所有,由法律规定属于集体所有的除外。国家所有的森林资源的所有权由国务院代表国家行使。国务院可以授权国务院自然资源主管部门统一履行国有森林资源所有者职责。(第 14 条)符合法律规定的森林、林木、林地使用权可以依法转让,依法出租,可以依法作价入股或者作为合

资、合作造林、经营林木的出资、合作条件，但不得将林地改为非林地。(第15、16条)

拓展阅读5-5 林权

林权是指权利人对森林、林木和林地依法享有的占有、使用、收益和处分的权利，包括国家和集体对森林、林地、林木的所有权和个人对林木的所有权，以及依法或依合同产生的对森林、林木、林地的使用、收益权。使用和收益权包括如下权利：① 林地使用权。公民、法人或其他组织依法对国家或集体所有的林地进行开发管理和利用的权利，包括占有、使用、收益和一定程度的处分权；② 林木经营权。公民、法人或其他组织对国家、集体或其他主体所有的林木进行经营管理并取得收益的权利，包括对林木的采伐、管护、出租、抵押或折价入股等；③ 森林环境经营权。公民、法人或其他组织依法对特定范围的森林所特有的生态景观价值和生态环境功能的经营权，包括对特定范围森林的整体占有、使用、收益，即林下、林中、林上资源的采集权、植物新品种的培育权、森林景观利用权等。

资料来源：林旭霞，张冬梅. 林权概念的体系化研究[J]. 东南学术，2011(6)：153-166.

---

2. 明确保护、培育、利用森林原则

我国《森林法》规定，保护、培育、利用森林资源应当尊重自然、顺应自然，坚持生态优先、保护优先、保育结合、可持续发展的原则。(第3条)

3. 对森林实行分类保护

我国《森林法》依据生态保护的需要，将森林划分为公益林和商品林，森林生态区位重要或者生态状况脆弱，以发挥生态效益为主要目的的林地和林地上的森林划定为公益林；未划定为公益林的林地和林地上的森林属于商品林。(第47条)

对于上述两类森林，由于它们对人类社会、经济和环境需求性质的不同，《森林法》规定了不同强度的保护措施。国家对公益林实施严格保护。县级以上人民政府林业主管部门应当有计划地组织公益林经营者对公益林中生态功能低下的疏林、残次林等低质低效林，采取林分改造、森林抚育等措施，提高公益林的质量和生态保护功能。在符合公益林生态区位保护要求和不影响公益林生态功能的前提下，经科学论证，可以合理利用公益林林地资源和森林景观资源，适度开展林下经济、森林旅游等。利用公益林开展上述活动应当严格遵守国家有关规定。(第49条)对于商品林，则由林业经营者依法自主经营。在不破坏生态的前提下，可以采取集约化经营措施，合理利用森林、林木、林地，提高商品林经济效益。(第51条)

4. 对森林的全方位保护

我国《森林法》专设"森林保护"一章，对森林资源的保护措施作出了详尽的规定，具体包括：中央和地方财政分别安排森林保护资金，实行专款专用；重点林区的转型发展和森林资源保护修复；建立以国家公园为主体的自然保护地体系；全面保护天然林；建立护林组织，防止森林破坏；防止森林火灾和病虫害等；实行占用林地总量控制制度，严格控制林地转为非林地;禁止毁林开垦、采石、采砂、采土等毁林行为;保护古树名木和珍贵树木;加强林业基础设施建设等。

5. 组织和鼓励造林绿化

造林绿化是增加森林面积、提高森林覆盖率的主要途径,为此我国《森林法》规定了植树造林和封山育林制度。根据《森林法》的规定,植树造林、保护森林,是公民应尽的义务;各级人民政府应当组织开展全民义务植树活动。(第10条)国家鼓励公民通过植树造林、抚育管护、认建认养等方式参与造林绿化;各级人民政府组织造林绿化,应当科学规划、因地制宜。(第44、45条)各级人民政府应当采取以自然恢复为主、自然恢复和人工修复相结合的措施,科学保护修复森林生态系统。新造幼林地和其他应当封山育林的地方,由当地人民政府组织封山育林。(第46条)

6. 森林采伐实行采伐许可制度

我国《森林法》规定,采伐林地上的林木应当申请采伐许可证,并按照采伐许可证的规定进行采伐;采伐自然保护区以外的竹林,不需要申请采伐许可证,但应当符合林木采伐技术规程。(第56条)国家严格控制森林年采伐量。省、自治区、直辖市人民政府林业主管部门根据消耗量低于生长量和森林分类经营管理的原则,编制本行政区域的年采伐限额。(第54条)符合林木采伐技术规程的,审核发放采伐许可证的部门应当及时核发采伐许可证。但是,审核发放采伐许可证的部门不得超过年采伐限额发放采伐许可证。(第59条)有下列情形之一的,不得核发采伐许可证:① 采伐封山育林期、封山育林区内的林木;② 上年度采伐后未按照规定完成更新造林任务;③ 上年度发生重大滥伐案件、森林火灾或者林业有害生物灾害,未采取预防和改进措施;④ 法律法规和国务院林业主管部门规定的禁止采伐的其他情形。(第60条)

《森林法》还规定,采伐森林、林木应当遵守下列规定:① 公益林只能进行抚育、更新和低质低效林改造性质的采伐。但是,因科研或者实验、防治林业有害生物、建设护林防火设施、营造生物防火隔离带、遭受自然灾害等需要采伐的除外。② 商品林应当根据不同情况,采取不同采伐方式,严格控制皆伐面积,伐育同步规划实施。③ 自然保护区的林木,禁止采伐。但是,因防治林业有害生物、森林防火、维护主要保护对象生存环境、遭受自然灾害等特殊情况必须采伐的和实验区的竹林除外。(第55条)采伐林木的组织和个人应当按照有关规定完成更新造林;更新造林的面积不得少于采伐的面积,更新造林应当达到相关技术规程规定的标准。(第61条)

案例讨论 5-12

A、B、C 均为贵州省某村村民,其中 A 为该村四组组长。某日,B 从 A 处得知四组领到限额 34.22 立方米的木材采伐证后,A、B、C 便讨论采伐木材问题。随后 A、B、C 与四组签订承包合同,在半个月内,将山上胸径 20 厘米以上杉木全部砍伐,还砍倒许多杂木。当地林业派出所发现后,经查明:共砍倒杉木、杂木 508 棵,合计 386.72 立方米,超过采伐证规定指标 352.50 立方米,滥伐木材超过计划 10 倍以上。

讨论:A、B、C 三人的行为是否违法? 应当受到各种处罚?

7. 森林经营管理措施

《森林法》规定国家通过贴息、林权收储担保补助等措施,鼓励和引导金融机构开展涉林抵押贷款、林农信用贷款等符合林业特点的信贷业务,扶持林权收储机构进行市场化收储担保。(第 62 条)国家支持发展森林保险,县级以上人民政府依法对森林保险提供保险费补贴。(第 63 条)林业经营者可以自愿申请森林认证,促进森林经营水平提高和可持续经营。(第 64 条)

三、草原资源保护法

(一) 概述

草原是在温带半干旱气候条件下以旱生多年生草本植物为主形成的植物群落。它是以中温、旱生或半旱生密丛禾草为主的植物和相应的动物等构成的一个地带性生态系统。我国《草原法》所称的草原包括天然草原和人工草原。

为了保护、建设和合理利用草原,改善生态环境,维护生物多样性,发展现代畜牧业,促进经济和社会的可持续发展,我国于 1985 年 6 月制定了《草原法》,并于 2002 年、2009 年、2013 年、2021 年进行了三次修正和一次修订。此外,为防止草原火灾,保护草原,保障人民生命和财产安全,国务院于 1993 年制定了《草原防火条例》,并于 2008 年 11 月进行了修订。

(二) 草原保护法律规定

我国《草原法》确立的草原保护制度包括如下七个方面。

1. 确立草原保护的方针

《草原法》确立了国家对草原实行科学规划、全面保护、重点建设、合理利用的方针,促进草原的可持续利用和生态、经济、社会的协调发展。(第 3 条)

2. 明确草原权属关系

《草原法》规定除法律规定属于集体所有的外,草原属于国家所有。国家所有的草原,由国务院代表国家行使所有权。(第 9 条)国家所有的草原,可以依法确定给全民所有制单位、集体经济组织等使用。(第 10 条)草原承包经营权受法律保护,可以按照自愿、有偿的原则依法转让。(第 15 条)

拓展阅读 5-6　草原权属制度

我国的草原权属制度包括草原所有权、草原使用权和草原承包经营权。在我国，草原所有权包括国家所有权和集体所有权。《草原法》第 11 条第 1 款规定："依法确定给全民所有制单位、集体经济组织等使用的国家所有的草原，由县级以上人民政府登记，核发使用权证，确认草原使用权。"第 13 条第 1 款规定："集体所有的草原或者依法确定给集体经济组织使用的国家所有的草原，可以由本集体经济组织内的家庭或者联户承包经营。"因此，草原使用权是从国家草原所有权派生出来的权利，即为全民所有制单位、集体经济组织等依法占有、使用国家所有的草原并获得收益的权利。而草原承包经营权是指对集体所有的草原或者国家所有的依法确定给集体经济组织使用的草原进行承包经营，依照承包合同的规定享有占有、使用、收益和依法处分的权利。

3. 对草原保护、建设、利用的统一规划制度

《草原法》规定国家对草原保护、建设、利用实行统一规划制度。（第 17 条）编制草原保护、建设、利用统一规划，应当依据国民经济和社会发展规划并遵循改善生态环境，维护生物多样性，促进草原的可持续利用；以现有草原为基础，因地制宜，统筹规划，分类指导；保护为主、加强建设、分批改良、合理利用；生态效益、经济效益、社会效益相结合的原则。（第 18 条）草原保护、建设、利用统一规划应当包括：草原保护、建设、利用的目标和措施，草原功能分区和各项建设的总体部署，各项专业规划等。（第 19 条）此外，草原保护、建设、利用统一规划应当与土地利用总体规划相衔接，与环境保护规划、水土保持规划、防沙治沙规划、水资源规划、林业长远规划、城市总体规划、村庄和集镇规划及其他有关规划相协调。（第 20 条）

4. 草原的调查、统计、监测和评级制度

《草原法》还规定国家建立草原调查制度，定期进行草原调查；制定全国草原等级评定标准，依据标准对草原进行评等定级；建立草原统计制度，对草原进行统计并定期发布统计资料；建立草原生产、生态监测预警系统，对草原的基本状况实行动态监测。（第 22—25 条）

5. 鼓励和支持草原建设

《草原法》规定国家鼓励单位和个人投资建设草原，按照谁投资、谁受益的原则保护草原投资建设者的合法权益；鼓励与支持人工草地建设、天然草原改良和饲草饲料基地建设。县级以上人民政府支持和鼓励农牧民开展草原围栏、饲草饲料储备、牲畜圈舍、牧民定居点等生产生活设施的建设，支持草原水利设施建设，鼓励选育、引进、推广优良草品种。但是，新草品种必须经全国草品种审定委员会审定，由国务院草原行政主管部门公告后方可推广。从境外引进草种必须依法进行审批。对退化、沙化、盐碱化、石漠化和水土流失的草原，地方各级人民政府应当按照草原保护、建设、利用统一规划，划定治理区，组织专项治理。（第 26—32 条）

案例讨论 5-13

A 承包了某草原用于养殖牛羊。A 听闻国外某种草品种非常适宜于牛羊的饲养,遂托朋友从国外带来该种草的种子,并种植于其承包的草原上。

讨论:A 的行为是否违法?

6. 合理利用草原的规定

草原作为可再生资源,只要合理利用,就可以在发挥其经济效能的同时,保持其环境效能。为此,我国《草原法》对草原的合理利用规定了一系列措施,具体包括:草原承包经营者应当合理利用草原,不得超过草原行政主管部门核定的载畜量,保持草畜平衡;实行划区轮牧,合理配置畜群,均衡利用草原;按照饲养牲畜的种类和数量,调剂、储备饲草饲料,采用青贮和饲草饲料加工等新技术,逐步改变依赖天然草地放牧的生产方式。(第 33—37 条)此外,《草原法》严格管理因进行矿藏开采和工程建设而占用草原的情形,防止工程建设破坏草原。(第 38—41 条)

7. 草原保护措施

(1)特殊保护措施

《草原法》规定国家实行基本草原保护制度,对依法划为基本草原的草原实施严格管理。同时,在具有代表性的草原类型、珍稀濒危野生动植物分布区和具有重要生态功能和经济科研价值的草原地区建立草原自然保护区。对草原上珍稀濒危野生植物和种质资源进行特殊的保护和管理。(第 42—45 条)

(2)禁止活动措施

① 禁止开垦草原。对水土流失严重、有沙化趋势、需要改善生态环境的已垦草原,应当有计划、有步骤地退耕还草;已造成沙化、盐碱化、石漠化的,应当限期治理。(第 46 条)② 对严重退化、沙化、盐碱化、石漠化的草原和生态脆弱区的草原,实行禁牧、休牧制度。(第 47 条)③ 禁止在荒漠、半荒漠和严重退化、沙化、盐碱化、石漠化、水土流失的草原,以及生态脆弱区的草原上采挖植物和从事破坏草原植被的其他活动。(第 49 条)④ 禁止在草原上使用剧毒、高残留,以及可能导致二次中毒的农药。(第 54 条)⑤ 除抢险救灾和牧民搬迁的机动车辆外,禁止机动车辆离开道路在草原上行驶,破坏草原植被。(第 55 条)

(3)限制活动措施

在草原上从事采土、采砂、采石等作业活动,应当报县级人民政府草原行政主管部门批准;开采矿产资源的,并应当依法办理有关手续。经批准在草原上从事上述所列活动的,应当在规定的时间、区域内,按照准许的采挖方式作业,并采取保护草原植被的措施。在他人使用的草原上从事上述所列活动的,还应当事先征得草原使用者的同意。(第 50 条)

在草原上开展经营性旅游活动,应当符合有关草原保护、建设、利用统一规划,并不得侵犯草原所有者、使用者和承包经营者的合法权益,不得破坏草原植被。(第 52 条)

(4) 防止火灾和病虫害

各级人民政府应当贯彻预防为主、防治结合的方针,建立草原防火责任制,规定草原防火期,制定草原防火扑火预案,切实做好草原火灾的预防和扑救工作。同时,应当做好草原鼠害、病虫害和毒害草防治的组织管理工作,采取措施,加强草原鼠害、病虫害和毒害草监测预警、调查及防治工作,组织研究和推广综合防治的办法。(第 53、54 条)

四、水资源保护法

(一) 概述

广义上的水资源,是指地球上所有可以被人类利用的水。由于水的范围太广,立法时不可能将地球上所有的水都作为水资源立法的对象。因此,我国在《水法》中规定,该法所称的水资源是指地表水和地下水。海水不包括在该法的调整范围之中。

水是地球环境的基本组成要素之一,是一切生命的源泉,是人类生存和发展所不可或缺的自然资源。作为资源,水是人和一切动、植物赖以生存的环境条件,也是人类社会生活和生产活动所必需的物质基础,也是维持人类社会发展的主要能源之一。

从 20 世纪 80 年代开始,我国逐步加强了对水资源管理的法制建设,颁布了一系列用水、管水的法律法规。目前,我国的水资源保护法主要有《水法》(1988 年制定,2002 年修订,2009 年、2016 年修正)、《河道管理条例》(1988 年制定,2011 年、2017 年、2018 年修订)、《城市节约用水管理规定》(1988 年制定)、《饮用水水源保护区污染防治管理规定》(1989年制定,2010 年修正)、《城市供水条例》(1994 年制定,2018 年、2020 年修订)、《地下水管理条例》(2021 年制定)和一些水污染防治的法律、法规、标准等。此外,各地还制定了相当数量的地方性水资源保护和管理法规与规章。

(二) 水保护法律规定

《水法》的目的主要是调整开发、利用、保护和管理水资源的人类行为,使得水资源可以为人类永续利用。而《水污染保护法》的目的则是通过对人为活动所产生的水污染物进行控制,并且对已经受到污染的水体予以治理,使其符合生态平衡及人类生存的需要。

《水法》规定,开发、利用、节约、保护水资源和防治水害,应当全面规划、统筹兼顾、标本兼治、综合利用、讲求效益,发挥水资源的多种功能,协调好生活、生产经营和生态环境用水。(第 4 条)遵循上述原则,《水法》对水资源的保护管理作出了许多规定。

拓展阅读 5-7　水权的概念

根据我国《宪法》和《水法》规定,水资源属于国家所有。通常所说的水权是独立于水资源所有权并由其派生出来的权利,是权利人依法对地表水和地下水使用、收益的权利。

从水权行使的形态着眼,水权可以分为汲水权(又称抽水权)、引水权、蓄水权、排水权等。前两类权利被界定为用水人汲水或引水并取得水所有权的水权;后两类的权利并非使用水人取得水所有权,而是使用水人获得其他利益,例如使土壤湿度适宜、水量增多。以用水目的为分类标准,水权可有家庭用水权、市政用水权、灌溉用水权、工业用水权、水力用水权、航运水权、竹木流放水权、稀释用水权、娱乐用水权等。在数个水权取得的时间相同时,水权的位序排列规则是:家庭用水权、市政用水权、灌溉用水权、工业用水权等。基于水权取得的原则不同,水权可有基于河岸权原则取得的水权与基于先占用原则取得的水权。二者区分的意义在于:基于河岸权原则取得的水权无须经水管部门登记,也不以实际用水为要件,水权人不继续用水该水权也不消灭;而基于先占用原则取得的水权必须经水管部门登记,通说须以实际有益用水为要件,水权人停止实际用水达一定期间该水权便归于消灭。

资料来源:崔建远. 准物权研究[M]. 2 版. 北京:法律出版社,2012.

1. 确立水资源开发利用的基本原则

《水法》所确立的水资源保护的基本原则有:水资源的国家所有原则;全面规划、综合利用、多效兼顾原则;节约用水原则;居民生活用水优先原则。

2. 实行水资源规划制度

《水法》规定国家制定全国水资源战略规划,开发、利用、节约、保护水资源和防治水害,应当按照流域、区域统一制定规划。水资源规划是法定机构按法定程序对一定时期水资源的开发利用和水害防治预先做出的整体安排。经批准的水资源规划,是开发利用水资源和防止水害活动的基本依据,任何单位和个人都必须不折不扣地执行。

3. 水资源开发利用中的保护措施

《水法》对水资源的开发利用规定了一系列的保护措施,包括:跨流域调水,应当进行全面规划和科学论证,统筹兼顾调出和调入流域的用水需要,防止对生态环境造成破坏;结合本地区水资源的实际情况,按照地表水与地下水统一调度开发、开源与节流相结合、节流优先和污水处理再利用的原则,合理组织开发、综合利用水资源;在水资源短缺的地区,国家鼓励对雨水和微咸水的收集、开发、利用和对海水的利用、淡化。

4. 开发、利用水能资源和水运资源中的保护措施

《水法》规定在水能丰富的河流,应当有计划地进行多目标梯级开发;在水生生物洄游通道、通航或者竹木流放的河流上修建永久性拦河闸坝,建设单位应当同时修建过鱼、过船、过木设施,或者经国务院授权的部门批准采取其他补救措施,并妥善安排施工和蓄水期间的水生生物保护、航运和竹木流放。

案例讨论 5-14

为了解决电力不足的问题,A 市决定大力开发小水电。流经 A 市的 B 江上,每隔一两千米就被筑起一道大坝。B 江中生活着一种国家重点保护的野生鱼类,因为上游来水减少,这种鱼类的栖息地遭到严重破坏,面临着灭绝的危险。

讨论:开发小水电危及珍稀野生鱼类生存的,应当承担何种法律责任?

5. 水域和水工程中的保护措施

《水法》规定制定水资源开发、利用规划和调度水资源时,应当注意维持江河的合理流量和湖泊、水库及地下水的合理水位,维护水体的自然净化能力;从事水资源开发、利用、节约、保护和防治水害等水事活动,应当遵守经批准的规划;从事工程建设,占用农业灌溉水源、灌排工程设施,或者对原有灌溉用水、供水水源有不利影响的,建设单位应当采取相应的补救措施;造成损失的,依法给予补偿。

6. 建立饮用水水源保护区制度

《水法》规定国家建立饮用水水源保护区制度。省、自治区、直辖市人民政府应当划定饮用水水源保护区,并采取措施,防止水源枯竭和水体污染,保证城乡居民饮用水安全。并且禁止在饮用水水源保护区内设置排污口。

7. 开采地下水的保护措施

对开采地下水,规定必须在水资源调查评价的基础上实行统一规划。因违反规划造成江河和湖泊水域使用功能降低、地下水超采、地面沉降、水体污染的,应当承担治理责任;开采矿藏或者建设地下工程,因疏干排水导致地下水水位下降、水源枯竭或者地面塌陷,采矿单位或者建设单位应当采取补救措施。在地下水超采地区,县级以上地方人民政府应当采取措施,严格控制开采地下水。在地下水严重超采地区,经省、自治区、直辖市人民政府批准,可以划定地下水禁止开采或者限制开采区。在沿海地区开采地下水,应当经过科学论证,并采取措施,防止地面沉降和海水入侵。

对城市中直接从地下取水的单位,征收水资源费。而对于其他直接从地下或者江河、湖泊取水的,可由省、自治区、直辖市人民政府决定征收水资源费。根据党中央、国务院部署,我国自 2016 年 7 月 1 日起在河北省率先实施水资源税改革试点,由水资源费改征水资源税。自 2017 年 12 月 1 日起,水资源税改革试点又增加了北京、天津、山西、内蒙古、山东、河南、陕西、宁夏、四川等九省、市、自治区。

五、渔业资源保护法

(一) 概述

渔业资源是一切具有经济开发利用和科学研究价值的水生生物的总称。按其所处水域的不同,渔业资源可以分为淡水渔业资源和海水渔业资源。渔业资源是从产业部门分工的角度命名的,它与森林资源、土地资源、草原资源、水资源等以资源本身为主体来命名的方法有所不同。这种命名方法使渔业资源与野生动物资源存在一定的交叉。我国《渔业法》所说的渔业资源,是指在我国管辖的内水、滩涂、领海,以及其他海域内可以养殖、采捕的野生动植物。总体上说,渔业资源是一种可再生的生物资源,它既是重要的自然资源,又是自然环境要素的重要组成部分,对社会经济的发展,满足和改善人们的物质生活,维护水生生态平衡都具有十分重要的意义。

目前,我国的渔业资源保护法律主要是 1986 年颁布,2000 年、2004 年、2009 年和 2013 年修正的《渔业法》,以及 1987 年发布、2020 年 11 月修订的《渔业法实施细则》。此外,我国还专门针对渔业水质制定了《渔业水质标准》(GB 11607—89)。

拓展阅读 5-8　渔业权的概念

渔业权是指自然人、法人或者其他组织依照法律规定,在一定水域从事养殖或者捕捞水生动植物的权利。它包括养殖权和捕捞权。渔业权具有如下特性:① 在客体方面,渔业权是以一定的水域、滩涂为客体的权利。② 在权利构成方面,渔业权包括占有一定水域并养殖和捕捞水生动植物权、水体的使用权和保有水体适宜水生动植物生存、生长的标准之权等,具有复合性。③ 在排他性或优先性方面,养殖权具有排他性而无优先性,在同时并存于同一水域内的数个捕捞权相互之间无排他性,在对非捕捞权人的权利方面具有排他性。④ 渔业权是具有公权色彩的私权。⑤ 在权利取得方面,大多需要行政特许。⑥ 在追及效力方面,渔业权仅仅在他人不法占据捕捞许可证、养殖证所划定的特定水域时,才有追及效力;对于被他人盗捕的水生动植物,在养殖权场合是基于水生动植物所有权请求返还,在捕捞权场合,权利人不能主张所有权返还,但在符合侵权行为的构成要件时,捕捞权人可以基于侵权行为主张损害赔偿。⑦ 在一物一权主义方面,捕捞权一般无从体现,养殖权的一物一权主义体现在特定水域上。

资料来源:崔建远.准物权研究[M]. 2 版.北京:法律出版社,2012.

(二) 渔业保护法律规定

我国《渔业法》确立的渔业保护规范包括如下四个方面。

第一,确立渔业生产实行以养殖为主,养殖、捕捞、加工并举,因地制宜,各有侧重的方针。(第 3 条)

第二,鼓励发展养殖业。国家鼓励全民所有制单位、集体所有制单位和个人充分利用适于养殖的水域、滩涂,发展养殖业。(第 10 条)具体措施包括:实行养殖证制度,确定单位和个人对水面的养殖使用权;个人或者集体可以承包由集体所有的或者全民所有由农业集体经济组织使用的水域、滩涂从事养殖生产;政府加强对商品鱼生产基地和城市郊区重要养殖水域的保护;鼓励和支持水产优良品种的优育、培育和推广;对水产苗种的进出口实施检疫;

保护水域生态环境,科学确定养殖密度,合理投饵、施肥、使用药物,不得造成水域的环境污染等。

第三,限制捕捞作业。国家根据捕捞量低于渔业资源增长量的原则,确定渔业资源的总可捕捞量,实行捕捞限额制度。国务院渔业行政主管部门负责组织渔业资源的调查和评估,为实行捕捞限额制度提供科学依据。中华人民共和国内海、领海、专属经济区和其他管辖海域的捕捞限额总量由国务院渔业行政主管部门确定,报国务院批准后逐级分解下达;国家确定的重要江河、湖泊的捕捞限额总量由有关省、自治区、直辖市人民政府确定或者协商确定,逐级分解下达。(第22条)

国家对捕捞业实行捕捞许可制度。捕捞许可证是国家准许单位或个人在一定水域行使捕捞权利的凭证。可分为外海捕捞许可证、近海捕捞许可证、内陆水域捕捞许可证、专项(特许)捕捞许可证和临时捕捞许可证。凡在我国管辖水域从事生产的单位和个人均需按规定申请捕捞许可证。未取得捕捞许可证的,不得从事捕捞作业。同时,从事捕捞作业的单位和个人,必须按照捕捞许可证关于作业类型、场所、时限、渔具数量和捕捞限额的规定进行作业,并遵守国家有关保护渔业资源的规定,大中型渔船应当填写渔捞日志。(第25条)

第四,实行渔业资源的增殖和保护制度。为了增殖和保护渔业资源,《渔业法》规定了一系列严格的管理措施,具体包括:

① 征收渔业资源增殖保护费。县级以上人民政府渔业行政主管部门应当对其管理的渔业水域统一规划,采取措施,增殖渔业资源。县级以上人民政府渔业行政主管部门可以向受益的单位和个人征收渔业资源增殖保护费,专门用于增殖和保护渔业资源。(第28条)

② 建立水产种质资源保护区。法律规定,国家保护水产种质资源及其生存环境,并在具有较高经济价值和遗传育种价值的水产种质资源的主要生长繁育区域建立水产种质资源保护区。未经国务院渔业行政主管部门批准,任何单位或者个人不得在水产种质资源保护区内从事捕捞活动。(第29条)

③ 关于捕捞的禁、限规定。法律规定,禁止使用炸鱼、毒鱼、电鱼等破坏渔业资源的方法进行捕捞。禁止制造、销售、使用禁用的渔具。禁止在禁渔区、禁渔期进行捕捞。禁止使用小于最小网目尺寸的网具进行捕捞。捕捞的渔获物中幼鱼不得超过规定的比例。在禁渔区或者禁渔期内禁止销售非法捕捞的渔获物。(第30条)禁止捕捞有重要经济价值的水生动物苗种。因养殖或者其他特殊需要,捕捞有重要经济价值的苗种或者禁捕的怀卵亲体的,必须经国务院渔业行政主管部门或者省、自治区、直辖市人民政府渔业行政主管部门批准,在指定的区域和时间内,按照限额捕捞。(第31条)国家对白鳍豚等珍贵、濒危水生野生动物实行重点保护,防止灭绝。禁止捕杀、伤害国家重点保护的水生野生动物。(第37条)

对于违反《渔业法》、破坏渔业资源的行为,依据法律,除构成犯罪、依法追究刑事责任外,可以由渔业行政主管部门或者其所属的渔政监督管理机构依据具体行为给予没收渔获物和违法所得、没收渔具、吊销捕捞许可证、责令赔偿损失、罚款等形式的行政处罚。

案例讨论 5-15

浙江省渔业部门规定从 2020 年 6 月起，浙江省海洋开始进入伏季休渔期，在此期间禁止任何单位和个人在浙江省海洋从事拖网、帆张网作业。2020 年 7 月，A 渔业公司私自组织 6 艘渔船在海洋上进行捕捞活动，被渔政监督部门查获。渔政监督部门经过调查确认，A 渔业公司在 2020 年伏季休渔期内总计出动 20 艘船次进行拖网捕捞活动，获利 387 万元。

讨论：A 渔业公司应当承担哪些法律责任？

六、海域资源保护法

（一）概述

海域是一种与陆地资源相对应的自然资源。为了加强海域使用管理，维护国家海域所有权和海域使用权人的合法权益，促进海域的合理开发和可持续利用，2001 年 10 月全国人大常委会颁布了《海域使用管理法》。我国《海域使用管理法》中所称的海域，是指中华人民共和国内水、领海的水面、水体、海底和底土。

（二）海域保护法律规定

《海域使用管理法》对海域资源的保护作出了明确的规定，包括以下几个方面。

1. 明确海域的国家所有权制度

《海域使用管理法》规定海域属于国家所有，国务院代表国家行使海域所有权。任何单位或者个人不得侵占、买卖或者以其他形式非法转让海域。（第 3 条第 1 款）

拓展阅读 5-9　海域所有权和使用权

海域所有权即为国家所有权，是指国家对海域享有占有、使用、收益和处分的权利。此处的海域包括中华人民共和国内水、领海的水面、水体、海床和底土。

海域使用权为海域所有权派生性的权利，是指民事主体依照法律规定，对国家所有的海域享有的以使用和收益为目的的一种直接支配性和排他性的新型用益物权。按照海域功能区划，海域使用权主要包括海洋工程海域使用权、养殖海域使用权、港口海域使用权、海洋油气勘探开发海域使用权和海底电缆管道海域使用权等。《海域使用管理法》第 25 条规定，养殖用海 15 年，拆船用海 20 年，旅游、娱乐用海 25 年，盐业、矿业用海 30 年，公益事业用海 40 年，港口、修造船厂等建设工程用海 50 年。根据该法第 22 条的规定，原来由《渔业法》所规制的养殖用海被纳入海域使用权所调整的范围。在《海域使用管理法》生效之后，养殖户从以前只需持有养殖使用权证改为必须同时申请持有海域使用权证和养殖证。

资料来源：尹田. 中国海域物权制度研究［M］. 北京：中国法制出版社，2004.

2. 实行海洋功能区划制度

《海域使用管理法》规定国家实行海洋功能区划制度。海域使用必须符合海洋功能区划。国务院海洋行政主管部门会同国务院有关部门和沿海省、自治区、直辖市人民政府,编制全国海洋功能区划。沿海县级以上地方人民政府海洋行政主管部门会同本级人民政府有关部门,依据上一级海洋功能区划,编制地方海洋功能区划。(第10条)

养殖、盐业、交通、旅游等行业规划涉及海域使用的,应当符合海洋功能区划。沿海土地利用总体规划、城市规划、港口规划涉及海域使用的,应当与海洋功能区划相衔接。(第15条)

3. 对海域的使用实行海域使用权制度

在对海域进行合理开发和利用方面,《海域使用管理法》规定单位和个人使用海域,必须依法取得海域使用权。(第3条第2款)海域使用权派生于国家海域所有权,被认为是与土地使用权并列的用益物权之一。国家建立海域使用管理信息系统,对海域使用状况实施监视、监测。(第5条)海域使用权人有依法保护和合理使用海域的义务;海域使用权人对不妨害其依法使用海域的非排他性用海活动,不得阻挠。(第23条)国家严格管理填海、围海等改变海域自然属性的用海活动。(第4条第2款)

案例讨论 5-16

A 依法取得了某海域的使用权,用于海产养殖。该片海域有一片红树林,A 认为红树林的存在妨碍了其养殖规模的扩大,遂将红树林全部砍伐。

讨论:A 的行为是否违法?

---

4. 实行海域有偿使用制度

由于自然资源具有有限性,对海域的使用必然会导致海域自然资源价值的减少。因此,国家实行海域有偿使用制度。单位和个人使用海域,应当按照国务院的规定缴纳海域使用金。(第33条)军事用海,公务船舶专用码头用海,非经营性的航道、锚地等交通基础设施用海,教学、科研、防灾减灾、海难搜救打捞等非经营性公益事业用海可以免缴海域使用金。(第35条)公用设施用海、国家重大建设项目用海和养殖用海,经主管部门批准可以减缴或者免缴海域使用金。(第36条)

七、矿产资源保护法

(一) 概述

矿产资源是指由地质作用形成的,具有利用价值的,呈固态、液态、气态的自然资源。按照国务院制定的《矿产资源法实施细则》(1994年)的规定,矿产资源分为能源矿产、金属矿产、非金属矿产和水气矿产四类。

早在1950年,我国就颁布了《矿业暂行条例》,1965年底国务院还针对矿产资源保护专门制定了《矿产资源保护试行条例》。1986 年我国制定了《矿产资源法》,后经 1996 年、2009 年两次修订。

由于地下水资源具有水资源和矿产资源的双重属性,依照《矿产资源法实施细则》第 44 条的规定,地下水资源的勘查,适用《矿产资源法》与该细则的规定;地下水的开发、利用、保护和管理,适用《水法》和有关的行政法规。

根据《矿产资源法》的规定,国务院地质矿产部门主管全国矿产资源勘查、开采的监督管理工作。国务院有关主管部门协助国务院地质矿产部门进行矿产资源勘查、开采和监督管理工作。(第 11 条第 1 款)

我国实行的是单一的矿产资源国家所有权制度,由国务院行使国家对矿产资源的所有权。地表或者地下矿产资源的国家所有权,不因其所依附土地的所有权或者使用权的不同而改变。

拓展阅读 5-10   矿业权

矿业权,简称矿权,是探采人依法在已登记的特定矿区或工作区内勘探、开采一定的矿产资源,取得矿产品,排除他人干涉的权利。它包括探矿权和采矿权。前者是勘探一定的国有矿产资源,取得矿产品的权利;后者是开采一定的国有矿产资源的权利。在我国,勘探、开采矿产资源的主体主要为国有矿山企业,其次为集体矿山企业,以及个体工商户,还有少量的外资企业、中外合作经营企业、中外合资经营企业,因而矿业权也可以被定义为:国有矿山企业、集体矿山企业及个体工商户等主体,依照法定程序在已经登记的特定矿区或工作区内勘探、开采一定的国有矿产资源,取得矿产品,排除他人干涉的权利。需要明确指出的是,通常所提及的矿业权不包括矿产资源所有权,矿业权人通过探采活动所获得矿产品的所有权也有别于抽象意义上的矿产资源所有权。

资料来源:崔建远. 准物权研究[M]. 2 版. 北京:法律出版社,2012.

为了合理开发利用和保护煤炭资源,规范煤炭生产、经营活动,促进和保障煤炭行业的发展,我国于 1996 年颁布了《煤炭法》,并于 2011 年、2013 年、2016 年进行了修正。《煤炭法》除了对煤炭的生产经营活动予以规范外,对合理开发利用和保护煤炭资源也作出了明确的规定。

(二)   开发利用矿产资源过程中的环境保护规定

《矿产资源法》规定,对矿产资源的勘查、开发,实行统一规划、合理布局、综合勘查、合理开采和综合利用的方针。(第 7 条)开采矿产资源必须采取合理的开采顺序、开采方法和选矿工艺。矿山企业的开采回采率、采矿贫化率和选矿回收率[①](简称"三率",是合理开发

---

① 开采回采率是指采矿过程中采出的矿石或金属量与该采取拥有的矿石或金属储量的百分比;采矿贫化率是指采矿过程中采出的矿石品位降低数与矿体(或矿块)平均品位的百分比;选矿回收率是指精矿中有用成分重量的百分比。参见中国自然资源研究会教育工作委员会. 自然资源简明词典[M]. 北京:中国科学技术出版社,1993:239—240.

利用与保护矿产资源的重要标志)应当达到设计要求。(第 29 条)

在开采主要矿产的同时,对具有工业价值的共生和伴生矿产应当统一规划,综合开采,综合利用,防止浪费;对暂时不能综合开采或者必须同时采出而暂时还不能综合利用的矿产,以及含有有用组分的尾矿,应当采取有效的保护措施,防止损失破坏[①]。1992 年,国家环境保护局针对尾矿污染的防治制定了《防治尾矿污染环境管理规定》。2022 年,生态环境部制定了《尾矿污染环境防治管理办法》。

对于开采矿产资源者,要求必须遵守国家劳动安全卫生、环境保护的法律规定,并且应当节约用地。耕地、草原、林地因采矿受到破坏的,矿山企业应当因地制宜地采取复垦利用、植树种草或者其他利用措施。

探矿权人在开采矿产资源给他人生产、生活造成损失的,应当负责赔偿,并采取必要的补救措施。具体补偿方式依照法律规定执行。探矿权人在没有农作物和其他附着物的荒岭、荒坡、荒地、荒漠、沙滩、河滩、湖滩、海滩上进行勘查的,不予补偿。开采矿产资源必须按照国家规定缴纳资源税和资源补偿费。

(三) 开发利用煤炭资源过程中的环境保护规定

《煤炭法》规定,开发利用煤炭资源,应当遵守有关环境保护的法律、法规,防治污染和其他公害,保护生态环境。(第 11 条)煤矿建设应当贯彻保护耕地、合理利用土地的原则。(第 18 条)煤矿建设应当坚持煤炭开发与环境治理同步进行。煤矿建设项目的环境保护设施必须与主体工程同时设计、同时施工、同时验收、同时投入使用。(第 19 条)对因开采煤炭压占土地或者造成地表土地塌陷、挖损者,规定由采矿者负责进行复垦,恢复到可供利用的状态;造成他人损失的,应当依法给予补偿。(第 25 条)

案例讨论 5-17

A 公司是一个大型煤炭企业,附近农村的煤矿均属于 A 公司的开采范围。随着煤炭资源日益减少,A 公司开始在农村的地下开采。由于采矿需要进行爆破,村民 B 等经常在睡梦中被地下的爆炸声惊醒。此外,地下爆破还导致村民的房屋严重拉裂,用来灌溉和饮用的泉水枯竭。于是 B 等将 A 公司告上法庭,要求 A 公司停止侵害,赔偿损失。但 A 公司以国家批准采矿且在地下几十米甚至上百米以下进行,不可能造成损失为由,拒绝 B 等的要求。

讨论:A 公司是否应当赔偿 B 等的损失?

国家提倡和支持煤矿企业和其他企业发展煤电联产、炼焦、煤化工、煤建材等,进行煤炭的深加工和精加工。国家鼓励煤矿企业发展煤炭洗选加工,综合开发利用煤层气、煤矸石、煤泥、石煤和泥炭。(第 28 条)国家发展和推广洁净煤技术。国家采取措施取缔土法炼焦。

---

① 依照《防治尾矿污染环境管理规定》的解释,尾矿是指选矿和湿法冶炼过程中产生的废物。

（第 29 条）

八、合理开发利用能源的相关法律

（一）概述

目前,在我国一次能源消费中,化石能源占了绝大部分。化石能源的大量使用,不但造成了严重的环境污染,而且给我国的煤炭、石油、天然气等矿产资源带来了沉重的压力。化石能源属于不可再生资源,开发、使用得越多,耗竭的速度就越快。为了确保可持续发展和我国的能源安全,就必须从"开源"和"节流"两个方面促进能源的合理开发利用:一方面,大力发展可再生能源及其他清洁能源,减少化石能源的消耗;另一方面,大力推进节约能源的措施,提高用能效率,减少能源消耗。

为了促进可再生能源的开发利用,增加能源供应,改善能源结构,保障能源安全,保护环境,实现经济社会的可持续发展,2005 年全国人大常委会制定了《可再生能源法》,并于2009 年进行了修订。根据该法第 2 条的规定,可再生能源是指风能、太阳能、水能、生物质能、地热能、海洋能等非化石能源。

为了推进全社会节约能源,提高能源利用效率和经济效益,保护环境,保障国民经济和社会的发展,满足人民生活需要,1997 年全国人大常委会制定了《节约能源法》,并于 2007年、2016 年、2018 年进行了修订。国务院制定了《民用建筑节能条例》(2008 年制定)和《公共机构节能条例》(2008 年制定,2017 修订)。国务院各有关部门还制定了《节能监察办法》(2016 年制定)、《工业节能管理办法》(2016 年制定)、《工业节能监察办法》(2022 年制定)、《固定资产投资项目节能审查办法》(2023 年制定)等部门规章。

（二）可再生能源法律制度的主要内容

1. 总量目标制度

可再生能源总量目标,是指政府能源部门在调查研究的基础上确立的可再生能源开发利用中长期总量目标。在可再生能源开发利用比较先进的国家,通常都根据可再生能源发展目标,制定详细的、具有法律效力的规划,指导和规范可再生能源开发利用。

《可再生能源法》确立的可再生能源总量目标制度包括如下几个方面:一是实行全国可再生能源资源调查;二是编制全国可再生能源开发利用中长期总量目标及其规划。2016年,国家发展和改革委员会与国家能源局制定了《能源生产和消费革命战略（2016—2030）》,提出了我国可再生能源开发利用的中长期目标;三是可再生能源并网发电审批或备案和全额保障性收购制度。国家发展和改革委员会根据Ⅰ类资源区、Ⅱ类资源区、Ⅲ类资源区、Ⅳ类资源区不同的资源利用条件,核定了风电、光伏发电重点地区最低保障收购年利用小时数核定表。风电、光伏发电发电量在"最低保障收购年利用小时数"以内的,电网企业应当全额收购;超出"最低保障收购年利用小时数"以外的,视为"市场交易电量",由可再生能源发电企业通过参与市场竞争方式获得发电合同。

2019 年 5 月,国家发展和改革委员会、国家能源局开始推行"可再生能源电力消纳保障机制",按省级行政区域设定可再生能源电力消纳责任权重。可再生能源电力消纳责任权重是指按省级行政区域对电力消费规定应达到的可再生能源电量比重,包括可再生能源电力总量消纳责任权重和非水电可再生能源电力消纳责任权重。承担消纳责任的第一类市场主体为各类直接向电力用户供/售电的电网企业、独立售电公司、拥有配电网运营权的售电公司;第二类市场主体为通过电力批发市场购电的电力用户和拥有自备电厂的企业。第一类市场主体承担与其年售电量相对应的消纳量,第二类市场主体承担与其年用电量相对应的消纳量。电网企业承担经营区消纳责任权重实施的组织责任①。

2. 可再生能源上网电价与费用分摊制度

根据我国电价改革的实际情况和促进可再生能源开发利用的要求,并借鉴一些发达国家的成功经验,法律规定按照风力发电、太阳能发电、小水电、生物质能发电等不同的技术类型和各地不同的条件,分别规定不同的上网电价。这一价格机制将使可再生能源发电投资者获得相对稳定和合理的回报,引导他们向可再生能源发电领域投资,从而加快可再生能源开发利用的规模化和商业化。但随着可再生能源发电领域科技进步、规模扩大和管理水平的提高,可再生能源发电成本会逐步下降,也需要适时调整上网电价,以降低价格优惠。

为此,《可再生能源法》规定,可再生能源发电项目的上网电价按照有利于促进可再生能源开发利用和经济合理的原则确定并予公布。(第19条第1款)电网企业依照上网电价收购可再生能源电量所发生的费用,高于按照常规能源发电平均上网电价计算所发生费用之间的差额,由在全国范围对销售电量征收可再生能源电价附加补偿。(第20条)

鉴于可再生能源发电的成本不断降低,已经具备了平价上网的条件,为此,国家发展和改革委员会明确自2021年起,对新备案集中式光伏电站、工商业分布式光伏项目和新核准陆上风电项目,中央财政不再补贴,实行平价上网。

3. 可再生能源专项资金和税收、信贷鼓励措施

《可再生能源法》规定的可再生能源专项资金和税收、信贷鼓励措施包括:

第一,国家财政设立可再生能源发展基金,资金来源包括国家财政年度安排的专项资金和依法征收的可再生能源电价附加收入等。可再生能源发展基金用于补偿可再生能源发电企业的电费差额,并用于支持可再生能源开发利用的科研和工程、农牧区生活用能的可再生能源利用项目偏远地区和海岛可再生能源独立电力系统建设等方面②。(第24条)

第二,提供有财政贴息的优惠贷款。对列入国家可再生能源产业发展指导目录、符合信贷条件的可再生能源开发利用项目,金融机构可以提供有财政贴息的优惠贷款。(第25条)

第三,给予税收优惠。国家对列入可再生能源产业发展指导目录的项目给予税收优惠。(第26条)

---

① 参见《国家发展改革委、国家能源局关于建立健全可再生能源电力消纳保障机制的通知》(发改能源〔2019〕807号),2019年5月。

② 依照《可再生能源法》第32条的解释,可再生能源独立电力系统是指不与电网连接的单独运行的可再生能源电力系统。

（三）节约能源法律制度的主要内容

1. 节能基本制度

第一，将节能纳入我国的基本国策。依照《节约能源法》的规定，节约与开发并举、把节约放在首位是我国的能源发展战略。（第4条）

第二，实行固定资产投资项目节能评估和审查制度。在对固定资产投资工程项目进行研究论证时，就必须对建设项目本身能源利用的合理性进行专题论证，使各项用能指标达到规定要求，避免出现新增用能项目的能源浪费与用能不合理的情况，把固定资产投资项目的经济效益与环境保护、合理用能统一起来，使国家的经济建设、环境保护、能源利用相互协调。不符合强制性节能标准的项目，建设单位不得开工建设；已经建成的，不得投入生产、使用。政府投资项目不符合强制性节能标准的，依法负责项目审批的机关不得批准建设。具体办法由国务院管理节能工作的部门会同国务院有关部门制定。（第15条）

第三，实行节能标准与能效标识制度。国务院标准化主管部门和国务院有关部门依法组织制定并适时修订有关节能的国家标准、行业标准，建立健全节能标准体系。同时鼓励企业制定严于国家标准、行业标准的企业节能标准。（第13条）对家用电器等使用面广、耗能量大的用能产品，实行能源效率标识管理。（第18条）生产者和进口商应当对列入国家能源效率标识管理产品目录的用能产品标注能源效率标识，在产品包装物上或者说明书中予以说明，并按照规定报国务院产品质量监督部门和国务院管理节能工作的部门共同授权的机构备案；生产者和进口商应当对其标注的能源效率标识及相关信息的准确性负责；禁止销售应当标注而未标注能源效率标识的产品。（第19条）

用能产品的生产者、销售者，可以根据自愿原则，按照国家有关节能产品认证的规定，向经国务院认证认可监督管理部门认可的从事节能产品认证的机构提出节能产品认证申请；经认证合格后，取得节能产品认证证书，可以在用能产品或者其包装物上使用节能产品认证标志。（第20条）

第四，落后用能产品淘汰制度。国家对落后的耗能过高的用能产品、设备和生产工艺实行淘汰制度。淘汰的用能产品、设备、生产工艺的目录和实施办法，由国务院管理节能工作的部门会同国务院有关部门制定并公布。生产过程中耗能高产品的生产单位，应当执行单位产品能耗限额标准。对超过单位产品能耗限额标准用能的生产单位，由管理节能工作的部门按照国务院规定的权限责令限期治理。（第16条）

第五，实行重点用能单位管理制度。依照《节约能源法》的规定，所谓重点用能单位，是指年综合能源消费总量1万吨标准煤以上的用能单位，以及国务院有关部门或者省级人民政府节能部门指定的年综合能源消费总量5千吨以上不满1万吨标准煤的用能单位。（第52条）

重点用能单位应当每年向管理节能工作的部门报送上年度的能源利用状况报告。能源利用状况包括能源消费情况、能源利用效率、节能目标完成情况和节能效益分析、节能措施等内容。（第53条）管理节能工作的部门应当对重点用能单位报送的能源利用状况报告进行审查。（第54条）

第六,对节能的财政支持措施。中央财政和省级地方财政安排节能专项资金,支持发展和推广通用节能技术和节能工程。(第59、60条)国家制定优惠政策,对节能先进技术、节能示范工程和节能推广项目给予支持。(第61、65条)

2.合同能源管理——一种市场化的节能方式

合同能源管理是20世纪70年代发源于西方国家的一种基于市场运作方式形成的新节能机制,20世纪90年代引入我国,通过示范、引导和推广,节能服务产业迅速发展,专业化的节能服务公司不断增多,服务范围已扩展到工业、建筑、交通、公共机构等多个领域。

2010年我国发布了国家标准《合同能源管理技术通则》(GB/T 24915—2010,已为 GB/T 24915—2020 所代替),合同能源管理正式开始在我国推广。

依照该通则的规定,所谓合同能源管理,是指节能服务公司与用能单位以契约形式约定节能项目的节能目标,节能服务公司为实现节能目标向用能单位提供必要的服务,用能单位以节能效益、节能服务费或能源托管费支付节能服务公司的投入及其合理利润的节能服务机制。合同能源管理的目的是减少用能单位的能源消耗,以达到节能减排的目的。

参 考 书 目

1.汪劲.环境法学[M].4版.北京:北京大学出版社,2018.

2.韩德培.环境保护法教程[M].8版.北京:法律出版社,2018.

3.蔡守秋.环境资源法教程[M].3版.北京:高等教育出版社,2017.

4.肖国兴,肖乾刚.自然资源法[M].北京:法律出版社,1999.

推 荐 阅 读

1.汪劲.环境法学[M].4版.北京:北京大学出版社,2018.第十至十二章。

2.吕忠梅.环境法学[M].2版.北京:法律出版社,2009.第十、十一章。

3.韩德培.环境保护法教程[M].8版.北京:法律出版社,2018.第六至十一章。

4.徐祥民,陈书全.中国环境资源法的产生与发展[M].北京:科学出版社,2007.第四、七章。

思 考 题

1.试述自然保护法的概念、目的与特征。

2.试述野生动物的权属及其致害的补偿制度。

3.试述外来物种入侵控制制度的国际与国内法律渊源。

4. 试述自然保护地的类型。

5. 试述《长江保护法》规定的长江流域保护管理和协调机制。

6. 试述海洋生态保护的管理体制与保护措施。

7. 试述土地分类管理制度与耕地保护措施。

8. 试述林权的含义及其与碳汇制度的关系。

9. 试述《水法》与《水污染防治法》的区别与联系。

10. 试述《节约能源法》规定的固定资产投资项目节能评估和审查制度。

第六章
环境与资源保护法的法律责任

第一节 概　　述

法律作为一种行为规范,它的重要特征之一是具有国家的强制性。这种强制性的集中表现是对违反法律的行为人追究其法律责任,环境与资源保护法律也不例外。

法律责任是法学中一个非常重要的概念,法律责任是指违法者对自己的违法行为所应当承担的负面法律后果或不利法律后果。国家追究法律责任的目的是维护法所确认的社会关系和社会秩序。承担法律责任,意味着违法者接受国家对其违法行为的评价、谴责和否定①。

环境与资源保护法律责任是指因实施了违反环境与资源保护法的行为者或者造成环境破坏和环境污染者,依法应当承担的法律责任。易言之,环境与资源保护法律责任是法律责任制度在环境与资源保护法中的具体体现。在我国,法律责任包括民事责任、行政责任和刑事责任。相应地,环境与资源保护法律责任包括环境侵权民事责任、违反环境与资源保护法的行政责任和破坏环境与资源保护犯罪的刑事责任。为了保障环境与资源保护法律的有效实施,必须建立完善的法律责任制度。

民事责任主要包括违约责任和侵权责任两种形式。一般认为,环境与资源保护法中的民事责任属于侵权责任的范畴,它是指环境利用行为人在利用环境容量排污或者开发利用自然资源过程中,损害他人的人身权或财产权,或者违反国家规定造成生态环境损害,依法应当承担的民事责任。

违反环境与资源保护法的行政责任是指违反环境与资源保护法和国家行政法规所规定的行政义务或法律禁止事项而应承担的法律责任。行政责任包括行政处分和行政处罚。行政责任是实践中针对存在环境违法行为的违法者适用频率最高的一种法律责任。

破坏环境与资源保护犯罪的刑事责任是指个人或者单位(包括法人和其他组织)因违反环境与资源保护法,严重污染或者破坏环境(含自然资源),触犯刑法构成犯罪所应负的

① 周旺生.法理学[M].北京:北京大学出版社,2006:235-236.

刑事方面的法律后果①。

从理论上来说,环境与资源保护法的民事、行政及刑事责任之间存在一种互补且层层递进的关系,从而构成一个严密的"法网":民事责任以"损害赔偿"为主,侧重对受害人的救济,关系着最基本的公平和正义。传统的民事责任侧重对受害人人身权和财产权的保护。近年来,随着各国对生态损害的日益重视,生态环境损害赔偿也逐渐成为污染者应当承担的环境民事责任之一,这对于环境保护而言意义非常重大。行政责任侧重对违法者本身的处罚,它是在实践中运用最多的一种法律责任。负有环境与资源保护监督管理职责的部门通过对违反环境与资源保护法律的违法者适用行政责任,可以剥夺违法者的违法收益,督促违法者守法。刑事责任既注重对违法者本身的处罚,又注重对潜在违法者的威慑。刑事责任是最严厉的法律责任,只适用于最严重的环境违法行为。对严重违法者追究刑事责任,一方面可以让违法者感受到违法后果的严重性,避免将来再次违法,另一方面也可以让一些潜在的违法者打消违法的念头,起到杀鸡儆猴的作用。此外,对严重违法者追究刑事责任,还可以满足公众对于公平正义的需求,维护并提升公众对于法治的认同感。当环境民事、行政、刑事责任在立法上比较完善并且在实践中能够严格执行时,不但能在事后最大限度地保障受害人获得应有的救济并使违法者受到应有的惩罚,而且在事先就能迫使理性的潜在违法者遵纪守法,从而大大减少实际发生的违法行为。

传统上,在违法行为发生之后,一般都是由国家机关或者直接受害人追究违法者的法律责任。但在环境与资源保护领域,尽管环境违法行为实际上关系到很多人的利益,但往往缺乏传统法意义上的直接受害人,并且享有环境与资源行政管理职权的部门也经常怠于行使职权追究违法者法律责任,从而酿成"公地悲剧"。为了解决这个问题,保护"环境"这种公共资源,现代环境法逐渐发展出公益诉讼制度,即允许与案件无直接利害关系的原告出于公益目的,针对损害公共环境利益的行为,向法院提起诉讼,要求法院判决被告改变违法行为并承担相应的民事责任或者行政责任。

第二节   违反环境与资源保护法的行政责任

一、违反环境与资源保护法的行政责任的概念及其构成要件

违反环境与资源保护法的行政责任是指违反环境与资源保护法和国家行政法规所规定的行政义务或法律禁止事项而应承担的法律责任。违反环境与资源保护法的行政责任的构成要件包括:

(1) 行为违法,即行为人实施了法律禁止的行为或违反了法律规定的义务。行为违法

---

① 韩德培. 环境保护法教程[M]. 8版. 北京:法律出版社,2018:320.

是构成行政责任的必要条件,没有违法行为,便不构成行政责任。环境与资源保护法律规定的环境行政责任中,往往以"违反本法规定"作为前提。例如《水污染防治法》(2017 年修正)第 83 条规定:"违反本法规定,有下列行为之一的,由县级以上人民政府环境保护主管部门责令改正或者责令限制生产、停产整治,并处十万元以上一百万元以下的罚款;情节严重的,报经有批准权的人民政府批准,责令停业、关闭……"

(2)行为人的过错。除法律、行政法规另有规定外,行为人具有主观过错也是承担行政责任的必要条件。《行政处罚法》第 33 条规定:"当事人有证据足以证明没有主观过错的,不予行政处罚。法律、行政法规另有规定的,从其规定。"主观过错包括故意和过失。故意的心理状态是行为人明知自己的行为会造成对环境、公私财产或人体健康的危害,而明知故犯或者放任损害后果发生。过失则表现为由于疏忽大意或过于自信而导致损害发生,并非故意。在执法实践中,行为人的违法行为属于故意还是过失是影响环境行政处罚轻重程度的一个重要因素。

根据我国环境与资源保护法的规定,在大多数情形下,危害后果并非环境行政责任的构成条件。易言之,只要存在环境违法行为,无论有没有实际造成危害后果,都要承担行政责任。例如拒绝现场检查,环境影响评价报告书(表)未批先建,重点排污单位未依法公开环境信息、未依法进行自行监测,篡改、伪造监测数据,未经批准进入自然保护区核心区等,只要存在违法行为就应当承担相应的行政责任,无须以出现实际危害后果为前提。当然,在追究违法者环境行政责任时,违法行为是否造成实际的危害后果及危害后果的大小,会影响行政责任的轻重程度。

当然,也有一些环境行政责任需要以造成实际损害作为构成要件。例如,《水污染防治法》第 94 条规定:"企业事业单位违反本法规定,造成水污染事故的,除依法承担赔偿责任外,由县级以上人民政府环境保护主管部门依照本条第二款的规定处以罚款,责令限期采取治理措施,消除污染……"也就是说,适用该条规定的环境行政责任,必须以实际造成水污染事故为前提。

二、违反环境与资源保护法的行政责任的种类

根据法律规定,环境行政责任分为行政处分和行政处罚两种。

案例讨论 6-1

A 公司为了节约生产成本,擅自关闭大气污染防治设施,超标排放恶臭气体。附近居民不堪其扰,多次向当地生态环境部门投诉,但负责现场执法的副局长张某认为工作太忙,且恶臭对人体健康危害不大,在收到投诉后并没有及时对 A 公司进行查处。无奈之下,居民只好向媒体反映。媒体曝光之后,该案引起了上级生态环境部门的重视,指示当地生态环境

部门立即查处该案。

讨论：A 公司和张某各自应当承担何种行政责任？

（一）行政处分

1. 概念

环境与资源保护行政处分是对违法、违纪的环境与资源保护行政机关工作人员给予的行政制裁。实施行政处分的依据是国家环境与资源保护法律、法规及《公务员法》（2018 年修订）、《公职人员政务处分法》（2020 年）、《行政机关公务员处分条例》（2007 年）和《环境保护违法违纪行为处分暂行规定》（2006 年）。实施行政处分的目的是加强负有污染防治职责的领导人和责任人的环保意识和责任心，减少行政违法行为。《公务员法》《公职人员政务处分法》和《行政机关公务员处分条例》在宏观层面上对行政机关公务员的违法行为规定了相应的法律责任，各部环境与资源保护法律、法规及《环境保护违法违纪行为处分暂行规定》对国家行政机关及其工作人员、企业中由国家行政机关任命的人员有关环境保护违法违纪的行为规定了具体的法律责任。

2. 种类

根据《公务员法》第 62 条和《公职人员政务处分法》第 7 条的规定，对国家工作人员的行政处分分为如下六种：警告、记过、记大过、降级、撤职、开除。

3. 程序

对被处分人所犯错误的事实进行调查核实，取得证据；经过一定的会议讨论，并允许被处分人进行申辩；处分决定要经任免机关或监察机关批准后生效；处分决定应书面通知被处分人并记入本人档案；受处分人如对处分决定不服，可以依照《公务员法》《公职人员政务处分法》和《行政监察法》的有关规定，申请复审或者复核。

（二）行政处罚

1. 概念

环境与资源保护行政处罚是由法律授权的环境保护部门和其他行使环境监督管理权的机关，按照国家有关行政处罚法律规定的程序，对违反行政管理秩序的公民、法人或者其他组织，以减损权益或者增加义务的方式予以惩戒的行为。实施行政处罚的主要法律依据是《行政处罚法》，以及环境与资源保护单项法律、法规和规章。

实施环境行政处罚的机关，除了对环保工作实施统一监督管理的各级生态环境部门以外，还包括依照法律规定对环境污染防治实施监督管理的港务监督、渔政渔港监督、军队环保部门和各级公安、交通等管理部门，还有依法对资源保护实施监督管理的县级以上人民政府的土地、矿产、林业、农业、水利等主管部门。

实施行政处罚必须有法定依据，即依照相关法律、法规或规章，并且依照法定的程序进行。

2. 种类

根据法律、行政法规和部门规章，环境行政处罚的种类包括：① 警告、通报批评；② 罚款、没收违法所得、没收非法财物；③ 暂扣许可证件、降低资质等级、吊销许可证件、一定时期内不得申请行政许可；④ 限制开展生产经营活动、责令停产整治、责令停产停业、责令关闭、限制从业、禁止从业；⑤ 责令限期拆除；⑥ 行政拘留；⑦ 法律、行政法规规定的其他行政处罚种类。其中，责令停业、关闭的处罚只能由各级人民政府作出，行政拘留的处罚只能由公安机关或海警机构作出。

生态环境主管部门在对环境违法行为实施处罚时，应当在法定的处罚种类和幅度范围内综合考虑以下情节：① 违法行为所造成的环境污染、生态破坏及社会影响；② 当事人的主观过错程度；③ 违法行为的具体方式或者手段；④ 违法行为持续的时间；⑤ 违法行为危害的具体对象；⑥ 当事人是初次违法还是再次违法；⑦ 当事人改正违法行为的态度和所采取的改正措施及效果①。

在行政处罚中，使用最多的是罚款。罚款可以同其他处罚形式合并使用，但根据我国《行政处罚法》第 29 条的规定，对当事人的同一个违法行为，不得给予两次以上罚款的行政处罚。同一个违法行为违反多个法律规范应当给予罚款处罚的，按照罚款数额高的规定处罚。该规定被学者概括为"一事不再罚"。

为了加大对于环境违法行为的处罚力度，解决环境保护领域"违法成本低"的问题，2014 年新修订的《环境保护法》及此后制定或者修订的环境保护单行法不但普遍提高了罚款数额，还规定了一系列新的行政处罚措施，包括按日计罚②、限产停产③、行政拘留④等。

---

① 参见《生态环境行政处罚办法》（2023 年修订）第 41 条。

② 《环境保护法》第 59 条规定："企业事业单位和其他生产经营者违法排放污染物，受到罚款处罚，被责令改正，拒不改正的，依法作出处罚决定的行政机关可以自责令改正之日的次日起，按照原处罚数额按日连续处罚。前款规定的罚款处罚，依照有关法律法规按照防治污染设施的运行成本、违法行为造成的直接损失或者违法所得等因素确定的规定执行。地方性法规可以根据环境保护的实际需要，增加第 1 款规定的按日连续处罚的违法行为的种类。"

③ 《环境保护法》第 60 条规定："企业事业单位和其他生产经营者超过污染物排放标准或者超过重点污染物排放总量控制指标排放污染物的，县级以上人民政府环境保护主管部门可以责令其采取限制生产、停产整治等措施；情节严重的，报经有批准权的人民政府批准，责令停业、关闭。"

④ 《环境保护法》第 63 条规定，企业事业单位和其他生产经营者有下列行为之一，尚不构成犯罪的，除依照有关法律法规规定予以处罚外，由县级以上人民政府环境保护主管部门或者其他有关部门将案件移送公安机关，对其直接负责的主管人员和其他直接责任人员，处 10 日以上 15 日以下拘留；情节较轻的，处 5 日以上 10 日以下拘留：

（一）建设项目未依法进行环境影响评价，被责令停止建设，拒不执行的；

（二）违反法律规定，未取得排污许可证排放污染物，被责令停止排污，拒不执行的；

（三）通过暗管、渗井、渗坑、灌注或者篡改、伪造监测数据，或者不正常运行防治污染设施等逃避监管的方式违法排放污染物的；

（四）生产、使用国家明令禁止生产、使用的农药，被责令改正，拒不改正的。

此外，《土壤污染防治法》第 87 条、94 条，《固体废物污染环境防治法》第 120 条也规定了一些可以行政拘留的违法行为。

为了及时制止环境违法行为,法律还授权生态环境部门查封扣押造成污染物排放的设施、设备①。此外,为了增加处罚的威慑力,还规定了双罚制②——既处罚违法的企业事业单位,也处罚单位负责人或者直接责任人员。

拓展阅读6-1   2021年我国环境行政处罚概况

2021年1—12月,全国共下达环境行政处罚决定书13.28万份,罚款金额总计116.87亿元,案件平均罚款金额为8.8万元。

2021年1—12月,全国按日连续处罚案件数量为199件,罚款金额为18 580.62万元;适用查封、扣押案件数量为8 897件;适用限产、停产案件数量为1 093件;移送拘留案件数量为3 397件;移送涉嫌环境污染犯罪案件数量为1 868件。

资料来源:中华人民共和国生态环境部.生态环境部通报2021年1—12月环境行政处罚案件与《环境保护法》配套办法执行情况[EB/OL].2022-01-22.

---

3. 程序

依照《行政处罚法》和《生态环境行政处罚办法》的规定,我国环境行政处罚的程序包括简易程序、普通程序和听证程序三种。

(1) 简易程序

简易程序适用于违法事实确凿、情节轻微并有法定依据,对公民处以200元以下、对法人或者其他组织处以3 000元以下罚款或者警告的、可以当场作出行政处罚决定的场合。法律另有规定的,从其规定。

当场作出行政处罚决定时,应遵守下列简易程序。

第一,执法人员应向当事人出示有效执法证件。

第二,现场查清当事人的违法事实,并依法取证。

第三,向当事人说明违法的事实、拟给予行政处罚的种类和依据、罚款数额、时间、地点,告知当事人享有的陈述、申辩权利。

第四,听取当事人的陈述和申辩。当事人提出的事实、理由或者证据成立的,应当采纳。

---

① 《环境保护法》第25条规定,企业事业单位和其他生产经营者违反法律法规规定排放污染物,造成或者可能造成严重污染的,县级以上人民政府环境保护主管部门和其他负有环境保护监督管理职责的部门,可以查封、扣押造成污染物排放的设施、设备。

此外,《固体废物污染环境防治法》第27条、《湿地保护法》第46条、《噪声污染防治法》第30条也规定了查封、扣押措施。

② 《固体废物污染环境防治法》第114条规定,无许可证从事收集、贮存、利用、处置危险废物经营活动的,……对法定代表人、主要负责人、直接负责的主管人员和其他责任人员,处10万元以上100万元以下的罚款。未按照许可证规定从事收集、贮存、利用、处置危险废物经营活动的……对法定代表人、主要负责人、直接负责的主管人员和其他责任人员,处5万元以上50万元以下的罚款。

此外,《水污染防治法》第94条、《大气污染防治法》第122条、《海洋环境保护法》第90条、《土壤污染防治法》第90条等也规定了双罚制。

第五，填写预定格式、编有号码、盖有生态环境主管部门印章的行政处罚决定书，由执法人员签名或者盖章，并将行政处罚决定书当场交付当事人；当事人拒绝签收的，应当在行政处罚决定书上注明。

第六，告知当事人如对当场作出的行政处罚决定不服，可以依法申请行政复议或者提起行政诉讼，并告知申请行政复议、提起行政诉讼的途径和期限。

以上过程应当制作笔录。

执法人员当场作出的行政处罚决定，应当在决定之日起 3 个工作日内报所属生态环境部门备案。

（2）普通程序

普通程序适用于简易程序以外的其他行政处罚场合。普通程序的流程如下。

第一，立案。生态环境部门对通过检查发现或者接到举报、控告、移送的环境违法行为，应予初步审查，并在 15 日内决定是否立案。特殊情况下，经本机关负责人批准，可以延长 15 日。法律、法规另有规定的除外。

第二，调查取证。生态环境部门对登记立案的环境违法行为，应当指定专人负责，全面、客观、公正地调查，收集有关证据。执法人员调查取证时，应当向当事人或者有关人员出示执法证件。询问或者检查应当制作笔录。

第三，案件审查。调查终结的，案件调查人员应当制作调查报告，提出已查明违法行为的事实和证据、初步处理意见，移送进行案件审查。本案的调查人员不得作为本案的审查人员。案件审查的主要内容包括：① 本机关是否有管辖权；② 违法事实是否清楚；③ 证据是否合法充分；④ 调查取证是否符合法定程序；⑤ 是否超过行政处罚追责期限；⑥ 适用法律、法规、规章是否准确，裁量基准运用是否适当。违法事实不清、证据不充分或者调查程序违法的，审查人员应当退回调查人员补充调查取证或者重新调查取证。

行使生态环境行政处罚裁量权应当符合立法目的，并综合考虑以下情节：① 违法行为造成的环境污染、生态破坏以及社会影响；② 当事人的主观过错程度；③ 违法行为的具体方式或者手段；④ 违法行为持续的时间；⑤ 违法行为危害的具体对象；⑥ 当事人是初次违法还是再次违法；⑦ 当事人改正违法行为的态度和所采取的改正措施及效果。

违法行为轻微并及时改正，没有造成生态环境危害后果的，不予行政处罚。初次违法且生态环境危害后果轻微并及时改正的，可以不予行政处罚。当事人有证据足以证明没有主观过错的，不予行政处罚。法律、行政法规另有规定的，从其规定。对当事人的违法行为依法不予行政处罚的，生态环境主管部门应当对当事人进行教育。

当事人有下列情形之一的，应当从轻或者减轻行政处罚：① 主动消除或者减轻生态环境违法行为危害后果的；② 受他人胁迫或者诱骗实施生态环境违法行为的；③ 主动供述生态环境主管部门尚未掌握的生态环境违法行为的；④ 配合生态环境主管部门查处生态环境违法行为有立功表现的；⑤ 法律、法规、规章规定其他应当从轻或者减轻行政处罚的。

第四，告知。生态环境主管部门在作出行政处罚决定之前，应当告知当事人拟作出的行政处罚内容及事实、理由、依据和当事人依法享有的陈述、申辩、要求听证等权利,当事人在收到告知书后 5 日内进行陈述、申辩;未依法告知当事人,或者拒绝听取当事人的陈述、申辩的,不得作出行政处罚决定,当事人明确放弃陈述或者申辩权利的除外。当事人进行陈述、申辩的,生态环境主管部门应当充分听取当事人意见,将当事人的陈述、申辩材料归入案卷。对当事人提出的事实、理由和证据,应当进行复核。当事人提出的事实、理由或者证据成立的,应当予以采纳;不予采纳的,应当说明理由。不得因当事人的陈述、申辩而给予更重的处罚。在拟作出较大数额的罚款、吊销许可证件、责令停产停业、限制从业等较重的行政处罚或者法律、法规、规章规定的其他情形时,生态环境主管部门应当告知当事人有要求举行听证的权利。

第五,决定。生态环境部门负责人经过审查,根据不同情况作出不同的处理。① 确有应受行政处罚的违法行为的,根据情节轻重及具体情况,作出行政处罚决定;② 违法行为轻微,依法可以不予行政处罚的,不予行政处罚;③ 违法事实不能成立的,不予行政处罚;④ 违法行为涉嫌犯罪的,移送司法机关。对情节复杂或者重大违法行为给予行政处罚,作出处罚决定的生态环境部门负责人应当集体讨论决定。有下列情形之一,生态环境部门负责人作出行政处罚的决定之前,应当由生态环境部门负责重大执法决定法制审核的机构或者法制审核人员进行法制审核;未经法制审核或者审核未通过的,不得作出决定:① 涉及重大公共利益的;② 直接关系当事人或者第三人重大权益,经过听证程序的;③ 案件情况疑难复杂、涉及多个法律关系的;④ 法律、法规规定应当进行法制审核的其他情形。设区的市级以上生态环境部门可以根据实际情况,依法对应当进行法制审核的案件范围作出具体规定。

如果作出了行政处罚的决定,行政处罚决定书应当送达当事人,并根据需要抄送与案件有关的单位和个人。环境保护行政处罚案件一般应当自立案之日起的 90 日内作出处理决定。案件办理过程中,中止听证、公告、监测(检测)、评估、鉴定、认定、送达等时间不计入期限。

行政处罚决定书应当载明以下内容:第一,当事人的基本情况,包括当事人姓名或者名称、居民身份证号码或者统一社会信用代码、住址或者住所地、法定代表人(负责人)姓名等;第二,违反法律、法规或者规章的事实和证据;第三,当事人陈述、申辩的采纳情况及理由符合听证条件的,还应当载明听证的情况;第四,行政处罚的种类、依据以及行政处罚裁量基准运用的理由和依据;第五,行政处罚的履行方式和期限;第六,不服行政处罚决定,申请行政复议或者提起行政诉讼的途径和期限;第七,作出行政处罚决定的生态环境部门名称和作出决定的日期,并且加盖作出行政处罚决定生态环境部门的印章。

(3) 听证程序

行政机关拟作出下列行政处罚决定,应当告知当事人有要求听证的权利,当事人要求听证的,行政机关应当组织听证:① 较大数额罚款①;② 没收较大数额违法所得、没收较大价值非法财物;③ 暂扣许可证件、降低资质等级、吊销许可证件、一定时期内不得申请行政许可;④ 限制开展生产经营活动、责令停产整治、责令停产停业、责令关闭、限制从业、禁止从业;⑤ 其他较重的行政处罚;⑥ 法律、法规、规章规定的其他情形。

生态环境部门或者各级人民政府对于适用听证程序的行政处罚案件,在作出行政处罚决定前,应当向当事人告知有听证的权利。当事人要求听证的,行政机关应当组织听证。当事人不承担行政机关组织听证的费用。听证依照以下程序组织:① 当事人要求听证的,应当在生态环境部门告知后五日内提出。② 生态环境部门应当在听证的七日前,通知当事人举行听证的时间、地点。③ 除涉及国家秘密、商业秘密或者个人隐私外,听证公开举行。④ 听证由生态环境部门指定的非本案调查人员主持;当事人认为主持人与本案有直接利害关系的,有权申请回避。⑤ 当事人可以亲自参加听证,也可以委托一至二人代理。⑥ 当事人及其代理人无正当理由拒不出席听证或者未经许可中途退出听证的,视为放弃听证权利,生态环境部门终止听证。⑦ 举行听证时,调查人员提出当事人违法的事实、证据和行政处罚建议;当事人进行申辩和质证。⑧ 听证应当制作笔录;笔录应当交当事人或者其代理人核对无误后签字或者盖章。当事人或者其代理人拒绝签字或者盖章的,由听证主持人在笔录中注明。

听证终结后,生态环境部门应当根据听证笔录,由负责人根据不同的情况分别作出处理决定。

案例讨论 6-2

A 公司违法排污,导致重大水污染事故,引起当地居民的强烈谴责。为了尽快平复民愤,当地生态环境部门决定立即对 A 公司处以 30 万元的罚款。A 公司申请进行听证,生态环境部门认为 A 公司违法行为事实清楚,证据充分,没有必要听证,拒绝了 A 公司的申请。

讨论:生态环境部门的决定是否合法? 为什么?

三、不服环境行政处罚的救济措施

不服环境行政处罚的救济措施主要包括环境行政复议、环境行政诉讼两大类。此外,当生态环境部门和其他行使环境监督管理权的机关及其工作人员违法行使职权侵犯公民、法人和其他组织的合法权益造成损害的,受害人可以依照《国家赔偿法》(2012 年修订)提起国家赔偿诉讼。

---

① 根据《生态环境行政处罚办法》第 89 条的规定,"较大数额"对公民是指人民币五千元以上、对法人或者其他组织是指人民币二十万元以上。地方性法规、地方政府规章对"较大数额"另有规定的,从其规定。

（一）环境行政复议

行政复议是指行政相对人认为具体行政行为侵犯其合法权益,向行政复议机关提出复查该具体行政行为的申请,行政复议机关对被申请的具体行政行为进行合法性、适当性审查,并作出行政复议决定。

《行政复议法》(2017 年修正)第 9 条规定:"公民、法人或者其他组织认为具体行政行为侵犯其合法权益的,可以自知道该具体行政行为之日起 60 日内提出行政复议申请;但是法律规定的申请期限超过 60 日的除外。"

2016 年 12 月,中共中央办公厅、国务院办公厅印发了《关于省以下环保机构监测监察执法垂直管理制度改革试点工作的指导意见》,我国正式启动省以下生态环保机构垂直管理改革。根据该意见,市级生态环境局实行以省级生态环境厅(局)为主的双重管理,仍为市级人民政府工作部门;县级生态环境局调整为市级生态环境局的派出分局,由市生态环境局直接管理。至 2020 年底,省以下生态环保机构垂直管理改革已经全面完成。

《行政复议法》第 12 条规定:"对县级以上地方各级人民政府工作部门的具体行政行为不服的,由申请人选择,可以向该部门的本级人民政府申请行政复议,也可以向上一级主管部门申请行政复议。对海关、金融、国税、外汇管理等实行垂直领导的行政机关和国家安全机关的具体行政行为不服的,向上一级主管部门申请行政复议。"《行政复议法实施条例》第24 条规定:"申请人对经国务院批准实行省以下垂直领导的部门作出的具体行政行为不服的,可以选择向该部门的本级人民政府或者上一级主管部门申请行政复议;省、自治区、直辖市另有规定的,依照省、自治区、直辖市的规定办理。"

根据以上法律法规的规定,行政相对人针对县级生态环境分局以市级生态环境部门名义实施的具体行政行为提起环境行政复议,应当向市级人民政府或省级生态环境部门申请复议,复议的对象是市级生态环境部门。如果行政相对人对市级生态环境部门直接作出的具体行政行为不服的,也应当向市级人民政府或省级生态环境部门申请复议。

环境行政复议应当依照《行政复议法》《行政复议法实施条例》及《环境行政复议办法》规定的程序和方法进行。

《行政复议法》规定,公民、法人或者其他组织对行政复议决定不服的,可以依照《行政诉讼法》的规定向人民法院提起行政诉讼。但是法律规定行政复议决定为最终裁决的除外。法律规定行政复议决定为最终裁决的包括两种情形:一是国务院作出的行政复议决定;二是根据国务院或省级人民政府对行政区划的勘定、调整或者征用土地的决定,省级人民政府确认土地、矿藏、水流、森林、山岭、草原、荒地、滩涂、海域等自然资源的所有权或者使用权的行政复议决定。(第 30 条第 2 款)

值得一提的是,《行政复议法》将抽象行政行为也纳入复议范围。但适用时应该注意以下两点:第一,可以申请复议的抽象行政行为限于规章以下(不包括规章)的规范性文件;第二,行政相对人不能单独、直接以上述抽象行政行为为对象申请复议,而必须在对具体行政行为申请复议时,认为具体行政行为所依据的规定不合法才可一并提出对该规定的审查申请。

拓展阅读 6-2　具体行政行为和抽象行政行为

行政行为以行政相对人是否特定为标准,可以分为具体行政行为和抽象行政行为。具体行政行为是行政主体针对特定行政相对人所作的行政行为。行政处罚和行政处分都属于具体行政行为。抽象行政行为是相对具体行政行为而言的。从内涵上说,抽象行政行为是行政机关针对不特定多数人制定的,具有普遍约束力的行为规则。从外延上说,抽象行政行为主要包括行政立法行为,以及制定其他行政规范性文件的行为。行政立法行为是行政机关根据法定权限并按法定程序制定和发布行政法规和行政规章的活动。制定其他行政规范性文件的行为是行政机关及被授权组织为实施法律和执行政策,在法定权限内制定的除行政法规和规章以外的决定、命令等普遍性行为规则的总称。

根据《行政诉讼法》的规定,当事人对于具体行政行为不服的,可以提起行政诉讼,但法院不受理公民、法人或者其他组织对抽象行政行为提起的诉讼。根据《行政复议法》的规定,当事人对于具体行政行为不服的,可以申请行政复议;当事人认为行政机关的具体行政行为所依据的规章以下(不含规章)的规范性文件不合法,在对具体行政行为申请行政复议时,可以一并向行政复议机关提出对该规范性文件的审查。对于规章以上的抽象行政行为的审查,依照法律、行政法规办理,不能在行政复议中提出。

资料来源:姜明安. 行政法与行政诉讼法[M]. 7 版. 北京:北京大学出版社,高等教育出版社,2019.

当事人对生态环境部门依法对环境民事纠纷作出的调解或者其他处理不服的,不得申请行政复议。

案例讨论 6-3

A 公司对 B 县生态环境分局以市生态环境局名义作出的行政处罚决定不服,在收到行政处罚决定书之后决定提起环境行政复议。A 公司向公司的法律顾问 C 咨询应当向哪个部门提起环境行政复议。C 说,现在中国实行省以下生态环保机构垂直管理制度,因此只能向省生态环境厅申请复议。

讨论:法律顾问 C 的意见是否正确,为什么?

(二)　环境行政诉讼

环境行政诉讼,是指公民、法人或者其他组织认为生态环境部门和其他行使环境监督管理职权机关的具体行政行为侵犯其合法权益,向人民法院提起诉讼并由人民法院对该具体行政行为合法性进行审查并作出裁判的活动。

环境行政诉讼实质上是行政相对人认为其合法权益受到国家机关及其工作人员的具体行政行为侵犯时,而向人民法院寻求的一种司法救济形式。其重要特点是原告是行政相对人即公民、法人或其他组织,而被告只能是行使环境监督管理权的国家行政机关。

环境行政诉讼是行政诉讼的一种,在诉讼范围、管辖、审判程序、执行等方面,同一般诉讼没有原则区别,诉讼活动要依照《行政诉讼法》的规定进行。

依照《行政复议法》的规定,在下列两种情形下,在提起行政诉讼之前,必须先提起行政复议:第一,对国务院部门或者省、自治区、直辖市人民政府的具体行政行为不服的,应当先向作出该具体行政行为的国务院部门或者省、自治区、直辖市人民政府申请行政复议。对行政复议结果不服的,才可以向人民法院提起行政诉讼。也可以向国务院申请裁决,国务院作出的决定为最终裁决。(第14条)第二,公民、法人或者其他组织认为行政机关确认土地、矿藏、水流、森林、山岭、草原、荒地、滩涂、海域等自然资源的所有权或者使用权的具体行政行为,侵犯其已经依法取得的自然资源所有权或者使用权的,应当先申请行政复议;对行政复议决定不服的,可以依法向人民法院提起行政诉讼。(第30条第1款)

对于《行政复议法》或者其他单项环境与资源保护法律、法规未规定行政复议为提起行政诉讼前置程序的,公民、法人或者其他组织既可以提起行政诉讼又可以申请行政复议。但是,申请行政复议或者提起行政诉讼的,不停止行政处罚决定的执行。

《行政诉讼法》规定了两种诉讼时效:① 对行政复议决定不服的,诉讼时效为15天;② 直接向人民法院起诉的,诉讼时效为六个月。

行政诉讼实行两审终审制。当事人对一审判决不服的,可以向上一级人民法院提出上诉。二审法院的判决为终审判决。

案例讨论 6-4

A 公司由于违法排污导致重大水污染事故,被生态环境部罚款100万元。A 公司不服,向法院提起环境行政诉讼,要求撤销生态环境部的处罚决定。

讨论:根据我国法律规定,A 公司是否可以直接对生态环境部提起环境行政诉讼?

第三节　破坏环境与资源保护犯罪的刑事责任

一、破坏环境与资源保护犯罪概述

(一) 破坏环境与资源保护犯罪的概念

破坏环境资源保护罪是我国刑法中的一个类罪名,统一规定在《刑法》第六章"妨害社会管理秩序罪"第六节"破坏环境资源保护罪"中,是指违反国家环境与资源保护法律的规定,严重污染环境或有严重污染环境之虞,或者严重破坏自然资源,依法构成犯罪并且应当受刑罚处罚的行为。

拓展阅读 6-3 犯罪与刑罚

根据我国《刑法》规定：一切危害国家主权、领土完整和安全，分裂国家、颠覆人民民主专政的政权和推翻社会主义制度，破坏社会秩序和经济秩序，侵犯国有财产或者劳动群众集体所有的财产，侵犯公民私人所有的财产，侵犯公民的人身权利、民主权利和其他权利，以及其他危害社会的行为，依照法律应当受刑罚处罚的，都是犯罪，但是情节显著轻微危害不大的，不认为是犯罪。

任何一种犯罪的成立都必须具备四个方面的构成要件，即犯罪客体、犯罪客观方面、犯罪主体、犯罪主观方面的构成要件。

犯罪客体，是指《刑法》所保护而为犯罪所侵犯的社会关系。

犯罪客观方面，是指《刑法》所规定的、说明行为对《刑法》所保护的社会关系造成损害的客观外在事实特征。犯罪客观方面的要件具体表现为危害行为、危害结果，以及行为的时间、地点、方法（手段）、对象。其中危害行为是一切犯罪在客观方面都必须具备的要件；危害结果是大多数犯罪成立在客观方面必须具备的要件；特定的时间、地点、方法（手段）、对象，则是某些犯罪成立在犯罪客观方面必须具备的要件。

犯罪主体，是指达到法定刑事责任年龄、具有刑事责任能力、实施危害行为的自然人。有的犯罪构成还要求特殊主体，即具备某种职务或者身份的人。少数犯罪，根据法律的特别规定，企业事业单位、机关、团体也可以成为犯罪主体。

犯罪主观方面，是指犯罪主体对自己的行为及其危害社会的结果所抱的心理态度。它包括罪过（故意和过失，其中故意包括直接故意和间接故意，过失包括疏忽大意的过失和过于自信的过失）及犯罪的目的和动机这几种因素。其中，行为人的罪过是一切犯罪构成都必备的主观要素，犯罪的目的只是某些犯罪构成所必备的主观要素；犯罪动机一般不影响定罪，而只影响量刑。

我国《刑法》中的刑罚分为主刑和附加刑。主刑是对犯罪适用的主要刑罚方法。主刑的特点是：只能独立适用，不能附加适用。对一个罪只能适用一种主刑。附加刑是补充主刑适用的刑罚方法。附加刑的特点是既可以附加主刑适用，也可以独立适用。在附加适用时，可以同时适用两个以上的附加刑。主刑包括管制、拘役、有期徒刑、无期徒刑和死刑。附加刑包括罚金、剥夺政治权利、没收财产和驱逐出境。

资料来源：高铭暄，马克昌.刑法学[M].10版.北京：北京大学出版社，高等教育出版社，2022.

根据我国刑法学界的通说，犯罪行为具有三个基本特征：社会危害性、刑事违法性和应受惩罚性[1]。由此，破坏环境资源保护罪具有如下特征：

---

[1] 高铭暄，马克昌.刑法学[M].10版.北京：北京大学出版社，高等教育出版社，2022:42-44.

第一,社会危害性。世界各国在 20 世纪 60 年代以来通过制定环境与资源保护法律对企业的环境利用行为进行管制的实践,充分说明环境权益已经上升成为法律所要保护的人类权益。在这一进程中,人类所期待法律保护的权利和利益也在悄然发生改变,环境权利和环境利益逐渐成为人类生活的基本要素,而造成环境污染和破坏的行为也被视为应当受到惩罚的、具有社会危害性的行为。破坏环境资源保护罪的构成于客观上必须具备危害环境的行为及危害环境的后果,此为破坏环境资源保护罪的实质特征。这种危害性不仅包括对人类生命健康及公私财产的损害,还包括对环境的严重损害。人类赖以生存的环境是破坏环境资源保护罪直接侵害的对象,财产损失或人身伤亡仅是环境危害的后果之一,而且是间接的后果。各种生态危害才是环境犯罪的直接后果,而且是比具体的财产损失和人身伤亡更为严重的后果。环境犯罪的危害后果不应局限于具体的财产损失和人身伤亡后果①。

第二,刑事违法性。破坏环境资源保护罪的构成必须以违反环境与资源保护法律为前提,这种违法前提表现为违反环境与资源保护法律中的禁止性条款,这是破坏环境资源保护罪的实质特征。这里的"法律"应作广义的解释,包括法律、法规、司法解释、规章、决定和命令,以及我国加入的环境保护国际公约等②。构成破坏环境资源保护罪的违法行为,必须是刑事违法行为,是一种需要动用刑法进行惩罚的严重环境违法行为,而不是一般的民事违法行为或行政违法行为。

第三,应受惩罚性。此为破坏环境资源保护罪的形式特征。应受惩罚性这个特征将犯罪与刑罚这两种社会现象联系起来。这个特征表明,如果一个行为不应当受刑罚处罚,也就意味着它不是犯罪③。破坏环境资源保护罪的应受惩罚性,是指对于构成破坏环境资源保护罪的行为人,必须施以刑罚,根据我国《刑法》的规定,针对破坏环境资源保护罪的刑罚主要包括有期徒刑、拘役和罚金。针对破坏环境资源保护罪的特殊性,有些学者提出:应当加大非刑罚处理方法,例如责令恢复环境原状,以更好地保护环境。④

(二) 确立破坏环境与资源保护犯罪的意义和限度

传统上,应对环境与资源保护违法行为的法律责任主要是民事责任和行政责任。然而,实践证明,这两种相对较为温和的法律责任存在"违法成本低"的现象,无法有效遏制严重的环境违法行为,尤其是污染者经过理性的成本−收益分析后故意做出的严重环境违法行为,致使环境污染和生态破坏日益加剧,给公共安全和环境质量造成难以衡量的重大危害,而且危害持续时间长、波及范围广,甚至产生某种不可逆转的严重后果。因此,越来越多的国家和地区开始在民事责任和行政责任之外,动用刑事责任这种最严厉的手段来惩罚破坏环境与资源的犯罪行为,以警告那些只顾自己的经济利益而不管环境利益的行为人纠正自己的行为,达到保护人类生存环境的目的。例如,美国最新修改的每一部重要的环境法都增

①　赵秉志,王秀梅,杜澎. 环境犯罪比较研究[M]. 北京:法律出版社,2004:14.
②　赵秉志,王秀梅,杜澎. 环境犯罪比较研究[M]. 北京:法律出版社,2004:13−14.
③　高铭暄,马克昌. 刑法学[M]. 10 版. 北京:北京大学出版社,高等教育出版社,2022:44.
④　蒋兰香. 环境犯罪基本理论研究[M]. 北京:知识产权出版社,2008:296−324.

加了新的刑事制裁,并且加强了已有的制裁①。欧盟各国也越来越多地"为保护生态动刑"②。

当然,确立破坏环境与资源保护犯罪及其刑事责任的目的并不在于强调刑法的制裁作用,也不能将刑事责任适用于所有违反国家环境法律的行为。破坏环境与资源保护犯罪只适用于那些违反国家环境法律规定,严重污染或破坏生态环境,以及故意破坏自然资源、情节严重的行为。因此,在环境与资源保护管理的实践中,仍应当发挥环境行政管理及运用市场方法的主要作用,强调预防为主的原则,而不应当片面地过度强调刑事责任在环境与资源保护实践中的地位和作用。

二、《刑法》关于破坏环境资源保护罪的规定

(一) 概述

1997 年《刑法》在第六章"妨碍社会管理秩序罪"中专设一节"破坏环境资源保护罪",从第 338 条至第 346 条,共 9 条 16 款。根据《刑法》及其修正案的规定,共设立了污染环境罪,非法处置进口的固体废物罪,擅自进口固体废物罪,非法捕捞水产品罪,危害珍贵、濒危野生动物罪,非法狩猎罪,非法猎捕、收购、运输、出售陆生野生动物罪,非法占用农用地罪,破坏自然保护地罪,非法采矿罪,破坏性采矿罪,危害国家重点保护植物罪,非法引进、释放或者丢弃外来入侵物种罪,盗伐林木罪,滥伐林木罪,非法收购、运输盗伐、滥伐林木罪 16 个罪名。这些犯罪从内容上看,可以分为污染环境的犯罪和破坏自然资源保护的犯罪两类。

在《刑法》其他章节中,也有一些规定与破坏环境资源保护罪相关。例如,《刑法》第三章"破坏社会主义市场经济秩序罪"第二节"走私罪"中的走私珍贵动物、珍贵动物制品罪,走私国家禁止进出口的货物、物品罪,走私废物罪,以及第九章"渎职罪"中的"环境监管失职罪"等。

综上,我国《刑法》规定的破坏环境资源保护罪,可以分为污染环境的犯罪、破坏自然资源保护的犯罪及其他与破坏环境资源保护相关的犯罪三大类。

由于实践中破坏环境资源保护罪很多都是单位犯罪③,因此《刑法》第 346 条规定:"单位犯破坏环境资源保护罪的,对单位判处罚金,并对其直接负责的主管人员和其他直接责任人员,依照各该条的规定处罚。"

---

① Gaynor K A, Bartman T R. Criminal Enforcement of Environmental Laws[J]. COLO. J. INT'L ENVTL. L. & POL'Y, 1999, 10, 39−40.

② 迈克尔·福尔,冈特·海因. 欧盟为保护生态动刑——欧盟各国环境刑事执法报告[M]. 徐平,张浩,何茂桥,译. 北京:中央编译出版社,2009.

③ 单位犯罪是相对于自然人犯罪而言的一个范畴。《刑法》第 30 条规定:"公司、企业、事业单位、机关、团体实施的危害社会的行为,法律规定为单位犯罪的,应当负刑事责任。"从刑法分则的规定来看,单位犯罪广泛存在于危害公共安全罪,破坏社会主义经济秩序罪,侵犯公民人身权利、民主权利罪,妨害社会管理秩序罪,危害国防利益罪和贪污贿赂罪等章中,具体罪种有 120 多种。

（二）污染环境的犯罪

1. 污染环境罪

《刑法》第 338 条规定,违反国家规定,排放、倾倒或者处置有放射性的废物、含传染病病原体的废物、有毒物质或者其他有害物质,严重污染环境的,处三年以下有期徒刑或者拘役,并处或者单处罚金;情节严重的,处三年以上七年以下有期徒刑,并处罚金;有下列情形之一的,处七年以上有期徒刑,并处罚金:① 在饮用水水源保护区、自然保护地核心保护区等依法确定的重点保护区域排放、倾倒、处置有放射性的废物、含传染病病原体的废物、有毒物质,情节特别严重的;② 向国家确定的重要江河、湖泊水域排放、倾倒、处置有放射性的废物、含传染病病原体的废物、有毒物质,情节特别严重的;③ 致使大量永久基本农田基本功能丧失或者遭受永久性破坏的;④ 致使多人重伤、严重疾病,或者致人严重残疾、死亡的。

有前款行为,同时构成其他犯罪的,依照处罚较重的规定定罪处罚。

（1）污染环境罪的历史沿革

污染环境罪沿革于 1997 年《刑法》第 338 条确立的重大环境污染事故罪①。重大环境污染事故罪要求犯罪行为造成重大环境污染事故,致使公私财产遭受重大损失或者人身伤亡的严重后果。从这个规定可以看出:其一,重大环境污染事故罪属于典型的结果犯。必须发生重大环境污染事故并致使公私财产遭受重大损失或者人身伤亡的严重后果才能构成本罪。如果没有这种严重后果,即使恶意向环境排放污染物,也不构成犯罪。其二,如果仅仅造成环境本身严重污染,而没有导致公私财产遭受重大损失或者人身伤亡的严重后果,也不构成本罪。易言之,本罪虽然名为重大环境污染事故罪,但保护的法益实际上是财产利益和人身利益,而不是环境或生态利益。

随着我国环境形势日益严峻,对于恶意排污致重大环境污染事故的行为人,公众普遍认为以重大环境污染事故罪追究其刑事责任过于宽松,要求司法机关进一步加大刑罚制裁力度。在这种社会背景下,2009 年,我国的司法机关首次以投放危险物质罪追究造成重大环境污染事故行为人的刑事责任。

拓展阅读6-4　胡某违法排污构成投放危险物质罪案

2009 年 2 月 20 日上午,江苏省盐城市城西、越河自来水厂遭受污染,致使 20 多万居民饮用水停水 66 小时 40 分,造成直接经济损失 543.21 万元。污染事件发生后,经环境保护部门调查发现,盐城市标新化工有限公司法定代表人胡某和该公司生产负责人丁某于 2007 年 11 月底至 2009 年 2 月中旬,将生产过程中产生的大量钾盐废水排放至公司北

---

① 1997 年《刑法》第 338 条为:"违反国家规定,向土地、水体、大气排放、倾倒或者处置有放射性的废物、含传染病病原体的废物、有毒物质或者其他危险废物,造成重大环境污染事故,致使公私财产遭受重大损失或者人身伤亡的严重后果的,处三年以下有期徒刑或者拘役,并处或者单处罚金;后果特别严重的,处三年以上七年以下有期徒刑,并处罚金。"

侧的五支河内。废水流经蟒蛇河,最终造成了水厂水源污染。

公安机关一开始以重大环境污染事故罪对胡某、丁某立案并刑事拘留,并准备以此罪名提请批准逮捕。但是适时介入的检察官们认为:胡某等人明知企业排出的废水有毒有害,却不采取任何处理措施,任其流入盐城城西、越河自来水厂蟒蛇河取水口,并因此和当地群众多次发生争吵,也多次被环保部门查处,涉嫌构成投放危险物质罪。2009 年 8 月,法院对该案件进行一审。被告人胡某被以投放危险物质罪判处有期徒刑 10 年,合并其他罪行后判决执行有期徒刑 11 年;被告人丁某被以投放危险物质罪判处有期徒刑 6 年。2010 年 5 月 20 日,盐城市中级人民法院二审维持了一审判决。

很多人为该案的判决叫好,认为适用投放危险物质罪比重大环境污染事故罪更能震慑严重的环境违法行为。但也有一些学者提出了不同意见,认为盐城两级法院的判决有违"罪刑法定"原则。例如有学者认为,此前类似的违法行为最后都被定性为重大环境污染事故罪,如果说重大环境污染事故罪的刑罚太轻而不足以遏制环境污染犯罪,那就需要尽快启动修改《刑法》的程序,加大对环境犯罪的制裁力度。但在法律修改之前还是应当遵循"罪刑法定"原则,而不能为了加大处罚力度牵强地适用其他更重的罪名。

资料来源:

[1] 卢志坚,袁同飞. 江苏盐城水污染案:犯罪嫌疑人罪名变更的背后[N]. 检察日报. 2009-09-21.

[2] 王灿发,傅学良. 盐城水污染案"投毒罪"值得商榷[N]. 21 世纪经济报道. 2009-08-28.

在严峻的环境形势面前,立法机关也意识到原来的重大环境污染事故罪的构成要件已经不符合我国环境保护实践的需求。为加强《刑法》对广大人民群众生命健康和环境本身的保护,全国人大常委会于 2011 年 2 月通过的《刑法修正案(八)》对 1997 年《刑法》第 338 条"重大环境污染事故罪"进行了重大修改。修改后的条文为:"违反国家规定,排放、倾倒或者处置有放射性的废物、含传染病病原体的废物、有毒物质或者其他有害物质,严重污染环境的,处三年以下有期徒刑或者拘役,并处或者单处罚金;后果特别严重的,处三年以上七年以下有期徒刑,并处罚金。"相应地,罪名也由重大环境污染事故罪改为污染环境罪。

《刑法修正案(八)》规定的污染环境罪在实践中发挥了重要的作用。自 2013 年 6 月最高人民法院、最高人民检察院发布《关于办理环境污染刑事案件适用法律若干问题的解释》(法释〔2013〕15 号)[①]以来,我国每年污染环境罪的案件数量从重大环境污染事故罪时代的不足十件增长到 2014 年之后的每年上千件。但由于《刑法修正案(八)》并未修改原重大环境污染事故罪条款所规定的刑罚,导致在实践中出现了污染环境罪"罪刑不够均衡"的问题[②]。本着"用最严格的制度、最严密的法治保护生态环境"的精神,2020 年 12 月,全国人

---

① 2016 年 12 月,最高人民法院、最高人民检察院发布了新的《关于办理环境污染刑事案件适用法律若干问题的解释》(法释〔2016〕29 号)。

② 严厚福,刘湘. 污染环境罪的罪刑均衡问题研究[J]. 中州学刊,2020(10):63-68.

大常委会发布的《刑法修正案(十一)》再次修改了污染环境罪条款,提升了对于情节特别严重的污染环境行为的刑罚力度。

(2)污染环境罪的构成要件

污染环境罪的客体是国家环境保护制度与环境安全。所谓环境保护制度,是指由我国《环境保护法》《水污染防治法》《大气污染防治法》等一系列法律、法规所形成的环境保护制度①。所谓环境安全,是指人类和其他生物赖以生存的环境保持适合人类和其他生物生存的状态。

本罪的客观方面,表现为行为人违反国家规定,排放、倾倒或者处置有放射性的废物、含传染病病原体的废物、有毒物质或者其他有害物质,导致环境受到严重污染。放射性的废物、含传染病病原体的废物、有毒物质或者其他有害物质的具体范围应当依照国务院相关行政主管部门的规定认定。根据《最高人民法院、最高人民检察院关于办理环境污染刑事案件适用法律若干问题的解释》(2016)第15条的规定,下列物质应当认定为《刑法》第338条规定的"有毒物质":① 危险废物,是指列入国家危险废物名录,或者根据国家规定的危险废物鉴别标准和鉴别方法认定的,具有危险特性的废物;②《关于持久性有机污染物的斯德哥尔摩公约》附件所列物质;③ 含重金属的污染物;④ 其他具有毒性,可能污染环境的物质。该司法解释第1条和第3条也分别对"严重污染环境"和"后果特别严重"的具体情形进行了解释。但该解释针对的是《刑法修正案(八)》所规定的污染环境罪,而《刑法修正案(十一)》所规定的污染环境罪和《刑法修正案(八)》有很大不同。《刑法修正案(八)》所规定的污染环境罪分为"严重污染环境"和"后果特别严重"两个层次,而《刑法修正案(十一)》所规定的污染环境罪分为"严重污染环境""情节严重"和"有下列情形之一"(相当于后果特别严重的情形)三个层次。《刑法修正案(十一)》本身已经明确规定了"有下列情形之一"的具体情形,这几种情形包含了该司法解释中"后果特别严重"的几种情形。因此,该司法解释中规定的"后果特别严重"的具体情形,不能简单地等同于《刑法修正案(十一)》中规定的"情节严重"的情形。最高人民法院、最高人民检察院应当根据《刑法修正案(十一)》的规定,对《刑法》338条中的"严重污染环境"和"情节严重"作出新的司法解释。

本罪的主体是一般主体,自然人和单位均可成为本罪的犯罪主体。从司法实践来看,本罪的主体多为从事生产经营活动的自然人。

本罪的主观方面既可以是故意也可以是过失。本罪在《刑法修正案(八)》修订以前以"造成重大环境污染事故,致使公私财产遭受重大损失或者人身伤亡的严重后果"为成立条件,是典型的过失犯罪。但《刑法修正案(八)》删除前述表述,将本罪的成立条件修改为"严重污染环境",参酌立法宗旨,显然意在扩大本罪的处罚范围。因此不宜再将故意排除在本罪主观罪过范围之外。但如果仅将本罪界定为故意犯罪,那么或者意味着《刑法修正案(八)》将之前原本构成犯罪的过失污染环境造成严重后果的行为进行了非犯罪化处理,这

---

① 高铭暄,马克昌. 刑法学[M]. 10版. 北京:北京大学出版社,高等教育出版社,2022:592.

显然缺乏充分的法律理由与现实依据;或者意味着过失污染环境造成严重后果的行为只能被认定为过失危害公共安全的犯罪,这也会模糊罪与罪之间的界限且容易造成量刑上的不均衡。考虑到本罪法定刑幅度较宽,可以在法定刑幅度范围内对故意污染环境的行为和过失污染环境的行为作出轻重不同的处罚。因此,我们认为本罪的主观方面可以是过失,实践中更常见的则是故意①。

案例讨论 6-5

A 石油公司所属的海上钻井平台因操作不当发生漏油事故,污染了上千平方千米的海域。渔民和养殖户的直接经济损失超过 10 亿元,海洋生态损失更是难以计算。据专家测算,受污染海域要完全恢复原状至少需要 10 年的时间。

讨论: A 是否构成污染环境罪?

---

(3)污染环境罪的刑事责任

依照《刑法》第 338 条的规定,严重污染环境的,处三年以下有期徒刑或者拘役,并处或者单处罚金;情节严重的,处三年以上七年以下有期徒刑,并处罚金;有下列情形之一的,处七年以上有期徒刑②,并处罚金:① 在饮用水水源保护区、自然保护地核心保护区等依法确定的重点保护区域排放、倾倒、处置有放射性的废物、含传染病病原体的废物、有毒物质,情节特别严重的;② 向国家确定的重要江河、湖泊水域排放、倾倒、处置有放射性的废物、含传染病病原体的废物、有毒物质,情节特别严重的;③ 致使大量永久基本农田基本功能丧失或者遭受永久性破坏的;④ 致使多人重伤、严重疾病,或者致人严重残疾、死亡的。

2. 非法处置进口的固体废物罪

《刑法》第 339 条第 1 款规定,违反国家规定,将境外的固体废物进境倾倒、堆放、处置的,处五年以下有期徒刑或者拘役,并处罚金;造成重大环境污染事故,致使公私财产遭受重大损失或者严重危害人体健康的,处五年以上十年以下有期徒刑,并处罚金;后果特别严重的,处十年以上有期徒刑,并处罚金。

(1)非法处置进口的固体废物罪的构成要件

本罪侵犯的客体是国家对进口固体废物的管理制度。近些年来,一些发达国家经常向发展中国家转移危险废物。一些单位或个人贪图眼前的经济利益,为谋取高额利润,违反国家规定,进口固体废物后随意进行处置,严重污染了环境。对于这种危害社会的行为,应当依法进行惩治。

本罪的客观方面表现为违反国家规定,将境外的固体废物进境倾倒、堆放、处置。违反

---

① 高铭暄,马克昌. 刑法学[M]. 10 版. 北京:北京大学出版社,高等教育出版社,2022:594.
② 根据《刑法》第 45 条的规定,有期徒刑的期限一般为十五年以下。因此,犯污染环境罪最高可判处十五年有期徒刑。

国家规定主要是指违反《固体废物污染环境防治法》第 23 条"禁止中华人民共和国境外的固体废物进境倾倒、堆放、处置"以及第 24 条"国家逐步实现固体废物零进口,由国务院生态环境主管部门会同国务院商务、发展改革、海关等主管部门组织实施"的规定。

本罪的犯罪主体为一般主体,自然人和单位均可成为本罪的犯罪主体。

本罪的主观方面是故意,即明知是境外的固体废物,仍然违反国家规定,将其进境倾倒、堆放、处置。行为人虽然一般都具有牟取非法利益的目的,但该目的不是构成本罪在主观方面的必要条件①。

（2）认定非法处置进口的固体废物罪时应当注意的问题

本罪属于行为犯。行为人实施了非法处置进口固体废物的行为,就构成犯罪既遂,而无须危害结果的发生②。

拓展阅读 6-5　犯罪既遂形态

所谓犯罪既遂,是指行为人所故意实施的行为已经具备了某种犯罪构成的全部要件。犯罪既遂只存在于主观方面为直接故意的犯罪之中。根据我国刑法分则对各种直接故意犯罪构成要件的不同规定,犯罪既遂主要有以下四种不同的类型:

（1）结果犯。结果犯是指不仅要实施具体犯罪构成客观要件的行为,而且必须发生法定的犯罪结果才构成既遂的犯罪。"破坏环境资源保护罪"大多数属于结果犯。

（2）行为犯。行为犯是指以法定犯罪行为的完成作为既遂标志的犯罪。

（3）危险犯。危险犯是指以行为人实施的危害行为造成法律规定的发生某种危害结果的危险状态作为既遂标志的犯罪。在"破坏环境资源保护罪"中,非法处置进口的固体废物罪就属于危险犯。

（4）举动犯。举动犯是指按照法律规定,行为人一着手犯罪实行行为即告犯罪完成和完全符合构成要件,从而构成既遂的犯罪。

资料来源:高铭暄,马克昌. 刑法学[M]. 10 版. 北京:北京大学出版社,高等教育出版社,2022.

（3）非法处置进口的固体废物罪的刑事责任

依照《刑法》规定,犯非法处置进口的固体废物罪的,处五年以下有期徒刑或者拘役,并处罚金;造成重大环境污染事故,致使公私财产遭受重大损失或者严重危害人体健康的,处五年以上十年以下有期徒刑,并处罚金;后果特别严重的,处十年以上有期徒刑,并处罚金。

其中,"公私财产遭受重大损失""严重危害人体健康"及"后果特别严重"的认定标准,参见最高人民法院、最高人民检察院《关于办理环境污染刑事案件适用法律若干问题的解释》。

3. 擅自进口固体废物罪

《刑法》第 339 条第 2 款规定,未经国务院有关主管部门许可,擅自进口固体废物用作

---

①　周道鸾,张军. 刑法罪名精释[M]. 3 版. 北京:人民法院出版社,2008:680-681.

②　赵秉志,王秀梅,杜澎. 环境犯罪比较研究[M]. 北京:法律出版社,2004:156.

原料,造成重大环境污染事故,致使公私财产遭受重大损失或者严重危害人体健康的,处五年以下有期徒刑或者拘役,并处罚金;后果特别严重的,处五年以上十年以下有期徒刑,并处罚金。

（1）擅自进口固体废物罪的构成要件

本罪侵犯的客体是国家对进口固体废物的管理制度。

本罪的客观方面表现为未经国务院有关主管部门许可,擅自进口固体废物用作原料,造成重大环境污染事故,致使公私财产遭受重大损失或者严重危害人体健康的行为。依照2020年修订之前的《固体废物污染环境防治法》的规定,国务院环境保护行政主管部门会同国务院对外贸易主管部门、国务院经济综合宏观调控部门、海关总署、国务院质量监督检验检疫部门制定、调整并公布可以用作原料进口的固体废物目录,未列入该目录的固体废物禁止进口。对于列入该目录中的固体废物,必须经国务院环境保护行政主管部门会同国务院对外经济贸易主管部门审查许可,方能进口。但2020年修订的《固体废物污染环境防治法》第24条已经明确规定:“国家逐步实现固体废物零进口,由国务院生态环境主管部门会同国务院商务、发展改革、海关等主管部门组织实施。”2020年11月25日,生态环境部、商务部、国家发展和改革委员会、海关总署联合发布《关于全面禁止进口固体废物有关事项的公告》,自2021年1月1日起,禁止以任何方式进口固体废物,禁止我国境外的固体废物进境倾倒、堆放、处置。生态环境部停止受理和审批限制进口类可用作原料的固体废物进口许可证的申请。2020年已发放的限制进口类可用作原料的固体废物进口许可证,应当在证书载明的2020年有效期内使用,逾期自行失效。根据上述规定,自2021年1月1日起,国务院有关主管部门已经不再许可任何进口固体废物的行为。因此,本罪的规定已经在很大程度上与《固体废物污染环境防治法》的最新规定和管理实践相脱节,需要进行修改完善。

本罪的犯罪主体是一般主体,自然人和单位均可成为本罪的犯罪主体。

本罪的主观方面是故意,在2021年之前,是指行为人明知自己未取得国务院有关主管部门的许可,仍擅自进口固体废物;在2021年之后,是指行为人明知法律禁止进口固体废物,仍然进口固体废物。

（2）本罪与非法处置进口的固体废物罪的界限

本罪与非法处置进口的固体废物罪在侵犯的客体、主观方面、犯罪主体等方面基本相同,但在客观方面却有着重要的区别:前者属于结果犯,擅自进口固体废物用作原料的行为,只有造成重大环境污染事故,致使公私财产遭受重大损失或者严重危害人体健康的才构成犯罪;后者则属于行为犯,只要存在将中国境外的固体废物进境倾倒、堆放、处置的行为就构成犯罪。

（3）本罪与走私废物罪的界限

根据《刑法修正案（四）》的规定:“以原料利用为名,进口不能用作原料的固体废物、液态废物和气态废物的,依照本法第152条第2款、第3款的规定定罪处罚。”

《刑法》第152条第2款规定的罪名为走私废物罪,第3款是关于单位犯该罪的刑罚措施。本罪与走私废物罪的区别在于:首先,犯罪对象不完全相同。前者限于固体废物,后者除固体废物外,还包括液态废物和置于容器中的气态废物。其次,前者擅自进口的固体废物,可以用作原料,尚有利用价值,并未逃避海关监管,而是照章纳税,只是进口的固体废物应经国务院有关主管部门批准而未报经批准;而后者走私的废物不仅根本不能用作原料,且根本未获批准进口,入境时,还逃避海关监管,将这些废物走私入境。最后,前者必须造成重大环境污染事故,致使公私财产遭受重大损失或者严重危害人体健康的才构成犯罪;后者只要达到一定数量就可以追究刑事责任。

不过,在 2021 年之后,鉴于《固体废物污染环境防治法》已经全面禁止进口固体废物,已经不存在主管部门批准进口固体废物用作原料的情形。因此,该罪与走私废物罪的界限需要进一步理顺。

(4) 擅自进口固体废物罪的刑事责任

依照《刑法》规定,犯擅自进口固体废物罪的,处五年以下有期徒刑或者拘役,并处罚金;后果特别严重的,处五年以上十年以下有期徒刑,并处罚金。

其中,"公私财产遭受重大损失""严重危害人体健康"及"后果特别严重"的认定标准,参见最高人民法院《关于办理环境污染刑事案件适用法律若干问题的解释》。

(三) 破坏自然资源保护的犯罪

破坏自然资源保护的犯罪,是指违反自然保护法和自然资源法的规定,造成土地、森林、矿产、渔业、野生动植物等资源的破坏,情节严重或者数量较大的行为。

在犯罪主观方面,破坏自然资源保护的各类犯罪均为故意。在犯罪结果方面,一般无须有破坏结果的发生,破坏结果是加重刑罚处罚的量刑情节;在犯罪主体方面,是一般主体,既可以是单位、也可以是自然人。在犯罪客体方面,是国家资源保护管理秩序。在犯罪的客观方面,是违反国家规定,实施了破坏自然资源的行为。

破坏自然资源保护犯罪的具体犯罪形态及其构成要件如下。

1. 非法捕捞水产品罪

《刑法》第 340 条规定,违反保护水产资源法规,在禁渔区、禁渔期或者使用禁用的工具、方法捕捞水产品,情节严重的,处三年以下有期徒刑、拘役、管制或者罚金。

(1) 非法捕捞水产品罪的构成要件

本罪侵犯的客体是国家对水产资源的管理活动。"水产品"是指自然野生的水产品,不包括人工养殖的水产品。

本罪的客观方面表现为违反保护水产资源法规,在禁渔区、禁渔期或者使用禁用的工具、方法捕捞水产品,情节严重的行为。

最高人民法院、最高人民检察院 2022 年 4 月 6 日公布的《关于办理破坏野生动物资源刑事案件适用法律若干问题的解释》(法释〔2022〕12 号)第 3 条第 1 款规定,在内陆水域,违反保护水产资源法规,在禁渔区、禁渔期或者使用禁用的工具、方法捕捞水产品,具有下列情形之一的,应当认定为《刑法》第 340 条规定的"情节严重",以非法捕捞水产品罪定罪处罚:① 非法捕捞水产品五百公斤以上或者价值一万元以上的;② 非法捕捞有重要经济价值的水生动物苗种、怀卵亲体或者在水产种质资源保护区内捕捞水产品五十公斤以上或者价值一千元以上的;③ 在禁渔区使用电鱼、毒鱼、炸鱼等严重破坏渔业资源的禁用方法或者禁用工具捕捞的;④ 在禁渔期使用电鱼、毒鱼、炸鱼等严重破坏渔业资源的禁用方法或者禁用工具捕捞的;⑤ 其他情节严重的情形。

第2款规定,实施前款规定的行为,具有下列情形之一的,从重处罚:① 暴力抗拒、阻碍国家机关工作人员依法履行职务,尚未构成妨害公务罪、袭警罪的;② 二年内曾因破坏野生动物资源受过行政处罚的;③ 对水生生物资源或者水域生态造成严重损害的;④ 纠集多条船只非法捕捞的;⑤ 以非法捕捞为业的。

第3款规定,实施第1款规定的行为,根据渔获物的数量、价值和捕捞方法、工具等,认为对水生生物资源危害明显较轻的,综合考虑行为人自愿接受行政处罚、积极修复生态环境等情节,可以认定为犯罪情节轻微,不起诉或者免予刑事处罚;情节显著轻微危害不大的,不作为犯罪处理。

本罪的犯罪主体是一般主体,自然人和单位均可成为本罪的犯罪主体。

本罪的主观方面为故意。

(2) 非法捕捞水产品罪的刑事责任

依照《刑法》第340条的规定,犯非法捕捞水产品罪的,处三年以下有期徒刑、拘役、管制或者罚金。

2. 危害珍贵、濒危野生动物罪

《刑法》第341条第1款规定,非法猎捕、杀害国家重点保护的珍贵、濒危野生动物的,或者非法收购、运输、出售国家重点保护的珍贵、濒危野生动物及其制品的,处五年以下有期徒刑或者拘役,并处罚金;情节严重的,处五年以上十年以下有期徒刑,并处罚金;情节特别严重的,处十年以上有期徒刑,并处罚金或者没收财产。

本罪名原来的罪名为非法猎捕、杀害珍贵、濒危野生动物罪和非法收购、运输、出售珍贵、濒危野生动物,珍贵、濒危野生动物制品罪。根据2021年2月最高人民法院、最高人民检察院发布的《关于执行〈中华人民共和国刑法〉确定罪名的补充规定(七)》修改为本罪名。

(1) 危害珍贵、濒危野生动物罪的构成要件

本罪侵害的客体是国家对野生动物资源的管理制度。根据《关于办理破坏野生动物资源刑事案件适用法律若干问题的解释》第4条的规定,"国家重点保护的珍贵、濒危野生动物"包括列入《国家重点保护野生动物名录》的野生动物和经国务院野生动物保护主管部门核准按照国家重点保护的野生动物管理的野生动物,例如大熊猫、东北虎等。

本罪客观方面表现为违反国家有关野生动物保护法规,猎捕、杀害国家重点保护的珍贵、濒危野生动物或者非法收购、运输、出售国家重点保护的珍贵、濒危野生动物及其制品的行为。根据《关于办理破坏野生动物资源刑事案件适用法律若干问题的解释》第5条的规定,《刑法》第341条第1款规定的"收购"包括以营利、自用等为目的的购买行为;"运输"包

括采用携带、邮寄、利用他人、使用交通工具等方法进行运送的行为；"出售"包括出卖和以营利为目的的加工利用行为。"珍贵、濒危野生动物制品"是指对捕杀的野生动物的皮、毛、角、骨、肉等进行加工，制作成成品或者半成品的物品。

本罪属于选择性罪名，行为人只要实施了非法猎捕、杀害珍贵、濒危野生动物或者非法收购、运输、出售国家重点保护的珍贵、濒危野生动物及其制品其中一种行为，就构成本罪；实施了两种或者两种以上行为的，仍为一罪，不实施并罚。

本罪的犯罪主体为一般主体，自然人和单位均可构成本罪的主体。

本罪的主观方面是故意。

（2）危害珍贵、濒危野生动物罪的刑事责任

依照《刑法》第 341 条第 1 款的规定，犯危害珍贵、濒危野生动物罪的，处五年以下有期徒刑或者拘役，并处罚金；情节严重的，处五年以上十年以下有期徒刑，并处罚金；情节特别严重的，处十年以上有期徒刑，并处罚金或者没收财产。

《关于办理破坏野生动物资源刑事案件适用法律若干问题的解释》第 6 条第 1 款规定，非法猎捕、杀害国家重点保护的珍贵、濒危野生动物，或者非法收购、运输、出售国家重点保护的珍贵、濒危野生动物及其制品，价值二万元以上不满二十万元的，应当处五年以下有期徒刑或者拘役，并处罚金；价值二十万元以上不满二百万元的，应当认定为"情节严重"，处五年以上十年以下有期徒刑，并处罚金；价值二百万元以上的，应当认定为"情节特别严重"，处十年以上有期徒刑，并处罚金或者没收财产。

第 2 款规定，实施前款规定的行为，具有下列情形之一的，从重处罚：① 属于犯罪集团的首要分子的；② 为逃避监管，使用特种交通工具实施的；③ 严重影响野生动物科研工作的；④ 二年内曾因破坏野生动物资源受过行政处罚的。

第 3 款规定，实施第 1 款规定的行为，不具有第 2 款规定的情形，且未造成动物死亡或者动物、动物制品无法追回，行为人全部退赃退赔，确有悔罪表现的，按照下列规定处理：① 珍贵、濒危野生动物及其制品价值二百万元以上的，可以认定为"情节严重"，处五年以上十年以下有期徒刑，并处罚金；② 珍贵、濒危野生动物及其制品价值二十万元以上不满二百万元的，可以处五年以下有期徒刑或者拘役，并处罚金；③ 珍贵、濒危野生动物及其制品价值二万元以上不满二十万元的，可以认定为犯罪情节轻微，不起诉或者免予刑事处罚；情节显著轻微危害不大的，不作为犯罪处理。

在最高人民法院 2000 年制定的《关于审理破坏野生动物资源刑事案件具体应用法律若干问题的解释》中，对于本罪"情节严重"和"情节特别严重"的认定标准主要依据野生动物的数量。2022 年最高人民法院、最高人民检察院制定的《关于办理破坏野生动物资源刑事案件适用法律若干问题的解释》对破坏野生动物资源犯罪不再唯数量论，而是以价值（主要由国务院野生动物保护主管部门根据野生动物的珍贵、濒危程度、生态价值和市场价值等评估确定）作为基本定罪量刑标准，兼顾其他情节。作此调整后，对破坏野生动物资源犯罪的定罪量刑标准更加符合罪责刑相适应原则的要求。

《关于办理破坏野生动物资源刑事案件适用法律若干问题的解释》第15条规定,对于涉案动物及其制品的价值,应当根据下列方法确定:① 对于国家禁止进出口的珍贵动物及其制品、国家重点保护的珍贵、濒危野生动物及其制品的价值,根据国务院野生动物保护主管部门制定的评估标准和方法核算。② 对于有重要生态、科学、社会价值的陆生野生动物、地方重点保护野生动物、其他野生动物及其制品的价值,根据销赃数额认定;无销赃数额、销赃数额难以查证或者根据销赃数额认定明显偏低的,根据市场价格核算,必要时,也可以参照相关评估标准和方法核算。第16条规定,根据本解释第十五条规定难以确定涉案动物及其制品价值的,依据司法鉴定机构出具的鉴定意见,或者下列机构出具的报告,结合其他证据作出认定:① 价格认证机构出具的报告;② 国务院野生动物保护主管部门、国家濒危物种进出口管理机构或者海关总署等指定的机构出具的报告;③ 地、市级以上人民政府野生动物保护主管部门、国家濒危物种进出口管理机构的派出机构或者直属海关等出具的报告。

近年来,有些涉人工繁育野生动物案件的处理引发了社会关注。一方面,人工繁育野生动物也属于野生动物范畴,也在刑法的保护范围之内。例如大熊猫,不少是人工繁育,将人工繁育的大熊猫一概排除在刑法保护之外,显然不符合法律规定,也不符合常识常理。另一方面,人工繁育野生动物确实具有特殊性、复杂性,需要具体分析。对人工繁育技术成熟稳定的野生动物的人工繁育种群和野外种群按照同一标准进行管理,一律适用完全相同的定罪量刑标准,不利于经济社会发展和野生动物保护,也不符合社会公众的一般认知。据此,《关于办理破坏野生动物资源刑事案件适用法律若干问题的解释》第13条对破坏人工繁育野生动物资源案件的定罪量刑规则作出专门规定:实施本解释规定的相关行为,在认定是否构成犯罪及裁量刑罚时,应当考虑涉案动物是否系人工繁育、物种的濒危程度、野外存活状况、人工繁育情况、是否列入人工繁育国家重点保护野生动物名录,行为手段、对野生动物资源的损害程度,以及对野生动物及其制品的认知程度等情节,综合评估社会危害性,准确认定是否构成犯罪,妥当裁量刑罚,确保罪责刑相适应;根据本解释的规定定罪量刑明显过重的,可以根据案件的事实、情节和社会危害程度,依法作出妥当处理。涉案动物系人工繁育,具有下列情形之一的,对所涉案件一般不作为犯罪处理;需要追究刑事责任的,应当依法从宽处理:① 列入人工繁育国家重点保护野生动物名录的;② 人工繁育技术成熟、已成规模,作为宠物买卖、运输的。

案例讨论 6-6

A 为了验证狗熊到底笨不笨,携带浓硫酸到北京动物园熊山,借给熊喂食之际,将浓硫酸倒入熊口,先后导致五只国家二级保护动物棕熊和马熊被严重烧伤。动物园为了医治受伤的熊总共支付了 30 多万元医药费,但仍然有三只熊留下了永久的残疾。

讨论:A 是否构成危害珍贵、濒危野生动物罪?

3. 非法狩猎罪

《刑法》第 341 条第 2 款规定,违反狩猎法规,在禁猎区、禁猎期或者使用禁用的工具、方法进行狩猎,破坏野生动物资源,情节严重的,处三年以下有期徒刑、拘役、管制或者罚金。

(1) 非法狩猎罪的构成要件

本罪侵犯的客体是国家对野生动物资源的管理制度。

本罪的客观方面表现为违反狩猎法规,在禁猎区、禁猎期或者使用禁用的工具、方法进行狩猎,破坏野生动物资源,情节严重的行为。根据《关于办理破坏野生动物资源刑事案件适用法律若干问题的解释》第 7 条第 1 款的规定,"情节严重"是指具有下列情形之一的:① 非法猎捕野生动物价值一万元以上的;② 在禁猎区使用禁用的工具或者方法狩猎的;③ 在禁猎期使用禁用的工具或者方法狩猎的;④ 其他情节严重的情形。第 7 条第 2 款规定,实施前款规定的行为,具有下列情形之一的,从重处罚:① 暴力抗拒、阻碍国家机关工作人员依法履行职务,尚未构成妨害公务罪、袭警罪的;② 对野生动物资源或者栖息地生态造成严重损害的;③ 二年内曾因破坏野生动物资源受过行政处罚的。第 3 款规定,实施第 1 款规定的行为,根据猎获物的数量、价值和狩猎方法、工具等,认为对野生动物资源危害明显较轻的,综合考虑猎捕的动机、目的、行为人自愿接受行政处罚、积极修复生态环境等情节,可以认定为犯罪情节轻微,不起诉或者免予刑事处罚;情节显著轻微危害不大的,不作为犯罪处理。

本罪的犯罪主体为一般主体,自然人或者单位均可成为本罪的主体。

本罪的主观方面为故意。

(2) 非法狩猎罪的刑事责任

根据《刑法》第 341 条第 2 款的规定,犯非法狩猎罪的,处三年以下有期徒刑、拘役、管制或者罚金。

4. 非法猎捕、收购、运输、出售陆生野生动物罪

本罪名为《刑法修正案(十一)》所新增。《刑法》第 341 条第 3 款规定,违反野生动物保护管理法规,以食用为目的非法猎捕、收购、运输、出售第 1 款规定以外的在野外环境自然生长繁殖的陆生野生动物,情节严重的,依照前款的规定处罚。

2019 年年底新型冠状病毒感染爆发之后,全面禁止食用野生动物成为社会各界的共识。2020 年 2 月 24 日,十三届全国人大常委会第十六次会议表决通过了《全国人民代表大会常务委员会关于全面禁止非法野生动物交易、革除滥食野生动物陋习、切实保障人民群众生命健康安全的决定》,明确要求"全面禁止食用国家保护的'有重要生态、科学、社会价值的陆生野生动物'以及其他陆生野生动物,包括人工繁育、人工饲养的陆生野生动物。全面禁止以食用为目的猎捕、交易、运输在野外环境自然生长繁殖的陆生野生动物。对违反前两款规定的行为,参照适用现行法律有关规定处罚。"根据该决定,《刑法修正案(十一)》增加了非法猎捕、收购、运输、出售陆生野生动物罪。

(1) 非法猎捕、收购、运输、出售陆生野生动物罪的构成要件

本罪侵犯的客体是国家对野生动物资源的管理制度。

本罪的客观方面表现为违反野生动物保护管理法规,以食用为目的非法猎捕、收购、运输、出售除国家重点保护的珍贵、濒危野生动物以外的其他在野外环境自然生长繁殖的陆生野生动物,情节严重的行为。"收购""运输""出售"的定义可以参见本书在"危害珍贵、濒危野生动物罪"中的论述。"其他在野外环境自然生长繁殖的陆生野生动物"包括国家保护的有重要生态、科学、社会价值的陆生野生动物以及其他陆生野生动物,包括人工繁育、人工饲养的陆生野生动物。根据《关于办理破坏野生动物资源刑事案件适用法律若干问题的解释》第 8 条第 1 款的规定,具有下列情形之一的,应当认定为《刑法》第 341 条第 3 款规定的"情节严重",以非法猎捕、收购、运输、出售陆生野生动物罪定罪处罚:① 非法猎捕、收购、运输、出售有重要生态、科学、社会价值的陆生野生动物或者地方重点保护陆生野生动物价值一万元以上的;② 非法猎捕、收购、运输、出售第一项规定以外的其他陆生野生动物价值五万元以上的;③ 其他情节严重的情形。第 2 款规定,实施前款规定的行为,同时构成非法狩猎罪的,应当依照《刑法》第 341 条第 3 款的规定,以非法猎捕陆生野生动物罪定罪处罚。

根据《关于办理破坏野生动物资源刑事案件适用法律若干问题的解释》第 11 条的规定,对于"以食用为目的",应当综合涉案动物及其制品的特征,被查获的地点,加工、包装情况,以及可以证明来源、用途的标识、证明等证据作出认定。实施本解释规定的相关行为,具有下列情形之一的,可以认定为"以食用为目的":① 将相关野生动物及其制品在餐饮单位、饮食摊点、超市等场所作为食品销售或者运往上述场所的;② 通过包装、说明书、广告等介绍相关野生动物及其制品的食用价值或者方法的;③ 其他足以认定以食用为目的的情形。

本罪的犯罪主体为一般主体,自然人或者单位均可成为本罪的主体。

本罪的主观方面为故意。

(2) 非法猎捕、收购、运输、出售陆生野生动物罪的刑事责任

根据《刑法》第 341 条第 3 款的规定,犯非法猎捕、收购、运输、出售陆生野生动物罪的,处三年以下有期徒刑、拘役、管制或者罚金。

5. 非法占用农用地罪

《刑法》第 342 条规定,违反土地管理法规,非法占用耕地、林地等农用地,改变被占用土地用途,数量较大,造成耕地、林地等农用地大量毁坏的,处五年以下有期徒刑或者拘役,并处或者单处罚金①。

(1) 非法占用农用地罪的构成要件

本罪侵犯的客体是国家的土地管理制度。

本罪的客观方面表现为违反土地管理法规,非法占用耕地、林地等农用地,改变被占用土地用途,数量较大,造成耕地、林地等农用地大量毁坏的行为。按照全国人大常委会 2001 年 8 月 31 日作出的解释,"违反土地管理法规"是指违反土地管理法、森林法、草原法等法

---

① 根据《刑法修正案(二)》修订。

律,以及行政法规中关于土地管理的规定。"非法占用耕地、林地等农用地,改变被占用土地用途"是指行为人违反土地利用总体规划或者计划,未经批准或者骗取批准,擅自将耕地、林地等农用地改为建设用地或者改作其他用途的情况。"造成耕地、林地等农用地大量毁坏"是指由于将耕地、林地等农用地改作其他用途,使得耕地、林地等农用地被严重污染,种植层被破坏,无法再作农用地使用等情况①。

按照法律规定,非法占用农用地的行为,必须达到"数量较大"的程度,才构成犯罪。根据最高人民法院 2000 年 6 月发布的《关于审理破坏土地资源刑事案件具体应用法律若干问题的解释》的规定,非法占有耕地"数量较大"的标准,可以按照非法占用基本农田五亩以上或者非法占用基本农田以外的耕地十亩以上的标准掌握。根据最高人民法院 2005 年 12 月发布的《关于审理破坏林地资源刑事案件具体应用法律若干问题的解释》的规定,非法占用林地"数量较大"的标准为以下情形之一:① 非法占用并毁坏防护林地、特种用途林地数量分别或者合计达到五亩以上;② 非法占用并毁坏其他林地数量达十亩以上;③ 非法占用并毁坏本条第①项、第②项规定的林地,数量分别达到相应规定的数量标准的百分之五十以上;④ 非法占用并毁坏本条第①项、第②项规定的林地,其中一项数量达到相应规定的数量标准的百分之五十以上,且两项数量合计达到该项规定的数量标准。

本罪的犯罪主体为一般主体,自然人或者单位都可以构成本罪的主体。

本罪的主观方面是故意。

(2) 非法占用农用地罪的刑事责任

依照《刑法》第 342 条的规定,犯非法占用农用地罪的,处五年以下有期徒刑或者拘役,并处或者单处罚金。

6. 破坏自然保护地罪

本罪名为《刑法修正案(十一)》所新增。《刑法修正案(十一)》规定,在刑法第 342 条后增加一条,作为第 342 条之一:"违反自然保护地管理法规,在国家公园、国家级自然保护区进行开垦、开发活动或者修建建筑物,造成严重后果或者有其他恶劣情节的,处五年以下有期徒刑或者拘役,并处或者单处罚金。有前款行为,同时构成其他犯罪的,依照处罚较重的规定定罪处罚。"

近年来,媒体先后曝光过甘肃祁连山国家级自然保护区违法违规开矿、水电设施违建案,木里矿区破坏性开采案、秦岭北麓别墅违建案、滇池长腰山一、二级保护区违建案等严重破坏自然保护地的案件,引起了党中央、国务院的高度重视,相关责任人也被追究了相应的法律责任。为了提升对于自然保护地的保护力度,加大对于潜在违法行为人的威慑力,《刑法修正案(十一)》增加了该罪名。

(1) 破坏自然保护地罪的构成要件

本罪侵犯的客体是国家对于自然保护地的管理制度。

---

① 周道鸾,张军.刑法罪名精释[M].3 版.北京:人民法院出版社,2008:693.

本罪的客观方面表现为违反自然保护地管理法规,在国家公园、国家级自然保护区进行开垦、开发活动或者修建建筑物,造成严重后果或者有其他恶劣情节的行为。2017年9月,中共中央办公厅、国务院办公厅印发《建立国家公园体制总体方案》。2019年6月,中共中央办公厅、国务院办公厅又印发《关于建立以国家公园为主体的自然保护地体系的指导意见》,按照自然生态系统原真性、整体性、系统性及其内在规律,依据管理目标与效能并借鉴国际经验,将自然保护地按生态价值和保护强度高低依次分为3类:国家公园、自然保护区、自然公园。逐步形成以国家公园为主体、自然保护区为基础、各类自然公园为补充的自然保护地分类系统。根据《自然保护区条例》的规定,自然保护区分为国家级自然保护区和地方级自然保护区。本罪只适用于在国家级自然保护区内从事的违法行为。国家公园只有国家级,没有地方级。2021年10月,我国正式设立三江源、大熊猫、东北虎豹、海南热带雨林、武夷山等首批五个国家公园,保护面积达23万平方千米。截至2020年年底,我国已建立国家级自然保护区474处,总面积约98.34万平方千米。

根据中共中央办公厅、国务院办公厅《关于建立以国家公园为主体的自然保护地体系的指导意见》及《自然保护区条例》的规定,国家公园、国家级自然保护区,特别是核心保护区严格禁止从事非法开垦、开发或者修建建筑物活动。"开垦"是指对林地、农地等土地的开荒、种植、砍伐、放牧等活动,"开发"是指经济工程项目建设,如水电项目、矿山项目、挖沙等;修建建筑物包括开发房产项目等。构成本罪要求"造成严重后果或者其他恶劣情节",包括从行为手段、对生态环境的破坏程度、是否在核心保护区、非法开垦、开发的规模等情节进行综合判断。具体认定标准还有待司法解释进一步明确。

本罪的主体是一般主体,自然人或者单位都可以构成本罪的主体。

本罪的主观方面是故意。

（2）破坏自然保护地罪的刑事责任

依照《刑法》第342条之一的规定,犯破坏自然保护地罪的,处五年以下有期徒刑或者拘役,并处或者单处罚金。有前款行为,同时构成其他犯罪的,依照处罚较重的规定定罪处罚。例如,在国家公园、国家级自然保护区内非法采矿,可能同时构成非法采矿罪,此时应当依照处罚较重的规定定罪处罚。

7. 非法采矿罪

《刑法》第343条第2款规定,违反矿产资源法的规定,未取得采矿许可证擅自采矿,擅自进入国家规划矿区、对国民经济具有重要价值的矿区和他人矿区范围采矿,或者擅自开采国家规定实行保护性开采的特定矿种,情节严重的,处三年以下有期徒刑、拘役或者管制,并处或者单处罚金;情节特别严重的,处三年以上七年以下有期徒刑,并处罚金①。

（1）非法采矿罪的构成要件

本罪侵犯的客体是国家对矿产资源的管理制度。

---

① 根据《刑法修正案（八）》修订。

本罪的客观方面表现为违反矿产资源法的规定,未取得采矿许可证擅自采矿,擅自进入国家规划矿区、对国民经济具有重要价值的矿区和他人矿区范围采矿,或者擅自开采国家规定实行保护性开采的特定矿种,情节严重的行为。根据最高人民法院 2003 年 5 月发布的《关于审理非法采矿、破坏性采矿刑事案件具体应用法律若干问题的解释》的规定,具有下列情形之一的,属于"未取得采矿许可证擅自采矿":① 无采矿许可证开采矿产资源的;② 采矿许可证被注销、吊销后继续开采矿产资源的;③ 超越采矿许可证规定的矿区范围开采矿产资源的;④ 未按采矿许可证规定的矿种开采矿产资源的(共生、伴生矿种除外);⑤ 其他未取得采矿许可证开采矿产资源的情形。根据 2007 年 2 月最高人民法院、最高人民检察院联合公布的《关于办理危害矿山生产安全刑事案件具体应用法律若干问题的解释》的规定,在采矿许可证被依法暂扣期间擅自开采的,视为"未取得采矿许可证"。

"国家规划矿区"是指国家根据建设规划和矿产资源规划,为建设大、中型矿山划定的矿产资源分布区域。"对国民经济具有重要价值的矿区"是指国家根据国民经济发展需要划定的,尚未列入国家建设规划的,储量大、质量好,具有开发前景的矿产资源保护区域。"国家规定实行保护性开采的特定矿种"是指国务院根据国民经济建设和高科技发展的需要,以及资源稀缺、贵重程度确定的,由国务院主管部门按照国家计划批准开采的矿种①。

本罪的犯罪主体为一般主体,自然人或者单位都可以构成本罪的主体。

本罪的主观方面是故意。

(2)非法采矿罪的刑事责任

依照《刑法》第 343 条第 1 款的规定,犯非法采矿罪的,处三年以下有期徒刑、拘役或者管制,并处或者单处罚金;情节特别严重的,处三年以上七年以下有期徒刑,并处罚金。

最高人民法院《关于审理非法采矿、破坏性采矿刑事案件具体应用法律若干问题的解释》曾对《刑法》原第 343 条规定的"造成矿产资源破坏"和"造成矿产资源严重破坏"的标准作出了解释②。但截至本书出版时尚未对本条修正后的"情节严重"和"情节特别严重"作出解释。本书认为,在新的司法解释出台之前,可以适用原来有关"造成矿产资源破坏"和"造成矿产资源严重破坏"的认定标准。

8. 破坏性采矿罪

《刑法》第 343 条第 2 款规定,违反矿产资源法的规定,采取破坏性的开采方法开采矿产资源,造成矿产资源严重破坏的,处五年以下有期徒刑或者拘役,并处罚金。

(1)破坏性采矿罪的构成要件

本罪侵犯的客体是国家对矿产资源的管理制度。

本罪的客观方面表现为违反矿产资源法的规定,采取破坏性的开采方法开采矿产资源,造成矿产资源严重破坏的行为。根据最高人民法院《关于审理非法采矿、破坏性采矿刑事

---

① 周道鸾,张军. 刑法罪名精释[M]. 3 版. 北京:人民法院出版社,2008:695.
② 即非法采矿造成矿产资源破坏的价值,数额在 5 万元以上的,属于"造成矿产资源破坏";数额在 30 万元以上的,属于"造成矿产资源严重破坏"。

案件具体应用法律若干问题的解释》的规定,"采取破坏性的开采方法开采矿产资源"是指行为人违反地质矿产主管部门审查批准的矿产资源开发利用方案开采矿产资源,并造成矿产资源严重破坏的行为。

本罪的犯罪主体为一般主体,自然人或者单位都可以构成本罪的主体。

本罪的主观方面是故意。

(2)破坏性采矿罪的刑事责任

依照《刑法》第 343 条第 2 款的规定,犯破坏性采矿罪的,处五年以下有期徒刑或者拘役,并处罚金。

根据最高人民法院《关于审理非法采矿、破坏性采矿刑事案件具体应用法律若干问题的解释》的规定,破坏性采矿造成矿产资源破坏的价值,数额在 30 万元以上的,属于"造成矿产资源严重破坏"。对于多次非法采矿或者破坏性采矿构成犯罪,依法应当追诉的,或者 1 年内多次非法采矿或破坏性采矿未经处理的,造成矿产资源破坏的数额累计计算。

9. 危害国家重点保护植物罪

《刑法》第 344 条规定,违反国家规定,非法采伐、毁坏珍贵树木或者国家重点保护的其他植物的,或者非法收购、运输、加工、出售珍贵树木或者国家重点保护的其他植物及其制品的,处三年以下有期徒刑、拘役或者管制,并处罚金;情节严重的,处三年以上七年以下有期徒刑,并处罚金[①]。

本罪名原来的罪名为非法采伐、毁坏国家重点保护植物罪及非法收购、运输、加工、出售国家重点保护植物、国家重点保护植物制品罪。根据 2021 年 2 月最高人民法院、最高人民检察院发布的《关于执行〈中华人民共和国刑法〉确定罪名的补充规定(七)》修改为本罪名。

(1)危害国家重点保护植物罪的构成要件

本罪侵犯的客体是国家对林业资源的管理制度。

本罪的客观方面表现为违反国家规定,非法采伐、毁坏珍贵树木或者国家重点保护的其他植物,或者非法收购、运输、加工、出售珍贵树木或者国家重点保护的其他植物及其制品的行为。根据最高人民法院 2000 年 11 月发布的《关于审理破坏森林资源刑事案件具体应用法律若干问题的解释》的规定,"珍贵树木"包括由省级以上林业主管部门或者其他部门确定的具有重大历史纪念意义、科学研究价值或者年代久远的古树名木,国家禁止、限制出口的珍贵树木,以及列入国家重点保护野生植物名录的树木。"国家重点保护的其他植物"是指除珍贵树木以外,国家重点保护的野生植物目录中所列的植物。"违反国家规定"是指违反《森林法》和《野生植物保护条例》等法律法规规定的行为。"非法采伐"是指没有取得采伐许可证而进行采伐或者违反许可证规定的面积、株数、树种进行采伐的行为。"毁坏"是指行为人采用剥皮、砍枝、取脂使用等方式,使珍贵树木或者国家重点保护的其他植物死亡

---

① 根据《刑法修正案(四)》修订。

或者影响其正常生长的行为①。为了严厉打击涉及珍贵野生植物及其制品的犯罪,《刑法修正案(四)》将非法收购、运输、加工、出售珍贵树木或者国家重点保护的其他植物及其制品的行为也规定为犯罪。

本罪的犯罪主体为一般主体,自然人或者单位都可以构成本罪的主体。

本罪的主观方面是故意。

(2) 危害国家重点保护植物罪的刑事责任

根据《刑法》第 344 条的规定,犯危害国家重点保护植物罪的,处三年以下有期徒刑、拘役或者管制,并处罚金;情节严重的,处三年以上七年以下有期徒刑,并处罚金。

根据最高人民法院《关于审理破坏森林资源刑事案件具体应用法律若干问题的解释》的规定,"情节严重"是指具有下列情形之一的行为:① 非法采伐珍贵树木二株以上或者毁坏珍贵树木致使珍贵树木死亡三株以上的;② 非法采伐珍贵树木二立方米以上的;③ 为首组织、策划、指挥非法采伐或者毁坏珍贵树木的;④ 其他情节严重的情形。

10. 非法引进、释放或者丢弃外来入侵物种罪

本罪名为《刑法修正案(十一)》所新增。《刑法修正案(十一)》规定,在《刑法》第 344 条后增加一条,作为第 344 条之一:"违反国家规定,非法引进、释放或者丢弃外来入侵物种,情节严重的,处三年以下有期徒刑或者拘役,并处或者单处罚金。"

我国是世界上遭受外来物种入侵危害最严重的国家之一,外来物种入侵已成为导致我国本土物种灭绝和生物多样性丧失的主要因素之一。生态环境部于 2003 年、2010 年、2014 年、2016 年分 4 批发布了《中国外来入侵物种名单》,共 71 个物种。2013 年,农业农村部发布了《国家重点管理外来入侵物种名录(第一批)》,共 52 个物种。根据生态环境部发布的《2020 中国生态环境状况公报》,全国已发现 660 多种外来入侵物种。69 个国家级自然保护区外来入侵物种调查结果显示,219 种外来入侵物种已入侵国家级自然保护区,其中 48 种外来入侵物种被列入《中国外来入侵物种名单》。根据《生物安全法》的规定,外来入侵物种名录和管理办法由国务院农业农村主管部门会同国务院其他有关部门制定。

(1) 非法引进、释放或者丢弃外来入侵物种罪的构成要件

本罪侵犯的客体是我国对生物多样性和生态系统平衡的保护制度。

本罪的客观方面表现为违反国家规定,非法引进、释放或者丢弃外来入侵物种,情节严重的行为。"违反国家规定"是指违反法律、法规、规章等的规定。我国多部法律法规明确规定禁止非法引进、释放或者丢弃外来入侵物种。例如,《生物安全法》第 60 条规定,任何单位和个人未经批准,不得擅自引进、释放或者丢弃外来物种。《环境保护法》(2014 年修订)第 30 条规定,引进外来物种以及研究、开发和利用生物技术,应当采取措施,防止对生物多样性的破坏。《野生动物保护法》(2022 年修订)第 12 条规定,禁止或者限制在相关自然保护地内引入外来物种……等人为干扰、威胁野生动物生息繁衍的行为。《长江保护法》

---

① 周道鸾,张军. 刑法罪名精释[M]. 3 版. 北京:人民法院出版社,2008:700.

第 42 条规定,禁止在长江流域开放水域养殖、投放外来物种或者其他非本地物种种质资源。《湿地保护法》第 30 条规定,禁止向湿地引进和放生外来物种,确需引进的应当进行科学评估,并依法取得批准。"引进"主要是指从国外非法携带、运输、邮寄、走私进境等行为。"释放、丢弃"是指对外来入侵物种非法放养、放生、抛弃的行为,包括经过批准引进的物种,在进行科学研究等之后予以非法野外放养或者随意丢弃的情况①。"情节严重"应当根据非法引进、释放或者丢弃外来入侵物种的数量、地点、造成的生态损害后果、经济损失或者社会影响等综合确定。

本罪的主体是一般主体,自然人或者单位都可以构成本罪的主体。

本罪的主观方面是故意。

（2）非法引进、释放或者丢弃外来入侵物种罪的刑事责任

根据《刑法》第 344 条之一的规定,犯非法引进、释放或者丢弃外来入侵物种罪的,处三年以下有期徒刑或者拘役,并处或者单处罚金。

11. 盗伐林木罪

《刑法》第 345 条第 1 款规定,盗伐森林或者其他林木,数量较大的,处三年以下有期徒刑、拘役或者管制,并处或者单处罚金;数量巨大的,处三年以上七年以下有期徒刑,并处罚金;数量特别巨大的,处七年以上有期徒刑,并处罚金②。

（1）盗伐林木罪的构成要件

本罪侵犯的客体是国家对林业资源的管理制度。

本罪的客观方面表现为以非法占有为目的,盗伐国家、集体所有或者他人依法所有的森林或者林木,数量较大的行为。"盗伐"是指未经国家林业行政管理部门批准,采取秘密手段采伐林木的行为。

根据法律规定,盗伐林木的行为,必须达到"数量较大"的程度,才构成犯罪。根据最高人民法院《关于审理破坏森林资源刑事案件具体应用法律若干问题的解释》的规定,盗伐林木"数量较大",以二至五立方米或者幼树一百至二百株为起点,并规定以非法占有为目的,具有下列情形之一,数量较大的,依照《刑法》第 345 条第 1 款的规定,以盗伐林木罪定罪处罚:① 擅自砍伐国家、集体、他人所有或者他人承包经营管理的森林或者其他林木的;② 擅自砍伐本单位或者本人承包经营管理的森林或者其他林木的;③ 在林木采伐许可证规定的地点以外采伐国家、集体、他人所有或者他人承包经营管理的森林或者其他林木的。

本罪的犯罪主体为一般主体,自然人或者单位都可以构成本罪的主体。

本罪的主观方面是故意。

（2）盗伐林木罪的刑事责任

根据《刑法》第 345 条第 1 款的规定,犯盗伐林木罪的,处三年以下有期徒刑、拘役或者

---

① 高铭暄,马克昌. 刑法学[M]. 10 版. 北京:北京大学出版社,高等教育出版社,2022:602.
② 根据《刑法修正案（四）》修订。

管制,并处或者单处罚金;数量巨大的,处三年以上七年以下有期徒刑,并处罚金;数量特别巨大的,处七年以上有期徒刑,并处罚金。

根据最高人民法院《关于审理破坏森林资源刑事案件具体应用法律若干问题的解释》的规定,盗伐林木"数量巨大",以二十至五十立方米或者幼树一千至二千株为起点;盗伐林木"数量特别巨大",以一百至二百立方米或者幼树五千至一万株为起点。

依照《刑法》第345条第4款的规定,盗伐国家级自然保护区内的森林或者其他林木的,从重处罚。

12. 滥伐林木罪

《刑法》第345条第2款规定,违反森林法的规定,滥伐森林或者其他林木,数量较大的,处三年以下有期徒刑、拘役或者管制,并处或者单处罚金;数量巨大的,处三年以上七年以下有期徒刑,并处罚金。

（1）滥伐林木罪的构成要件

本罪侵犯的客体是国家对林业资源的管理制度。

本罪的客观方面表现为违反森林法的规定,未经林业主管部门批准并颁发采伐许可证,或者虽持有许可证,但未按许可证的要求而任意采伐本单位所有或者经营管理的及本人自有的林木,数量较大的行为。"滥伐"是指虽经国家林业行政管理部门批准进行采伐,但在采伐过程中不按照林业管理部门制定的采伐区域、采伐要求、采伐数量、质量和方式进行,而是任意乱砍滥伐或者超越采伐计划和采伐权限,擅自采伐林木的行为。

根据法律规定,滥伐林木的行为,必须达到"数量较大"的程度,才构成犯罪。根据最高人民法院《关于审理破坏森林资源刑事案件具体应用法律若干问题的解释》的规定,滥伐林木"数量较大",以十至二十立方米或者幼树五百至一千株为起点。并规定,违反森林法的规定,具有下列情形之一,数量较大的,以滥伐林木罪定罪处罚:① 未经林业行政主管部门及法律规定的其他主管部门批准并核发林木采伐许可证,或者虽持有林木采伐许可证,但违反林木采伐许可证规定的时间、数量、树种或者方式,任意采伐本单位所有或者本人所有的森林或者其他林木的;② 超过林木采伐许可证规定的数量采伐他人所有的森林或者其他林木的。林木权属争议一方在林木权属确权之前,擅自砍伐森林或者其他林木,数量较大的,以滥伐林木罪论处。

本罪的犯罪主体为一般主体,自然人或者单位都可以构成本罪的主体。

本罪的主观方面是故意。

（2）滥伐林木罪的刑事责任

依照《刑法》第345条第2款的规定,犯滥伐林木罪的,处三年以下有期徒刑、拘役或者管制,并处或者单处罚金;数量巨大的,处三年以上七年以下有期徒刑,并处罚金。

根据最高人民法院《关于审理破坏森林资源刑事案件具体应用法律若干问题的解释》的规定,滥伐林木"数量巨大",以五十至一百立方米或者幼树二千五百至五千株为起点。

依照《刑法》第345条第4款的规定,滥伐国家级自然保护区内的森林或者其他林木的,从重处罚。

案例讨论6-7

2020年6月,A因为准备盖房子,想去邻乡买些木头。邻乡村民B谎称其拥有自留山上的100多株松树,A在不知情的情况下以2 500元的价格向B购买了这些松树。实际上这些松树属于C所有。A向B支付了货款之后,没有办理林木采伐许可证就将该100多株松树全部砍伐,分别截成2米长的原木装车。运输途中,被林业公安人员查获。经查,A砍伐的松树总计15立方米。

讨论:A构成盗伐林木罪还是滥伐林木罪?

---

13. 非法收购、运输盗伐、滥伐的林木罪

《刑法》第345条第3款规定,非法收购、运输明知是盗伐、滥伐的林木,情节严重的,处三年以下有期徒刑、拘役或者管制,并处或者单处罚金;情节特别严重的,处三年以上七年以下有期徒刑,并处罚金。

(1)非法收购、运输盗伐、滥伐的林木罪的构成要件

本罪侵犯的客体是国家对林业资源的管理制度。

本罪的客观方面表现为非法收购、运输明知是盗伐、滥伐的林木,情节严重的行为。1986年国家工商行政管理局、林业部发布的《关于集体林区木材市场管理的暂行规定》(已失效)中规定,严禁任何单位和个人非法收购明知是盗伐、滥伐的林木的行为,限定在林区,且只有非法收购,没有非法运输。有关部门提出,近年来各地加大了植树的力度,林区与非林区的界限已经不明显,非林区也存在成片的森林需要保护。同时,这类犯罪案件大量是在运输环节查获的,有些非法运输人员往往就是盗伐、滥伐、非法收购行为的直接参与者或帮助者。因此,第九届全国人大常委会第31次会议通过的《刑法修正案(四)》决定取消"在林区"的限制,并将非法运输明知是盗伐、滥伐的林木的行为增加规定为犯罪①。

根据法律规定,非法收购、运输盗伐、滥伐的林木的行为必须达到"情节严重"的程度才能构成犯罪。根据最高人民法院《关于审理破坏森林资源刑事案件具体应用法律若干问题的解释》的规定,具有下列情形之一的,属于非法收购、运输盗伐、滥伐的林木"情节严重"的行为:① 非法收购盗伐、滥伐的林木二十立方米以上或者幼树一千株以上的;② 非法收购盗伐、滥伐的珍贵树木二立方米以上或者五株以上的;③ 其他情节严重的情形。

本罪的犯罪主体为一般主体,自然人或者单位都可以构成本罪的主体。

本罪的主观方面是故意。"明知"是指知道或应当知道,具有下列情形之一的,可以视为应当知道,但有证据证明确属被蒙骗的除外:① 在非法的木材交易场所或者销售单位收

---

① 周道鸾,张军.刑法罪名精释[M].3版.北京:人民法院出版社,2008:706.

购木材的;② 收购以明显低于市场价格出售的木材的;③ 收购违反规定出售的木材的。

（2）非法收购、运输盗伐、滥伐的林木罪的刑事责任

依照《刑法》第 345 条第 3 款的规定,犯非法收购、运输盗伐、滥伐的林木罪的,处三年以下有期徒刑、拘役或者管制,并处或者单处罚金;情节特别严重的,处三年以上七年以下有期徒刑,并处罚金。

根据最高人民法院《关于审理破坏森林资源刑事案件具体应用法律若干问题的解释》的规定,具有下列情形之一的,属于非法收购、运输盗伐、滥伐的林木"情节特别严重"的行为:① 非法收购盗伐、滥伐的林木一百立方米以上或者幼树五千株以上的;② 非法收购盗伐、滥伐的珍贵树木五立方米以上或者十株以上的;③ 其他情节特别严重的情形。

（四）　与危害环境行为相关的犯罪

1. 走私珍贵动物、珍贵动物制品罪

《刑法》第 151 条第 2 款规定,走私国家禁止出口的文物、黄金、白银和其他贵重金属或者国家禁止进出口的珍贵动物及其制品的,处五年以上十年以下有期徒刑,并处罚金;情节特别严重的,处十年以上有期徒刑或者无期徒刑,并处没收财产;情节较轻的,处五年以下有期徒刑,并处罚金①。

（1）走私珍贵动物、珍贵动物制品罪的构成要件

本罪侵犯的客体是国家海关监管制度和国家野生动物保护制度。

本罪的客观方面表现为违反海关法规和野生动物保护法规,逃避海关监管,运输、携带、邮寄珍贵动物、珍贵动物制品进出国（边）境的行为。根据《刑法》第 155 条和《刑法修正案（四）》的规定,行为人直接向走私人非法收购珍贵动物及其制品,或者在领海、内海、界河、界湖运输、收购、贩卖上述物品的,也应当以走私珍贵动物、珍贵动物制品罪论处。

根据《关于办理破坏野生动物资源刑事案件适用法律若干问题的解释》第 1 条的规定,具有下列情形之一的,应当认定为《刑法》第 151 条第 2 款规定的走私国家禁止进出口的珍贵动物及其制品:① 未经批准擅自进出口列入经国家濒危物种进出口管理机构公布的《濒危野生动植物种国际贸易公约》附录Ⅰ、附录Ⅱ的野生动物及其制品;② 未经批准擅自出口列入《国家重点保护野生动物名录》的野生动物及其制品。

本罪的犯罪主体为一般主体,自然人或者单位都可以构成本罪的主体。

本罪的主观方面是故意。

（2）走私珍贵动物、珍贵动物制品罪的刑事责任

依照《刑法》第 151 条第 1 款的规定,犯走私珍贵动物、珍贵动物制品罪的,处五年以上十年以下有期徒刑,并处罚金;情节特别严重的,处十年以上有期徒刑或者无期徒刑,并处没收财产;情节较轻的,处五年以下有期徒刑,并处罚金。

《关于办理破坏野生动物资源刑事案件适用法律若干问题的解释》第 2 条第 1 款规定,

---

① 　根据《刑法修正案（八）》修订。

走私国家禁止进出口的珍贵动物及其制品,价值二十万元以上不满二百万元的,应当依照《刑法》第 151 条第 2 款的规定,以走私珍贵动物、珍贵动物制品罪处五年以上十年以下有期徒刑,并处罚金;价值二百万元以上的,应当认定为"情节特别严重",处十年以上有期徒刑或者无期徒刑,并处没收财产;价值二万元以上不满二十万元的,应当认定为"情节较轻",处五年以下有期徒刑,并处罚金。

第 2 款规定,实施前款规定的行为,具有下列情形之一的,从重处罚:① 属于犯罪集团的首要分子的;② 为逃避监管,使用特种交通工具实施的;③ 二年内曾因破坏野生动物资源受过行政处罚的。

第 3 款规定,实施第 1 款规定的行为,不具有第 2 款规定的情形,且未造成动物死亡或者动物、动物制品无法追回,行为人全部退赃退赔,确有悔罪表现的,按照下列规定处理:① 珍贵动物及其制品价值二百万元以上的,可以处五年以上十年以下有期徒刑,并处罚金;② 珍贵动物及其制品价值二十万元以上不满二百万元的,可以认定为"情节较轻",处五年以下有期徒刑,并处罚金;③ 珍贵动物及其制品价值二万元以上不满二十万元的,可以认定为犯罪情节轻微,不起诉或者免予刑事处罚;情节显著轻微危害不大的,不作为犯罪处理。

2. 走私国家禁止进出口的货物、物品罪

《刑法》第 151 条第 3 款规定,走私珍稀植物及其制品等国家禁止进出口的其他货物、物品的,处五年以下有期徒刑或者拘役,并处或者单处罚金;情节严重的,处五年以上有期徒刑,并处罚金[①]。

(1) 走私国家禁止进出口的货物、物品罪的构成要件

本罪侵犯的客体是国家海关监管制度和珍稀植物的保护制度。

本罪的客观方面表现为违反海关法规和珍稀植物保护法规,逃避海关监管,运输、邮寄、携带珍稀植物、珍稀植物制品进出国(边)境的行为。行为人直接向走私人非法收购珍稀植物及其制品,或者在领海、内海、界河、界湖运输、收购、贩卖上述物品的,也应当以走私国家禁止进出口的货物、物品罪论处。根据最高人民法院、最高人民检察院制定的《关于办理走私刑事案件适用法律若干问题的解释》(法释〔2014〕10 号)第 12 条的规定,《刑法》第 151 条第 3 款规定的"珍稀植物",包括列入《国家重点保护野生植物名录》《国家重点保护野生药材物种名录》《国家珍贵树种名录》中的国家一、二级保护野生植物、国家重点保护的野生药材、珍贵树木,《濒危野生动植物种国际贸易公约》附录 Ⅰ、附录 Ⅱ 中的野生植物,以及人工培育的上述植物。

本罪的犯罪主体为一般主体,自然人或者单位都可以构成本罪的主体。

本罪的主观方面是故意。

(2) 走私国家禁止进出口的货物、物品罪的刑事责任

依照《刑法》第 151 条第 3 款的规定,犯走私国家禁止进出口的货物、物品罪的,处五年

---

① 根据《刑法修正案(七)》修订。

以下有期徒刑或者拘役,并处或者单处罚金;情节严重的,处五年以上有期徒刑,并处罚金。

根据《关于办理走私刑事案件适用法律若干问题的解释》第 11 条的规定,走私国家一级保护野生植物五株以上不满二十五株,国家二级保护野生植物十株以上不满五十株,或者珍稀植物、珍稀植物制品数额在二十万元以上不满一百万元的,处五年以下有期徒刑或者拘役,并处或者单处罚金。如果走私珍稀植物或珍稀植物制品的数量或者数额超过上述标准,或者虽然在上述标准之内,但属于犯罪集团的首要分子,使用特种车辆从事走私活动,造成环境严重污染,或者引起甲类传染病传播、重大动植物疫情等情形的,应当认定为“情节严重”,处五年以上有期徒刑,并处罚金。

3. 环境监管失职罪

《刑法》第九章“渎职罪”中第 408 条规定了环境监管失职罪:负有环境保护监督管理职责的国家机关工作人员严重不负责任,导致发生重大环境污染事故,致使公私财产遭受重大损失或者造成人身伤亡的严重后果的,处三年以下有期徒刑或者拘役。

(1)环境监管失职罪的构成要件

本罪侵犯的客体是国家关于环境保护的监管制度。

本罪的客观方面表现为严重不负责任,导致发生重大环境污染事故,致使公私财产遭受重大损失或者造成人身伤亡的严重后果的行为。“公私财产遭受重大损失”及“人身伤亡的严重后果”的标准依照最高人民法院《关于审理环境污染刑事案件具体应用法律若干问题的解释》认定。

本罪的犯罪主体为特殊主体,即负有环境保护监督管理职责的国家机关工作人员。

本罪的主观方面为过失,即应当预见自己严重不负责任可能导致发生重大环境污染事故,因为疏忽大意而没有预见,或者虽然已经预见而轻信能够避免。故意不构成本罪。

(2)环境监管失职罪的刑事责任

依照《刑法》第 408 条的规定,犯环境监管失职罪的,处三年以下有期徒刑或者拘役。

三、追究破坏环境与资源保护犯罪的程序

根据《中华人民共和国刑事诉讼法》《行政执法机关移送涉嫌犯罪案件的规定》,以及生态环境部、公安部、最高人民检察院《环境保护行政执法与刑事司法衔接工作办法》(环环监[2017]17 号)的相关规定,追究破坏环境与资源保护犯罪的刑事责任的程序如下:

生态环境主管部门(或者其他负有环境保护监督管理职权的行政主管部门)在依法查处环境违法行为过程中,发现违法事实涉嫌构成破坏环境与资源保护犯罪,依法需要追究刑事责任的,应当依法向公安机关移送。不得以行政处罚代替案件移送。

公安机关对所移送的案件进行审查后认为应当立案的,应当立案并进行侦查,收集、调取犯罪嫌疑人有罪或者无罪、罪轻或者罪重的证据材料。对犯罪嫌疑人可以依法先行拘留,对符合逮捕条件的犯罪嫌疑人,应当依法逮捕。侦查终结之后,公安机关应当写出起诉意见书,连同案卷材料、证据一并移送同级人民检察院审查。

人民检察院认为犯罪嫌疑人的犯罪事实已经查清,证据确实、充分,依法应当追究刑事责任的,应当作出起诉决定,按照审判管辖的规定,向人民法院提起公诉。

人民法院开庭审理之后,认为案件事实清楚,证据确实、充分,依据法律认定被告人有罪的,应当作出有罪判决。依据法律认定被告人无罪的,应当作出无罪判决。证据不足,不能认定被告人有罪的,应当作出证据不足,指控的犯罪不能成立的无罪判决。我国实行两审终审制。一审法院作出有罪判决之后,如果被告人不服,可以向上一级人民法院提起上诉。二审法院的判决为终审判决。

第四节 环境污染和生态破坏的民事责任

一、环境污染和生态破坏的民事责任概述

2020 年通过的《中华人民共和国民法典》(以下简称《民法典》)侵权责任编第七章"环境污染和生态破坏责任",明确规定环境污染侵权行为和生态破坏侵权行为作为同一特殊侵权行为类型,统一适用无过错责任原则和因果关系举证责任倒置规则,并对两个以上侵权人环境污染和生态破坏侵权的责任承担,以及污染环境和破坏生态责任中惩罚性赔偿等进行了规定。与此同时,该章还规定了生态环境损害赔偿制度,共同构成了我国环境污染和生态破坏的民事责任制度体系。

(一)环境污染和生态破坏的民事责任的概念

环境污染和生态破坏的民事责任(又称环境侵权责任),是指环境利用行为人,在利用环境容量排污或者开发利用自然资源过程中,损害他人的人身权或财产权、损害公众的环境权益,或因生态破坏致国家财产损失,乃至生态环境损害等①,依法应当承担的民事责任。

> **拓展阅读 6-6 侵权的概念**
>
> 侵权责任法中的侵权行为是一个特定的概念,其主要包括两种形态:一种形态是因过错侵害他人的民事权益并造成损害的行为,称为一般侵权。另一种形态主要是在法律规定的一些特殊情况下,没有过错损害他人的民事权益也应当承担侵权责任的行为,称为特殊侵权。在这些行为中,无论行为人有无过错,只要其造成损害,都应当依法承担责任。
>
> 依据我国侵权责任法的规定,一般侵权责任和特殊侵权责任的分类主要依据归责原则。在一般侵权责任中,适用过错责任原则,而在特殊侵权责任中,适用严格责任原则、公

---

① 生态环境损害,是指因污染环境、破坏生态造成大气、地表水、地下水、土壤、森林等环境要素和植物、动物、微生物等生物要素的不利改变,以及上述要素构成的生态系统功能退化。

平责任原则等。

过错（fault）是侵权责任法的核心问题。所谓过错，实际上是指行为人在实施加害行为时的某种应受非难的主观状态，此种状态是通过行为人所实施的不正当的、违法的行为所表现出来的。过错也体现了法律对行为人所实施的违背法律和道德、侵害社会利益和他人利益的行为的否定评价和非难。

资料来源：王利明. 侵权责任法研究［M］. 北京：中国人民大学出版社，2010.

（二）环境污染和生态破坏侵权行为的类型

根据导致环境侵权的原因不同，环境污染和生态破坏侵权可以分为环境污染侵权行为和生态破坏侵权行为。

环境污染侵权行为，是指行为人在工业生产、生活活动过程中，经由水、空气、土壤等媒介，向自然环境排放了超过环境自身承载能力与净化能力的物质，致使环境质量发生明显不利变化，造成他人的人身权、财产权，甚至生态环境等民事权益损害，而应当承担侵权责任的行为。根据《最高人民法院关于修改〈民事案件案由规定〉的决定》（法〔2020〕346号）的规定，环境污染责任纠纷包括大气污染责任纠纷、水污染责任纠纷、土壤污染责任纠纷、电子废物污染责任纠纷、固体废物污染责任纠纷、噪声污染责任纠纷、光污染责任纠纷和放射性污染责任纠纷等。

生态破坏侵权行为，是指行为人超出环境生态平衡的限度开发和使用资源，致使环境质量发生明显不利变化，造成他人的人身权、财产权，甚至生态环境等民事权益损害，而应当承担侵权责任的行为。生态破坏责任纠纷包括土地资源破坏责任纠纷、水资源破坏责任纠纷、森林资源破坏责任纠纷、野生动植物资源破坏责任纠纷、渔业资源破坏责任纠纷、草原资源破坏责任纠纷、矿产资源破坏责任纠纷、风景名胜区和人文遗迹破坏责任纠纷和沙漠资源破坏责任纠纷等。

（三）环境污染和生态破坏侵权行为的特征

作为侵权行为的一种特殊类型，环境污染和生态破坏侵权行为除了具备一般侵权行为的特征之外，还有其显著特征：

第一，环境污染和生态破坏侵权行为具有间接性。即在多数情况下，环境污染侵权行为并不直接对人的健康或财产造成侵害，而是通过诸如大气、水、土壤等媒介间接地侵害人的健康或财产。这样，与一般侵权行为相比，环境污染和生态破坏侵权行为不易为人们所确认。

第二，环境污染和生态破坏侵权行为具有持续性、潜伏性。与一般侵权行为相比，环境污染和生态破坏侵权行为的严重后果往往是在经过漫长的潜伏期后才显现出来的，环境污染和生态破坏侵权行为与因此而产生的损害后果之间的因果关系的判断，通常因时过境迁而变得极为困难。同时，环境污染和生态破坏侵权行为的潜伏性特征，也决定了环境污染和生态破坏侵权损害后果是长期持续存在,并难以恢复的。

第三,环境污染和生态破坏侵权行为主体具有不平等性、不可互换性和不特定性。与一般侵权行为主体具有平等性、互换性相异,环境污染和生态破坏侵权行为主体中的加害人通常是掌握特殊经济、科技、信息实力的企业或企业集团,而受害人则是处于被动地位的一般公众。这样,在环境污染和生态破坏侵权法领域,就有必要对建立在平等性、互换性之上的过失责任原则进行调整。同时,在大规模大气污染、水污染、噪声污染、土壤污染、振动妨害、采矿等场合,环境污染和生态破坏侵权行为主体也难以确定。

第四,环境污染和生态破坏侵权行为的损害后果具有广泛性。因环境污染和生态破坏侵权行为具有在长期内潜伏存在,并持续进行的隐蔽性特征,因此,一方面,受害人难以及时发现加害人,并行使其民事权利以获得救济;另一方面,加害人可以长期公开地进行环境污染和生态破坏侵权行为,从而致使环境污染和生态破坏侵权行为所侵害的程度不断加深,后果不断加重,并且影响的范围越来越广泛。

第五,环境污染和生态破坏侵权行为具有伴随性(也有人称为社会妥当性、合法性)。一般侵权行为都是直接损害受害人的合法利益,而环境污染和生态破坏侵权行为通常是伴随着合法的企业生产活动而产生的,因此,环境污染和生态破坏侵权行为通常隐藏于合法的企业生产之中①。

(四) 环境污染和生态破坏的民事责任的特点

根据《民法典》第1229条关于"因污染环境、破坏生态造成他人损害的,侵权人应当承担侵权责任"的规定,环境污染和生态破坏的民事责任具有如下显著特点:

(1) 环境污染和生态破坏的民事责任包括环境污染侵权行为和生态破坏侵权行为两种类型的侵权行为。与原《侵权责任法》第65条仅将污染环境侵权行为作为特殊侵权行为,而将生态破坏侵权行为作为一般侵权行为相比,《民法典》第1229条明确规定,污染环境侵权行为和破坏生态侵权行为均属于特殊侵权行为,在归责原则上均适用无过错责任原则。

(2) 环境污染和生态破坏的民事责任适用因果关系举证责任倒置。由于环境污染和生态破坏的民事责任是一种特殊侵权责任,因此,在因果关系举证责任方面,根据《民法典》第1230条的规定,因污染环境和破坏生态发生纠纷,行为人应当就法律规定的不承担责任或者减轻责任的情形及其行为与损害之间不存在因果关系承担举证责任。

(3) 环境污染和生态破坏侵权行为造成的损害后果具有私害性和公害性的双重性。也就是,环境污染和生态破坏侵权行为造成的损害后果既包括人身权利和财产权利等私人利益的损害,也包括对具有公益性质的生态环境的损害。

(4) 侵权人承担环境污染和生态破坏的民事责任的方式具有多样性。根据《民法典》

---

① [日]加藤一郎. 公害法的生成与展开[M]. 东京:岩波书店,1970:3.
　　[日]牛山积. 公害裁判的展开与法理论[M]. 东京:日本评论社,1976:8.
　　金瑞林. 环境侵权与民事救济—兼论环境立法中存在的问题[J]. 中国环境科学,1997(3):193.
　　王明远. 环境侵权救济法律制度[M]. 北京:中国法制出版社,2001:15-17.

第 179 条、第 1232 条的规定,人民法院根据被侵权人的诉讼请求及具体案情,可以合理判定侵权人承担停止侵害、排除妨碍、消除危险、修复生态环境、赔礼道歉、赔偿损失等民事责任,当"侵权人违反法律规定故意污染环境、破坏生态造成严重后果",被侵权人请求相应的惩罚性赔偿的情况下,人民法院还可以判定侵权人承担惩罚性赔偿。

二、环境污染和生态破坏的民事责任的归责原则

(一) 归责原则的概念

归责是指行为人因其行为和物件致他人损害的事实发生以后,应依何种根据使其负责,此种根据体现了法律的价值判断,即法律应以行为人的过错还是应以已发生的损害后果为价值判断标准,或者以公平考虑等作为价值判断标准,而使行为人承担侵权责任[①]。因此,侵权行为民事责任的归责原则,是指在侵权行为人造成他人损害时,应将损害归由侵权行为人承担,使其负民事责任的规则和标准[②]。它是侵权行为法的核心问题。一定的归责原则决定着侵权责任的构成要件、举证责任的负担、免责条件、损害赔偿的原则和方法等,也是司法人员处理侵权案件所应依据的基本准则[③]。我国侵权责任法采用了过错责任原则和无过错责任原则的二元归责体系。对于一般侵权责任,适用过错责任原则进行归责;对于特殊侵权责任,适用无过错责任原则进行归责。适用无过错责任原则的,需要法律作出特别规定(如《民法典》第 1166 条)[④]。

根据《民法典》第 1229 条的规定,环境污染和生态破坏的民事责任属于特殊侵权行为,适用无过错责任原则。具体而言,第 1229 条规定,因污染环境、破坏生态造成他人损害的,侵权人应当承担侵权责任。侵权责任之构成,不考虑行为人过错的有无,或者说行为人有无过错对侵权责任的构成和承担不产生影响。具体而言,当侵权人实施了环境污染和生态破坏侵权行为,只要其行为造成了他人民事权益受损害或者生态环境损害,不管其主观上是否有过错,当法律明确规定其应当承担侵权责任的,该行为人就应承担侵权责任。

(二) 环境污染和生态破坏侵权适用无过错责任原则的必然性

19 世纪以来,过错责任成为各国侵权行为法的归责原则[⑤]。但是,随着资本主义经济急速发展,企业以巨大规模而飞跃前行,各种产业也呈现出机械化、现代化的进展态势。这些高科技、高风险产业带来的各种灾害,存在如下共同特点:第一,损害频繁而严重;第二,造成损害事故的活动虽然危险但又必不可少,都是现代社会的物质生产和社会生活所必需;第三,在环境污染和生态破坏侵权行为中,对环境污染和生态破坏行为与损害后果间的因果关系的判明和无过失的认定常常极为困难,甚至有些公害是由多个主体共同作用所致,不容易

① 王利明. 侵权行为法归责原则研究[M]. 北京:中国政法大学出版社,1992:17.
② 王泽鉴先生称之为"事由"。王泽鉴. 侵权行为法(1)[M]. 北京:中国政法大学出版社,2001:12.
③ 魏振瀛. 民法[M]. 北京:北京大学出版社,高等教育出版社,2001:679.
④ 张新宝. 侵权责任法[M]. 5 版. 北京:中国人民大学出版社,2020:13-14.
⑤ 王泽鉴. 侵权行为法(1)[M]. 北京:中国政法大学出版社,2001:13.

分清加害人的过失①。不仅如此,因这些危险而产生的损害,并非都是由于企业的故意或过失所致,而是危险产业的必然产物,因此,如果仍然按照传统过错责任原则理论,则没有必要要求这些企业承担责任。但是,由于企业在生产过程中获得巨大的利益,如果任由其对周边环境造成损害而不承担民事责任,有悖于正义、公平理念。因此,反省与批判过错责任原则的理论应运而生②,其重要理论成果就是确立了无过错责任原则。无过错责任原则并不以加害人的过错为民事责任成立的构成要件,而认为无论加害人是否具有故意或过失,只要因加害人的行为给他人造成损害,其就应承担损害赔偿责任。

从侵权责任法的角度来看,包括污染环境和生态破坏类型在内的环境侵权行为,恰好就是引起第二环境问题,并致使他人生命、身体健康、财产乃至环境权益遭受侵害的行为。因污染环境的侵权行为所引起的侵害生命、健康、财产等损害后果,与因破坏生态的侵权行为在所引起的后果上并无本质不同,二者在引起生态环境恶化的同时,都会造成损害他人生命、健康、财产、生态环境利益等后果。在本质上,包括诸如因工业生产活动等引起的大气污染、水质污浊、土壤污染、噪声、振动、恶臭等污染环境的侵权行为,与包括因不合理的开发利用资源或进行大型工程建设等活动引起的生态破坏的侵权行为,给受害人造成的损害是一致的。

目前,环境污染和生态破坏侵权民事责任实行无过错责任归责原则,已成为世界各国立法和司法实践的发展趋势。大陆法系国家通常采取民法典与特别法相结合,明文规定或者通过对民法典进行修改、解释等方式规定环境侵权无过错责任原则;而英美法系国家则通过立法和判例创设方式,确立无过错责任原则。我国《民法典》在建构污染环境和生态破坏侵权行为责任制度之际,将环境污染侵权行为和生态破坏侵权行为统一起来,一概采取无过错责任原则,并实行举证责任倒置的做法,确实是具有重大现实意义之举。

案例讨论 6-8

A 自 2017 年起经营种鸡养殖场,一直效益良好。2021 年 B 陶瓷公司在距离种鸡养殖场 20 米处投产,不久,A 养殖场的种鸡出现产蛋率下降、产软壳蛋、患腹膜炎等现象。A 遂委托环境监测中心站对养殖场周围的噪声情况进行了监测,之后动物防疫站和畜牧局的专家对养殖场发生的损害出具了调查意见,认为该养殖场的损害系 B 陶瓷公司噪声所致。A 遂提起诉讼,要求 B 陶瓷公司赔偿损失。诉讼期间,B 陶瓷公司辩称其产生的噪声符合《城市区域环境噪声标准》中的限值(昼 65 dB、夜 55 dB),不应对 A 的损失承担赔偿责任。

讨论:B 陶瓷公司是否应当对 A 的损失承担损害赔偿责任?

---

① 米健. 现代侵权行为法归责原则探索[J]. 法学研究,1985(5):27.
② [日]远藤浩. 民法(7)事务管理·不当得利·不法行为[M]. 东京:有斐阁,1996:83—84.

（三）我国环境污染和生态破坏的民事责任适用无过错责任原则的历程

我国环境污染和生态破坏的民事责任的归责过程,大体上经历了独尊"二分论"、"二分论"与"一元论"并重、确立"一元论"这样三个历史阶段。

独尊"二分论"阶段,是2010年7月1日《侵权责任法》实施之前的一段时期,根据我国《民法通则》第106条和第124条等规定,对于环境污染和生态破坏的民事责任的归责一直采取"二分论",对污染环境侵权行为采取无过错责任原则,实行因果关系举证责任倒置,而对生态破坏侵权行为采取过错责任原则,实行"谁主张,谁举证"的规则。

"二分论"与"一元论"并重阶段,是从2010年7月1日《侵权责任法》实施起到2021年1月1日《民法典》实施为止这段时期,针对《侵权责任法》第65条仅涉及"污染环境"的特殊侵权行为,有关机关就相关条文的适用出现了松动迹象,司法实践中也出现了对"生态破坏"侵权行为适用无过错责任原则的案例。

确立"一元论"阶段,从2021年1月1日《民法典》实施之后至今。《民法典》第七章将环境污染和生态破坏的民事责任设专门章节加以规定。与2009年《侵权责任法》第65条的规定相比,《民法典》第七章第1229条扩大了环境侵权无过错责任原则的适用范围,将此前实行过错责任原则的"破坏生态造成他人损害"的侵权行为纳入无过错责任原则适用范围之内,实行无过错责任原则。

三、环境污染和生态破坏的民事责任的具体适用

（一）环境污染和生态破坏侵权责任的构成要件

1. 概述

根据《民法典》第1229条关于"因污染环境、破坏生态造成他人损害的,侵权人应当承担侵权责任"的规定,以及第1230条关于"因污染环境、破坏生态发生纠纷,行为人应当就法律规定的不承担责任或者减轻责任的情形及其行为与损害之间不存在因果关系承担举证责任"的规定,侵权人承担环境污染和生态破坏侵权责任须具备环境污染和生态破坏侵权行为、损害后果、环境污染和生态破坏侵权行为与损害后果之间存在因果关系三个要件。

2. 环境污染和生态破坏侵权行为

通常情况下,环境污染侵权行为表现为大气污染侵权行为、水污染侵权行为、噪声污染侵权行为、固体废物污染侵权行为、土壤污染侵权行为、海洋污染侵权行为、放射性污染侵权行为、光污染侵权行为等;生态破坏侵权行为表现为土地资源破坏侵权行为、水资源破坏侵权行为、森林资源破坏侵权行为、野生动植物资源破坏侵权行为、渔业资源破坏侵权行为、草原资源破坏侵权行为、矿产资源破坏侵权行为、风景名胜区和人文遗迹破坏侵权行为等。

由于环境污染和生态破坏侵权行为通常会造成或可能造成对他人的生命、身体健康、财产乃至生态环境损害等,因此,世界各国法律均明确禁止环境污染和生态破坏行为。

3. 损害后果

环境污染和生态破坏侵权行为的损害后果,是指环境污染和生态破坏侵权行为导致的

他人人身权、财产权、国家财产权乃至生态环境等受到侵害的客观事实。

传统上,环境污染和生态破坏侵权行为造成的损害后果通常只包括对私人受害人的人身损害和财产损害。20世纪90年代以来,因环境污染和生态破坏所造成的生态环境本身所遭受的损害(damage to the eco-system or environment per se)作为一种新型的损害而被一些国家立法或国际条约所公认①。

4.因果关系

(1)环境污染和生态破坏侵权因果关系的复杂性

因果关系是侵权行为及损害赔偿法的核心问题②。由于一般侵权行为在形态上是特定人与特定人之间的侵害行为,加害人的行为与损害后果之间的因果关系,通常易于证明。但是,在环境污染和生态破坏侵权行为的场合,除在噪声、振动、妨害日照等直接的环境侵权事件中,因果关系较为明显以外,在通过大气、水等自然媒介而产生或由于多种原因聚积、竞合而产生的环境侵权事件中,因为产生侵害结果的原因物质种类繁多、来源形形色色、危害途径潜伏而隐蔽,因此,环境污染和生态破坏侵权行为与损害后果之间因果关系的证明,极为复杂,难以证明。

与传统侵权行为的情况不同,在环境污染和生态破坏侵权因果关系的证明问题上,还存在以下困难:

第一,现代高科技的发展,造成因果关系举证困难。环境污染和生态破坏侵权行为,是伴随着人类先进科学技术、高危险作业等产业活动而产生的,其蕴含着复杂的科学、高深的技术及专业知识,因此,对于受害人而言,由于受专业知识的限制,要想顺利地证明环境污染和生态破坏侵权因果关系,非常不容易。

第二,企业独占证明资料,致使因果关系举证困难。通常,引起环境污染和生态破坏侵权危害后果的企业,充分地独占资料,并且以企业秘密为借口拒绝向外界提供有关资料,而对于一般市民来讲,科学地、严密地证明该有害物质是引起损害发生的原因,则相当困难。

第三,因果关系的判明,受科学技术发展水平的影响。环境污染和生态破坏侵权行为危害不仅伴随着高科技、高危险作业等产业活动而产生,而且高科技的发展水平,又制约着因果关系的判明。特别是在因环境污染侵权行为造成受害人罹患原因不明疾病的场合,因果关系的判断,尤为困难。甚至,在现有科学技术发展水平下,根本无法明确判断因果关系。即使能够确定构成受害人罹患疾病的原因物质,但要明确污染发生源和污染线路,以及污染与损害之间的相关性等问题,也因其复杂多样而难上加难。

在以上情况下,如果仍然按照一般侵权责任的要求,仍然由受害人承担环境污染和生态破坏侵权行为与损害后果之间因果关系的举证责任,那么,受害人通常会因无法证明因果关系而面临败诉的风险。这样,受害人试图通过民事诉讼途径获得救济的可能性荡然无存,但

---

① 竺效.论我国生态损害的立法定义模式[J].浙江学刊,2007,(3):166-170.

② 王泽鉴.侵权行为法(1)[M].北京:中国政法大学出版社,2001:187.

这与传统民事法律制度所追求的公平与正义的价值理念是背道而驰的。因此,为实现《侵权责任法》救济受害人,强化加害人民事责任的目的,世界各国法学理论与司法实践均尝试探索如何减轻环境污染和生态破坏侵权受害人因果关系举证困难的有效途径①。

（2）我国环境污染和生态破坏的民事责任中因果关系举证责任分担

1992年最高人民法院《关于适用民事诉讼法若干意见》第74条、2001年最高人民法院《关于民事诉讼证据的若干规定》第4条规定:"因环境污染引起的损害赔偿诉讼,由加害人就法律规定的免责事由及其行为与损害结果之间不存在因果关系承担举证责任。"这两个司法解释明确了环境污染责任中因果关系举证责任倒置规则,缓和了环境污染受害人在因果关系方面的举证责任。此后,我国相关环境立法进一步结合这两个司法解释的规定,将污染环境因果关系举证责任倒置规则具体化。如2004年修订的《固体废物污染环境防治法》第86条明确规定:"因固体废物污染环境引起的损害赔偿诉讼,由加害人就法律规定的免责事由及其行为与损害结果之间不存在因果关系承担举证责任";2007年修订的《水污染防治法》第87条明确规定:"因水污染引起的损害赔偿诉讼,由排污方就法律规定的免责事由及其行为与损害结果之间不存在因果关系承担举证责任";2009年制定的《侵权责任法》第66条也明确规定:"因污染环境发生纠纷,污染者应当就法律规定的不承担责任或者减轻责任的情形及其行为与损害之间不存在因果关系承担举证责任。"在《民法典》编撰过程中,对该条予以保留,并增加了"破坏生态"的侵权形态,在1230条明确规定:"因污染环境、破坏生态发生纠纷,行为人应当就法律规定的不承担责任或者减轻责任的情形及其行为与损害之间不存在因果关系承担举证责任。"

拓展阅读6-7　举证责任的概念与法律效力

举证责任是指当事人对其主张的诉讼请求或诉讼答辩所依据的待证事实,用一定的手段证明其真实的责任。举证责任可以分为两个层次:第一层次是提出证据责任,也就是提出证明手段;第二层次是证明责任,也就是说服责任,即说服法官,使之确信其主张的事实为真实,并借此请求法院依其主张请求或答辩为裁判的责任。

我国目前采用的是"谁主张,谁举证"的原则。即当事人对自己提出的有利于自己的主张负有提供证据,并说服法官的责任,否则将承担对自己不利的裁判后果发生的风险。

举证责任分担原则的例外也被称为举证责任倒置。它是从当事人的举证能力和社会公正角度出发,减轻一方当事人的举证负担而加重另一方当事人的举证责任。即在特殊案件里,原告仅就主张的部分事实承担举证责任,被告对原告主张事实持反对意见的,由被告对此承担举证责任。

资料来源:刘家兴,潘剑锋.民事诉讼法学教程[M].2版.北京:北京大学出版社,2008.

---

① 罗丽.中日环境侵权民事责任比较研究[M].吉林:吉林大学出版社,2004:162.

根据《侵权责任法》的一般原理,即使在无过错责任的侵权类型中,被侵权人主张损害赔偿时,也应该举证证明行为人实施了侵权行为、自己遭受了损害等基本事实。根据《最高人民法院关于审理环境侵权责任纠纷案件适用法律若干问题的解释》(2020年修订)第6条规定,被侵权人根据民法典第七编第七章的规定请求赔偿的,应当提供证明以下事实的证据材料:① 侵权人排放了污染物或者破坏了生态;② 被侵权人的损害;③ 侵权人排放的污染物或者其次生污染物、破坏生态行为与损害之间具有关联性。

根据《民法典》第1230条的规定,在环境污染和生态破坏纠纷中,对行为人实行举证责任倒置。举证责任倒置是指依照法律的规定,将通常应由提出事实主张的当事人所负担的举证责任分配给对方当事人,由对方对否定该事实的主张承担举证责任;如果对方当事人不能就此举证证明,则推定事实主张成立。具体而言,根据《最高人民法院关于审理环境侵权责任纠纷案件适用法律若干问题的解释》(2020年修订)第7条规定,侵权人举证证明下列情形之一的,人民法院应当认定其污染环境、破坏生态行为与损害之间不存在因果关系:① 排放污染物、破坏生态的行为没有造成该损害可能的;② 排放的可造成该损害的污染物未到达该损害发生地的;③ 该损害于排放污染物、破坏生态行为实施之前已发生的;④ 其他可以认定污染环境、破坏生态行为与损害之间不存在因果关系的情形。

根据《最高人民法院关于审理环境侵权责任纠纷案件适用法律若干问题的解释》(2020年修订)第8条和第10条的规定,对查明环境污染、生态破坏案件事实的专门性问题,可以委托具备相关资格的司法鉴定机构出具鉴定意见或者由负有环境资源保护监督管理职责的部门推荐的机构出具检验报告、检测报告、评估报告或者监测数据。负有环境资源保护监督管理职责的部门或者其委托的机构出具的环境污染、生态破坏事件调查报告、检验报告、检测报告、评估报告或者监测数据等,经当事人质证,可以作为认定案件事实的根据。

案例讨论 6-9

A养殖场养殖了几十万只鸡,一向效益很好。某日,A养殖场附近的B农场雇佣农业飞机洒农药,飞机超低空飞越养殖场时发出巨大的噪声,此后几天,A养殖场的许多鸡相继死去,没死的鸡也不再下蛋,小鸡也不再长大。A养殖场向B农场索赔,B农场认为飞机洒农药属于正常的操作,A养殖场的损失与其无关,其不应承担赔偿责任。A遂向法院提起诉讼。

讨论:本案应当如何处理?

(二) 环境污染和生态破坏侵权的免责事由

根据《民法典》第1230条的规定,污染者和生态破坏者,不仅须就其行为与损害之间不存在因果关系承担举证责任,而且对于是否存在法律规定的免责或减轻责任的事由承担举证责任。原则上,环境污染和生态破坏侵权的免责或减轻责任事由主要包括:不可抗力、受害人的过错、第三人的过错。侵权人不承担责任或者减轻责任的情形,适用《海洋环境保护法》《水污染防治法》《大气污染防治法》等环境保护单行法的规定;相关环境保护单行法没有规定的,适用《民法典》的规定。

1. 不可抗力

不可抗力,是指不能预见、不能克服和不能避免的客观事件。《民法典》第 180 条明确规定,因不可抗力不能履行民事义务的,不承担民事责任。法律另有规定的,依照其规定。不可抗力是减轻或者不承担违约责任或侵权责任的一般性抗辩事由,可分为自然原因的不可抗力、社会原因的不可抗力、国家原因的不可抗力等三类。自然原因的不可抗力,是指达到一定强度的自然现象,如地震、台风、洪水、海啸等。社会原因的不可抗力,是指由于社会矛盾激化而构成的不能预见、不能避免并不能克服的客观情况,如战争、武装冲突。国家原因的不可抗力,指因为国家行使行政、司法职能而导致损害发生或扩大。在实践中,作为不可抗力的国家原因较多地发生在合同关系领域,较少发生在侵权责任领域。

根据法律规定,不可抗力作为免除环境污染和生态破坏侵权民事责任的条件是:不可抗力必须构成损害后果发生的唯一原因,只有损害后果完全是由不可抗力引起的,才能表明加害行为与损害后果之间无因果关系,并且事故发生后,行为人必须及时采取了合理的救治措施。不可抗力之所以是环境污染和生态破坏的民事责任的免责事由,是因为在发生不可抗力的情况下,不可抗力是造成受害人损害的原因,行为人的行为与受害人的损害之间并不存在因果关系,因此,行为人不需要承担责任。

案例讨论 6-10

A 矿业公司在矿山附近堆放了大量尾矿,且未按照法律规定采取防护措施。某日,A 矿业公司所在地降下了百年不遇的大暴雨,巨大的山洪把 A 矿业公司随意堆放的尾矿冲到邻近的水库中,导致严重的污染事故,水库中几百万斤鱼死亡,直接经济损失超过 1 000 万元。养殖户要求 A 矿业公司赔偿损失,A 矿业公司以不可抗力为由予以拒绝。

讨论:A 矿业公司的抗辩是否成立?

---

2. 受害人的过错

《民法典》第 1173 条规定,被侵权人对同一损害的发生或者扩大有过错的,可以减轻侵权人的责任。在环境污染和生态破坏侵权中,由于实行无过错责任原则,因此,在排污者或者生态破坏者以受害人的过错为抗辩事由时,排污者或者生态破坏者必须证明损害是由受害人本人的故意或重大过失所致,否则不能减轻或免除其损害赔偿责任。例如,《水污染防治法》(2017 年修订)第 96 条第 3 款规定:"水污染损害是由受害人故意造成的,排污方不承担赔偿责任。水污染损害是由受害人重大过失造成的,可以减轻排污方的赔偿责任。"

案例讨论 6-11

某日,A 发现自己在白龙河里用网箱养的鱼大量死亡,经调查,A 发现死鱼与 B 化工厂违法排污有关。A 为了多获得赔偿,就连夜买了几百箱鱼放到其养殖区域,几天之后,这些新买的鱼也全部死亡。

讨论:对于新买的几百箱鱼,A 是否可以要求 B 化工厂赔偿?

3. 第三人的过错

第三人的过错曾经是环境污染侵权的免责事由。例如 1982 年《海洋环境保护法》第 43 条第 2 款规定:"完全是由于第三者的故意或过失造成污染损害海洋环境的,由第三者承担赔偿责任。"1996 年《水污染防治法》第 41 条第 3 款也明确规定:"水污染损害由第三者故意或者过失所引起的,第三者应当承担责任。"

然而,在现实生活中,由于污染物管理者负有严格管理其污染物的高度注意义务,即使环境污染损害后果并非直接由污染物管理者本身行为所致,但由于在环境污染责任中,最终造成环境污染损害的是污染者的污染行为,而污染者的污染行为有时又是第三人的过错行为作用于污染者,并促使污染者的污染行为造成受害人损害,这样,污染者的污染行为与损害后果就具有较为直接的因果关系。为明确污染者的责任,2008 年修订的《水污染防治法》第 85 条第 4 款明确规定:"水污染损害是由第三人造成的,排污方承担赔偿责任后,有权向第三人追偿"。首次将环境污染责任中第三人的过错排除在免责事由之外。此后,2009 年制定的《侵权责任法》第 68 条也规定:"因第三人的过错污染环境造成损害的,被侵权人可以向污染者请求赔偿,也可以向第三人请求赔偿。污染者赔偿后,有权向第三人追偿。"进一步明确规定了环境污染责任中第三人的过错不再是免责事由,其主要目的是更好地保护受害人的权益,使受害人的权益得到及时救济。《民法典》第 1233 条明确规定:"因第三人的过错污染环境、破坏生态的,被侵权人可以向侵权人请求赔偿,也可以向第三人请求赔偿。侵权人赔偿后,有权向第三人追偿。"为正确适用本条,《最高法院关于审理环境侵权责任纠纷案件适用法律若干问题的解释》第 5 条规定,被侵权人根据《民法典》第 1233 条规定分别或者同时起诉侵权人、第三人的,人民法院应予受理。被侵权人请求第三人承担赔偿责任的,人民法院应当根据第三人的过错程度确定其相应赔偿责任。侵权人以第三人的过错污染环境、破坏生态造成损害为由主张不承担责任或者减轻责任的,人民法院不予支持。

案例讨论 6-12

2020 年 7 月,A 石油公司的承包商违规操作,导致输油管道爆炸,15 000 吨原油泄漏至附近海域,导致严重污染,渔民和养殖户的直接经济损失超过 10 亿元,海洋环境遭受的生态损害更是难以计算。此后,A 石油公司以承包商过错为由,拒绝承担赔偿责任。

讨论:A 石油公司是否应当对海洋污染承担损害赔偿责任?

(三) 共同环境污染和生态破坏侵权的责任分配

共同侵权行为是指数人基于主观的或客观的关联共同实施侵害他人人身权利、财产权利或生态环境权益的违法行为,造成他人人身、财产乃至生态环境的损害,应承担连带责任的侵权行为。

拓展阅读6-8   连带责任与按份责任

连带责任是指应当承担民事责任的行为人为多数人,他们所应承担的民事责任具有连带关系。所谓连带关系,是指对于行为人中一人发生效力的事项对其他行为人同样会发生效力。负有连带义务的每个行为人,都负有承担全部民事责任的义务。履行了全部义务的行为人,有权要求其他负有连带义务的人偿付他应当承担的份额。例如,甲、乙、丙三人共同侵权给丁造成了损害,依法应对丁承担连带赔偿责任。丁可以要求甲、乙、丙三人中的任何一人,例如甲承担全部损害赔偿责任,甲不得拒绝。在承担了全部责任之后,甲可以向乙、丙两人追偿他们各自应当承担的份额。

与连带责任相对的是按份责任。按份责任是指承担民事责任的行为人为多数人,他们各自按照一定的份额承担义务。按份责任的行为人只对自己分担的责任份额负责清偿,受害人无权请求行为人承担全部责任。

参考文献:魏振瀛. 民法[M]. 北京:北京大学出版社,高等教育出版社,2001.

在现实生活中,实施环境污染和生态破坏行为的,通常不止一个人,而存在复数行为人。如果这些行为人是基于共同的意思联络而实施污染环境、破坏生态,则构成环境污染、破坏生态的共同侵权行为,应承担连带责任。具体而言,根据《最高人民法院关于审理环境侵权责任纠纷案件适用法律若干问题的解释》(2020 年修正)第 2 条规定,两个以上侵权人共同实施污染环境、破坏生态行为造成损害,被侵权人根据《民法典》第 1168 条规定请求侵权人承担连带责任的,人民法院应予支持。第 3 条规定,两个以上侵权人分别实施污染环境、破坏生态行为造成同一损害,每一个侵权人的污染环境、破坏生态行为都足以造成全部损害,被侵权人根据《民法典》第 1171 条规定请求侵权人承担连带责任的,人民法院应予支持。两个以上侵权人分别实施污染环境、破坏生态行为造成同一损害,每一个侵权人的污染环境、破坏生态行为都不足以造成全部损害,被侵权人根据《民法典》第 1172 条规定请求侵权人承担责任的,人民法院应予支持。两个以上侵权人分别实施污染环境、破坏生态行为造成同一损害,部分侵权人的污染环境、破坏生态行为足以造成全部损害,部分侵权人的污染环

境、破坏生态行为只造成部分损害,被侵权人根据《民法典》第 1171 条规定请求足以造成全部损害的侵权人与其他侵权人就共同造成的损害部分承担连带责任,并对全部损害承担责任的,人民法院应予支持。

但在实践中,通常会存在多个主体分别独立实施环境污染、生态破坏的行为,如多家企业同时向河道排污等。在这种情况下,如何对数人实施污染环境、破坏生态行为中责任进行认定呢?

2009 年《侵权责任法》生效之前,对于共同环境污染侵权的责任分配,一般适用连带责任。但《侵权责任法》作出了不同的规定。即《侵权责任法》第 67 条规定:"两个以上污染者污染环境,污染者承担责任的大小,根据污染物的种类、排放量等因素确定。"从这个规定来看,对于共同环境污染侵权的责任分配,《侵权责任法》并没有采用连带责任,而是采用了按份责任。《民法典》编撰过程中,对该条予以保留,并结合生态破坏行为的情形,作出了进一步细化,即《民法典》第 1231 条规定:"两个以上侵权人污染环境、破坏生态的,承担责任的大小,根据污染物的种类、浓度、排放量,破坏生态的方式、范围、程度,以及行为对损害后果所起的作用等因素确定。"为正确适用本条,《最高人民法院关于审理环境侵权责任纠纷案件适用法律若干问题的解释》(2020 年修正)第 4 条进一步明确规定,两个以上侵权人污染环境、破坏生态,对侵权人承担责任的大小,人民法院应当根据污染物的种类、浓度、排放量、危害性、有无排污许可证、是否超过污染物排放标准、是否超过重点污染物排放总量控制指标,破坏生态的方式、范围、程度,以及行为对损害后果所起的作用等因素确定。

案例讨论 6-13

2021 年 6 月,A 发现其在西凉河上养殖的鱼大量死亡,经生态环境部门调查,系河流受污染所致。河流上游的 B、C、D 三家工厂均排放了导致鱼类死亡的污染物,但每个工厂排放的数量不一,有的是超标排污,有的是达标排污。

讨论:根据《民法典》的规定,B、C、D 三家工厂应当如何赔偿 A 的损失?

(四) 环境污染和生态破坏侵权责任的承担方式

侵权责任承担方式,是指侵权人依法应当对被侵权人受到的损害承担不利法律后果的形式和类别。一个国家的侵权责任法规定哪些侵权的民事责任方式,取决于该国的民事立法政策和法律文化传统等因素。一般而言,西方国家侵权责任法中侵权责任承担方式主要有恢复原状与赔偿损失两种。英美法系侵权责任法确定的侵权责任承担方式主要是赔偿,无论被侵权人受到什么类型的损害,法律一般都采用赔偿的方式对其予以救济。大陆法系侵权责任法确定的侵权责任承担方式主要是恢复原状和适当条件下的损害赔偿。

《民法典》第 179 条第 1 款规定,承担民事责任的方式主要包括:① 停止侵害;② 排除妨碍;③ 消除危险;④ 返还财产;⑤ 恢复原状;⑥ 修理、重作、更换;⑦ 继续履行;⑧ 赔偿损失；⑨ 支付违约金；⑩ 消除影响、恢复名誉；⑪ 赔礼道歉。这些民事责任方式有的专门适用于违约责任，如修理、重作、更换及支付违约金；有的专门适用于侵权责任，如停止侵害、排除妨碍、消除危险、消除影响、恢复名誉和赔礼道歉；有的则既适用于违约责任也适用于侵权责任，如返还财产、赔偿损失。

为正确适用本条，《最高人民法院关于审理环境侵权责任纠纷案件适用法律若干问题的解释》（2020 年修正）第 13 条明确规定，人民法院应当根据被侵权人的诉讼请求及具体案情，合理判定侵权人承担停止侵害、排除妨碍、消除危险、修复生态环境、赔礼道歉、赔偿损失等民事责任。除此之外，根据《民法典》第 179 条、第 1232 条的规定，当"侵权人违反法律规定故意污染环境、破坏生态造成严重后果"，被侵权人请求相应的惩罚性赔偿的情况下，人民法院还可以判定侵权人承担惩罚性赔偿。

四、惩罚性赔偿责任

（一）概述

惩罚性赔偿（punitive damages）是补偿性损害赔偿之外的一种损害赔偿，旨在惩罚被告人的侵权行为，并阻止被告人或其他人再次实施类似行为。

《民法典》第 1232 条关于"侵权人违反法律规定故意污染环境、破坏生态造成严重后果的，被侵权人有权请求相应的惩罚性赔偿"的规定，确立了环境污染和生态破坏的民事责任中的惩罚性赔偿。《民法典》在环境污染和生态破坏的民事责任中设置惩罚性赔偿，通过对侵权人追加多倍赔偿来惩罚、遏制污染环境、破坏生态等侵权行为，从而实现全面救济和生态环境保护的目的。这既是《民法典》第 9 条"保护生态环境"的内在要求，也是在习近平总书记提出的"用最严格的制度、最严密的法治保护生态环境"的指导下，坚持和完善生态文明制度体系的生动体现[①]。

（二）惩罚性赔偿责任的适用

根据最高人民法院 2022 年 1 月发布的《关于审理生态环境侵权纠纷案件适用惩罚性赔偿的解释》（法释〔2022〕1 号），被侵权人主张侵权人承担惩罚性赔偿责任的，应当提供证据证明以下事实：① 侵权人污染环境、破坏生态的行为违反法律规定；② 侵权人具有污染环境、破坏生态的故意；③ 侵权人污染环境、破坏生态的行为造成严重后果。人民法院认定侵权人是否具有污染环境、破坏生态的故意，应当根据侵权人的职业经历、专业背景或者经营范围，因同一或者同类行为受到行政处罚或者刑事追究的情况，以及污染物的种类，污染环境、破坏生态行为的方式等因素综合判断。具有下列情形之一的，人民法院应当认定侵权人具有污染环境、破坏生态的故意：① 因同一污染环境、破坏生态行为，已被人民法院认定构成破坏环境资源保护犯罪的；② 建设项目未依法进行环境影响评价，或者提供虚假材料导致环境影响评价文件严重失实，被行政主管部门责令停止建设后拒不执行的；③ 未取得排

---

① 习近平. 习近平谈治国理政（第二卷）[M]. 北京：外文出版社，2017：396.

污许可证排放污染物,被行政主管部门责令停止排污后拒不执行,或者超过污染物排放标准或者重点污染物排放总量控制指标排放污染物,经行政主管机关责令限制生产、停产整治或者给予其他行政处罚后仍不改正的;④ 生产、使用国家明令禁止生产、使用的农药,被行政主管部门责令改正后拒不改正的;⑤ 无危险废物经营许可证而从事收集、贮存、利用、处置危险废物经营活动,或者知道或者应当知道他人无许可证而将危险废物提供或者委托给其从事收集、贮存、利用、处置等活动的;⑥ 将未经处理的废水、废气、废渣直接排放或者倾倒的;⑦ 通过暗管、渗井、渗坑、灌注,篡改、伪造监测数据,或者以不正常运行防治污染设施等逃避监管的方式,违法排放污染物的;⑧ 在相关自然保护区域、禁猎(渔)区、禁猎(渔)期使用禁止使用的猎捕工具、方法猎捕、杀害国家重点保护野生动物、破坏野生动物栖息地的;⑨ 未取得勘查许可证、采矿许可证,或者采取破坏性方法勘查开采矿产资源的;⑩ 其他故意情形。

人民法院认定侵权人污染环境、破坏生态行为是否造成严重后果,应当根据污染环境、破坏生态行为的持续时间、地域范围,造成环境污染、生态破坏的范围和程度,以及造成的社会影响等因素综合判断。侵权人污染环境、破坏生态行为造成他人死亡、健康严重损害,重大财产损失,生态环境严重损害或者重大不良社会影响的,人民法院应当认定为造成严重后果。

人民法院确定惩罚性赔偿金数额,应当以环境污染、生态破坏造成的人身损害赔偿金、财产损失数额作为计算基数;应当综合考虑侵权人的恶意程度、侵权后果的严重程度、侵权人因污染环境、破坏生态行为所获得的利益或者侵权人所采取的修复措施及其效果等因素,但一般不超过人身损害赔偿金、财产损失数额的两倍。

在生态环境损害赔偿诉讼或者环境民事公益诉讼中,国家规定的机关或者法律规定的组织作为被侵权人代表,请求判令侵权人承担惩罚性赔偿责任的,人民法院可以参照上述规定予以处理。但惩罚性赔偿金数额的确定,应当以生态环境受到损害至修复完成期间服务功能丧失导致的损失、生态环境功能永久性损害造成的损失数额作为计算基数。

五、环境侵权纠纷的行政处理

(一) 概述

虽然环境侵权民事责任,将填补受害人所遭受的损害、保全环境等作为其主要功能,即以使环境侵权人承担"损害赔偿""排除侵害"等责任方式,对环境受害人所受到的生命、健康、财产等损害进行填补性赔偿,对严重侵害或威胁受害人生命健康或环境权益的行为予以"排除侵害",或对生态环境损害进行赔偿或修复,但是,由于环境侵权民事责任功能的实现,主要是通过民事诉讼程序来完成的,因此,作为救济环境受害人的法律手段,环境侵权民事责任功能的发挥,往往要受以下条件限制。

首先,环境侵权民事责任功能的实现,要求受害人必须通过民事诉讼程序进行。但是,由于民事诉讼具有耗费高额费用、大量劳力和较长时间等特点,因此,民事诉讼程序通常会影响环境侵权民事责任功能的充分发挥。

其次,环境侵权民事责任的构成要件、责任方式等,制约着环境侵权民事责任功能的发挥。即加害人承担环境侵权民事责任,其前提条件是加害人的行为还须符合法律规定的环境侵权民事责任构成要件。因此,环境侵权民事责任构成要件的确定,直接影响着环境侵权民事责任功能的发挥。同时,在具体判断行为人的行为是否符合环境侵权民事责任构成要件时,加害行为的确定、侵权行为事实的判定、因果关系的查寻、举证责任的承担等问题错综复杂,也成为制约环境侵权民事责任发挥迅速、及时救济受害人功能的因素。另外,承担环境侵权民事责任的具体方式也直接影响着环境侵权民事责任功能的发挥。

在这种情况下,以公权力介入方式或者通过法律规定的第三方来处理当事人之间的环境侵权纠纷问题,成为各国解决环境侵权纠纷问题的一种重要方式。这种方式一般被称为环境侵权纠纷的行政处理。与通过诉讼程序解决环境侵权纠纷问题相比,环境侵权纠纷行政处理机制具有如下优点:

第一,由于环境侵权纠纷的行政处理是以公权力介入方式对环境侵权纠纷当事人间的纠纷进行处理,主要由行政机关通过职权来调查相关事实和证据,因此,行政处理制度能够正视当事人间因社会的、经济的地位差异性产生的能力差异所造成的实质不平等现象,保障当事人权利的公平性。

第二,作为谋求迅速且妥善解决环境侵权纠纷的行政措施,环境侵权纠纷的行政处理程序所需费用主要由国库负担,因此,与诉讼程序中受害人须花费大量人力、物力和财力相比,环境侵权纠纷行政处理减轻了当事人的负担。

第三,与诉讼程序相比,行政侵权纠纷处理程序通常较为简便,提高了纠纷处理的效率,有利于迅速而妥善地解决环境侵权纠纷。

(二)　我国的环境侵权纠纷行政处理制度

当前,在环境侵权纠纷的行政处理方面,我国尚未就正在发生的环境侵权纠纷处理作出程序性立法规定。从仅有的一些原则、抽象和零星的规定来看,这些规定主要集中体现在已发生的环境污染损害纠纷的行政处理方面。

1989年版《环境保护法》第41条规定:"造成环境污染危害的,有责任排除危害,并对直接受到损害的单位或者个人赔偿损失。赔偿责任和赔偿金额的纠纷,可以根据当事人的请求,由环境保护行政主管部门或者其他依照本法律规定行使环境监督管理权的部门处理;当事人对处理决定不服的,可以向人民法院起诉。当事人也可以直接向人民法院起诉。"

但是,由于该条款对行政处理的含义,以及应以什么方式处理这类纠纷等未作出更为具体的规定,因而出现了各级环境保护部门在适用法律上的争议。国家环境保护局于1991年11月26日向全国人大常委会法制工作委员会发出了《关于如何正确理解和执行〈环境保护法〉第41条第2款的请示》,全国人大常委会法工委于1992年1月31日以《关于正确理解和执行〈环境保护法〉第41条第2款的答复》的形式明确指出:"因环境污染损害引起的赔偿责任和赔偿金额的纠纷属于民事纠纷,环境保护行政主管部门依据《中华人民共和国环境保护法》第 41 条第 2 款规定,根据当事人的请求,对因环境污染损害引起的赔偿责任和赔偿金额的纠纷所作的处理,当事人不服的,可以向人民法院提起民事诉讼,但这是民事纠纷双方当事人之间的民事诉讼,不能以作出处理决定的环境保护行政主管部门为被告提起行政诉讼。”

以此为依据,环境保护部门将该类环境侵权纠纷的行政处理性质定位于行政机关居间对当事人民事争议的调解处理,如果当事人对环境保护部门所作的相关行政处理不服,则仅可向人民法院提起民事诉讼。在此后修改的环境保护单行法中,均将环境侵权纠纷的行政处理明确定性为“调解处理”。

但是,由于环境保护部门没有设立专门的环境侵权纠纷处理机构和人员编制,也没有行政经费来源,使得环境保护部门对于“调解处理”环境纠纷的积极性不高,环境侵权纠纷的行政处理未能充分发挥应有的作用。自 2014 年修订《环境保护法》之后,除《水污染防治法》(2017 年修正)之外①,其他修订或新制定的污染防治法律都取消或者不再规定环境侵权纠纷的行政处理制度。实践中,绝大多数的环境侵权纠纷都通过民事诉讼或者当事人自行协商的方式解决。

案例讨论 6-14

A 养殖的鱼类由于受到 B 公司排放的水污染物的污染而大量死亡,按照市价计算,损失超过 100 万元。A 申请生态环境部门调解本案。生态环境部门经过调解后作出调解决定,要求 B 公司赔偿 A 80 万元。A 认为生态环境部门偏袒 B 公司,遂对生态环境部门提起行政诉讼。

讨论:A 对于生态环境部门的调解决定不服,是否可以提起行政诉讼?

六、环境民事诉讼

(一) 概念

从广义上讲,民事诉讼是指国家裁判机关以其强制方式解决利害关系人之间民事权益争议的程序,在我国是指作为国家裁判机关的人民法院依照民事诉讼法规范审理和解决民事纠纷,以及实现民事权利、义务的程序。在较为狭义的意义上,民事诉讼仅指人民法院审理和解决民事纠纷的程序,而不包括通过强制方式实现民事权利、义务的程序,如宣告死亡、认定公民无行为能力、认定财产无主等案件的审理程序②。

---

① 《水污染防治法》第 97 条:“因水污染引起的损害赔偿责任和赔偿金额的纠纷,可以根据当事人的请求,由环境保护主管部门或者海事管理机构、渔业主管部门按照职责分工调解处理;调解不成的,当事人可以向人民法院提起诉讼。当事人也可以直接向人民法院提起诉讼。”

② 张卫平. 民事诉讼法[M]. 北京:中国人民大学出版社,2011:1-2.

环境民事诉讼是指遭受环境侵权损害的被侵权人依据民事诉讼的条件和程序向人民法院对环境侵权行为人提出诉讼请求,人民法院依法对其审理和裁判的活动。

（二）程序

环境民事诉讼的程序与一般民事诉讼基本相同,只是在举证责任方面存在一些差异（详见前文的论述）。环境污染或生态破坏受害人可以在诉讼时效内①,以侵权人为被告向有管辖权的人民法院提起民事诉讼（一般是侵权行为地或者被告住所地的法院）。在提交起诉状时,应当同时提交相应的证据。人民法院对于符合起诉条件的案件,应当在七日内立案。立案之日起五日内,人民法院应当将起诉状副本送达被告,被告可以在收到起诉状副本之日起十五日内提出答辩状。被告提出答辩状的,人民法院应当在收到之日起五日内将答辩状副本发送原告。被告不提出答辩状的,不影响人民法院审理。开庭审理时,原被告应当分别提出各自的证据。原告应当提出侵权人排放了污染物或者破坏了生态、自己受到的损害、侵权人排放的污染物或者其次生污染物、破坏生态行为与损害之间具有关联性等证据;被告（侵权人）应当就法律规定的不承担责任或者减轻责任的情形及其行为与损害之间不存在因果关系承担举证责任,否则就要承担相应的损害赔偿责任。法院在作出判决之前,可以先进行调解。调解达成协议的,人民法院应当制作调解书。调解书应当写明诉讼请求、案件的事实和调解结果。调解书送达双方之后即发生法律效力,当事人不得上诉。调解未达成协议或者调解书送达前一方反悔的,人民法院应当及时判决。一审法院作出判决后,当事人如果不服判决,可以在判决书送达之日起十五日内向上级人民法院提起上诉。二审法院作出的判决为终审判决。为及时有效保护生态环境,维护民事主体合法权益,落实保护优先、预防为主原则,2021 年 11 月,最高人民法院发布了《关于生态环境侵权案件适用禁止令保全措施的若干规定》,规定因污染环境、破坏生态行为受到损害的自然人、法人或者非法人组织,以及《民法典》第 1234 条、第 1235 条规定的"国家规定的机关或者法律规定的组织",可以在提起生态环境侵权诉讼时或者诉讼过程中,紧急情况下可以在提起诉讼前,以被申请人正在实施或者即将实施污染环境、破坏生态行为,不及时制止将使申请人合法权益或者生态环境受到难以弥补的损害为由,向有管辖权的人民法院申请采取禁止令保全措施,责令被申请人立即停止一定行为。人民法院应当在接受申请后五日内裁定是否准予。情况紧急的,人民法院应当在接受申请后四十八小时内裁定是否准予。

---

① 《民法典》第 188 条规定:"向人民法院请求保护民事权利的诉讼时效期间为三年。法律另有规定的,依照其规定。诉讼时效期间自权利人知道或者应当知道权利受到损害以及义务人之日起计算。法律另有规定的,依照其规定。但是,自权利受到损害之日起超过二十年的,人民法院不予保护,有特殊情况的,人民法院可以根据权利人的申请决定延长。"
《民法典》第 196 条规定:"请求停止侵害、排除妨碍、消除危险,不适用诉讼时效的规定。"

第五节　环境公益诉讼

一、环境公益诉讼的概念与特征

（一）概念

环境公益诉讼，是一种允许与案件无直接利害关系的原告出于公益目的，针对损害公共环境利益的行为，向法院起诉的新型诉讼制度。

环境公益诉讼是 20 世纪 70 年代源于美国的一种新的诉讼形态，在美国的环境立法中被称为公民诉讼（citizen suit）。具有代表性和开拓性的公民诉讼是 1972 年在美国发生的塞拉俱乐部诉内政部部长莫顿案。

拓展阅读 6-9　塞拉俱乐部诉内政部部长莫顿案

1969 年，美国内政部林业局批准迪士尼公司在加利福尼亚州图拉里县内华达山脉的美国红杉国家公园内的矿金峡谷建设一个滑雪胜地。为方便人们进出这个滑雪胜地，加利福尼亚州政府拟建一条横穿美国红杉国家公园的高速公路，另外还拟建一条为该滑雪胜地供电的高压线路。

1969 年 6 月，著名环保团体塞拉俱乐部依据《行政程序法》第 10 条的规定，以对"保护和合理维护国家公园、禁猎区及国家森林"有特殊利益团体的名义，在加利福尼亚州北部地区的美国地区法院以内政部部长莫顿为被告提起了诉讼，要求林业局撤销对迪士尼公司建设项目的许可。地区法院经过两天的听证会后，决定同意发布初步禁令，并且拒绝了内政部部长莫顿对塞拉俱乐部诉讼资格的异议。

内政部部长莫顿向上诉法院美国第九巡回法院提起了上诉，认为塞拉俱乐部不具备提起诉讼的资格，请求撤销原判。上诉法院指出，被上诉人"塞拉俱乐部"除了对上诉人内政部部长莫顿的行动感到恼火和讨厌之外，其在诉状中并没有提到它的成员将会受到上诉人行动的影响。上诉法院认为："我们无法相信，这个没有在诉状中提出它与本案有充分、直接的利害关系的俱乐部享有法律意义上的诉讼资格，可以来质疑代表所有公民利益的两个内阁层次的政府部门根据国会和宪法的授权行使职权的行为"，因此判决塞拉俱乐部不具备诉讼资格。

塞拉俱乐部向联邦最高法院申请重审该案。联邦最高法院以 4 : 3 的投票结果维持了上诉法院的判决。联邦最高法院虽然承认"美学和环境方面的福利，就像优裕的经济生活一样，是我们社会生活质量的重要组成部分，许多人而不是少数人享受特定环境利益的事实并不降低通过司法程序实施法律保护的必要性"，但同时指出，"实际损害"并不仅仅要求存在一个可辨认的损害,它还要求申请进行司法审查的当事人本身就属于受到损害的人中的一员。塞拉俱乐部并未主张它或它的成员的任何活动或娱乐会受到迪士尼开发项目的影响,而仅仅声称其代表"公益",因此不具有诉讼资格。

尽管此案塞拉俱乐部最终被认定不具备诉讼资格,但联邦最高法院首次承认美学和环境利益受到损害也可以提起诉讼,由此为环境公益诉讼的开展奠定了坚实的基础。

资料来源:严厚福. 塞拉俱乐部诉内政部长莫顿案的判决[J]. 世界环境. 2006,(6):28-33.

美国环境公民诉讼条款始见于1970年《清洁空气法》。该法第304条规定,任何人(any person)都可以自己的名义,对任何违反本法或者根据本法发布的规章的人(包括美国政府、政府机关、公司和个人)提起诉讼。

此后,美国绝大多数的环境立法中均规定了公民诉讼条款,这些实体法上的相关条款与《美国联邦法院民事诉讼规则》(Rules of Civil Procedure of the United States Federal Court)(特别是其中的第17条)相配合,共同构成了一整套较为完整的环境公民诉讼制度。目的是保证联邦和各州的行政机关积极履行其职责并补充其资源的不足。

在法国,环保团体针对国家环境行政机关不法造成环境破坏的行为提起诉讼,是遏制源于行政因素造成环境破坏的一种非常重要的形式。在日本,公民为维护自己的环境权益也可以依照行政诉讼程序对政府机关提起环境行政诉讼。

(二) 特征

与一般诉讼相比,环境公益诉讼具有如下显著特征:

第一,非直接利益相关性。在传统诉讼中,提起诉讼的原告须与所诉讼案件有直接利害关系,即"无利益则无诉权"。与此相对,在环境公益诉讼的场合,提起环境公益诉讼的原告提起诉讼的基础并不在于自己的某种利益受到侵害或胁迫,而在于希望保护因私人或政府机关的违法行为而受损的环境公共利益,因此,在环境公益诉讼中,提起环境公益诉讼的原告与诉讼请求并无直接利害关系。可以说,在环境公益诉讼中,与传统诉讼相比,提起诉讼的主体资格得到了放宽。

第二,显著的预防性。与一般私益诉讼相比,环境公益诉讼中只要有合理情况判断有侵害环境公共利益的可能,即可提起诉讼,由违法的行为人承担法律责任。这样,便可以将许多损害遏制在萌芽状态,而这种防患于未然的预防作用在环境公益诉讼中更为明显,因为环境一旦遭受破坏就难以恢复原状,所以法律有必要在环境侵害尚未发生或尚未完全发生时就允许公民适用司法制度加以排除,从而阻止环境公共利益遭受无法弥补的损害。

第三,惠益的公共性。环境公益诉讼的目的是希望保护因私人或政府机关的违法行为而受损的环境公共利益,因此,通过环境公益诉讼,最终真正获得利益的是广大公众或者特定区域内的大多数人,而不是少数与所诉讼案件有直接利害关系的个人。

第四,起诉权的法定性。由于环境公益诉讼是由与所诉讼案件无直接利害关系的主体提起,因此,为保障环境公益诉讼的顺利进行,各国均会通过立法明确规定环境公益诉讼案件的范围和公益诉讼案件起诉人的主体资格。

第五,环境公益诉讼并非独立的诉讼领域,而只是一种与原告资格认定相关的诉讼方式和手段。这种诉讼既可以在行政诉讼中采用,亦可以适用于民事诉讼程序。如被诉的对象是对环境公益造成侵害或有侵害之虞的行政机关或者其他公共权力机构,即为适用行政诉讼的环境行政公益诉讼;如被诉对象是企业、公司、其他组织或个人即为适用民事诉讼的环境民事公益诉讼。环境民事公益诉讼是公民或者组织针对其他公民或者组织侵害公共环境利益的行为,请求法院提供民事性质的救济。就诉讼主体和诉讼请求而言,它表现出"私人对私人,私人为公益"的特点。环境行政公益诉讼是指公民或者法人(特别是环保公益团体)认为行政机关(主要是环保部门,但也包括政府)的具体环境行政行为(如关于建设项目的审批行为)危害公共环境利益,向法院提起的司法审查之诉。就主体而言,它表现出"私人对公权(即环境行政机关),私人为公益"的特点;就诉讼请求而言,它以私人请求法院通过司法审查撤销或者变更行政机关具体环境行政行为为目的①。

二、环境公益诉讼的意义

第一,有利于保护环境公共利益。根据传统诉讼原理,提起诉讼的原告为维护私人利益必须具备诉讼主体资格,即提起诉讼的原告须与所诉讼案件有直接利害关系,因此,与所诉讼案件无直接利害关系的人不得提起诉讼。但是,在环境侵权案件中,污染或破坏环境的侵权行为通常不仅会造成受害人身体健康、生命和财产的损害,而且还会危及生态环境本身,对于环境侵权行为造成的受害人身体健康、生命和财产的损害,受害人作为直接利害关系人可以提起诉讼维护其自身利益;但是,由于生态环境是一种公共利益,环境侵权行为造成的对生态环境的损害或威胁通常与某个个人无直接利害关系,因而在传统诉讼理论下,个人无法提起诉讼以保护环境公共利益。为弥补这种传统诉讼上的缺陷,环境公益诉讼便应运而生。从环境公益诉讼立法来看,一些国家明确规定某些与所诉讼案件无直接利害关系的主体可以提起环境公益诉讼,以维护环境公共利益。

第二,有利于事前遏制环境侵权行为。根据传统诉讼原理,提起诉讼还必须有具体的诉讼请求和事实根据,因此,作为私人利益维护者的原告只有在其私人权益遭受损害时,才能提起诉讼。但是,由于环境公共利益一旦遭受破坏,则难以恢复,因此,事前预防手段尤为重要。根据环境公益诉讼理论,在环境公益诉讼中,只要有合理情况判断被告具有侵害环境公共利益的可能性,环境公益诉讼主体便可通过环境公益诉讼遏制这种威胁环境公共利益的行为。

---

① 汪劲. 中国环境公益诉讼:何时才能浮出水面?[J]. 世界环境,2006(6):18.
别涛. 中国环境公益诉讼的立法建议[J]. 中国地质大学学报(社会科学版),2006(6):5-8.
王灿发. 中国环境公益诉讼的主体及其争议[J]. 国家检察官学院学报,2010(3):3-6.

三、我国环境公益诉讼的立法和实践

（一）环境公益诉讼的早期尝试

在我国正式建立环境公益诉讼制度之前，各地就已经出现了一些环境公益诉讼的尝试，这些尝试尽管有成功有失败，但都为我国建立环境公益诉讼制度作出了有益的探索。

拓展阅读6-10　中国环境公益诉讼的早期案例

2000年12月20日，300名青岛市民以青岛规划局批准在音乐广场北侧建立住宅区，破坏了青岛市民引以为荣的海滨景观，侵害了自己的优美环境享受权为由，向青岛市市南区法院提起行政诉讼。他们推举了3名代表，请求法院判令规划局撤销许可。法院受理了此案，并确认原告主体资格合法，但驳回了原告诉讼请求。

2005年12月7日，北京大学法学院6名师生就松花江特大水污染事件向黑龙江省高级人民法院提起以自然物（鲟鳇鱼、太阳岛、松花江）为共同原告的环境公益诉讼，请求法院判令被告中石油公司赔偿100亿元人民币用于治理松花江流域污染和恢复生态平衡，保障鲟鳇鱼的生存权利、松花江和太阳岛的环境清洁的权利，以及自然人原告对松花江流域自然景观的旅游、观赏、美好想象的权利。黑龙江省高级人民法院没有受理该案。

2008年7月13日，广州市环境监察支队番禺大队发现东泰皮革厂违法排污，在环境保护局依法对东泰皮革厂作出行政处罚后，广东番禺区人民检察院作为原告向广州海事法院提起环境公益诉讼，要求东泰皮革厂赔偿环境污染损失和费用共6.25万元。2009年8月，广州海事法院作出一审判决：东泰皮革厂立刻停止污染行为，并赔偿环境污染损失和费用共6.25万元；赔偿款项由原告受偿后上交国库。

2009年7月6日，中华环保联合会向江苏省无锡市中级人民法院提起环境民事公益诉讼，请求判令江苏江阴港集装箱有限公司立即停止对公共环境利益的侵害，消除对无锡市、江阴市饮用水水源地和取水口的威胁。经审查，江苏省无锡市中级人民法院于当日决定立案受理。本案被媒体称为"中国环境民事公益诉讼第一案"。最终法院调解结案。

2009年7月27日，中华环保联合会向贵州省清镇市人民法院提起环境行政公益诉讼，请求法院判决清镇国土资源局收回位于百花湖乡三堡村屯坡脚面积为800平方米的4号宗地的土地使用权及地块上全部建筑物或其他附属物，并消除该建筑对百花湖风景区环境造成的潜在危害。本案被媒体称为"中国环境行政公益诉讼第一案"。在庭审时，被告表示已于2009年8月28日作出了撤回有潜在污染环境危险的百花湖风景区冷饮厅加工项目土地使用权决定，中华环保联合会当庭提出撤诉。

2007年11月20日，贵州省贵阳市中级人民法院环境保护审判庭与清镇市人民法院环

境保护法庭设立,开创我国环境保护审判庭之先河,其受案范围包括了环境公益诉讼①。以此为开端,我国各地相继拉开了成立环境保护审判庭与环境保护法庭的序幕。2010 年 6 月 29 日最高人民法院发布的《为加快经济发展方式转变提供司法保障和服务的若干意见》指出:"在环境保护纠纷案件数量较多的法院可以设立环保法庭,实行环境保护案件专业化审判,提高环境保护司法水平。"环保法庭的成立,有力地推动了各地环境公益诉讼的开展②。2014 年 7 月,最高人民法院成立了环境资源审判庭。

拓展阅读 6-11　人民法院审判机构的设置情况及环境资源专门审判机构的设置状况

　　根据《宪法》和《人民法院组织法》的规定,我国人民法院的组织体系,由最高人民法院、地方各级人民法院和专门人民法院构成。最高人民法院是最高审判机关,设在首都北京,最高人民法院监督地方各级人民法院和专门人民法院审判工作。最高人民法院可以设巡回法庭,审理最高人民法院依法确定的案件。地方各级人民法院分为基层人民法院、中级人民法院和高级人民法院。实行四级两审制。基层人民法院设立若干人民庭。基层人民法院设在县级,包括县、自治县(旗)、不设区的市、市辖区;中级人民法院设立在省、自治区的各地区,直辖市、省、自治区辖市、自治州;高级人民法院设在省、自治区和直辖市。上级人民法院监督下级人民法院审判工作。专门人民法院包括军事法院和海事法院、知识产权法院、金融法院等。人民法院根据审判工作需要,可以设必要的专业审判庭(如设刑事审判庭、民事审判庭、行政审判庭、环境资源审判庭等)。法官员额较少的中级人民法院和基层人民法院,可以设综合审判庭或者不设审判庭。

　　截至 2020 年底,全国共设立环境资源专门审判机构 1 993 个,包括环境资源审判庭 617 个,合议庭 1 167 个,人民法庭、巡回法庭 209 个,基本形成专门化的环境资源审判组织体系。推进归口审理和集中管辖机制建设。共有 22 家高级人民法院及新疆维吾尔自治区高级人民法院生产建设兵团分院实现了环境资源刑事、民事、行政、执行案件"三合一"或"四合一"归口审理。

　　资料来源:

　　[1]《宪法》,《人民法院组织法》(2018 年修订)。

　　[2] 最高人民法院:《中国环境资源审判(2020)》。

(二)　环境公益诉讼的立法

　　随着中国环境形势日益严峻,公众对于环境问题的关注度日渐提高,通过制度创新来应对环境问题的呼声也日益强烈,加之各地的环保法庭已经积累了一些环境公益诉讼的试点经验,在全国性的立法层面建立环境公益诉讼制度的时机已经成熟。

---

① 罗华山,王太师. 贵阳成立环境保护审判庭和环境保护法庭[N]. 贵州日报. 2007-11-21.
② 张莉. 环境公益诉讼破壳而出"两湖一库"打响第一枪[N]. 中国环境报. 2008-12-30.

2012 年修正的《民事诉讼法》第 55 条规定："对污染环境、侵害众多消费者合法权益等损害社会公共利益的行为,法律规定的机关和有关组织可以向人民法院提起诉讼。"该条首次在立法上确立了环境民事公益诉讼制度。但由于该法并未明确"法律规定的机关和有关组织"具体包括哪些机关和组织,因此环境公益诉讼仍然面临"难以落地"的障碍①。直到 2014 年修订的《环境保护法》第 58 条才明确了环保团体提起环境公益诉讼的条件,至此环境公益诉讼制度终于在中国"落地生根"②。在新《环境保护法》生效之后,最高人民法院发布了《关于审理环境民事公益诉讼案件适用法律若干问题的解释》,进一步细化了环境民事公益诉讼制度。2015 年以来,中华环保联合会、中国生物多样性保护与绿色发展基金会、自然之友等环保团体已经提起了数百起环境民事公益诉讼。

为了进一步发挥环境公益诉讼制度的威力,2015 年 7 月全国人大常委会发布《关于授权最高人民检察院在部分地区开展公益诉讼试点工作的决定》,授权最高人民检察院在生态环境和资源保护、国有资产保护、国有土地使用权出让、食品药品安全等领域开展提起公益诉讼试点,试点期限为两年,试点地区为北京、内蒙古、吉林、江苏、安徽、福建、山东、湖北、广东、贵州、云南、陕西、甘肃十三个省、自治区、直辖市。

鉴于检察机关开展公益诉讼试点工作取得了良好成效,2017 年 6 月,全国人大常委会修改了《民事诉讼法》和《行政诉讼法》,授权检察机关提起环境民事公益诉讼和环境行政公益诉讼的诉讼资格。在提起环境民事公益诉讼时,检察机关的起诉顺位排在法律规定的机关和组织之后,只有在没有法律规定的机关和组织或者法律规定的机关和组织不提起环境公益诉讼的情况下,检察机关才可以提起环境民事公益诉讼;法律规定的机关或者组织提起诉讼的,检察机关可以支持起诉③。在提起环境行政公益诉讼之前,检察机关应当先向行政机关提出检察建议,督促其依法履行职责。行政机关在收到检察建议之后,在法定期限内仍然不依法履行职责的,人民检察院才可以向人民法院提起诉讼④。

> **拓展阅读 6-12   江西省赣州市环境保护税行政公益诉讼案**
>
> 赣州市税务局本级监管的 15 个房地产开发项目在建工程、2 个快速路市政在建工程及 8 个公共停车场建设工程项目的工程施工单位未依法申报缴纳环境保护税,应收税款

---

① 在《民事诉讼法》(2012 年修正)生效之时,"法律规定的机关"仅有《海洋环境保护法》所规定的"行使海洋环境监督管理权的部门"。《海洋环境保护法》(1999 年修订)第 90 条第 2 款规定,对破坏海洋生态、海洋水产资源、海洋保护区,给国家造成重大损失的,由依照本法规定行使海洋环境监督管理权的部门代表国家对责任者提出损害赔偿要求。

② 《环境保护法》第 58 条规定,对污染环境、破坏生态,损害社会公共利益的行为,符合下列条件的社会组织可以向人民法院提起诉讼:
   (一)依法在设区的市级以上人民政府民政部门登记;
   (二)专门从事环境保护公益活动连续五年以上且无违法记录。

③ 参见《民事诉讼法》(2021 年修正)第 58 条。

④ 参见《行政诉讼法》(2017 年修正)第 25 条。

未及时足额入库,致使国有财产流失,损害国家利益。

2020年6月,赣州市人民检察院决定立案调查。赣州市人民检察院从市税务局调取了2018年以来环境保护税的征收情况及明细表,从市住建部门调取了市本级监管工程项目表,从市生态环境部门调取了企业减排措施情况材料,经对以上材料进行比对,发现赣州市税务局监管的25个工程项目未依法缴纳环境保护税。

2020年8月20日,赣州市人民检察院向市税务局公开宣告送达检察建议书。市税务局收到检察建议书后组织开展了专项清查,对25个工程项目共征收环境保护税35.35万元、滞纳金2.86万元。针对辖区内企业对环境保护税这一新税种了解不多、主动申报较少的情况,市税务局采取召开纳税人座谈会、上门走访等方式宣传环境保护税法,做到重点工程纳税人户户见面,仅市区就覆盖纳税人800多户。针对全市范围内普遍存在落实征收环境保护税不到位的问题,赣州市人民检察院在辖区部署开展专项行动。2020年1—9月,全市环境保护税收入总量、增量和增幅均居全省第一。

我国正式建立环境公益诉讼制度以来,司法实践中已经出现了诸多有影响力的环境公益诉讼案件,为促进生态环境的修复或者防止生态环境遭受破坏起到了积极的作用。

拓展阅读6-13　近年来有较大影响力的环境公益诉讼案件

2016年,中华环保联合会提起诉讼的大气污染民事公益诉讼一案,法院判决山东德州晶华集团振华有限公司赔偿超标排放污染物造成的损失2 198.36万元。

2017年,中国生物多样性保护与绿色发展基金会诉宁夏腾格里沙漠污染公益诉讼案,在宁夏中卫市中级人民法院一审调解结案。宁夏瑞泰科技股份有限公司等8家污染企业将投入5.69亿元用于修复和预防土壤污染,并承担环境损失公益金600万元。

2017年,自然之友诉中国水电顾问集团新平开发有限公司、中国屯建集团昆明勘测设计研究院有限公司生态环境保护民事公益诉讼案。自然之友请求人民法院判令新平公司及昆明设计院共同消除戛洒江一级水电站建设对绿孔雀、陈氏苏铁等珍稀濒危野生动植物,以及热带季雨林和热带雨林侵害危险,立即停止水电站建设,不得截留蓄水,不得对该水电站淹没区内植被进行砍伐。2020年3月,昆明市中级人民法院一审判决新平公司立即停止基于现有环境影响评价下的戛洒江一级水电站建设项目,不得截流蓄水,不得对该水电站淹没区内植被进行砍伐。对戛洒江一级水电站的后续处理,待新平公司按生态环境部要求完成环境影响评价,采取改进措施并报生态环境部备案后,由相关行政主管部门视具体情况依法作出决定。

2018年9月,南京市鼓楼区检察院对胜科水务有限公司提起环境民事公益诉讼。2014—2017年,南京胜科水务有限公司多次向长江违法排放高浓度废水共计284 583.04立方米,污泥约4 362.53吨,危险废物54.06吨。经鉴定,胜科公司的前述违法行为造成生态环境损害数额合计约 4.70 亿元。2020 年 2 月,南京市玄武区人民法院判处胜科公司赔偿生态环境修复费用 2.37 亿元。胜科投资公司对前述款项承担连带责任,并完成替代性修复项目资金投入不少于 2.33 亿元。

2020 年 10 月,佛山市顺德区人民检察院依法对林镜泉、林镜明等 16 名涉黑被告人提起公诉,并对其非法采砂 1 238.250 3 万立方米、破坏生态的行为提起刑事附带民事公益诉讼。顺德区法院一审判决林镜泉等 9 人连带赔偿生态环境修复费用、生态环境受到损害至恢复原状期间服务功能损失合计 29.64 亿元。

(三) 生态环境损害赔偿诉讼

当前,我国还有一种在制度功能上与环境公益诉讼类似的制度——生态环境损害赔偿制度。

传统民法中的环境污染和生态破坏侵权责任,是指污染者和生态破坏者对私人受害人的人身和财产损害所承担的民事责任。但环境污染和生态破坏除了会对私人受害人造成损害之外,还会对生态环境本身造成损害。根据《生态环境损害赔偿制度改革方案》的规定,生态环境损害是指因污染环境、破坏生态造成大气、地表水、地下水、土壤、森林等环境要素和植物、动物、微生物等生物要素的不利改变,以及上述要素构成的生态系统功能退化。

20 世纪 90 年代以来,因污染环境和生态破坏所造成的生态环境本身所遭受的损害作为一种新型的损害而被一些国家立法或国际条约所公认[①]。我国 1999 年修订的《海洋环境保护法》第 90 条第 2 款规定:"对破坏海洋生态、海洋水产资源、海洋保护区,给国家造成重大损失的,由依照本法规定行使海洋环境监督管理权的部门代表国家对责任者提出损害赔偿要求。"这是我国环境立法中最早明确要求污染者对生态损害承担损害赔偿责任的规定。实践中,包括国家海洋局在内的多个海洋环境监督管理部门已经据此对导致海洋生态损害的污染者提起过生态损害赔偿要求。

案例讨论 6-15

A 公司所属的轮船在运输危险化学品过程中,由于船员违规操作发生爆炸,大量剧毒化学品泄漏至 B 江,造成 B 江生态环境受到严重破坏,大量生活在 B 江中的濒危物种死亡。

讨论: A 公司是否应当为其造成的生态损害向国家承担损害赔偿责任?

由于我国之前的民事立法如《民法通则》《侵权责任法》将民事权益的保护对象限定于人身、财产等,并未将生态环境损害这种环境权益明确纳入其中,导致以《民法通则》《侵权

---

① 竺效. 论我国生态损害的立法定义模式[J]. 浙江学刊,2007(3):166-170.

责任法》为依据直接救济对生态环境本身的损害尚有一定法律障碍。

2015年12月,中共中央办公厅、国务院办公厅印发《生态环境损害赔偿制度改革试点方案》,选择在部分省份开展为期两年的生态环境损害赔偿制度改革试点。试点结束后,2017年12月,中共中央办公厅、国务院办公厅印发《生态环境损害赔偿制度改革方案》,在全国范围内开展生态环境损害赔偿制度。2019年6月5日最高人民法院发布了《最高人民法院关于审理生态环境损害赔偿案件的若干规定(试行)》,并于2020年12月进行了修正。2020年修订的《固体废物污染环境防治法》第122条首次在法律中规定了生态环境损害赔偿制度:"固体废物污染环境、破坏生态给国家造成重大损失的,由设区的市级以上地方人民政府或者其指定的部门、机构组织与造成环境污染和生态破坏的单位和其他生产经营者进行磋商,要求其承担损害赔偿责任;磋商未达成一致的,可以向人民法院提起诉讼。"2021年1月1日生效的《民法典》也在第1234条规定了生态损害赔偿制度:"违反国家规定造成生态环境损害,生态环境能够修复的,国家规定的机关或者法律规定的组织有权请求侵权人在合理期限内承担修复责任。侵权人在期限内未修复的,国家规定的机关或者法律规定的组织可以自行或者委托他人进行修复,所需费用由侵权人负担。"

根据《生态环境损害赔偿制度改革方案》的规定,有下列情形之一的,应当依法追究生态环境损害赔偿责任:① 发生较大及以上突发环境事件的;② 在国家和省级主体功能区规划中划定的重点生态功能区、禁止开发区发生环境污染、生态破坏事件的;③ 发生其他严重影响生态环境后果的。由此可见,生态环境损害赔偿的适用范围要窄于环境民事公益诉讼,只适用于生态环境损害较为严重的情形。

生态环境损害赔偿的权利人是省、市地级人民政府及其指定的部门或机构,或受国务院委托行使全民所有自然资源资产所有权的部门;赔偿义务人是违反法律法规,造成生态环境损害的单位或个人。

根据《生态环境损害赔偿制度改革方案》和《民法典》第1235条的规定,生态环境损害赔偿范围包括:① 生态环境受到损害至修复完成期间服务功能丧失导致的损失;② 生态环境功能永久性损害造成的损失;③ 生态环境损害调查、鉴定评估等费用;④ 清除污染、修复生态环境费用;⑤ 防止损害的发生和扩大所支出的合理费用。

为了降低诉讼成本,《生态环境损害赔偿制度改革方案》规定了"磋商前置"程序,即赔偿权利人应当与赔偿义务人就损害事实和程度、修复启动时间和期限、赔偿的责任承担方式和期限等具体问题进行磋商,争取达成赔偿协议。对经磋商达成的赔偿协议,可以依照民事诉讼法向人民法院申请司法确认。经司法确认的赔偿协议,赔偿义务人不履行或不完全履行的,赔偿权利人及其指定的部门或机构可向人民法院申请强制执行。磋商未达成一致的,赔偿权利人及其指定的部门或机构应当及时提起生态环境损害赔偿民事诉讼。

鉴于环境民事公益诉讼和生态环境损害赔偿诉讼的制度功能类似,为了避免两者之间发生冲突,需要对这两种诉讼的适用进行协调。2019年6月最高人民法院发布的《关于审理生态环境损害赔偿案件的若干规定(试行)》规定了生态环境损害赔偿诉讼优先于环境公益诉讼的原则。人民法院受理因同一损害生态环境行为提起的生态环境损害赔偿诉讼案件和民事公益诉讼案件,应先中止民事公益诉讼案件的审理,待生态环境损害赔偿诉讼案件审理完毕后,就民事公益诉讼案件未被涵盖的诉讼请求依法作出裁判。在生态环境损害赔偿诉讼案件审理过程中,同一损害生态环境行为又被提起民事公益诉讼,符合起诉条件的,应当由受理生态环境损害赔偿诉讼案件的人民法院受理并由同一审判组织审理。生态环境损害赔偿诉讼案件的裁判生效后,有权提起民事公益诉讼的机关或者社会组织就同一损害生态环境行为有证据证明存在前案审理时未发现的损害,并提起民事公益诉讼的,人民法院应予受理。民事公益诉讼案件的裁判生效后,有权提起生态环境损害赔偿诉讼的主体就同一损害生态环境行为有证据证明存在前案审理时未发现的损害,并提起生态环境损害赔偿诉讼的,人民法院应予受理。

拓展阅读 6-14　近年来有较大影响力的生态环境损害赔偿案件

2014 年 5 月,安徽海德化工科技公司营销部经理杨某非法将该公司生产的危险废物废碱液 102.44 吨交给不具有危险废物处理资质的个人进行处置,导致这些废碱液被直接倾倒入长江及新通扬运河,严重污染了环境。江苏省人民政府向泰州市中级人民法院提起生态环境损害赔偿诉讼。2018 年 8 月,泰州市中级人民法院一审判令海德公司赔偿环境修复费用、生态环境服务功能损失、评估费等共计 5 482 万余元。海德公司不服提起上诉。江苏省高级人民法院审理后,驳回上诉,维持一审判决。本案是《生态环境损害赔偿制度改革试点方案》探索确立生态环境损害赔偿制度后,人民法院最早受理的省级人民政府诉企业生态环境损害赔偿案件之一。

2012 年 6 月,开磷化肥公司委托息烽劳务公司承担废石膏渣的清运工作。息烽劳务公司将废石膏渣运往大鹰田地块内非法倾倒。贵州省环境保护厅委托相关机构进行评估并出具的《环境污染损害评估报告》显示,此次事件前期产生应急处置费用 134.2 万元,后期废渣开挖转运及生态环境修复费用约为 757.42 万元。2017 年 1 月,贵州省人民政府指定贵州省环境保护厅作为代表人,与息烽劳务公司、开磷化肥公司进行磋商并达成《生态环境损害赔偿协议》。2017 年 1 月 22 日,上述各方向清镇市人民法院申请对该协议进行司法确认。本案是全国首例由省级人民政府提出申请的生态环境损害赔偿协议司法确认案件。

2015 年 8 月,弘聚公司委托无危险废物处理资质的人员将其生产的 640 吨废酸液倾倒至济南市章丘区普集街道办上皋村的一个废弃煤井内。2015 年 10 月 20 日,金诚公司采取相同手段将其生产的 23.7 吨废碱液倾倒至同一煤井内,因废酸、废碱发生剧烈化学反应,4 名涉嫌非法排放危险废物人员当场中毒身亡。山东省人民政府指定山东省生态环境厅开展生态环境损害赔偿索赔工作。山东省生态环境厅与金诚公司、弘聚公司磋商未能达成一致,遂向济南市中级人民法院提起诉讼。济南市中级人民法院根据《环境损害评估报告》,综合专家辅助人和咨询专家的意见,判决两公司赔偿生态环境损害费用2.3亿余元,其中弘聚公司承担80%的赔偿责任,金诚公司承担20%的赔偿责任。

2013—2014年,青海盐湖能源有限公司在未取得相关探矿证、采矿证的情况下,对青海省天峻县木里煤田聚乎更矿区七号井煤炭资源实施开采,对环境造成了巨大破坏。2020年10月,海西州人民政府依据生态环境部环境规划院专家组出具的木里矿区生态损害评估鉴定结果,与青海盐湖能源有限公司开展损害赔偿磋商(诉讼)工作。2022年1月,海西州生态环境局与青海盐湖能源有限公司达成总金额1.95亿元的生态损害赔偿协议,并提交法院进行司法确认。

根据最高人民法院《关于生态环境侵权案件适用禁止令保全措施的若干规定》,在环境民事公益诉讼和生态环境损害赔偿诉讼中,必要时,原告可以申请法院颁布禁止令,以防止生态环境受到难以弥补的损害。根据最高人民法院《关于审理生态环境侵权纠纷案件适用惩罚性赔偿的解释》,在环境民事公益诉讼和生态环境损害赔偿诉讼中,国家规定的机关或者法律规定的组织作为被侵权人代表,可以请求人民法院判令侵权人承担惩罚性赔偿责任。人民法院在确定惩罚性赔偿金数额时,应当以生态环境受到损害至修复完成期间服务功能丧失导致的损失、生态环境功能永久性损害造成的损失数额作为计算基数。

参 考 书 目

1. 汪劲. 环境法学[M]. 4版. 北京:北京大学出版社,2018.

2. 吕忠梅. 环境法学概要[M]. 北京:法律出版社,2016.

3. 赵秉志,王秀梅,杜澎. 环境犯罪比较研究[M]. 北京:法律出版社,2004.

4. 杨立新. 侵权责任法[M]. 4版. 北京:法律出版社,2021.

5. 高铭暄,马克昌. 刑法学[M]. 10版. 北京:北京大学出版社,高等教育出版社,2022.

6. 《行政法与行政诉讼法学》编写组. 行政法与行政诉讼法学[M]. 2版. 北京:高等教育出版社,2018.

推 荐 阅 读

1. 汪劲. 环境法学[M]. 4版. 北京:北京大学出版社,2018. 第十三至十五章。

2. 吕忠梅. 环境法学概要[M]. 北京:法律出版社,2016. 第六章。

3. 邓海峰. 环境法总论[M]. 北京:法律出版社,2020. 第五章。

4. 温登平. 环境法学讲义(总论)[M]. 北京:法律出版社,2020. 第七章。

5. 竺效. 环境侵权实案释法[M]. 北京:中国人民大学出版社,2021.

6. 竺效. 环境刑事实案释法[M]. 北京:中国人民大学出版社,2019.

7. 竺效. 环境公益诉讼实案释法[M]. 北京:中国人民大学出版社,2018.

8. 张梓太. 环境法律责任研究[M]. 北京:商务印书馆,2004.

9. 曹明德. 环境侵权法[M]. 北京:法律出版社,2000.

10. 王明远. 环境侵权救济法律制度[M]. 北京:中国法制出版社,2001.

11. 罗丽. 中日环境侵权民事责任比较研究[M]. 吉林:吉林大学出版社,2004.

12. 张宝. 环境侵权的解释论[M]. 北京:中国政法大学出版社,2015.

13. 刘超. 问题与逻辑:环境侵权救济机制的实证研究[M]. 北京:法律出版社,2012.

思 考 题

1. 理想状态下的环境法律责任应当如何构建和适用?

2. 行政处分和行政处罚有何区别?

3. 试述环境行政处罚的构成要件。

4. 试述环境行政处罚的一般程序和听证程序。

5. 试述确立破坏环境与资源保护犯罪的意义和限度。

6. 试述污染环境罪的构成要件。

7. 试述生态环境侵权民事责任的概念与分类。

8. 试述生态环境侵权民事责任的构成要件。

9. 试述环境污染侵权的免责事由。

10. 试述承担环境侵权民事责任的方式。

11. 试述我国环境侵权纠纷的行政处理机制。

12. 试述环境民事诉讼的特征。

13. 试述环境公益诉讼的意义。

14. 试述生态环境损害赔偿诉讼与环境民事公益诉讼的衔接。

第七章
国际环境法与中国

第一节　国际环境法

一、国际环境法概述

（一）国际环境法的概念

国际环境法是指调整国际法主体在利用、保护和改善环境与资源过程中所形成的国际法律关系规范的总称。这一定义具有以下三方面的内涵：

第一，国际环境法是国际法的一个年轻而又发展迅速的分支，形成的时间相对较短，主要调整国际法主体之间的法律关系。国际法主体主要包括主权国家和政府间国际组织。

第二，国际环境法主要调整的是国际法主体在利用、保护和改善环境与资源过程中所产生的各种国际法律关系。根据一般国际法，国家有权自主开发和利用其管辖范围内的环境与资源，但国际环境法同时也对这种权利作出了限制，例如要求国家的开发和利用活动不得给其管辖范围外的环境与资源造成损害。造成跨界损害的需要依据国际法进行赔偿，由此而产生的跨界环境纠纷应当依据国际法解决。规范和约束国际法主体的这些开发和利用行为是国际环境法的主要功能。

第三，国际环境法作为规范国际法主体行为的规则体系具有法律约束力，与国内法相比属于"弱法"，而且其有效性高度依赖国际法主体进行国际环境合作的政治意愿和执行能力。

拓展阅读 7-1　国际法是法律吗？

国际法之所以被遵守是受各种力量综合影响的；一方面是各国承认有遵守的必要，这是主观因素；另一方面是违反的后果迫使各国遵守，这是客观因素。所有行为规则，特别是法律的行为规则，都含有主观因素，而客观因素则是法律的行为规则的一个基本特征。在国际上，法律的强制力量是违反国际法的受害国的反应。各种反应之中包括受害国的自助，甚至还有其他国家通过对受害国的援助而作出的反应。以前战争曾经被认为是合法的,是维护合法权的工具。战争制度被废除之后,1945 年《联合国宪章》规定了强制执行行动,这也是对违反国际法的一种反应。由于种种情况,一些国际法学者认为,与国内法相比,国际法是较弱的法律。在实质上说,这是国际法本身性质所决定的,但是无论如何,国际法是法律。

资料来源:王铁崖. 国际法引论[M]. 北京:北京大学出版社,1998.

国际环境法是一门交叉学科,与许多学科相关,例如经济、社会、科学和哲学等。但与其关系最密切的是国际法和环境法(国内环境法)。一方面,国际环境法属于国际法的一个分支,国际法的一般法律原则和规则都适用于这个领域,同时它又逐步发展出一些特有的概念与原则,如可持续发展、共同但有区别的责任和谨慎原则等;另一方面,它与国内环境法在概念、原则、制度等方面存在紧密联系和高度契合。国际环境法和国内环境法在概念、原则、制度等方面相互融合、相互影响,共同推进环境与资源的法律保护及发展。

(二) 国际环境法的渊源

国际法与国内法一个重要的区别在于其法律渊源。国内法的渊源通常是明确和清楚的,例如刑法、民法和环境法都有明确的法典和相关立法,而国际法的法律渊源却呈现出模糊和碎片化的特点。在环境领域,国际法上并不存在统一适用于所有国际法主体的环境法典。国家若要主张在某一特定的环境事项上存在一项国际法规范,首先就必须从国际法渊源上进行论证。那么,到哪里去寻找国际法渊源呢? 联合国《国际法院规约》(Statute of the International Court of Justice)第 38 条列举的国际法院所适用的国际法清单被认为是对国际法渊源最权威的阐述。

根据《国际法院规约》第 38 条的规定,国际法院在审理案件(包括国际环境案件)时,应该适用国际条约、国际习惯法、一般法律原则、辅助性渊源和"软法"。

1. 国际条约

这里的国际条约主要指国际环境条约①,是国际环境法最主要的渊源。国际环境条约数量众多,所规定的主题事项范围广泛,组成了一个多层次的条约体系,包括全球性多边条约、区域性多边条约和双边条约等。全球性、多边国际环境条约经常采用"框架条约+议定书+附件"的模式。框架条约仅作一些原则性的规定,为后续规定更加详细、明确的议定书、协定和附件奠定基础。当前,国际环境条约越来越注重缔约方的履约机制。条约机构通过建设与增强履约机制的方式加强履约成效,其中包括能力建设、资金和技术支持等,更深入地介入、渗透和影响缔约方相关国内(地区内)环境与资源保护法律与政策的制定与实施。在这一点上国际环境法与国际法其他领域相比对国家(地区)国内管辖事项具有更强的穿透力和影响力。

---

① 国际环境条约在英文文献中通常被称作"多边环境协定"(Multilateral Environmental Agreements,MEAs)。

2. 国际习惯法

国际环境法律规范与国际法其他领域的规范相比,比较成熟的国际习惯法规范并不是很多,其地位也逊于国际环境条约。主要原因是国际环境法的历史较短,没有足够的时间积累起丰富的国家实践(state practice)和法律确信(opinio juris)。

拓展阅读 7-2　国际习惯法必备的两个条件

"法律确信"是证明一般国际习惯法存在的必要条件之一。联合国国际法院在"北海大陆架案"(1969 年)的判决书中阐述了条约中的规范转变成国际习惯法规范必须具备的两个条件,即:"这些行为不仅必须构成一个确定的实践(a settled practice),而且它们必须是这样的或以这样的方式作出,即证明了行为者坚信法律规范要求其有义务做出这样的行为。这种确信的必要性,即主观因素的存在,隐含在这个'法律或必要的确信'概念之中。因此,相关国家必定认为其行为是履行一项法律义务。而某些行为仅具有重复性或者习惯性本身是不够的。国际上有许多这样的行为,例如,在仪式和礼节的范围内,某些行为几乎是一成不变地做出的。这些行为的行为者仅仅是出于礼仪、便利或传统的考虑,而不是出于任何法律义务上的考虑。"

因此,确定一项国际习惯法规范的存在不仅要考察相关国家反复一致的国家实践,还要看这种重复的行为是否存在法律确信。

资料来源:联合国国际法院 1969 年"北海大陆架案"判决书(1969 年 2 月 20 日)第 77 段。

尽管如此,国际仲裁和司法实践、1972 年《联合国人类环境宣言》、1992 年《里约宣言》和重要的全球多边环境条约等国际文件中所反复确认的一些原则,已经被接受为国际习惯法规范。例如,1938 年和 1941 年"特雷尔冶炼厂仲裁案"(Trail Smelter Arbitration)中确立了一项原则,即任何国家都没有权利使用或允许使用其领土排放烟雾对他国的领土、财产或个人造成损害。这一原则不仅在《联合国人类环境宣言》和《里约宣言》里反复确认,而且被此后的许多国际条约所载明,已经成为被广泛接受的国际习惯法原则①。

3. 一般法律原则

一般法律原则(general principles of law)是指各国国内法共有的一些法律原则,其作用是填补条约和相关国际法律规范的空白。虽然《国际法院规约》第 38 条也明确规定法院可以适用一般法律原则,但是国际法院在其以往的司法实践中很少仅凭一般法律原则裁判。法院援引一项一般法律原则主要是为了支持、强化其法理论证。例如善意原则(good faith)在包含核试验案(1974 年)在内的多个案例中都曾被援引。

---

① 联合国国际法院在 1996 年"关于威胁使用或使用核武器的合法性的咨询意见"中承认,该项规则是国际习惯法的规则。

拓展阅读7-3 1974年核试验案

这是联合国国际法院受理的澳大利亚和新西兰与法国之间关于法国在南太平洋进行核试验的诉讼案件。1966—1972年,法国在南太平洋波利尼西亚(Polynesia)的法属领地进行了一系列大气核试验,主要试验场位于澳大利亚以东6 000千米的穆鲁罗瓦环礁(Mururoa)附近。大气核试验后会有放射性物质遗留在空气中,随气流飘散。1973年,有迹象表明法国将继续在这一地区进行大气核试验,澳大利亚和新西兰于1973年5月9日分别在联合国国际法院对法国提起诉讼,要求法国停止在该地区进行核试验。澳大利亚要求法院认定法国在这一地区进行大气核试验是违反国际法的,因为核试验后大气中的放射性物质,在没有澳大利亚同意的情况下,污染了澳大利亚的土地、大气和领海。澳大利亚因而要求法院禁止法国继续进行核试验。新西兰则要求法院宣布,如果法国继续进行核试验,其放射性尘埃不仅侵犯了新西兰的权利,也侵犯了国际社会其他成员的权利。但是,法国主张试验产生的放射性物质数量极微,可以忽略不计,不会对澳大利亚和新西兰人民的健康造成威胁。法国政府于1973年5月16日致联合国国际法院的信函中提出联合国国际法院对本案没有管辖权,要求将本案撤销。而且法国政府既不出庭,也没有提交答辩状。

1973年6月22日,联合国国际法院作出了两个内容基本相同的临时措施,支持了澳、新两国的请求,并决定在正式判决之前,禁止法国继续进行核试验,法国政府应避免核试验导致放射性尘埃降落于澳大利亚和新西兰领土。

1974年12月20日,联合国国际法院对该案作出正式判决:澳大利亚和新西兰起诉的目的是阻止法国在南太平洋地区的大气核试验。如果法国明确表示将停止进行大气核试验,澳大利亚和新西兰的诉讼目的显然就已达到。联合国国际法院注意到,法国已数次公开表明有意在1974年后停止进行大气核试验,而转向地下核试验。法国总统在新闻发布会上的发言、法国国防部长在电视采访中的发言,以及法国外交部长在联合国大会上的发言均表明上述意向。因此联合国国际法院认为,以单方面行为作出的有关法律或事实情况的声明,可以具有创设法律义务的效力。这些声明如果是公开作出并且表明有意受其约束的话,就是有效的。正如"约定必须遵守"这一条约法规范的基础是善意原则,单方面行为所产生的国际义务具有约束力。相关当事方应该认可单方面声明并对此抱有信心,有权要求由此产生的义务得到遵守(第46段)。因此,澳大利亚和新西兰的目的已经达到,争端不复存在,联合国国际法院无须再进行审理和作出最终判决。

在此案中,联合国国际法院虽然没有正面回答大气核试验是否违反国际法,但是在其临时措施中要求法国避免核试验中的放射性尘埃降落于澳大利亚和新西兰领土,事实上只有停止核试验才能做到这一点,联合国国际法院显然注意到了核试验的环境污染后果。

4. 辅助性渊源

根据《国际法院规约》第 38 条,司法判例和公法家学说可以作为"确定法律原则之补助资料"。也就是说,这两者不是独立的国际法渊源,但可以作为确定某项国际法规范的证据。在国际环境法领域,除了为数不多的几个著名案例外,相关的国际司法和仲裁实践都十分有限。而公法家学说在国际环境条约占主导地位的今天具有一定的指引和参考价值。

5. "软法"

在国际环境法领域,国际组织和国际会议通过了许多文件,但其法律效力不是十分明确,有的有法律约束力,有的是否具有法律约束力存疑,因此这类文件被统称为"软法"文件,例如前面提及的《联合国人类环境宣言》和《里约宣言》等。然而《国际法院规约》第 38 条并没有提及,在第 38 条所列举的选项之外是否有其他的国际法渊源呢?在学界有争议,在国际司法实践中也不一致,但可以肯定的是国际组织通过国际会议通过的决议、宣言等可能具有一定的国际法律意义,尽管不能成为独立的法律渊源,但是这些决议和宣言表达了全部或大多数与会者(国家和国际组织)的共同立场。

从国际环境法的历史发展来看,很多重要的国际环境法的原则最初出现在这类宣言或决议之中,但是随着时间的推移逐步写进了国际条约、议定书和国际司法机构的判决,最终逐步变成有法律约束力的原则,为国际社会大多数成员所接受,经历了"宣言—条约—议定书—判决(裁决)"的发展过程,出现了"软法"变"硬"的现象。

(三)　国际环境法的主体和客体

1. 国际环境法的主体

国际环境法的主体是指能够独立参加国际关系、直接在国际法上享受权利和承担义务并具有独立进行国际求偿能力者[①]。目前主权国家仍然是主要的国际环境法主体,国家是国际环境法律与政策的制定者和实施者。此外,政府间国际组织、非政府组织(尤其是环境保护组织)在国际环境法律的制定和实施中发挥越来越重要的作用。《里约宣言》和《21 世纪议程》(Agenda 21)等国际文件呼吁扩大国际环境法主体范围,加强国际环境保护组织在与环境保护和发展相关的国际法立法和实施过程中的作用。

在国际环境法领域具有重要地位的政府间国际组织可以分为三类:一是联合国系统的全球性国际组织和其专门机构,例如联合国环境规划署(UNEP)等;二是联合国系统以外的区域性国际组织,例如欧洲联盟(EU);三是根据环境条约或其他条约建立的条约机构,例如根据《联合国气候变化框架公约》(United Nations Framework Convention on Climate Change, UNFCCC)建立的缔约方大会(COP)等。这些国际组织在环境保护领域主要起到了平台的作用,具体表现为:第一,为各国在环境事务方面磋商和合作提供协商的场所;第二,收集和发布环境信息,为国际环境合作提供信息服务;第三,以召开国际会议或通过决议、宣言等方式推动和促进国际环境法原则和规则的发展;第四,在协助实施和执行国际环境法和环境标

---

①　王铁崖. 国际法[M]. 北京:法律出版社,1995:64-65.

准中起着重要的作用;第五,为解决环境争端提供相对独立和中立的争端解决机制和场所。不过,目前的问题是国际组织的建立和活动缺少必要的制度和协调,有的领域还存在空白,国际社会正在努力改善这种状况。

非政府组织(主要包括科学团体、非营利性的环境保护组织、私营工商界、法律团体、学术团体和公众等)尚未被全面、正式地接纳为国际环境法的主体。但是它们在国际环境法的制定、实施和发展中一直起着重要的作用,尤其是在信息发布、舆论导向、专业知识等方面。

2. 国际环境法的客体

国际环境法的客体包括两个方面:一是环境要素;二是国际环境法主体针对这些环境要素所从事的各种行为。

(1)环境要素。主要包括国家管辖范围内的环境与资源和国家管辖范围外的环境与资源。首先,国家管辖范围内的环境与资源包括领土及其领土内的各种自然及人文环境和资源。这部分环境与资源基本上属于国内环境法调整和规范的范围。这其中有一部分被国际条约赋予特殊地位的环境与资源,如被《保护世界文化和自然遗产公约》(Convention Concerning the Protection of the World Cultural and Natural Heritage)所确定为"世界遗产"的那些特定的环境与资源,如中国的长城、泰山、敦煌莫高窟等人文及自然遗址,不仅受中国国内环境法的调整和规范,也受国际环境法的调整和规范。其次,国家管辖范围外的环境与资源可以分为三个部分:一是两个或两个以上国家分享的环境与资源,如流经若干国家的多瑙河和湄公河等跨界河流;二是人类共有物,如公海、大气层等;三是受特定国际条约规范的区域,如国际海底、南极和外层空间等。这部分主要受国际环境法的调整和规范。

(2)行为,即国际环境法的主体在利用、保护和改善环境与资源时所从事的行为。首先,国家在其管辖范围外从事的开发和利用资源行为应受国际环境法的约束。其次,国家在其管辖范围内所从事的行为原则上属于该国主权范围内的事项,但是环境与资源不会因国家领土的界线而完全被人为分割开来,大气和水的流动不会因国界而停止。一国在其境内所从事的开发和利用资源的行为有时不可避免地会影响到相邻国家或更为广泛的区域,如核泄漏事故、跨界水污染或大气污染等问题,这种国家在其管辖范围内进行的导致管辖范围外环境损害的行为同样受国际环境法的约束。最后,除了国际环境法主体的行为之外,其他行为者,如企业、公司,特别是跨国公司,在本国境内或境外从事的生产和销售活动也不可避免地会对国际环境和资源产生影响。根据国际法,国家对这些行为者的行为也要承担规范、约束的责任。

二、国际环境法的产生与发展

环境与资源保护的法律规范和政策最早出现在国内法中。随着经济、社会和科技等的发展,特别是人类对自然与环境认知的增加和改善,环境保护的国际合作逐步进入国际法的视野与范畴。从国际环境法的发展过程来看,可以分为以下五个阶段:19世纪中叶到1945

年联合国成立;1945 年联合国成立到 1972 年联合国人类环境会议;1972 年联合国人类环境会议到 1992 年联合国环境与发展大会;1992 年联合国环境与发展大会到 2012 年联合国可持续发展大会;2012 年以后的发展。

(一) 19 世纪中叶到 1945 年联合国成立

旨在保护特定生物资源的条约可以追溯到 19 世纪上半叶。从 19 世纪中叶到 1945 年联合国成立,其间签订的与保护环境和资源相关的国际条约主题事项范围有所扩大,主要包括这些领域:界河和国际河流、沿海渔业资源的管理、水污染的防治和野生物种的保护等。

以环境保护为宗旨的国际组织到了 20 世纪初才初见端倪。1909 年在巴黎召开的"保护自然国际大会"提议建立一个国际性的自然保护组织,1913 年在伯尔尼签订了《关于建立保护自然国际咨询委员会的文件》,但是这方面的努力由于第一次世界大战的爆发而中断。

不过,国际习惯法规范在这一阶段却有一定的发展,尤其是出现了两个对国际环境法的发展产生重要影响的国际仲裁案例:一是"白令海海豹仲裁案"(1893 年),二是"特雷尔冶炼厂仲裁案"(1938 年和 1941 年)。

虽然这一阶段国际条约所涉及的环境与资源的范围有限且分散,国际环境保护组织也处在酝酿阶段,但国际仲裁实践对于推进国际环境法律规范的形成作出了有益的尝试和重要的贡献。因此可以将这一时期称为国际环境法的萌芽时期。

(二) 1945 年联合国成立到 1972 年联合国人类环境会议

第二次世界大战以后,国际法律秩序得以恢复和重建。1945 年联合国的成立对国际环境保护组织的建立起到了重要的推动作用。1948 年世界上第一个以环境保护为宗旨的国际组织——世界自然保护联盟(IUCN)宣告成立。此后,国际环境条约无论在数量上还是在所涉及主题事项的范围上都开始增多和扩展。

从 20 世纪 50 年代起,随着海运的发展和海运污染事故的增多,规范船源污染逐渐成为重点。1954 年签订的《国际防止海上油污公约》(International Convention for the Prevention of Pollution of the Sea by Oil,简称《油污公约》),成为这一领域最早的多边国际条约。1958 年在第一次联合国海洋法会议上通过的四个海洋法公约对海洋生物资源的养护和海洋环境的保护进行了初步规范。1959 年的《南极条约》(Antarctic Treaty)、1963 年的《全面禁止核试验条约》(Comprehensive Nuclear-Test-Ban Treaty,CNTBT)和 1967 年《关于各国探索和利用包括月球和其他天体的外层空间活动所应遵守原则的条约》(Outer Space Treaty,又称《外空条约》),都不同程度上触及国际环境与资源的保护。

这一时期国际环境法的特点主要表现在以下三个方面:第一,区域性和全球性的国际组织开始关注国际环境问题,而且出现了专门协商和推动国际环境保护的国际组织;第二,国际环境条约数量继续增加、所涉及环境问题的范围日益扩大,但是这些条约尚缺乏系统性和关联性;第三,国际社会开始注意到经济社会发展与环境保护之间的关系。

(三) 1972 年联合国人类环境会议到 1992 年联合国环境与发展大会

从 20 世纪 60 年代起,环境保护主义思潮首先在西方兴起,并迅速扩展到全球。随着各国国内环境立法速度的加快,国际环境法也得到了长足发展,因为人们意识到环境保护必须通过国际合作才能实现。1972 年 6 月在瑞典斯德哥尔摩召开了联合国人类环境会议。这是当时规模最大的国际会议,也是联合国第一次召开以环境为主题的大会,来自 113 个国家的 6 000 多人参加了这次会议。会议通过了《联合国人类环境宣言》《人类环境行动计划》和其他若干建议和决议。此次会议进一步推动了国际环境法律规范的制定,环境条约所规范的事项范围得到进一步扩大,法律规范本身也变得更加明确、具体和严格。

《联合国人类环境宣言》反映了当时国际社会成员的共识,对国际环境法的发展产生了深远的影响,主要表现在以下几个方面:第一,宣言第一次阐明了一些重要的国际环境保护原则和规则,其中部分原则和规则成为后来国际环境条约中具有法律约束力的原则和规则;第二,尽管宣言本身没有法律约束力,但是它为此后的国际环境保护提供了政治和道义上的规范;第三,宣言为各国制定和发展本国国内环境法律和政策提供了指导和借鉴。

这次会议还建议成立一个专门协调和处理全球环境事务的机构。同年,联合国大会通过决议,建立了联合国环境规划署(UNEP),对推进环境国际合作,特别是环境信息的收集与分享,起到了重要作用。

1982 年 5 月,为了纪念同时也为了审议 1972 年联合国人类环境会议成果的实施情况,在肯尼亚内罗毕召开了纪念联合国人类环境会议十周年特别会议,通过了《内罗毕宣言》。该宣言肯定了联合国人类环境会议后各国在国内环境立法和政策方面的进展,重申了《联合国人类环境宣言》提出的原则和规则,督促发展中国家和发达国家进一步合作,共同解决全球面临的迫切环境问题。同年 10 月,联合国大会通过了《世界自然宪章》,更进一步强调人与自然的依存关系。

与此同时,国际环境保护组织的数量迅速增加,包括联合国在内的国际组织更加关注国际环境保护事务。涉及环境与资源保护的国际司法实践也越来越多,如联合国国际法院受理的 1974 年"渔业管辖权案"和 1973—1974 年"核试验案";《关税及贸易总协定》范围内的 1982 年"墨西哥金枪鱼案"、1988 年"加拿大加工鲱鱼案"、1991 年"金枪鱼/海豚案"等,都从不同的角度涉及环境与资源的保护问题。

这个时期国际环境法的发展较为活跃,一些重要的法律原则、规则日渐清晰和明确,国际环境法的框架基本形成。

(四) 1992 年联合国环境与发展大会到 2012 年联合国可持续发展大会

1989 年 12 月,联合国大会通过决议,决定于 1992 年在巴西里约热内卢召开联合国环境与发展大会,讨论环境与发展问题。此前,联合国的"世界环境与发展委员会"(通称"布伦特兰委员会")受命对环境与发展问题进行了较深入的研究,为此次大会做准备。该委员会于 1987 年发表了题为《我们共同的未来》(Our Common Future)的报告(通称《布伦特兰报告》),提出了"可持续发展"的概念和原则,为该大会的召开奠定了理论基础和基调。

1992 年 6 月,联合国环境与发展大会在里约召开,其宗旨是促进各国在可持续且对环境无害发展的前提下,制定各种战略和措施,扭转全球环境持续恶化的趋势。172 个国家的近万人参加了这次会议,其中包括 116 个国家元首或政府首脑。会议通过了三个文件:《里约环境与发展宣言》(简称《里约宣言》)、《21 世纪议程》《关于森林问题的原则声明》,以及两个公约:《联合国气候变化框架公约》(UNFCCC)和《生物多样性公约》(CBD)。

联合国环境与发展大会对国际环境法的发展起到了新的推动作用。与联合国人类环境会议不同,联合国环境与发展大会直面环境与发展的关系问题,并以可持续发展为纽带把环境保护与经济社会发展有机联系在一起,希冀相互促进,共同发展。嗣后,环境保护开始全面进入国际和国内政治、经济、社会和文化等各个领域:1993 年世界贸易组织(WTO)专门成立了研究贸易与环境问题的委员会;1993—2006 年联合国国际法院曾专门设立了环境分庭(后来因为没有案件而撤销了);1996 年联合国国际法院应世界卫生组织要求发表了"关于使用核武器合法性的咨询意见";1997 年联合国国际法院就匈牙利与斯洛伐克之间的"多瑙河大坝案"作出判决,承认在条约的执行中,应当考虑对环境的影响;2010 年联合国国际法院在阿根廷与乌拉圭之间关于"乌拉圭造纸厂案"中对国际合作机制、环境影响评价、预防水污染和保护水环境等问题都进行了审议和分析。这些国际司法实践对推进国际环境法原则与规则的明确和发展作出了贡献。

2012 年 6 月,里约再一次举行了联合国可持续发展大会(简称"里约+20"峰会),回顾和反思 1992 年联合国环境与发展大会以来的成就与挑战,重点商讨如何实现可持续发展原则下的绿色经济和机构框架。大会通过了最终成果文件——《我们憧憬的未来》(The Future We Want)。本次大会首次就制定可持续发展目标(sustainable development goals, SDGs)达成共识,重申《里约宣言》所载明的原则,坚持共同但有区别的责任,承认绿色经济是实现可持续发展的重要手段之一,并最终取得建立高级别政治论坛等其他成果。"里约+20"峰会有两个主题:一是绿色经济,发展中国家强调可持续发展与减贫,而发达国家更注重低碳发展;二是逐步建立可持续发展的机构框架。大会确立了七个优先的领域:① 有尊严的职业;② 能源;③ 可持续发展的城市;④ 粮食安全和可持续农业;⑤ 淡水;⑥ 海洋;⑦ 防灾减灾。这次会议共有 192 个国家参加,国家参与度很高,但是值得注意的是这次大会上并没有通过新的环境条约,与会各方对新的国际环境保护法律规范的制定缺乏政治意愿,因此在相关国际法律方面的进展十分有限。

(五) 2012 年以后的发展

在"里约+20"峰会上,与会各方讨论了可持续发展目标和机构建设的各种方案,例如成立新的机构替代现有的联合国可持续发展委员会(Commission on Sustainable Development, CSD),加强现有的联合国环境规划署的作用,使之成为一个真正的负责全球多边环境合作的机构等,但是机构建设方面的进展并不明显。2015 年 9 月的联合国发展峰会通过了《2030 年可持续发展议程》(2030 Agenda for Sustainable Development),正式推出了 17 大项(包含 169 个具体项)的可持续发展目标(SDGs)。在这 17 大项目标中有四项直接与环境相关,例如可持续发展、气候变化、海洋、陆地生态系统。而其余都与环境有间接的关系,例如和平与安全、人类健康、消除贫困等,这些目标更多属于政治、经济、社会的发展目标。在

2016 年以后,包括中国在内的许多国家都相继制定了本国的《2030 年可持续发展议程国别方案》。2015 年 12 月,《联合国气候变化公约》的缔约方在巴黎通过了《巴黎协定》,对 2020 年以后的温室气体减排等事项作出了安排。接下来的几年,各主要环境条约的缔约方也都在其法律框架下逐步推进相关法律规则和制度的发展。

拓展阅读 7-4　《2030 年可持续发展议程》

2015 年 9 月,联合国 193 个会员国举行了发展峰会,一致通过了《2030 年可持续发展议程》,提出 17 大项(包含 169 个具体项)的可持续发展目标。这个议程范围广泛,是 1992 年联合国环境与发展大会通过的《21 世纪议程》(Agenda 21)和 2000 年《千年发展目标》(Millennium Development Goals,MDGs)的继续和发展,并增加了气候变化、经济不平等、创新、可持续消费、和平与正义等新领域,将可持续发展的范围扩展到更加广阔的领域。应该承认,这些目标都是相互联系、相互影响的,一个目标的实现往往依赖于其他目标相关问题的解决,牵一发而动全身。

这 17 大项可持续发展目标是:① 在全世界消除一切形式的贫困;② 消除饥饿,实现粮食安全,改善营养状况和促进可持续农业;③ 确保健康的生活方式,促进各年龄段人群的福祉;④ 确保包容和公平的优质教育,让全民终身享有学习机会;⑤ 实现性别平等,增强所有妇女和女童的权能;⑥ 为所有人提供水和环境卫生并对其进行可持续管理;⑦ 确保人人获得负担得起的、可靠和可持续的现代能源;⑧ 促进持久、包容和可持续的经济增长,促进充分的生产性就业和人人获得体面工作;⑨ 建造具备抵御灾害能力的基础设施,促进具有包容性的可持续工业化,推动创新;⑩ 减少国家内部和国家之间的不平等;⑪ 建设包容、安全、有抵御灾害能力和可持续的城市和人类住区;⑫ 采用可持续的消费和生产模式;⑬ 采取紧急行动应对气候变化及其影响;⑭ 保护和可持续利用海洋和海洋资源以促进可持续发展;⑮ 保护、恢复和促进可持续利用陆地生态系统,可持续管理森林,防治荒漠化,制止和扭转土地退化,遏制生物多样性的丧失;⑯ 创建和平、包容的社会以促进可持续发展,让所有人都能诉诸司法,在各级建立有效、负责和包容的机构;⑰ 加强执行手段,重振可持续发展全球伙伴关系。

2016 年 4 月,中国发表了《落实 2030 年可持续发展议程中方立场文件》。2016 年 9 月发布了《中国落实 2030 年可持续发展议程国别方案》,并分别于 2017 年、2019 年和 2021 年发表了三份《中国落实 2030 年可持续发展议程进展报告》。2021 年报告中概述了中国的进展与成就:历史性消除绝对贫困,全面建成小康社会;国民经济持续增长,发展韧性进一步增强;居民收入和公共服务全面改善,人民物质和文化生活水平不断提高;生态环境总体优化,绿色低碳轻型稳步推进;促进高质量共建"一带一路"与 2030 年议程协同增效,努力构建人类命运共同体。

总之,国际环境法经过从 1972 年联合国人类环境会议至今 50 年的演变,逐步成为国际

法发展最快的一个分支,建立了一些特有的法律原则、规则和制度。但是,与国内环境法相比,国际环境法仍然处在发展的初级阶段,有些原则与规则尚不够清晰、明确,国际实施机制、手段、措施都十分有限。首先,国际环境条约和国际环境保护组织的数量很多,但是大多零散、分散,缺乏横向联系与协调,尚未形成一个完整、有机的体系。其次,由于各国政治、经济、社会发展水平不同,且发展差距日渐加大,发展与环境的矛盾一直存在,尽管可持续发展的概念和原则的提出有助于协调这两者之间的关系,但是其目标的实现绝非一日之功。值得注意的是,自从1992年《21世纪议程》、2000年《千年发展目标》和2015年《2030年可持续发展议程》发布以来,环境保护的目标越来越多地融入更为广阔的政治、经济、社会等发展的目标之中,人类中心主义的色彩越发明显。最后,近些年来新的国际环境法规范性的发展十分有限,更多表现为宪政、具体程序事项和履约机制等方面的建设,例如环境影响评价、环境信息的收集与提供、公众参与、立法技术等方面,更加注重国际环境决策的合理性和透明度等问题。这样的发展趋势反映了国际社会成员的政治意愿和利益的妥协。

三、国际环境法的一般原则

(一)　国际环境法的一般原则的概念

国际环境法的一般原则(general principles)是指被国际社会大多数成员公认的,普遍适用于国际环境法的各个领域,构成国际环境法基础的法律原则。其特点主要包括以下几个方面:第一,它们是大多数国家公认的和普遍接受的法律原则,通常规定在具有广泛参与性的多边条约和国际会议通过的文件当中。第二,它们是适用于国际环境法各个领域的法律原则。第三,它们是国际环境法的基础性法律原则,直接体现了国际环境法的理念与价值。

国际环境法的一般原则包括但不仅限于以下原则:国家主权与不损害管辖范围外环境的原则、国际环境合作原则、防止环境损害原则、谨慎原则、污染者负担原则、共同但有区别的责任原则和可持续发展原则①。

(二)　国家主权与不损害管辖范围外环境的原则

主权原则是国际法的基础。根据国家主权原则,各国享有依据本国政策和需要对其管辖范围内的自然资源进行开发和利用的权利。但是,国家的开发活动常常会给国家管辖范围外的环境与资源带来负面影响,甚至是损害。例如,酸沉降、臭氧层耗损、海洋污染和全球气候变化等都与国家在其管辖范围内所从事的生产和生活活动有关。因此,国际法在承认国家对开发其自然资源的权利的同时必须规定国家应该承担的义务,即不得给国家管辖范围外的环境与资源造成损害。如果造成损害,有关国家必须承担相应的赔偿责任。

早在1938/1941年的"特雷尔冶炼厂仲裁案"中,仲裁庭就基于罗马法确立了一项国家管辖范围内的行为不得损害其他国家环境的原则。1972年的《联合国人类环境宣言》第21

---

① 鉴于本书第二章论述的"环境与资源可持续性原则"与此处的可持续发展原则的内容具有一致性,"损害担责原则"包括了此处的污染者负担原则,"预防原则"包括了此处的防止环境损害原则和谨慎原则,因此本书在此不再赘述。

项原则指出:"按照《联合国宪章》和国际法原则,各国有按自己的环境政策开发自己资源的主权(权利)[1];并且有责任保证在他们的管辖或控制之内的活动,不致损害其他国家或国家管辖范围外的环境。"1992年的《里约宣言》第2项原则指出:"根据《联合国宪章》和国际法原则,各国拥有按照其本国的环境与发展政策开发本国自然资源的主权权利,并负有确保在其管辖范围内或在其控制下的活动不致损害其他国家或在各国管辖范围外地区环境的责任。"此外,这一原则陆续写进许多国际环境条约和其他国际法律文件,并被后续更多的国际司法实践所肯定,成为国际环境法中为数不多的国际习惯法原则。

拓展阅读7-5　1938/1941年特雷尔冶炼厂仲裁案

这是美国与加拿大之间关于跨界大气污染的国际仲裁案。特雷尔冶炼厂(Trail Smelter)是位于加拿大不列颠哥伦比亚省境内北美最大的冶炼厂。从1896年开始,该厂进行锌和锡的冶炼。冶炼过程中释放出大量的硫黄烟雾,遇空气后,形成二氧化硫烟雾,并随气流扩散到南部,给距离特雷尔只有约18千米的美国华盛顿州的种植业主造成了重大财产损失。从1927年起,美国就此事与加拿大多次进行交涉,1933年4月15日,美、加两国达成仲裁协议,将此案提交国际仲裁。仲裁庭分别于1938年4月16日和1941年3月11日先后作了两个裁决。仲裁裁决根据美国的法律,要求加拿大向美国赔偿损失。不过仲裁庭先以仲裁协议没有提出要求为由,拒绝回答特雷尔对美方造成的损害是否构成对美国主权的侵犯或破坏。但在1941年的第二次裁决中,仲裁庭明确指出:"根据国际法及美国法律的原则,任何国家没有权利以这样的方式利用或允许利用其领土,以致其产生的烟雾对他国领土或对他国领土上的财产和生命造成损害,如果此种损害后果严重且证据确凿的话。"因此,加拿大应该为此承担国际法上的赔偿责任。

本案是国际法上第一个涉及跨界大气污染争议的案例,对国际法特别是对国际环境法上跨界环境损害责任制度的建立与发展产生了重要的影响。根据传统的国际法,国家如果没有从事国际不法行为,那么在国际法上就不承担国家责任。而在跨界污染的情况下,很难证明国家在发生跨界污染和损害时从事了国际不法行为。如果不能证明后者的存在,污染起源国就不承担国际法上的国家责任,这样显失公允。此案裁决认定,国家不能允许其境内的活动给其他国家造成损害,即使是合法的活动。如果造成跨界损害,国家就要承担赔偿责任。此种国家义务可以追溯到一项古老的罗马法上的原则,即"使用自己的财产,不得损害他人的财产"(*sic utere tuo ut alienum non laedas*)。此案实际上奠定了国际环境法的责任体制,特别是为后来国际环境法一般法律原则的确立和发展提供了法理基础。

---

[1]　这里的英文是:sovereign rights,应该译为"主权权利"。在国际法上,"主权"(sovereignty)与"主权权利"(sovereign rights)是两个不同的概念。例如,根据《联合国海洋法公约》,沿岸国在其专属经济区和大陆架仅仅具有开发自然资源的主权权利,而没有像其在内水或领水范围内的行使属地管辖的主权。本书中所引用《联合国人类环境宣言》和《里约宣言》的中译本均见国家环境保护总局政策法规司编.中国缔结和签署的国际环境条约集[M].北京:学苑出版社,1999:387.

（三）国际环境合作原则

国际合作（international cooperation）是国际法的一项重要原则。《联合国宪章》等众多国际条约规定在各自条约范围内进行国际合作的实体和程序性规则，而且这些条约本身就是国际合作的结果。在国际环境保护方面，由于生态系统及环境要素的整体性、不可分割性的特点，国际合作更为重要。

在国际环境法上，国际环境合作具有两个方面的意义，一是国际社会所有成员都应当并且有权参与保护和改善国际环境的行动；二是国际环境问题的有效解决有赖于国际社会成员普遍的参加与合作。1972年《联合国人类环境宣言》第24项原则规定："有关保护和改善环境的国际问题应当由所有的国家，不论其大小，在平等的基础上本着合作精神来加以处理，必须通过多边或双边的安排或其他合适途径的合作，在正当地考虑所有国家的主权和利益的情况下，防止、消灭或减少和有效地控制各方面的行动所造成的对环境的有害影响。"1992年《里约宣言》在数项原则中都强调了国际合作的重要性。

国际环境合作的具体形式可以包括：增强各国（特别是发展中国家）保护和改善环境的能力①、防止跨界环境污染和损害、对于环境突发事件要尽早预防、通知、协商和互助、参与全球和区域环境保护措施等实体性和程序性规定的制定与实施。

（四）共同但有区别的责任原则

保护和改善全球环境是全人类的共同利益，因此是各国都应当共同承担的责任。这种共同责任主要体现在以下三个方面：第一，各国都应当采取措施保护和改善其管辖范围内的环境，并防止对管辖范围外的环境造成损害；第二，各国都应当广泛参与有关的国际合作；第三，各国都应当在环境方面相互合作和相互支持。然而，由于各国经济和社会发展水平不同，资金、技术和工艺水平也相差甚远，而且废物和污染物排放的历时（diachronic）和共时（synchronic）贡献不同，不应当、也不可能要求所有的国家同时承担完全相同的污染物减排责任。

因此，1992年《里约宣言》第7项原则明确指出，各国应本着全球伙伴精神，为保存、保护和恢复地球生态系统的健康和完整进行合作。鉴于导致全球环境退化的各种不同因素，各国负有共同但有区别的责任。发达国家承认，鉴于他们给全球环境带来的压力，以及他们所掌握的技术和财力资源，他们在追求可持续发展的国际努力中负有责任。这就是共同但有区别的责任（common but differentiated responsibilities）原则。

该宣言第6项原则明确承认，发展中国家、特别是最不发达国家和在环境上最易受到伤害的发展中国家的特殊情况和需要受到优先考虑。环境与发展领域的国际行动也应当着眼于所有国家的利益和需要。第11项原则要求，各国制定有效的环境立法。环境标准、管理目标和优先次序应当反映他们适用的环境与发展范畴。一些国家所实施的标准对别的国家特别是发展中国家可能不是适当的，也许会使他们承担不必要的经济和社会代价。这里的

---

① 环境条约中称为"能力建设"（capacity building），主要包括资金、技术、人员培训等方面的能力。

差别标准也是共同但有区别的责任的另一种说法。这种差别标准和有区别的责任越来越多地出现在国际环境条约当中。例如,在保护臭氧层方面,根据有关条约的规定,发达国家必须立即和率先削减臭氧层耗损物质,而发展中国家则可以享受10年的宽限期。这就是共同但有区别的责任原则的具体体现。

案例讨论 7-1

自2012年1月1日起,欧盟正式开始将国际航空业纳入欧盟碳排放交易体系。根据欧盟的规定,全球4 000多家航空公司,不管是发达国家还是发展中国家的航空公司,在欧盟境内机场起降的国际航班,都要为该航线全程的碳排放缴纳费用。例如,从北京到伦敦的航线,尽管90%的路程都不在欧盟境内,但依然要向欧盟缴纳全程的碳排放费用。

讨论:欧盟的航空碳税是否有违共同但有区别的责任原则?

四、国际环境法的实施

(一) 国际环境法的实施手段与方法

国际条约所载明的法律原则和规则生效之后,缔约方必须制定相应的具体制度、方法和手段来实施,否则条约将成为一纸空文。通常关于国际环境条约的实施手段与方法的问题,缔约方都会在条约中作出约定,但是有时条约也会仅仅作出一些原则性或目标性的规定,赋予缔约方选择和采取适当的立法、行政和司法等实施措施的权利。根据不同的分类标准,这些制度、手段和方法可以分为信息、贸易、环境影响评价等不同种类的措施;也可以分为实体性规则(如限制或禁止性的规制措施)和程序性规定(如事先知情同意)等。本章根据这些措施的性质,将其分为命令与控制(command and control)措施、经济刺激(economic incentives)措施和综合措施(integrated measures)。

命令与控制措施通常是指那些由国家政府通过法律或行政手段制定环境保护方面的规则、标准,并且以公权力作为后盾监督和强制实施的方式。这类措施包括环境标准、环境影响评价、风险评估、许可证、限制或禁止性措施、环境管理方面的措施等。

经济刺激措施通常是指国家政府利用经济手段来引导或抑制市场参与者的决策和市场行为,以期达到环境保护的目的。这类措施主要包括税收、贷款、保险、补贴、弹性许可证、标志、联合履约等。在国际条约中使用比较多的是保险、弹性许可证、联合履约和环保标识等。目前,越来越多的国际环境文件鼓励各国政府使用经济刺激措施改善环境法律的实施情况。

综合措施是指以消除或减少任何可能造成污染的物质为目标的预防性措施,尤其是根据物质、产品的生命周期,从其生成、生产、消费到最终消灭进行全程规制,即"从摇篮到坟墓"的全程规制。

（二）国际环境法实施的监督措施

国际环境法的实施必须受到监督,否则无法确认国际环境法的原则与规则是否适当,是否切实得到了遵守。这事关国际环境法的原则与规则的有效性。监督法律的实施依赖于相关信息的收集和获得,因此,许多国际环境条约都规定了信息的报告(reporting)、监督(surveillance)和监控(monitoring)机制,以确保国际环境法律的实施和遵守。2015 年《巴黎协定》第 14 条就明确规定了缔约方会议要定期收集、评估、盘点(stocktaking)履约情况,为加强气候行动的国际合作提供信息。

五、国际环境法律责任和争端的解决

（一）跨界环境损害及其赔偿的概念

国际环境法上的跨界环境损害主要是指国家或者在其管辖范围内的自然人或法人从事的行为对国家管辖范围外的环境与资源造成的损害。如前所述,在一般国际法上,国家只有在实施了国际不法行为(internationally wrongful act)的情况下才承担国家责任(state responsibility)[1]。因此国家在其境内或管辖范围内从事的生产和其他开发利用环境与资源的行为是主权范围内的事情,不属于国际不法行为,通常国际法不会加以禁止,而仅仅是加以限制。

但是,这样的行为有可能或必然造成跨界环境损害。如果造成了跨界环境损害却又不承担任何法律责任,那么国际法律制度就将显失公允。因此,1972 年《联合国人类环境宣言》中的第 22 项原则呼吁,各国应当进行合作,以进一步发展有关国家在管辖或控制之内的活动对其管辖外的环境造成污染和其他环境损害的受害者承担责任和赔偿的国际法。但是各国在这个问题上态度消极,不愿意因此限制其对环境与资源的开发利用行为,因此相关的国际法规则的制定进展缓慢。经过 20 年的努力,1992 年《里约宣言》第 13 项原则依旧在呼吁各国应制定跨界污染和其他跨界环境损害的责任和赔偿的国内法律和国际法律。

2001 年联合国国际法委员会通过了"关于预防危险活动的跨界损害的条款草案"(Draft Articles on Prevention of Transboundary Harm from Hazardous Activities)。该草案(共 19 条)一方面重申了国家对其领土内或在其管辖或控制下的其他地方的自然资源具有永久主权的原则,另一方面也明确地指出,国家在其领土内、管辖或控制下的其他地方进行或许可进行活动的自由并非是毫无限制的。根据该草案规定,当活动是国际法不加禁止的、具有有形后果(physical consequences)、造成重大(significant)跨界损害的危险活动时,起源国必须采取一切适当措施,防止或减少引起重大跨界损害的危险。这里的适当措施包括必要的立法、行政或其他措施(包括建立适当的监控机制)。应当说该草案对跨界环境责任法律规则的发展,特别是对习惯法规则的发展作出了贡献。2006 年联合国国际法委员会又通过了"关于危险

---

[1] 联合国国际法委员会. 国家对国际不法行为的责任条款草案案文:联合国国际法委员会第 53 次会议报告[R].(英文版),2001:23—41.

活动造成的跨界损害的损失分配的原则条款草案"(Draft Principles on the Allocation of Loss in the Case of Transboundary Harm Arising out of Hazardous Activities),该草案规定起源国的运营者承担主要赔偿责任,起源国承担保证受害者获得及时和充足赔偿的责任。

(二) 跨界环境损害的赔偿

跨界环境损害赔偿的归责原则主要包括过错责任原则和无过错责任原则。

过错责任原则是指行为人有过错时才承担责任的归责原则。过错责任的构成要件包括:损害事实的存在、损害行为的违法性、行为人主观上有过错、加害行为与损害事实之间的因果关系。这一原则适用于环境领域的问题是:环境损害往往是由合法行为所致,很难证明跨界污染损害行为的违法性及行为人的主观过错,因此不利于对环境损害受害方的保护。

无过错责任原则是指只要存在跨界环境损害,无论行为人主观上有无过错,都应当承担赔偿责任的归责原则。根据行为人是否存在免责事由,跨界环境损害中的无过错责任可以分为严格责任(strict liability)和绝对责任(absolute liability)①。在严格责任下,行为人可以不可抗力、第三方故意、受害人过错等作为免责事由。在绝对责任下,行为人不能诉诸任何免责事由。由于绝对责任的严厉性,其适用范围十分有限,仅适用于高度危险行为或活动引起的环境损害,例如外空活动和核活动。根据 1972 年《空间物体所造成损害的国际责任公约》(Convention on International Liability for Damage Caused by Space Objects)的规定,发射国在其空间物体对地球表面物体或人员造成损害时要承担绝对赔偿责任。在核损害事故方面,国家和核设施的运营者共同承担责任,也有运营者单独承担责任的,主要通过国际民事赔偿的途径解决②。

关于跨界环境损害赔偿的范围,现行环境条约规定对以下几类损害应当予以赔偿:一是人身伤亡;二是财产损失;三是预防措施、应急措施和恢复措施的费用与支出。对于人身伤亡的赔偿是现行国际法规定的主要赔偿范围,通常由相关国家的国内法院根据本国的赔偿标准进行赔偿。而财产损失的赔偿,通常仅对直接的财产损失进行赔偿。

关于跨界环境损害的赔偿限额问题,通常由于损害后果的严重性,赔偿数额较大,成为严重的财政负担。有的行为人即使破产也不能给予受害人及时和有效的赔偿,所以分散赔偿的财政负担,给受害人及时和有效的赔偿是必要的。因此,在国际条约实践中经常采取赔偿基金和限制赔偿额等措施。

---

① 是指当某人需履行某项义务时,无论情况如何都必须承担责任,不能援引任何免责事由。

② 目前越来越多的环境条约开始通过国内民事赔偿的方式来解决跨界环境损害问题,例如 2003 年《基辅跨界工业事故民事赔偿议定书》(2003 Protocol on Civil Liability and Compensation for Damages Caused by the Transboundary Effects of Industrial Accidents on Transboundary Waters to the 1992 Convention on the Transboundary Effects of Industrial Accidents)。

案例讨论 7-2

A 国由于遭遇海啸导致某核电站发生核泄漏事故,在处理核泄漏事故过程中,将大量核废水(其中放射性物质含量超标 500 倍)排入大海,经过洋流的扩散作用,三个邻国 B、C、D 的海域放射性物质严重超标,沿海旅游、养殖、捕捞业和海洋生态系统均受到重创。

讨论:A 国是否应当对 B、C、D 三国承担核损害的国家赔偿责任?

(三) 国际环境争端的解决

国际环境争端的解决方法沿用一般国际争端解决方法。

《联合国宪章》第 33 条规定:"任何争端之当事国,于争端之继续存在足以危及国际和平与安全之维持时,应尽先以谈判、调查、调停、和解、公断、司法解决、区域机关或区域办法之利用、或各国自行选择之其他和平方法,求得解决。"这是现代国际法允许的争端解决方法。以上的这些方法,按照其性质可以分为两类:一是政治方法(又称外交方法),包括谈判、协商、调查、斡旋、和解等方法;二是法律方法,包括仲裁(旧称公断)和司法解决。

在某一特定的情况下使用哪种方法和手段,主要取决于争端当事方的选择和相关条约的规定。有的条约争端解决程序相对简明,例如,1992 年《联合国气候变化框架公约》第 14 条规定,任何两个或两个以上缔约方之间就本公约的解释和适用发生争端时,有关的缔约方应寻求通过谈判或他们自己选择的任何其他和平方式解决该争端。而有的条约,例如 1982 年《联合国海洋法公约》就规定了比较复杂的争端解决程序。

第二节　环境与资源的国际法律保护

环境与资源的国际法律保护所涵盖的范围很广,所涉及的问题也很复杂,由于本章篇幅的限制,下面仅就大气环境、海洋和淡水、危险废物和其他有毒有害物质与行为,以及生物多样性四个领域简要介绍现有的国际法律框架、主要问题及其最新进展。

一、大气环境

根据古罗马的法律,"谁拥有土地,谁就拥有土地的无限上空",因此大气空间(即领空)在国际法上的地位很早就已经确立,作为国家领土的一个组成部分,处于国家主权的管辖之下。但是,随着人类经济、社会的发展,特别是科技的发展,人类有能力对外层空间进行探索,那么外层空间具有什么样的法律地位呢? 领空与外空需要划定界限吗? 如果需要,界限在哪里? 这些法律问题都随着人类探索外空能力的增加而产生。根据国际法,各国有权为了和平的目的利用外空,外空不能像领空一样被国家据为己有。尽管在国际法上没有明确划定领空与外空的界限,但是国家实践表明:飞机飞越一国领空需要得到该国的同意和批准,而在外空遨游的卫星飞越其他国家上空时则无需该国的同意和批准。对于外层空间的环境保护,目前国际社会仅仅达成了一些一般性的原则,联合国设立了一个协调国家外空活动的机构,但相关国际法律规范发展仍相对宏观一些。在大气环境领域,有关跨界大气污染、臭氧层耗损和气候变化的国际法律原则、规则和制度相对成熟和发达,特别是有关气候变化的国际法规范正在逐步推进。

(一) 跨界大气污染

随着欧美国家率先进入工业化的阶段,跨界大气污染问题在 20 世纪初就开始引起欧美国家间的环境争端。防治跨界大气污染的条约最初以双边为主,直到 1979 年,第一个旨在解决跨界大气污染的欧洲区域性多边条约《远程跨界大气污染公约》(Convention on Long Range Transboundary Air Pollution,LRTAP or CLRTAP)[①]才得以通过。该公约虽然主要是欧洲区域条约,但也开放给域外国家加入。公约要求缔约方尽可能逐步限制、减少并防止大气污染,制定有关控制大气污染物排放的战略、政策和法律,交换有关受规制的大气污染物排放的数据、国内政策和工业发展的重大变化及其潜在的影响、科学活动和技术措施等方面的信息。1984—1999 年,缔约方在公约的框架下先后签订了八个议定书和两个修正案,将公约义务进一步细化,并陆续增加受规制和减排的大气污染物。美国和加拿大除了参加该公约之外,还在北美建立了双边机制。1991 年 3 月 13 日,美国和加拿大签订了《美加大气质量协定》(Agreement Between the United States of America and Canada on Air Quality)。该协定对二氧化硫和氮氧化物的排放制定了具体的减排目标。2012 年美国和墨西哥建立边境项目(US-Mexico Border 2012),大气污染防治是其中的合作项目之一。此外,2002 年 6 月东南亚国家联盟(东欧)签订了《跨界烟霾污染协定》(2003 年 11 月 9 日生效),旨在监控、减少和防止因土地利用变化(例如烧毁热带雨林种植橡胶树)导致的跨界大气污染。

尽管世界上许多国家都深受大气污染之苦,但是到目前为止,最为全面、严格和有效的条约还是前面提及的《远程跨界大气污染公约》。它在降低大气污染物排放、改善区域大气质量方面起到了示范的作用。其他一些全球性条约也或多或少涉及跨界大气污染问题,例如,1982 年的《联合国海洋法公约》(United Nations Convention on the Law of the Sea,UNCLOS)第 212 条和第 222 条在保护海洋环境方面,要求缔约方防止、减少和控制来自大气层或通过大气层的海洋污染。此外,国际民航组织也开始对民航大气污染物的减排作出规定。2013 年签订的《关于汞的水俣公约》对汞的大气排放进行了明确的限制。国际民航组织和国际海事组织也对民航和海运大气污染物的排放施加了限制措施。目前保护大气环境的国际法律发展趋势是将大气环境保护、臭氧层保护和应对气候变化三者结合起来。

(二) 臭氧层

1974 年,美国科学家首次提出氯氟烃类物质可能导致臭氧层破坏的论断。尽管该论断

---

① 1979 年 11 月 13 日签订,1983 年 3 月 16 日生效;截至 2021 年 12 月 24 日,共有 51 个缔约方。

当时仍存在着相当大的科学上的不确定性,但科学界表现出少有的宽容。国际社会采取了"谨慎"(precautionary)的态度,迅速启动相关国际条约的制定,并于1985年3月22日在维也纳召开的外交大会上达成了《维也纳臭氧层保护公约》(Vienna Convention for the Protection of the Ozone Layer,又译《保护臭氧层维也纳公约》)①。该公约的宗旨是保护人类健康和生存环境,防止人类活动对臭氧层的改变或可能的改变所造成的不利影响;国际社会应采取一致的措施,控制已发现的、对臭氧层有不利影响的人类活动;鼓励科学研究合作和系统的观测;鼓励法律、科学和技术的信息交流。这是一个框架性条约,没有为缔约方设定具体的行动义务和时间表,其主要目的在于建立一个进一步合作的基础与平台。

1987年9月16日在蒙特利尔举行的第一次缔约方大会上通过了《关于消耗臭氧层物质的蒙特利尔议定书》(Montreal Protocol on Substances that Deplete the Ozone Layer,简称《蒙特利尔议定书》)②。嗣后,该议定书分别经1990年的《伦敦修正》、1992年的《哥本哈根修正》、1997年的《蒙特利尔修正》、1999年的《北京修正》、2007年的《蒙特利尔修正》、2016年的《基加利修正》和2018年的《基多修正》等修正。议定书的宗旨是根据科学认识的发展,考虑技术和经济的因素,顾及发展中国家的需要,在全球范围内限制并最终消除消耗臭氧层物质的排放,保护臭氧层。议定书要求缔约方在六个方面做出具体承诺:第一,采取措施减少这些物质的生产和消费;第二,控制与非缔约方间的这些物质的贸易;第三,按计划定期对控制措施进行评估和审核;第四,向公约机构报告有关数据;第五,在研究、开发、公众意识和信息方面进行合作;第六,建立财政机制和提供技术转让,帮助发展中国家履约。

《保护臭氧层维也纳公约》和《蒙特利尔议定书》是国际环境条约历史上的里程碑,因为该议定书在义务设定及其前提、履约机制和决策程序等方面都有所创新,缔约方的实施效果良好,有的缔约方甚至提前实现了减量和淘汰目标。截至2021年底,已知的99%的消耗臭氧层物质都已经被淘汰。此外,相关国际机构还将臭氧层的保护与应对气候变化的国际法律措施联系起来统筹考虑,协同推进。2016年的《基加利修正》就是一个很好的例证。

(三) 全球气候变化

全球气候变化也是大气环境恶化,其主要原因是人类大量燃烧石油和煤炭这样的化石燃料而导致大气层中温室气体的过度排放和聚集③。这个问题远比跨界大气污染和臭氧层耗损要复杂得多,后果也严重得多。它与现代社会的生产和生活方式密切相关,因为现代经济被称作"化石燃料为基础的经济"。石油和煤炭是经济运行及发展的命脉,几乎涉及人类活动的各个方面,因此建立应对气候变化的国际法律规范与制度必定会十分艰难和复杂。

20世纪80年代中期,国际社会在着手解决臭氧层耗损问题的时候,就已经注意到了全

---

① 该公约1988年9月22日生效,1989年12月10日对中国生效。
② 该议定书1989年1月1日生效,1990年3月26日对中国生效。
③ 根据联合国环境规划署《全球环境展望5》的估算,全球二氧化碳的排放量从1992年的220亿吨上升到2010年的306亿吨,其中80%是由19个经济大国或人口大国排放的。UNEP: GEO5 – Keeping Track of Our Changing Environment, 2012, 21.

球气候变化的问题。联合国环境规划署和世界气象组织合作成立了"政府间气候变化专门委员会"（Intergovernmental Panel on Climate Change, IPCC），专门负责研究气候变化的科学方面问题①。从 1989 年开始，法律专家也开始参与 IPCC 的工作。1990 年 IPCC 第一份评估报告发表，呼吁通过国际条约对温室气体进行国际规制。1991 年初，根据联合国大会决议成立了政府间谈判委员会。1992 年 5 月 9 日，《联合国气候变化框架公约》②的草案达成，同年 6 月在里约热内卢召开的环境与发展大会上开放签字。该公约的宗旨是将大气温室气体的浓度稳定在不对气候系统造成危险干扰的水平上；确保粮食生产不受到威胁；使经济以可持续的方式运行。公约要求缔约方为今世和后代的利益，在公平的基础上，根据共同但有区别的责任承担保护气候系统的责任；对于发展中国家的特殊需要和特殊情况应给予充分的考虑。缔约方应采取谨慎措施以预见、防止和减少致使气候变化的原因，缓和气候变化的不利影响。这是一个框架性公约，为后续更加有效和具体的议定书的缔结奠定了基础。

1995 年 3 月 28 日至 4 月 7 日，缔约方大会第一次会议在柏林召开。IPCC 提交了一份报告，重申了气候变化问题的迫切性。大会决定于 1997 年 12 月在京都召开的缔约方大会第三次会议上缔结有关的议定书。这就是"柏林授权"（Berlin Mandate）。根据这一授权，1997 年 12 月 11 日在京都通过了《京都议定书》（Kyoto Protocol），并于 1998 年 3 月 16 日开放签署，2005 年 2 月 16 日《京都议定书》生效。议定书主要的成就是附件 A 明确列出了温室气体名录、产生温室气体的能源部门和类别；附件 B 列出了承诺排放量限制或消减的 39 个工业化缔约方的名录。1990 年为计算的基准年，列入公约附件一的缔约方承诺在 2008—2012 年按比例减少列入附件 A 的温室气体的排放。其中欧洲共同体承诺减排 8%，美国承诺减排 7%，俄罗斯等向市场经济过渡的国家可以维持在 1990 年的水平③。缔约国家承诺平均减排 5%。（第 3 条）在附件 B 缔约方中，适用联合履约的机制（joint implementation），即这些缔约方之间可以互相买卖减排单位，但是这种贸易要经议定书机构核准。（第 6 条）而发展中国家（包括中国和印度）没有具体的减排义务，但原则上他们需要在发达国家的帮助下采取适当措施，控制温室气体排放。议定书第 12 条规定了"清洁发展机制"（clean development mechanism, CDM），适用于公约附件一和非公约附件一缔约方之间，即公约附件一缔约方可以选择任何非公约附件一缔约方作为合作伙伴，资助非公约附件一缔约方进行减排，减排的份额抵消公约附件一的减排额度。在实际效果上，欧洲共同体在 1990—1995 年已经将排放减少了 1%。而美国、加拿大、澳大利亚却增加了 7%～9%。正在向市场经济过渡的东欧国家减少排放达 30% 之多，其原因并不是减排努力见效，而是转轨后经济萧条所致。

2007 年，第十三次缔约方会议（COP13）在巴厘岛举行，"巴厘岛路线图"（Bali Road Map）和"巴厘岛行动计划"（Bali Action Plan）决定采用"双轨模式"（参加公约和议定书的缔约方不同）谈判，希望 2009 年就第二承诺期（2012 年以后）达成协议，但是 2009 年在哥本哈

---

① 该委员会分别在 1990 年、1995 年、2001 年、2007 年、2014 年、2022 年发表了六份评估报告。

② 该公约 1994 年 3 月 21 日生效，1993 年 1 月 5 日中国交存批准书。

③ 2001 年 2 月，美国以该条约义务不平等为由，拒绝批准《京都议定书》。

根举行的第十五次缔约方大会（COP15）没有达成协议，其结果只是一份政治性的文件（哥本哈根共识，Copenhagen Accord），各缔约方开始提交自愿减排目标，启动自下而上模式，基本上摒弃了议定书所确立的自上而下的减排模式。2010年，第十六次缔约方大会（COP16）在坎昆举行，就减排、资金、技术、能力建设等初步达成协议，提出控制升温在1.5℃和2℃的目标。2011年，第十七次缔约方大会（COP17）在德班举行，凝聚共识，建立"加强行动的德班平台"（Durban Platform for Enhanced Action），提出2015年底前结束新协定的谈判。2012年，第十八次缔约方大会（COP18）在多哈举行，《京都议定书》第二承诺期推迟到2013—2020年；双轨并一轨，并提出谈判2015年新协定时间表。2013年，第十九次缔约方大会（COP19）在华沙举行（COP19/MOP9），决定设立绿色气候基金（Green Climate Fund）、长期财务安排（提出2020年后一千亿美元的目标）和华沙气候变化损失与损害国际机制等。2014年，第二十次缔约方大会（COP20）在利马举行，就《巴黎协定》草案主要内容的范围达成一致。2015年，第二十一次缔约方大会（COP21）在巴黎举行，缔结《巴黎协定》；2016年4月—2017年4月开放签署，该协定于2016年11月4日生效。截至2021年12月底，共有193个缔约方。

《巴黎协定》共计29个条款，其核心内容包括：① 长远目标。确保全球平均气温较工业化前水平升高控制在1.5~2℃（1880—2012年上升0.65~1.06℃）。目前全球气候平均气温已经比工业化前水平升高大约1℃[①]。2050年后，使人为碳排放量降至森林和海洋能够吸收的水平，达到"零排放"。② 减排目标（mitigation）。各方同意每隔5年重新核定各自自主减排目标。180多个国家和地区提交了从2020年起的5年期限内减排目标。③ 盘点目标（stocktaking）。若存在"排放差"（emission gap），各方今后4年内重新评估各自的减排目标，以便适时调整。④ 透明度。要求缔约方汇报各自的温室气体排放情况及减排进展，但赋予发展中国家适度"弹性"。⑤ 资金机制。设立绿色气候基金，发达国家向发展中国家提供资金支持，从而帮助后者减少碳排放及适应气候变化。没有具体、硬性规定，但规定了"路线图"。⑥ 损失损害。"承认"损失和损害，"华沙国际机制"为相关国家提供支持。

由于2020年新型冠状病毒感染的原因，第26次缔约方大会推迟到2021年11月在格拉斯哥召开。会前，各缔约方更新自主承诺的减排目标（NDCs），但是各缔约方的减排目标与控制升温所需要的减排之间存在不小的排放差。最后会议就适应、财政和减缓三大支柱达成协议并为《巴黎协定》第6条规定的碳市场制定了《规则手册》（Rulebook），使《巴黎协定》的相关规定可以正式运行起来。2022年11月，在埃及沙姆沙伊赫召开的第27次缔约方大会上达成了一项突破性协议：为遭受气候灾害重创的脆弱国家提供"损失和损害资金"。

二、海洋和淡水

海洋国际法律规范的历史悠久，可以追溯到国际法律规范产生的初期；而有关淡水的国

[①]　根据世界气象组织2020年12月发布的最新报告，全球平均气温已经上升了大约1.2℃。

际法律规范制定则相对晚一些。到目前为止,海洋环境的国际法律也要比有关保护淡水的更加丰富和成熟。

(一) 海洋

条约是海洋环境国际保护最主要的形式和法律渊源。早在 19 世纪中叶欧洲国家间就缔结了有关保护海洋生物资源的条约。从那时起到 20 世纪中叶,海洋环境保护条约主要关注海洋渔业资源的保全和管理。由于经济和科技的发展,海运需求增长,海运能力加强,船舶污染,特别是海上油污日益严重,迫切需要制定相关的国际法规则。1954 年《国际防止海上油污公约》(International Convention for the Prevention of Pollution of the Sea by Oil,简称《油污公约》)是第一个旨在防止海洋污染的国际条约。由于该公约适用范围有限,国际社会于 1973 年又签订了《国际防止船舶造成污染公约》(International Convention for the Prevention of Pollution from Ship),并于 1978 年签订了一个议定书,二者合起来被简称为《73/78 船污公约》,对船舶污染进行了比较全面的规范。随后,海洋环境保护条约进入了快速发展时期,国际社会陆续签订了一系列旨在防止海洋污染方面的条约,对造成海洋污染的各种污染源和海洋生物资源的养护基本上都制定了相关的规则。到 20 世纪 80 年代中期,以 1982 年《联合国海洋法公约》的签订为标志,海洋环境保护的条约体系基本建成。后来又陆续签订了一些新的海洋环境保护条约并对已有的条约进行了重大修订,海洋环境保护条约体系日臻完善。

海洋环境保护条约数量众多、涉及的范围很广、内容复杂。根据其适用的范围可以分为全球性的海洋环境保护条约(如 1982 年《联合国海洋法公约》)和区域性海洋环境保护条约(如 1982 年《红海及亚丁湾环境保全区域公约》)。1982 年《联合国海洋法公约》被称为"海洋法典",是海洋法规则和制度的基础。该公约第 12 部分专门对海洋环境保护与保全进行了规范。

根据条约规范的主题事项,可以分为一般框架性条约(如《联合国海洋法公约》)和针对海洋环境保护与保全的具体问题的专门性条约。后者主要包括以下一些方面:

(1) 防止船舶污染的《73/78 船污公约》。该公约的宗旨是预防、控制和消除船舶作业过程中可能因排放石油、液态有害物质、有包装的有害物质、污水、垃圾和空气污染物造成的海洋污染。

(2) 防止海洋倾废的 1972 年《防止倾倒废物和其他物质引起海洋污染公约》(Convention on the Prevention of Marine Pollution by the Dumping of Wastes and Other Matter,简称《伦敦倾废公约》)及 1996 年议定书。该公约的宗旨是防止和限制在海上任意处置可能对人类健康和海洋生物资源造成危害、破坏海洋环境的舒适及影响其他合法利用海洋的废物。公约禁止某些特定废物的倾倒(如放射性废物),对其他物质的倾倒采用许可证制度。

(3) 防止陆源污染的法律文件。陆源污染是海洋污染的主要污染源,但由于该问题的复杂性,除《联合国海洋法公约》和其他一些条约中的原则性规定外,迄今尚无全球性的专门条约加以规范。1995 年通过了《保护海洋环境免受陆源活动影响的全球行动计划》，由联合国环境规划署负责其协调工作。虽然该行动计划没有严格的法律拘束力，但是它对区域组织和国家在制定有关陆源污染规则时具有指导作用。

（4）油污事故干预及应急的 1969 年《国际干预公海油污事故公约》(International Convention Relating to Intervention on High Seas in Cases of Oil Pollution Casualties)、1973 年《干预公海非油类物质污染议定书》(Protocol Relating to Intervention on The High Seas in Cases)和 1990 年《国际油污防备、反应和合作公约》(International Convention on Oil Pollution Preparedness, Response and Co-operation, 1990)。这些公约的宗旨是以预防为原则，采取适当的措施，防止重大海上油污事故。在出现油污事故时，进行国际合作，采取必要应急措施，尽可能减少损失。

（5）有关损害责任和赔偿的 1969 年《国际油污损害民事责任公约》(International Convention on Civil Liability for Oil Pollution)、1971 年《关于设立国际油污损害赔偿基金公约》和 1996 年《海上运输危险和有毒物质损害责任及赔偿的国际公约》(International Convention on Liability and Compensation for Damage in Connection with the Carriage of Hazardous and Noxious Substances by Sea，简称《HNS 公约》)。这些公约的宗旨是建立防止、减少海上运输污染损害及在出现损害时的赔偿机制，使污染受害方得到及时、充分和有效的赔偿。

（6）海洋生物资源养护的条约。这类条约数量众多，历史悠久，既有关于特定物种的条约①，也有关于特定海域渔业资源的条约②。这些条约的宗旨是通过国际合作机制，限制捕捞量和捕捞手段，保护海洋渔业资源。1995 年在《联合国海洋法公约》项下缔结了《鱼种协定》，对高度洄游鱼种的国际保护进行了规定。目前，对国家管辖范围外生物多样性保护的协定（BBNJ）正在谈判之中，从目前的草案来看，该协定将通过划定海洋保护区、环境影响评价等方式保护国家管辖范围外的生物多样性。

海洋环境保护的条约众多，相应的条约机构也就多，但是最主要的有三个：

（1）国际海事组织(International Maritime Organization, IMO)。该组织于 1948 年 3 月 6 日在日内瓦成立，其宗旨主要是防止海洋环境作业中的各种船只造成海洋污染。该组织已经起草和促成通过了 35 个涉及海洋环境的公约和议定书，其中包括 1972 年《伦敦倾废公约》和《73/78 船污公约》等。

（2）联合国环境规划署。该组织成立于 1972 年 12 月 15 日。该组织的宗旨主要是评估和解决在环境领域现有的和正在出现的重大问题；促进环境方面的国际合作；促进制定国

---

① 如 1946 年的《国际捕鲸管制公约》(International Convention for the Regulation of Whaling, ICRW)和 1995 年《跨界鱼类种群和高度洄游鱼类种群的养护与管理协定》(Agreement for the Implementation of the Provisions of the United Nations Convention on the law of the Sea)等。

② 如 1966 年的《养护大西洋金枪鱼国际公约》(International Convention for the Conservation of Atlantic Tunas, ICCAT)、1980 年的《南极海洋生物资源养护公约》(Convention on the Conservation of Antarctic Marine Living Resources, CCAMLR)和 1988 年的《亚洲-太平洋水产养殖中心网协议》(Agreement on the Network of Aquaculture in Asia and the Pacific)等。

际环境法律;制定区域环境规划等。联合国"区域海洋规划"就是在联合国环境规划署的主持下制定的。到目前为止,共有 140 国家和地区参加了 14 个区域海洋环境规划,签订了 9 个区域海洋条约,对全球海洋环境保护起到了积极的作用。

（3）联合国粮食及农业组织（Food and Agriculture Organization,FAO）,负责制定有关渔业资源保护与开发的规则。

（二）淡水

无论是江河还是湖泊,如果完全处于一国领土管辖范围之内,其淡水资源的开发和利用就主要由国内法进行规范。国际法所关注的是那些跨界或国家管辖范围外淡水资源的开发利用和由此产生的国际法律问题。全球有 214 条河流是跨界河流,其流域面积占地球土地面积的 47%,全世界有 40% 的人口生活在跨界河流流域,有 50 多个国家超过 3/4 的土地都位于这些流域[①]。由于淡水资源的地域性特点,其法律规制与全球气候变化、臭氧层和海洋有明显的不同。

淡水领域的国际法规则早期主要是有关船舶在跨界河流航行的规则。关于对跨界淡水资源的开发和利用规则多见于针对具体江河湖泊的双边或区域性条约和国际文件当中。1966 年在国际法协会（International Law Association,ILA）主持下制定的《国际河流利用规则》（Helsinki Rules on the Uses of International Rivers,简称《赫尔辛基规则》）是这方面最早、最经常被引用的国际文件,尽管它不是具有法律拘束力的法律文件。该规则第一次全面地对当时已有的相关国际法规则做了编纂,同时对国际河流的利用提出了指导性原则。1992 年在联合国欧洲经济委员会（UNECE）的支持下,欧洲国家签订了《保护和利用跨界水道和国际湖泊的公约》（Convention on the Protection and Use of Transboundary Watercourses and International Lakes,简称《跨界水公约》）。

淡水领域相关的国际习惯法规则比较分散和零散。例如,早在 1929 年国际常设法院就在"奥得河国际委员会领土管辖案"中指出,对于共享的资源,一国不能剥夺其他国家享有的权利,否则就不符合国际法原则。1957 年的"拉努湖仲裁案"（Lac Lanoux Arbitration）强调法国对拉努湖开发使用的计划需要法国、西班牙两国政府共同同意后方可实施。法国有义务通知西班牙政府该计划,并且该计划要考虑下游国家的利益。1997 年的"加布奇科沃-大毛罗斯计划案"（Gabicikovo-Nagymaros Project Case,简称"多瑙河大坝案"）对可持续发展和公平使用河流淡水资源进行了审查,重申了共同利用共享淡水资源的理念。1999 年的卡斯可里案（Kasikili）把缔约方可航行的权利扩展到非航行方面,流域国不得排斥其他流域国对河流的使用。尽管没有明确提出污染防治方面的要求,但是流域国有义务不使水质恶化,妨碍其他国家的使用。2006—2010 年"乌拉圭河纸浆厂案"（Pulp Mills on the River Uruguay）对国家"不得造成重大环境损害"的义务进行了进一步明确的阐述。

---

①   Hunter D,Salzman J,Zaelks D. International Environmental Law and Policy[M]. 2nd ed. New York:Foundation Press,2002,774.

拓展阅读 7-6　　2010 年乌拉圭河纸浆厂案

这是联合国国际法院受理的阿根廷与乌拉圭之间关于乌拉圭河纸浆厂的诉讼案件。1961 年 4 月 7 日阿根廷、乌拉圭两国签订了有关彼此间界河——《乌拉圭河的条约》（1966 年 2 月 19 日生效）。根据该条约的规定，两国又在 1975 年 2 月 26 日签订了《乌拉圭河规约》（1976 年 9 月 18 日生效）。根据该规约的规定，双方建立一个乌拉圭河的管理委员会（CARU）共同管理乌拉圭河的开发和利用活动。2003 年 10 月乌拉圭政府单方面授权一家西班牙公司在该河的乌拉圭一侧建造纸浆厂。阿根廷政府对纸浆厂可能对乌拉圭河造成的负面环境影响与乌拉圭政府进行多次交涉而无果。2005 年 2 月乌拉圭政府又授权一家芬兰公司在乌拉圭河边另一处建立第二个纸浆厂和一个码头。2006 年 5 月 4 日阿根廷政府把乌拉圭政府起诉到联合国国际法院，要求联合国国际法院发布一项临时措施，禁止乌拉圭继续建设，并拆除已建的纸浆厂。2006 年 7 月 13 日联合国国际法院作出裁决，驳回阿根廷的诉讼请求。同年 11 月 29 日，乌拉圭政府请求联合国国际法院发布另一项临时措施，保护乌拉圭的权利，因为阿根廷的组织和个人采取了一些妨碍乌拉圭建厂的不友好行为，其中包括封锁乌拉圭河大桥，干扰纸浆厂的建设。2007 年 1 月 23 日联合国国际法院驳回了乌拉圭的诉讼请求，要求两国就争议进行协商。其间，西班牙国王应两国的请求，居中调解，在一定程度上缓和了矛盾。

2010 年 4 月 20 日，联合国国际法院最终对本案作出正式判决：认定乌拉圭违反了 1975 年规约所规定的事前通知和协商的程序性义务，但是没有违反该规约规定的实体义务，因为没有充分的证据证明乌拉圭没有尽到适当注意（due diligence）的义务，以及纸浆厂的排污行为必然对乌拉圭河水质和生物造成不利影响或损害。因此驳回当事方的其他包括损害赔偿在内的诉讼请求。联合国国际法院在该案中进一步对国际环境合作原则、环境影响评价、跨界环境损害的认定标准作出了司法解释，对国际环境法的发展具有一定意义。

目前在淡水领域适用于全球的多边条约是《国际水道非航行使用法公约》（Convention on the Law of the Non-Navigational Uses of International Watercourse，简称《国际水道公约》）。它是在联合国主持下制定的关于非航行使用国际水道的法律规范体系。该公约从 1971 年起由联合国国际法委员会对国际水道的非航行利用的规则进行编纂，1997 年联合国大会通过了国际法委员会的公约草案，2014 年 8 月生效①。公约的宗旨是实现国际水道的利用、开发、养护、管理和保护，为了当代和后代的利益促进国际水道的最佳和可持续利用。该公约规定了适用于国际水道的一般性规则，实施这些规则的程序性规则，关于淡水保护、保持和管理的实体规则和水道国缔结协定的条款。这是一个框架性公约，在这个框架之下是区域性和双边的国际协定。由于该公约属于框架性条约，没有建立相应的公约执行机构。此外，

---

① 截至 2020 年 12 月，该公约共有 37 个缔约国。

欧洲、非洲、美洲等都做出了相应的区域性安排。此外,联合国大会于 2013 年 12 月通过了 2008 年由国际法委员会起草的《跨界含水层的条款草案》,称之为"跨界含水层法"。该文件是在 1997 年《国际水道公约》的基础上制定的,规定了详细的原则与规则。

三、危险废物和其他有毒有害物质与行为

废物(特别是危险废物)和其他有毒有害物质从产生到最终处置的过程中对环境和人类健康都存在威胁,因此在这方面很早就有了国内立法。这一领域进入国际法律规制是由于其跨界转移。下面简要介绍一下这方面的国际法律规制情况。

(一) 危险废物的国际法律规制

废物的国际法律规制主要是就某些特定种类危险废物的跨界转移和处置方法在国际条约中作了一定的规制。这方面最重要的是 1989 年签订的《控制危险废物越境转移及其处置巴塞尔公约》(Basel Convention on the Control of Transboundary Movements of Hazardous Wastes and Their Disposal,简称《巴塞尔公约》)[①]。其宗旨是尽量使危险废物的产生降低到最低程度,并使其越境转移减少到最低程度,确保对它们实施环境无害化的管理和处置,包括尽可能地在接近废物产生源的地方进行处置,特别是要帮助发展中国家和经济转轨国家对其进行环境无害化管理与处置。公约对危险废物越境转移制定了法律规制框架,规定了缔约方的一般义务、缔约方之间的越境转移、通过非缔约方的越境转移、非法运输、国际合作、资料的递送、缔约方大会及争端解决等事项。1999 年 12 月 10 日,公约缔约方经过 10 年的磋商终于签订了《危险废物越境转移及其处置所造成损害的责任和赔偿问题议定书》。该议定书就严格赔偿责任、过失赔偿责任、预防措施、造成损害的多重原因、追索权、赔偿限额、赔偿责任时限、保险和其他财物担保、国家责任、管辖法院及适用法律等事项作了规定。这是第一个全球性的关于废物造成环境损害与赔偿责任的国际条约。该议定书的目的就是确保对在危险废物及其他废物越境转移和处置时造成的损害做出充分和迅速的赔偿。

此外,其他相关条约还包括 1991 年《禁止对非洲出口并控制和管理非洲内部的危险废物跨界转移公约》(Bamako Convention on the ban on the Import into Africa and the Control of Transboundary Movement and Management of Hazardous Wastes within Africa,简称《巴马科公约》)。该公约规定,缔约国必须保证在考虑到社会、技术和经济因素的情况下将危险废物的生产减至最低水平,鼓励清洁生产。1992 年《联合国气候变化框架公约》也规定了各缔约方应当限制温室气体(废气)排放。这些条约只对预防和减少废物的排放作出了原则性规定。关于一般废物的回收利用问题,除了经济合作与发展组织(OECD)和欧洲共同体(现为欧盟)作出了规定外,目前尚无一般性国际条约。

---

① 1989 年 3 月 22 日签订,1992 年 5 月 5 日生效,中国 1991 年 12 月 17 日交存批准书;1992 年 5 月 5 日对中国生效。截至 2021 年 12 月,共 189 个缔约方。

案例讨论 7-3

2006 年 8 月,一艘荷兰公司租用的希腊货轮通过代理公司在科特迪瓦经济首都阿比让十多处地点倾倒了数百吨有毒工业垃圾,引发严重环境污染。垃圾排出的有毒气体共造成 7 人死亡,24 人因中毒严重被送往医院急救。此外共有超过 3.6 万人次因呼吸障碍或其他不良反应上医院就诊。事件发生后,阿比让市民举行了大规模抗议活动,并引发了骚乱。迫于国内舆论压力,科特迪瓦临时政府集体引咎辞职。

讨论:本案中受害人的损失应当由谁负责赔偿?危险废物输出国和输入国的政府分别应当承担何种责任?

废物的处置方法主要包括向海洋、河流、湖泊、空气排放,焚烧和土地填埋等。国际条约在限制或禁止危险废物处置方法上制定了比较具体的规则。关于向海洋排放废物(包括海洋倾废、海上焚烧和通过船舶排放),1972 年《伦敦倾废公约》和其他有关条约虽然没有完全禁止海洋倾废,但是制定了禁止和限制性规范,例如实行倾废许可证制度。1996 年《伦敦议定书》和其他的条约都明确禁止海上焚烧废物或其他物质。1973/1978 年的《73/78 船污公约》规定缔约国要防止由于违反公约排放有害物质或含有这种物质的废液而污染海洋环境。关于向河流、湖泊排放废物或土地填埋,主要由国内法进行规范,部分国际条约作了一些原则性的规定。1997 年《国际水道法公约》要求水道国在本国领土上利用国际水道时应采取一切适当措施防止该利用行为对其他水道国造成严重损害。关于在特定地区处置废物,国际条约也有所限定,例如 1959 年《南极条约》等都禁止在南极处置放射性废物或在无冰区处置废物。

(二) 其他有毒有害物质与行为的国际法律规制

科学技术的革命和发展创造出无数满足人们需要的新物质和产品,从人造纤维、药品、化妆品、化肥、农药到放射性物质及武器,它们在给人类带来满足、需求和享受的同时,也给人类和环境带来危险,因为它们当中有的具有相当高的有毒有害性。由于人类认识有毒有害物质有一个发展过程,所以这方面的规制也经历了一个发展过程。到目前为止,国际法采取的仍是分散的规制方式。

1. 放射性物质和活动的国际法律规制

核裂变是在第二次世界大战(简称二战)后期实现的,最初只被用于核武器,二战后才开始被用于包括核电和医疗等方面的和平目的。关于核活动的国际规制始于 1955 年联合国大会通过的设立核放射效果科学委员会(Scientific Committee on the Effect of Atomic Radiation)的决议。1957 年国际原子能机构(IAEA)成立,专门负责管理全球核活动。由于核物质和核活动的高度危险性,国际社会很早就建立了国际法律规制体系,签订了一系列的规制公约。1979 年的《核材料实物保护公约》(Convention on the Physical Protection of Nuclear

Material)是国际上旨在保护核材料的合法储存、运输和使用的法律规范体系。1994 年的《核安全公约》(Convention on Nuclear Safety)是国际上关于实现和维持核设施安全的法律规范体系。1986 年 4 月 26 日,苏联切尔诺贝利核电站由于管理不善和操作失误,四号反应堆发生爆炸,大量放射性物质泄漏,造成重大人员伤亡和财产损失,核污染飘尘也给邻国造成严重损害,成为人类历史上最严重的一次核事故。事故发生以后,国际社会在国际原子能机构的主持下签订了两个国际公约:一个是《核事故或辐射紧急情况及早通报公约》(Convention on Early Notification of a Nuclear Accident or Radiological Emergency,简称《通报公约》),它是国际上关于核事故通报的法律规范体系;另一个是《核事故或辐射紧急援助公约》(Convention on Assistance in the Case of a Nuclear Accident or Radiological Emergency,简称《援助公约》),它是国际上关于发生核事故或辐射紧急情况时向发生事故的国家迅速提供援助的法律规范体系。

关于民事赔偿责任问题,1960 年 7 月 29 日在当时的欧洲经济合作组织(OEEC,现在的经济合作与发展组织)的支持下,在法国巴黎签订了《核能领域第三方赔偿责任公约》(Convention on Third Party Liability in the Field of Nuclear Energy,简称《巴黎公约》)。该公约是国际上第一个规范核损害民事责任的法律文件,但其缔约方主要以欧洲国家为主。公约的目的是协调缔约国国内有关核损害民事责任的国内立法。1963 年 1 月 31 日在比利时的布鲁塞尔又签订了《关于核能领域第三方赔偿责任巴黎公约的补充公约》(Brussels Supplementary Convention on Third Party Liability in the Field of Nuclear Energy,简称《布鲁塞尔公约》)。该补充公约的目的是补充和增加民事赔偿。此后,这两个公约都进行了多次修订。1963 年 5 月又签订了《核损害民事责任的维也纳公约》(Vienna Convention on Civil Liability for Nuclear Damage,简称《维也纳公约》),它是国际上关于规定核损害民事责任的法律规范体系。它建立了普遍性的、和平利用核能造成核损害的民事赔偿制度。该公约对“核设施”“核事故”“核损害”等重要概念作了明确界定。1963 年的《维也纳公约》与 1960 年的《巴黎公约》的宗旨与目的一致,主要的规定也基本一致,不同之处是《维也纳公约》的适用范围是普遍性的。为了避免两者之间的冲突,1988 年 9 月 21 日在维也纳签订了《关于适用维也纳公约与巴黎公约的联合议定书》,在两个公约之间建立了有机的联系,避免矛盾与冲突。1997 年 9 月 8 日至 21 日在维也纳针对 1963 年《维也纳公约》签订了《修改 1963 年核损害民事责任维也纳公约议定书》和《核损害补充赔偿公约》,改进了核损害民事赔偿的法律制度。

此外,针对核安全问题,《乏燃料管理安全与放射性废物管理安全联合公约》(Joint Convention on the Safety of Spent fuel Management and on the Safety of Radioactive Waste Management)①和《制止核恐怖主义行为国际公约》(International Convention for the Suppression of Acts of Nuclear Terrorism)②都在公约的内容里加强了防范措施。

---

① 1997 年 9 月 29 日开放签署,2001 年 6 月 18 日生效。2006 年 9 月 13 日对中国生效。

② 2005 年 4 月 13 日通过,2007 年 7 月 7 日生效。中国 2010 年 8 月批准,2010 年 11 月 8 日对中国生效。

2. 危险化学品和农药的国际贸易

除了放射性物质之外,危险化学品和农药也可能对人类和环境产生威胁。在 20 世纪 80 年代中期,联合国环境规划署和粮食及农业组织对一些常用但是毒性大的化学品和农药建立了自愿性的事先知情同意(prior informed consent,PIC)制度,这些制度主要被规定在 1987 年联合国环境规划署的《经修正的关于化学品国际贸易资料交流的伦敦准则》和 1985 年联合国粮食及农业组织的《农药销售与使用国际行为守则》这两个国际文件之中。1998 年的《关于在国际贸易中对某些危险化学品和农药采用事先知情同意程序的鹿特丹公约》(Rotterdam Convention on the Prior Informed Consent Procedure for Certain Hazardous Chemicals and Pesticides in International Trade,简称《鹿特丹公约》)①是有关某些危险化学品和农药的国际贸易中事先知情同意的程序法律规范体系。经过十几年的实行,《鹿特丹公约》将自愿性质的事先知情同意制度变为强制性的制度,并取代了前述两个国际文件。该公约最初规制的化学品有 27 种,其中 26 种主要用于农药,其中包括艾氏剂、乐杀螨、氯丹、滴滴涕、狄氏剂等。1998 年 9 月以后,又增加了 4 种农药。随着《鹿特丹公约》的发展,规制名单还会逐步加长,附件 3 管制名录上现有 60 多种;公约要求缔约方交换信息(包括管制相关的信息;履约中的困境;最新的与安全相关的数据;标识等)。缔约方的进口禁止或限制决定应当是贸易中立的(trade neutral),即如果缔约方决定不同意接受某种特定化学品的进口,那么该缔约方就必须在国内停止生产该化学品,以及停止从任何其他非缔约方进口该化学品。

3. 持久性有机污染物

2001 年《关于持久性有机污染物的斯德哥尔摩公约》(Stockholm Convention on Persistent Organic Pollutants)②是国际上关于持久性有机污染物减排和最终消除的法律规范体系。该公约旨在与 1989 年《巴塞尔公约》和 1998 年《鹿特丹公约》一起建立一个对危险化学品"从摇篮到坟墓"的全程规制体系。该公约的宗旨是保护人类健康和环境,减少持久性有机污染物的排放并最终消除持久性有机污染物的排放。谨慎原则是该公约的基础和指导原则并贯穿始终。公约的缔约方承诺要通过以下方式减少或消除持久性有机污染物:① 禁止或通过必要的法律或行政措施淘汰附件 A 所列的持久性有机污染物的生产、使用和进出口;② 限制附件 B 所列持久性有机污染物的生产和使用。各缔约方还要承诺减少或消除附件 C 所列各种非有意生产的化学品所造成的持久性有机污染物的排放。公约还要求缔约方采取措施减少或消除储存和处置废物造成的持久性有机污染物排放。公约还就信息交流、实施计划、公众信息、教育、研究、开发和监测进行了规定。

4. 汞

汞是重金属,有毒,可以长期留存在大气和水中,并可以长距离迁移,可以在生物和环境

---

① 1998 年 9 月 10 日签订,2004 年 2 月 24 日生效,中国 2001 年 5 月 1 日交存批准书,2005 年 6 月 20 日对中国生效。截至 2021 年 12 月底,共有 165 个缔约方。
② 2001 年 5 月 22 日签订,2004 年 5 月 17 日生效,中国 2004 年 8 月 13 日交存批准书,2004 年 11 月 11 日对中国生效。截至 2021 年 12 月底,共有 185 个缔约方。

中富集,对人、其他生物和环境造成损害,因此需要减少生产和使用,并严格加以管制。因此,《关于汞的水俣公约》于 2013 年 1 月 19 日在日本水俣签订①。

公约的宗旨是保护人体健康和环境免受汞及汞化合物人为排放或释放的危害。限制并逐步淘汰添加汞的产品。采取了综合管理(integrated approach)的路径。公约为所有国家规定了相同的基本实质性义务,同时在具体实质性条款中提供了一些有针对性的区分和灵活度。这些措施包括:对汞的供应和贸易实行控制,其中规定对初级汞开采等特定的汞来源实行限制;对添汞产品和那些使用汞化合物的制造工艺,以及手工和小规模采金业采取控制措施。公约案文针对汞的排放和释放订立了不同的条款,规定在采取控制措施减少汞含量的同时,亦允许在顾及国家发展计划方面保持灵活性。此外,公约还针对汞的环境无害化临时储存、汞废物和受污染场地订立了措施。

公约提供了各方调动财政资源、在其能力范围内支持发展中国家执行公约的条款。公约还规定须向发展中国家和经济转型国家提供财政和技术支持,并为此规定设立一个财务机制,以提供充足、可预测且及时的财政资源。

四、生物多样性

国际法上有关生物资源的法律规范可以追溯到 19 世纪上半叶。经过 100 多年,特别是最近 30 年的努力,保护生物资源和生物多样性的国际法律规范体系已经建立起来并日臻丰富和完善。该法律体系主要以条约为其法律渊源。根据适用范围,这些条约可以分为两类:全球性条约和区域性条约。在这两类条约里,根据其所辖主题事项,又可以分为适用于所有物种和区域的一般性条约和规定了特定物种或特定区域的条约。以下将从生物多样性、海洋生物资源、特定物种和栖息地的保护四个方面进行简要介绍。

(一) 生物多样性的保护

生物多样性保护的国际法律体系主要是以 1992 年《生物多样性公约》②为基础的条约体系,其宗旨是保护生物多样性、持久使用其组成部分,以及公平合理分享由利用遗传资源而产生的惠益。根据该公约,"生物多样性"是指基因、物种和生态系统的多样性;"持久使用"(sustainable use,又译"可持续的使用")是指利用生物多样性组成部分的方式和速度不会导致生物多样性的长期衰落,从而保持人类满足今世后代的需要和期望的潜力。公约要求发达国家与发展中国家在生物多样性保护方面妥善处理如何公平合理地分享由利用遗传资源而产生的惠益问题,特别是希望在技术转让和知识产权方面作出安排。2000 年 1 月 29 日,公约的缔约方经过四年多的谈判就改性活生物体(living modified organisms,LMOs)问题在加拿大蒙特利尔签订了《生物多样性公约卡塔赫纳生物安全议定书》(Cartagena Protocol

---

① 该公约于 2017 年 8 月 16 日生效。中国 2013 年 10 月 10 日签署,2016 年 8 月 31 日对中国生效。截至 2021 年 12 月底,共有 137 个缔约方。

② 1992 年 6 月 5 日签订,1993 年 12 月 29 日生效。1993 年 12 月 29 日对中国生效。截至 2021 年 12 月 24 日,共有 196 个缔约方。

on Biosafety to the Convention on Biological Diversity,简称《卡塔赫纳生物安全议定书》)①。该议定书的宗旨是依据《里约宣言》第15项原则所确立的谨慎原则,采取必要的保护措施,防范因改性活生物体的跨界转移、处理和使用而可能对生物多样性的保护、持续使用,以及对人类健康所带来的不利影响。该议定书希望回答的核心问题是如何在保护生物多样性的同时妥善处理科学不确定性,因此它被称为"谨慎原则的宣言"。该议定书规定了提前知情同意程序(advanced informed agreement, AIA),即出口国在第一次向进口国装运旨在向环境释放的改性活生物体(例如种子或鱼)之前,要事前向进口国通报相关信息并征得进口国的同意后方可出口。

(二) 海洋生物资源的保护

由于海洋生物资源对人类的生产与生活具有重要意义,过度捕捞和海洋污染是导致其生物资源锐减和耗尽的主要原因,因此国际社会签订了一系列的条约,对各国的捕捞行为进行规制和限制,以期实现海洋生物资源的可持续开发和利用。迄今,除了《联合国海洋法公约》等一般性条约的原则性规定外,尚无全面保护海洋生物资源的条约,只有数量众多的、零散的、针对特定物种养护的条约和文件。例如,1946年的《国际捕鲸管制公约》是国际上养护和利用鲸类资源的法律规范体系,也是签订较早的海洋生物资源养护的一般性多边条约。该公约的宗旨是对鲸鱼资源进行有效的养护,并对缔约方的捕鲸进行有序的规制,以防止过度捕捞。1966年的《养护大西洋金枪鱼国际公约》是另一个保护特定海洋生物资源的区域性法律规范体系。该公约的宗旨是对大西洋和邻近海域的金枪鱼和与金枪鱼类似的种群进行养护,实现最大限度的可持续捕捞。1995年的《联合国海洋法公约关于养护和管理高度洄游鱼种的协定》(Agreement for the Conservation and Management of Straddling Fish Stocks and Highly migratory Fish Stocks,简称《鱼类种群协定》)②的目的是有效执行《联合国海洋法公约》有关这类资源的管理和养护的规定,确保跨界鱼类种群和高度洄游鱼类种群的可持续利用。

此外,联合国粮食及农业组织也通过了一系列的协定和文件推动渔业资源的养护和管理。例如,1993年的《促进公海渔船遵守国际养护和管理措施的协定》(Agreement to Promote Compliance with International Conservation and Management Measures by Fishing Vessels on the High Seas)和1995年的《负责任渔业行为守则》(International Code of Conduct for Responsible Fishing)。2001年联合国粮食及农业组织通过了《关于海洋生态系统中负责任渔业的雷克雅未克声明》(Reykjavik Declaration on Responsible Fisheries in the Marine Ecosystem)。值得注意的是,全球20个主要的渔区都建立了区域渔业组织,制定了渔业资源的管理框架和机制。

---

① 2003年9月11日生效,2005年6月28日对中国生效。截至2021年12月24日,共有173个缔约方。
② 1995年8月4日签订,2001年12月11日生效,中国1996年12月11日签署。截至2021年12月24日,共有91个缔约方。

2017 年《联合国海洋法公约》项下启动了关于"国家管辖范围外生物多样性保护的法律文书"的谈判①。截至 2020 年 4 月,该文件草案初步形成。该草案分为七个部分 70 条,主要规定了海洋生物遗传资源及其惠益分享、划区管理措施(含海洋保护区)、环境影响评价、能力建设与海洋技术转让、机构安排、财政资源和争端解决等方面的事项。

(三) 特定物种的保护

人类对生物资源的保护是从某些对人类具有巨大经济价值、但却处于锐减或濒危等不利境地的物种开始的。随着人类认识水平的提高,国际法律保护措施从特定物种的保护发展到对生物多样性的保护,特别是对各种重要栖息地的保护。尽管如此,对特定物种保护的国际法律体制依然是生物保护的重要组成部分,存在大量的相关条约。除了前文海洋保护中提及的特定物种外,还有陆地上特定物种的保护。以下是其中两项具有代表性的国际公约。

1. 濒危物种的国际贸易

由于部分生物物种具有较高的利用和消费价值,一些"含金量高"的野生动物和植物就成了非法捕猎、采集、挖掘和走私的对象,例如非洲象、犀牛、鳄鱼、华南虎、藏羚羊、大熊猫和红豆杉等。尽管许多国家都制定了保护野生动植物的国内法律,但是巨额的利润使野生动植物的国际贸易成为继军火和毒品之后的第三大非法贸易②。为了切实保护这些濒危动植物物种,切断获得巨额利润的渠道——国际贸易,1973 年在华盛顿签订了《濒危野生动植物种国际贸易公约》(Convention on International Trade in Endangered Species of Wild Fauna and Flora, CITES)③。该公约的宗旨是通过国际合作确保野生动植物物种的国际贸易不至于威胁相关物种的生存,避免对这些物种的过度开发和利用。该公约对不同种类的野生动植物,根据其濒临灭绝的程度,采取了进出口许可证的制度,分类进行控制。列入附录一的动植物属于受到灭绝威胁的物种,除有限的豁免外,禁止野外捕捉和国际贸易;列入附录二的动植物属于如果不限制贸易就面临灭绝威胁的物种,缔约国可以通过许可证控制其贸易;列入附录三的动植物属于已经列入缔约方国家保护名录的物种,缔约方要采取适当的保护措施。这三个附录里的动植物名录可以根据其濒危的状况进行适时的调整。如果某个缔约国不同意将某个物种列入附录中,可以在特定的期限内提出保留。缔约方有义务保留列入附录的物种贸易记录。

案例讨论 7-4

从 1989 年开始,根据《濒危野生动植物物种国际贸易公约》的规定,象牙的国际贸易被

---

① 截至 2021 年 12 月底,谈判仍在进行当中。
② [法]亚历山大·基斯. 国际环境法[M]. 张若思,编译. 北京:法律出版社,2000:251.
③ 中国于 1981 年 1 月 8 日加入该公约,同日该公约对中国生效。

禁止。2008 年 11 月,中国象牙商人连续在纳米比亚、博茨瓦纳、津巴布韦和南非四国,拍得一次性库存象牙 62 吨,这是中国第一次获得合法象牙进口配额。2016 年底,中国政府宣布,自 2017 年 12 月 31 日起,中国全面禁止象牙贸易。但截至 2021 年,日本、泰国、越南、美国、欧盟等国家或者国际组织仍未宣布全面禁止象牙贸易。非法象牙贸易每年导致成千上万头大象被猎杀。

讨论:作为《濒危野生动植物物种国际贸易公约》的缔约国,各国政府在遏制非法象牙贸易方面,应当做哪些工作?

2. 迁徙物种

迁徙物种由于迁徙的特性,其生存与繁衍的栖息地往往跨越很大的空间范围。许多迁徙物种在它们的生活地和前往地都得到了一定的保护,但它们在迁徙途中往往因遭遇各种不利的影响和猎杀而导致其物种数量急剧下降。为了对这种具有迁徙特性的物种进行保护,国际社会于 1979 年缔结了《保护迁徙野生动物物种公约》(Convention on the Conservation of Migratory Species of Wild Animals,简称《波恩公约》)①。该公约的宗旨是通过国际合作,禁止捕捉濒危物种,保护其栖息地及控制其他不良影响,保护那些跨界进行迁徙的动物物种。公约对迁徙动物实行分类保护。被保护的物种不仅包括鸟类,也包括陆地或海洋哺乳、爬行类动物和鱼类。公约规定,对濒危迁徙物种,凡处在迁徙范围内的缔约方,都应禁止捕捉这些物种,少数特例除外。迁徙范围内的缔约方应当尽力保护和恢复这些物种的栖息地,清除、防止或尽量减少这些物种迁徙中的障碍,防止、减少和控制威胁这些物种生存的因素。对于那些处在不利养护状态下的迁徙物种,应当通过国际合作进行养护和管理。

(四) 栖息地的保护

保护生物多样性,仅对生物物种采取保护措施、限制捕获是不够的。生物基因、生物物种锐减或灭绝的主要原因是其栖息地遭到破坏。要真正保护生物多样性,必须首先保护栖息地。在这方面国际法律措施很多,以下简要介绍有关湿地、森林、防治荒漠化、南极与北极的条约和国际文件。

1. 湿地

由于湿地对生态系统的重要作用,所以又被称为"地球之肾"。湿地面临的最大威胁是人为侵占而导致湿地面积锐减。为了保护湿地,1971 年签订的《关于特别是作为水禽栖息地的国际重要湿地公约》(Convention on Wetlands of International Importance Especially as Waterfowl Habitat,简称《拉姆萨公约》)②的目的就是制止目前和未来对湿地的逐渐侵占和损害,确认湿地的基本生态作用及其经济、文化、科学和娱乐的价值,通过国家行动和国际合作

---

① 截至 2021 年 1 月,该公约共有 132 个缔约方,其中不包括中国。
② 该公约于 1975 年 12 月 21 日生效,于 1992 年 7 月 31 日对中国生效。

保护和合理地利用湿地,以此作为实现全世界可持续发展的一种途径。根据该公约,要建立《国际重要湿地名录》,缔约国至少要指定一个国内湿地列入国际重要湿地的名单中;缔约国要充分考虑他们在养护、管理和合理利用迁徙水禽方面的国际责任;应当设立湿地的自然保护区,进行国际合作,交换有关资料,训练湿地的管理人员;在需要时应召开湿地和水禽养护大会;合作管理共有湿地和共有湿地的物种。

2. 森林

森林是地球重要的植被和生态系统,对改善全球气候和防治荒漠化起着决定性的重要作用。但是由于森林分布的地域性,一直没有国际条约来规范人类对森林的开发行为。1992 年联合国环境与发展大会通过了《关于森林问题的原则声明》。这是一项全球性的、综合性的规范森林管理的国际文件。声明提出了 15 项原则,其中主要包括:承认各国对于森林资源的主权权利;森林资源和森林土地应当以可持续的方式进行管理;国家要制定管理、保存和可持续开发森林和林区的框架;要认识到森林在维持生态过程和平衡中的重要作用;国家的森林政策要确认和支持土著居民、地方社区和森林居民的权利和文化;国家政策和方案要考虑森林的保护、管理和可持续开发与生产、消费、再循环和最终处置之间的关系;应鼓励国家以持久和环境无害的方式发展森林;努力使全球绿化等。

热带木材具有很高的经济价值,因而成为部分热带发展中国家优先考虑的问题。但是,热带雨林又是地球重要的生态系统,特别是在吸收温室气体过程中起着重要的作用,毁林开荒、土地退化,造成了热带雨林的减少和持续的萎缩。为了扭转这个趋势,1994 年在日内瓦签订了《国际热带木材协定》(International Tropical Timber Agreement, ITTA),其宗旨是确认国家对自然资源的主权,为国际社会所有成员间关于世界木材经济一切有关的方面开展磋商、国际合作和制定政策提供框架。该协定将缔约方分为两类:生产成员和消费成员。巴西、印度尼西亚、秘鲁、扎伊尔[刚果(金)]是生产成员;中国、加拿大、欧盟、日本、俄罗斯是消费成员。协定要求缔约方向协定设立的行政管理账户交纳年度捐款;提供相关数据使热带木材经济更加透明;遵守理事会作出的决定。该协定还设立了一个国际热带木材理事会(ITTC)。

3. 防治荒漠化

荒漠化(desertification)是指由于气候变化和人类活动等因素造成的干旱、半干旱、亚湿润干旱地区的土地退化。荒漠化导致土地生产能力丧失、土壤退化、生物物种灭亡及居民普遍贫困。由于荒漠化发生的规模及其影响,只有国际社会的合作才能解决这个问题。为此1994 年在巴黎通过了《联合国关于在发生严重干旱和/或沙漠化的国家特别是在非洲防治沙漠化的公约》(United Nations Convention to Combat Desertification in Countries Experiencing Serious Drought and/or Desertification, Particularly in Africa, UNCCD, 简称《联合国防治荒漠化公约》)①。该公约的宗旨是在《21 世纪议程》框架范围内,通过各种国际合作和伙伴关系,

——————————

① 1994 年 10 月 14 日签订,1996 年 12 月 26 日生效,1997 年 2 月 18 日对中国生效。

采取有效的行动,在遭受严重干旱和荒漠化的国家,特别是非洲,减轻干旱的影响,防治荒漠化,帮助这些国家实现可持续发展。公约对不同的缔约方规定了不同的义务。对于受荒漠化影响的国家,公约规定,优先注意防治荒漠化和减轻干旱的影响,根据其自身的条件和能力采取适当的措施,配置足够的资源,通过法律和政策手段使防治荒漠化和减轻干旱的目标得以实现。此外,这些缔约方还要制定相应的"国家行动计划",其中主要包括:制定相关长期战略、注意落实预防措施、加强国家在气候学和水文学方面的能力、促进改善政策和体制框架、鼓励公众有效参与、定期审查事实情况。

4. 南极与北极

南极拥有丰富和独特的生物和非生物资源,同时对维持整个地球的气候和生态平衡具有重要作用。关于南极的国际法律规制体制主要是以 1959 年的《南极条约》为基础的一系列公约和议定书,统称为"南极条约体系"(Antarctic Treaty System, ATS),其中与环境相关的包括:1972 年的《养护南极海豹公约》①、1980 年的《南极海洋生物资源养护公约》②、1988 年的《南极矿产资源活动管理公约》③、1991 年的《关于环境保护的南极条约议定书》(Protocol on Environmental Protection,又称《马德里议定书》及六个附件)④。《南极条约》的宗旨是:冻结和搁置所有的领土主权要求,在《南极条约》有效期内发生的一切行为或活动不得构成主张、支持或否定对南极的领土主权要求的基础;为了全人类的利益,南极永远专为和平的目的而使用,禁止建立任何军事性设施和从事军事性活动(包括核爆炸装置和处置核废料);各国有权在南极自由地进行科学调查和科学研究,并为此要促进相互间的国际合作;建立南极协商会议制度。《养护南极海豹公约》主要保护对象是南极海豹。《南极海洋生物资源养护公约》将保护范围扩展到南纬60°以南区域的南极海洋生物资源。《关于环境保护的南极条约议定书》是在《南极条约》基础上制定的关于保护南极环境的法律文件,缔约方承诺全面保护南极环境及依附于它的和与其相关的生态系统,将南极指定为自然保护区,仅用于和平和科学的目的。2016 年 10 月,南极海洋生物资源养护委员会通过决议,决定在南极罗斯海设立海洋保护区,面积达 150 万平方千米的罗斯海海域被划为海洋保护区,其中大约 110 万平方千米的海域被划为一般保护区,禁止区内商业捕捞。

北极与南极大陆不同,北极地处北冰洋,被八个国家包围:加拿大、丹麦(包括格林兰和法罗群岛)、芬兰、冰岛、挪威、俄罗斯、瑞典和美国。20 世纪 90 年代初,苏联解体,冷战结束,北极国家间开始进行更紧密的合作,环境保护方面的合作被定为首选合作领域。1991年 8 个北极国家通过了《北极环境保护战略》(Artic Environmental Protection Strategy, AEPS),决定在环境保护领域率先进行合作。1996 年 9 月 19 日,经过 5 年的初步合作之后,北极国家在加拿大渥太华签署了《建立北极理事会宣言》(Declaration on the Establishment of

---

① 1972 年 6 月 1 日签订,1978 年 3 月 11 日生效。
② 1980 年 5 月 20 日签订,1982 年 4 月 7 日生效。
③ 1988 年 6 月 2 日签订,尚未生效。
④ 1991 年 10 月 4 日签订,1998 年 1 月 14 日生效。1994 年 8 月 2 日中国批准该议定书。

the Arctic Council,简称《渥太华宣言》),正式设立北极理事会(Arctic Council),授权该理事会承担包括可持续发展各个领域在内的更为广泛的合作事宜。根据《渥太华宣言》,北极理事会的宗旨包括:在北极国家间尤其是在可持续发展和环境保护领域提供一种促进相互间合作、协调和互动的机制。北极理事会监督和协调《北极环境保护战略》框架内的各类项目,特别是北极监测与评价项目、北极动植物养护项目、北冰洋海洋环境保护项目和应急准备与反应项目。在北极理事会的主持下,北极八国于2013年签订了《北极海洋油污预防和反应合作协定》,2017年签订了《加强国际北极科学合作协定》,这两份文件都含有保护北极环境的内容。

第三节   国际环境法与国际法其他领域的交叉问题

国际环境法与许多学科都有交叉,国际环境法是国际法的一个分支,与国际法的其他分支都有直接或间接的关系,特别是与国际人权法、国际经济法和武装冲突的关系更为密切,也同时给这些领域带来新的视角和挑战。

一、国际环境法与国际人权法

1972年联合国人类环境会议的主题是"人类环境"(Human Environment)。这样的主题表明,此次会议是从人类的角度(或人类中心主义的角度)来研讨国际环境保护问题,而不仅仅局限在自然环境本身,因此人类环境不仅包括自然环境,还包括人造环境,例如城市。人是环境的产物,也是环境的塑造者。人权的国际法律保护在20世纪中叶就进入国际法,1948年联合国大会通过了《世界人权宣言》,比《联合国人类环境宣言》早了20多年。在1966年联合国两个人权公约签订之后,国际人权法步入发展的快车道,关于公民的政治权利、经济权利和社会权利等都制定了相关的国际条约,并建立了相关的国际人权保护机制。而环境的国际法律保护虽然起步晚,但其发展和拓展表现出强大的生命力和发展动力。这两个领域的沟通和协同有助于提高和改善人权与环境状况。

联合国大会通过的许多国际文件都明确强调了人权与环境的密切关系。本章前面提及的《我们共同的未来》提出可持续发展的理念实际上就是把人权与环境做了一个有机结合,《里约宣言》中的第1项、第10项原则都明确阐述了人权与环境的密切关系,并具体提出公民获得环境信息和参与环境决策的权利。2010年联合国大会通过决议,明确承认每个人都享有获得安全和洁净的饮用水的权利。2022年联合国大会通过一项关于环境健康的历史性决议,宣布享有清洁、健康和可持续的环境是一项普遍人权。联合国人权理事会等国际组织陆续丰富和扩展了人在环境领域的各种人权。此外,联合国国际法院在其司法判例中也涉及人权与环境的关系,在1997年"多瑙河大坝案"中,联合国国际法院也从人权保护的角度分析大坝的环境影响,特别是法官威尔曼特利(Weermantry)在其个别意见(separate opinion）中明确阐述了人权和环境的密切关系，环境的破坏不可避免地会影响和减损《世界人权宣言》中所确立的人权。

从国际人权法的角度出发推进环境保护可以分为三个路径：一是利用现有的国际人权保护的实体和程序机制保护环境，例如把公民和政治权利的生命权、政治参与权、平等权扩展到环境领域，把自决权扩展到对自然资源开发和利用的权利；二是重新对现有人权的范围进行扩展性解释，例如对生命权扩展到人享有对健康环境的权利；三是创设新的环境权，例如公众参与环境影响评价的权利和在遭受环境损害情况下获得有效救济的权利。

二、国际环境法与国际经济法

环境，尤其是自然资源，是经济活动的基础，经济活动反过来对环境也产生了重要的影响。国际环境法与国际经济法有许多关系，例如国际贸易、国际投资等。鉴于篇幅的限制，下面仅对国际环境法与国际贸易的关系作简要概述。

国内环境保护的法律和行政措施的实施和修改，例如环境标准的制定、实施和提高，一定会给许多行业及其商品的生产者、销售者和消费者带来相应的经济代价，也就是生产成本的提高。生产成本的提高导致价格的提高，价格的提高必然影响到商品的市场竞争及其国内和国际贸易。此外，以环境保护为目的的经济刺激措施，例如环境补贴和限制贸易措施，也是国家常常使用的环境保护手段。许多环境条约或国内环境法律都利用限制或者禁止贸易的手段来实现环境保护的目标。

在以世界贸易组织为中心的多边贸易体制中，环境保护问题一直是争议的焦点问题，其产生具有多边性和单边性的原因。环境保护问题的多边性原因有两个方面：第一，多边环境协定（即国际环境条约）中的限制贸易措施与世界贸易组织的国际自由贸易原则、规则和制度的关系。世界贸易组织的宗旨是促进全球贸易自由化，而多边环境协定中限制贸易的规则必然影响或限制这种自由化。例如，对濒危物种贸易的限制、对臭氧层损耗物质贸易的限制、对改性活生物体贸易的限制等都是这种限制贸易措施的具体表现。第二，世界贸易组织的贸易规则对环境的影响。例如《关税及贸易总协定》第 20 条的例外规定和世界贸易组织争端解决机制的实践对国际环境法的发展产生了影响。这两个方面的相互影响与矛盾都需要在国际法律层面进行进一步的研究、处理和解决。

此外，环境保护问题的产生还有单边性的原因。一方面，国际贸易尤其是出口的快速增长，在给像中国这样贸易驱动的经济体带来巨额财富的同时，也带来了巨大的环境与资源压力。因此越来越多的资源出口国开始采取限制贸易的手段，例如限制稀土出口等，以实现保护环境与资源的目标。另一方面，由于各国处在不同的经济和社会发展时期与阶段，发展中国家的原材料、人力成本低于发达国家，其出口的商品在国际市场上具有很强的竞争力。这使发达国家的相同或相似商品在竞争中处于不利地位，所以发达国家也通过限制贸易措施保护本国相同或相似商品。这两者都是国家采取单方面限制贸易措施，都是以保护环境与资源为目标或借口，都对国际贸易产生影响。这类贸易限制措施由于其单边性很容易导致国际贸易纠纷。

拓展阅读 7-7　1998 年世界贸易组织虾/海龟案

这是世界贸易组织争端解决机制成立后受理的第一个有关国际贸易规制和环境保护复杂关系的争端。1987 年美国通过国内立法,要求美国所有的捕虾船为了减少误捕海龟必须安装海龟逃生装置,以保护纳入《濒危野生动植物种国际贸易公约》保护范围的海龟。1989 年美国又通过国内立法,自 1996 年 5 月 1 日起将该法的适用范围扩展到所有外国通过商业捕捞而进入美国市场的虾及其虾制品。只有那些完全符合美国法律要求的虾出口国才能获得进入美国市场的许可。印度、马来西亚、巴基斯坦和泰国等国对美国的虾出口由于达不到美国法律的要求而没有获得许可。这四国将美国告到了世界贸易组织争端解决机构,提出美国的做法不符合《关税及贸易总协定》第 20 条的例外规定。该争端先后经过了专家组和上诉机构两个阶段的程序,1998 年 11 月 6 日上诉机构通过了最终报告,认定美国的相关法律不符合《关税及贸易总协定》的相关规定。上诉机构肯定了专家组的结论,但是提出了不同的法律依据。

该案与国际环境法直接相关的有以下三点:第一,上诉机构在其报告中明确参考了多边环境协定,例如《濒危野生动植物种国际贸易公约》《联合国海洋法公约》和《生物多样性公约》等,并注意到《世界贸易协定》的前言中提及"可持续发展目标";第二,在考察了这些多边环境协定中的规定后,上诉机构认为海龟属于《关税及贸易总协定》第 20 条的范围,是可耗尽的自然资源;第三,上诉机构并没有完全否定成员方以环境保护为目的而采取的单方面限制贸易的措施,只是认为美国的国内相关法律过于僵硬(rigidity)。成员方的单方面相关措施应该具有更多的灵活性和可比性。

该案的意义在于世界贸易组织正视而不是回避环境与贸易的关系,考虑到了国际环境法的发展,直接参考并引用环境条约的规定,在处理国际贸易和环境保护的关系时采取了开放的姿态。

针对多边性和单边性原因引发的贸易和环境保护的矛盾,国际社会开始着手在国际贸易和环境保护之间建立有机的联系和协作。一方面贸易和环境保护机构加强联系,共同研究减少矛盾、加强协同的办法。例如,2009 年和 2018 年世界贸易组织和联合国环境规划署两次共同发表有关国际贸易和环境的研究报告,着重分析了环境科学、国际经济、应对气候变化和环境的多边措施、国家气候变化和环境政策及其对贸易的影响,促进国际贸易和环境保护产生良性互动,建立贸易、环境和繁荣之间的伙伴关系①。

---

① WTO. The Doha Development Agenda[EB/OL].

三、国际环境法与武装冲突

战争和武装冲突使生灵涂炭,家园尽毁。因此,国际法除了对国家交战权本身进行限制外,也限制交战行为,以期对人和物进行保护,减少不必要的伤害和损害。由于传统国际法由平时法和战争法的二元体系构成,适用于和平时期的平时法在战争状态下并不必然、全部适用于战争和武装冲突时期,因此在战争或武装冲突时期对环境保护的国际法律规范主要从国际人道法、国际刑法、国际人权法和国际环境法四个领域寻找。

首先是国际人道法(International Humanitarian Law),主要是指《海牙公约》体系和以《日内瓦公约》为基础逐步发展起来的约束国际性武装冲突交战方相互间敌对行为的法律规范。国际人道法涉及环境保护的条约主要包括两类:一类是直接把环境保护作为条约宗旨的目的进行规范的,例如 1976 年《禁止为军事或其他敌对目的使用改变环境的技术的公约》(ENMOD)①。这个条约主要针对美国在越南战争中使用环境改变技术的行为而制定。1977 年《日内瓦公约第一附加议定书》也明确规定了禁止使用长时间、大范围造成环境损害的作战方法。二类是间接保护环境的条约,例如 1972 年的《禁止生物武器公约》、1993 年的《化学武器公约》和禁止核试验和核武器的数个相关公约。生物武器、化学武器和核武器都是大规模杀伤性武器,给环境带来的损害是毁灭性的。禁止这些武器的生产和使用间接保护了环境。

其次是国际刑法(International Criminal Law),主要是指以 1998 年《国际刑事法院规约》为基础旨在追究个人严重违反国际法的国际罪行的法律规范。根据该规约,该法院有权对种族屠杀罪、反人道罪、战争罪和侵略罪四个核心罪行行使管辖权。这四种罪行都没有直接与环境相关,但是 2016 年 9 月国际刑事法院发布的案例选择政策文件中明确将环境破坏、非法开发自然资源作为法院可以起诉和审判的罪行之一。

再次是国际人权法,如前所述,国际人权法与国际环境法有密切的关系。国际人权法虽然也属于平时法,但是联合国国际法院多次在其司法判例里重申,国际人权法在战争和武装冲突时期也适用。2005 年联合国国际法院在“刚果领土武装行动案”(刚果诉乌干达)中明确认定,乌干达的武装在刚果境内抢劫、掠夺自然资源的行为违反了《海牙公约》和《日内瓦公约》的规定,有义务恢复原状和赔偿。

最后是国际环境法,虽然国际环境法也属于平时法的范畴,但是有两类国际环境条约可能在武装冲突时期适用:一是有些条约明确规定在武装冲突时期也适用,例如 1972 年的《世界遗产公约》就明确规定缔约方不得采取有意破坏遗产的行为,这可以被解释为包括武装冲突时期;二是有些条约没有明确规定是否适用于武装冲突时期,但是其规定有可能扩大解释适用。

---

① 该条约于 1976 年 12 月 10 日签订,1978 年 10 月 5 日生效。截至 2021 年 12 月 24 日,共有 78 个缔约方。

第四节　中国与国际环境法

一、中国国内法与国际法的关系

中国从 1978 年改革开放以来一直都致力于在科学、技术和经济等各方面与世界接轨，虽然在法治建设方面是有选择的接轨，但是在具体法律制度和法律机制的设计上仍然以引进为主、接轨为辅。这一点在环境法制建设方面尤为明显，例如环境影响评价、排污许可证等制度的引进。不过遗憾的是在环境法律制度创新和输出方面仍有很长的路需要走，例如中国首创的"三同时"制度对发展中国家是有借鉴意义的，但尚未见写进国际环境条约或其他国家的环境法。

到目前为止，中国签署或批准了数以百计的各类与环境与资源保护相关的多边和双边条约。这些条约涵盖了目前绝大多数重要的多边环境协定。中国的环境条约实践具有两个突出的特点：第一，中国在 20 世纪 80 年代以后参加的条约占了 90% 以上，与中国国内的环境与资源保护立法在数量上呈现出同步上升趋势和明显的互动格局；第二，这些条约所涵盖范围很广，包括了国际环境规制的各个领域，例如大气、海洋、淡水、生物、土地、外空、南极、有毒有害物质的管控等各个领域。为了履行国际条约所承担的义务，中国需要颁布或修订相应的国内立法和政策，并建立相关的机构框架和机制。因此，在环境法律规范的内容和制度设计上，国际环境条约对中国国内环境与资源保护立法具有明显的关联和影响。

中国缔结和参加了数以百计的多边、双边国际环境条约，这些条约如何进入中国的法律体系？与中国国内环境法律的相互关系是什么？

要回答这些问题首先必须回答国内法与国际法的关系是什么。国内法与国际法的关系问题既是国内法的重要问题，也是国际法的基本问题，通常由各国宪法作出明确的规定，因为它直接影响到国际法和国内法的相互效力和有效性。但是，我国《宪法》和《立法法》对于国际法在国内法律体系中的法律地位和法律效力一直都没有明文规定，所以有关的规定只能借助一些全国性的立法。1982 年的《民事诉讼法》是第一个在我国立法中明确规定本法与中国参加的国际条约关系的法律，其第 189 条（2021 年修正后为第 267 条）规定："中华人民共和国缔结或者参加的国际条约同本法有不同规定的，适用该国际条约的规定，但中华人民共和国声明保留的条款除外。"这一条款被后续许多国内立法所沿用。这样的规定可以解释为：第一，国际条约在中国直接适用。因为只有直接适用，才有可能出现国际条约与国内法存在不同规定的情况。但是根据 2002 年最高人民法院的司法意见，中国参加世界贸易组织的协定是不能在中国法院直接适用的。中国法院在受理国际贸易行政案件时，像其他世界贸易组织成员一样，适用本国的法律与法规。因此关于条约在中国是否可以直接适用，应当具体问题具体分析，不能一概而论。第二，国际条约具有优先于中国国内法的效力。但是,既然我国《宪法》和《立法法》都没有作出明确的规定,还不能说这是完全确立的原则,只能说这是含有上述规定的国内立法所承认的原则而已。值得注意的是,一些最近几年修改或修正后的中国环境法律都删除了这一条款,需要从后续立法、司法和行政的实践来解读中国环境法与中国参加的国际条约之间的关系。

二、国际环境条约在中国的实施

(一) 大气污染、臭氧层保护和气候变化

尽管中国没有参加《远程跨界大气污染公约》,但是这并不妨碍中国在防治大气污染方面采取法律措施。如前面章节所述,中国于 1987 年颁布了《大气污染防治法》,并于 1995年、2000 年、2015 年、2018 年进行了四次修订(正)。与此同时,中国与周边国家还签订了数个双边环境合作协定,在减少跨界大气污染方面展开区域合作。

在臭氧层保护方面,中国于 1989 年 12 月 10 日成为《维也纳臭氧层保护公约》的缔约方,1990 年 3 月 26 日加入了《蒙特利尔议定书》,并于 1992 年 5 月 5 日加入了《伦敦修正》,2003 年加入了《哥本哈根修正》。1993 年 1 月中国国务院批准了《中国逐步淘汰消耗臭氧层物质国家方案》。根据该方案,1999 年 12 月 3 日,国家环境保护总局、对外经济贸易部、海关总署联合颁布了《消耗臭氧层物质进出口管理办法》;2000 年 4 月 13 日,又颁布了《关于加强对消耗臭氧层物质进出口管理的规定》等一系列的行政法规,对消耗臭氧层物质的进出口进行规制。在过去 30 多年里,中国政府制定《逐步淘汰消耗臭氧层物质国家方案》,颁布《消耗臭氧层物质管理条例》等 100 多项政策法规,先后实施消防、制冷、化工生产等 31个行业计划,关闭相关消耗臭氧层物质生产线 100 多条,在上千家企业开展消耗臭氧层物质替代转换,如期实现了议定书规定的各阶段履约目标。截至 2020 年底,累计淘汰消耗臭氧层物质超过 28 万吨,占发展中国家淘汰总量的一半以上,为臭氧层保护作出了重大贡献[①]。2021 年 4 月,中国批准了 2016 年《基加利修正》,加强对氢氟烃(HFCs)等非二氧化碳温室气体的管控。中国生产了全球约 70% 的空调等制冷产品,以及许多其他使用 HFCs 的电器,而且全球大部分的 HFCs 也产自中国的化工厂。因此,中国批准《基加利修正》将影响到全球一半以上 HFCs 的生产和使用。2019 年,中国发布了《绿色高效制冷行动方案》,目标是到 2022 年将国内家用空调等制冷产品的市场能效水平提升 30% 以上;到 2030 年,制冷总体能效水平再提升 15% 以上。

在应对气候变化方面,中国于 1993 年 1 月 5 日成为《联合国气候变化框架公约》的缔约方,并于 2002 年 8 月 30 日加入了《京都议定书》。尽管中国不是议定书附件一的国家,不承担温室气体量化减排的义务,但是中国本着负责任的态度,积极将减排纳入各级政府的目标责任制之中。2007 年中国在发展中国家当中第一个制定并实施了应对气候变化的国家方

---

① 生态环境部. 2020 年中国国际保护臭氧层日纪念大会宣传片:加强消耗臭氧层物质监管　建设履约长效机制[EB/OL]. 2020-09-18.

案,确定了到 2020 年单位国内生产总值温室气体排放比 2005 年下降 40%~50% 的行动目标[①]。为了实现这一目标,中国采取多方面的措施减缓气候变化,其中包括加快经济发展方式转变、调整产业结构和能源结构、节约能源、提高能效、增加碳汇等重要政策与措施。2008年 8 月 27 日全国人大常委会通过了《关于积极应对气候变化的决议》,提出必须深入贯彻落实科学发展观,采取切实措施,加强法制建设,努力提高全社会的参与意识和能力,并积极参与国际合作。国务院新闻办公室分别于 2011 年 11 月和 2021 年 10 月两次发表了《中国应对气候变化的政策与行动》白皮书,全面阐述中国应对气候变化的政策与措施。2021 年10 月 28 日,中国向《联合国气候变化框架公约》秘书处正式提交《中国落实国家自主贡献成效和新目标新举措》和《中国本世纪中叶长期温室气体低排放发展战略》。这是中国履行《巴黎协定》的具体举措,体现了中国推动绿色低碳发展、积极应对全球气候变化的决心和努力。

拓展阅读 7-8　中国对全球气候治理的倡议和承诺

2020 年 12 月 12 日,国家主席习近平在联合国气候峰会上发表了题为"继往开来,开启全球应对气候变化新征程"的讲话,代表中国对全球气候治理提出了三点倡议:

第一,团结一心,开创合作共赢的气候治理新局面。在气候变化挑战面前,人类命运与共,单边主义没有出路。我们只有坚持多边主义,讲团结、促合作,才能互利共赢,福泽各国人民。中方欢迎各国支持《巴黎协定》、为应对气候变化作出更大贡献。第二,提振雄心,形成各尽所能的气候治理新体系。各国应该遵循共同但有区别的责任原则,根据国情和能力,最大程度强化行动。同时,发达国家要切实加大向发展中国家提供资金、技术、能力建设支持。第三,增强信心,坚持绿色复苏的气候治理新思路。绿水青山就是金山银山。要大力倡导绿色低碳的生产生活方式,从绿色发展中寻找发展的机遇和动力。

中国为达成应对气候变化《巴黎协定》作出重要贡献,也是落实《巴黎协定》的积极践行者。2020 年 9 月中国宣布:将提高国家自主贡献力度,采取更加有力的政策和措施,力争 2030 年前二氧化碳排放达到峰值,努力争取 2060 年前实现碳中和。到 2030 年,中国单位国内生产总值二氧化碳排放将比 2005 年下降 65% 以上,非化石能源占一次能源消费比重将达到 25% 左右,森林蓄积量将比 2005 年增加 60 亿立方米,风电、太阳能发电总装机容量将达到 12 亿千瓦以上。在 2021 年《中国应对气候变化的政策与行动》白皮书中,中国又宣布不再新建境外煤电项目。

中国应对气候变化新理念是牢固树立共同体意识、贯彻新发展理念、以人民为中心、大力推进碳达峰、碳中和减污降碳协同增效。中国实施积极应对气候变化国家战略是不断提高应对气候变化力度、坚定走绿色低碳发展道路、加大温室气体排放控制力度、充分

---

① 中华人民共和国国务院新闻办公室. 中国应对气候变化的政策与行动[EB/OL]. 2021-10-27.

发挥市场机制作用、增强适应气候变化能力、持续提升应对气候变化支撑水平。中国应对气候变化发生了历史性变化——经济发展与减污降碳协同效应凸显、能源生产和消费革命取得显著成效、产业低碳化为绿色发展提供新动能、生态系统碳汇能力明显提高、绿色低碳生活成为新风尚。中国呼吁共建公平合理、合作共赢的全球气候治理体系，全球应对气候变化面临严峻挑战，中国将为全球气候治理注入强大动力。应对气候变化中国倡议：坚持可持续发展、坚持多边主义、坚持合作共赢、坚持言出必行。

中国历来重信守诺，将以新发展理念为引领，在推动高质量发展中促进经济社会发展全面绿色转型，脚踏实地落实上述目标，为全球应对气候变化作出更大贡献。

（二）海洋与淡水

中国大陆和岛屿的海岸线总长约 32 000 千米。根据《联合国海洋法公约》的规定，中国的领海面积 38 万平方千米，主张管辖权的海域面积约 300 万平方千米①。中国政府于 1958 年 9 月 4 日发布了《领海声明》，宣布领海宽度为 12 海里。从 1972 年起，中国政府参加了《联合国海洋法公约》的谈判和起草工作。考虑到该公约生效后对中国的权利、义务的影响，中国从 20 世纪 70 年代开始进行国内涉海立法工作，并陆续颁布了有关渔业、海上交通运输、海洋石油开采、海洋环境保护、水生野生动物保护、大陆架和专属经济区、海域使用、海岛保护等数十部相关法律和法规。这些法律法规的主要内容包括三个方面：维护领土主权和海洋权益，规范海洋开发秩序和行为，保护海洋生态环境。到目前为止，中国参加了绝大多数有关海洋事务的 40 多部全球多边条约，并在亚太区域多边条约和双边条约的基础上开展亚太区域海洋合作，基本建立起一个国际条约和国内立法相互联系的海洋法律体系。

由于淡水资源空间分布呈现出明显的地域性特点，目前国际法尚未缔结有关淡水资源保护、开发和利用的全球性多边国际条约。有关淡水资源的国际法律规范主要涉及国际运河、界河、多国河流、国际河流和跨界湖泊的使用与管理。早期相关的国际法规范主要关注跨界河流的航行权利，后来开始关注非航行的使用问题，例如前面提及的 1997 年《国际水道非航行使用法公约》②。由于许多跨界河流上游国家的权利没有在该公约中得到有效的保障，因此包括中国在内的许多跨界河流上游国家都没有签署该公约。全世界共有 200 多条多国河流，其中涉及中国的有 18 条。中国与俄罗斯、朝鲜、越南等周边国家在利用黑龙江（阿穆尔河）、鸭绿江、澜沧江—湄公河等河流时都曾出现过矛盾与争议。如何解决好与周边国家跨界河流的开发和利用问题无法回避，亟待深入研究。

尽管如此，近来中国在澜沧江—湄公河跨界流域合作方面还是取得了成效。2021 年 6 月 8 日，澜沧江—湄公河合作第六次外长会在中国重庆举行，会后发表了《关于加强澜沧江—湄公河国家可持续发展合作的联合声明》，各国外长在声明中重申，澜沧江—湄公河合

---

① 国家海洋局海洋战略研究所. 中国海洋发展报告（2011）［M］. 北京：海洋出版社，2011：22.
② 该公约于 2014 年 8 月 17 日生效。截至 2021 年底，该公约的缔约方共有 37 个。

作旨在深化六国睦邻友好和务实合作,促进各国经济社会发展,增进民众福祉,缩小发展差距,助力东盟共同体建设、推进南南合作和落实联合国 2030 年可持续发展议程。2021 年 9 月 9 日,李克强总理在大湄公河次区域经济合作第七次领导人会议上的讲话,提出六点建议:一是深化水资源合作,造福沿岸各国;二是坚持生命至上,携手做好疫情防控;三是加强贸易投资,共促经济复苏;四是推进互联互通,实现协同发展;五是促进可持续发展,持续改善民生;六是巩固政治互信,维护次区域国家共同利益①。只有合作,才能共赢。

(三) 危险废物与有毒有害物质

1. 危险废物

关于废物生产、排放和处置,国际上没有一般性的国际条约。如前所述,许多国际文件主要是倡导减少废物的生产和排放、呼吁废物的综合利用。在国际法层面,危险废物的国际贸易在 1989 年《巴塞尔公约》的体制内进行了一些规制。中国从 20 世纪 50 年代就开始对固体废物进行综合利用,综合利用的比例逐年增加。中国在 1995 年颁布了《固体废物污染环境防治法》(2004 年修订、2013 年和 2015 年两次修正、2020 年再次修订)等一系列相关法律,把固体废物(包括工业废物、生活垃圾和危险废物)的生产、收集、贮存、运输、利用和处置全程纳入法律规制。2017 年 7 月国务院办公厅印发《禁止洋垃圾入境推进固体废物进口管理制度改革实施方案》,经过 3 年多的不懈努力,固体废物进口种类和数量大幅度削减。2018 年 6 月,《中共中央 国务院关于全面加强生态环境保护 坚决打好污染防治攻坚战的意见》提出"力争 2020 年底前基本实现固体废物零进口"的目标要求。为贯彻落实《中共中央 国务院关于全面加强生态环境保护 坚决打好污染防治攻坚战的意见》和新修订《固体废物污染环境防治法》的有关要求,2020 年 11 月生态环境部、商务部、发展改革委、海关总署联合发布《关于全面禁止进口固体废物有关事项的公告》。2021 年 11 月生态环境部、公安部、交通运输部共同通过了《危险废物转移管理办法》(2022 年 1 月 1 日起施行),并更新了《国家危险废物名录》(2021 年版)。

2. 危险化学品、农药与持久性有机污染物

中国从 20 世纪 60 年代开始对危险化学品的生产、储存、经营、使用、运输和防火进行规制。1987 年联合国环境规划署发布了《关于化学品国际贸易资料交换的伦敦准则》,尽管该准则没有法律拘束力,但是国际上许多国家都按此准则制定和修改本国相关法律。同年,中共中央国务院颁布了《化学危险品安全管理条例》,2002 年修改为《危险化学品安全管理条例》(2011 年修订),全面对危险化学品的生产、经营、储存、运输、使用和处置进行了具体的规定。此外,其他相关法律,如药品管理、食品卫生、兽药管理、农药管理、化学品监管等,也包含了一些相关的规定。其他环境保护的法律,如大气、海洋、水、固体废物等法律也包含了一些相关的规定。1994 年中国公布了《化学品首次进口及有毒化学品进口的环境管理规定》,并实行《中国禁止或严格限制的有毒化学品名录》。2010 年 10 月 15 日,中国正式实施

---

① 新华社. 李克强总理在大湄公河次区域经济合作第七次领导人会议上的讲话[EB/OL]. 2021-09-09.

《新化学物质环境管理办法》，并于 2020 年 4 月颁布了《新化学物质环境管理登记办法》，多次修订《中国严格限制进出口的有毒化学品目录》。但是化学物质排放和转移登记制度在中国尚未建立。

2004 年 12 月中国批准了《鹿特丹公约》，对在中国禁止和严格限制使用的化学品清单进行了调整。2010 年中国共回复欧盟等国家和地区的出口通知 85 份，转中国香港出口通知 40 多份，开展 10 种《鹿特丹公约》拟新增危险化学品调查，并编写了调查报告。1997 年 5 月国务院颁布了《农药管理条例》，并于 2001 年 11 月、2017 年 3 月和 2022 年 3 月三次进行修订。

2001 年中国签署了《关于持久性有机污染物的斯德哥尔摩公约》[①]，2009 年 5 月 17 日中国全面禁止和限制滴滴涕、氯丹、灭蚁灵及六氯苯的生产、流通、使用和进出口[②]。2010 年 10 月 19 日，环境保护部会同国家发展和改革委员会等 8 个部委发布了《关于加强二噁英污染防治的指导意见》。2011 年 6 月开始实施持久有机污染物统计报表制度。到 2016 年，中国履约成效显著：全面淘汰了滴滴涕等 17 种持久性有机污染物的生产、使用和进出口；铁矿石烧结、再生有色金属、废物焚烧等重点行业二噁英排放强度降低超过 15%；清理处置了历史遗留的上百个点位 5 万余吨含持久性有机污染物的废物，解决了一批严重威胁群众健康的持久性有机污染物环境问题。中国十分重视《关于持久性有机污染物的斯德哥尔摩公约》履约工作，逐步探索并形成了一套具有中国特色的履约体制机制和履约模式——一是建立履约机制；二是完善政策法规；三是夯实工作基础；四是加大资金投入；五是积极参与全球履约。

中国非常重视预防汞和汞化合物人为排放和释放对人体健康和环境带来的危害，参与了联合国环境规划署主持的汞污染防治的政府间谈判，并于 2011 年 3 月在全国范围内开展汞污染排放源现状的调查评估。2013 年中国签署了《关于汞的水俣公约》[③]，自该公约生效之日起，中国就禁止开采新的原生汞矿；禁止新建乙醛等催化剂生产；禁止使用汞或汞化合物生产氯碱；禁止生产含汞开关和继电器；禁止生产汞制剂（高毒农药产品）、含汞电池等；有关汞产品纳入禁止进出口商品名录等。并于 2019 年 12 月 24 日向该公约秘书处提交了第一份履约报告。中国作为最大的发展中国家，是汞生产、使用大国，履约任务艰巨。但是在履约方面，中国取得了很大的进展：一是建立履约协调机制；二是加强顶层设计并不断推进；三是严格履行公约规定各项义务；四是积极在重点行业开展减排工作[④]。

3. 放射性物质及活动

鉴于放射性物质对人类健康和环境的影响，中国加入了《核材料实物保护公约》《核事故或辐射紧急情况及早通报公约》《核事故或辐射紧急情况援助公约》《核安全公约》《乏燃

---

① 中国 2001 年 5 月 23 日签署该公约；2004 年 8 月 13 日批准；2004 年 11 月 11 日对中国生效。
② 环境保护部. 2009 年中国环境状况公报[EB/OL]. 2010-06-03.
③ 中国于 2013 年 10 月 10 日签署该公约；2016 年 8 月 31 日批准；2017 年 8 月 16 日对中国生效。
④ 赵英民. 在纪念《关于汞的水俣公约》生效一周年暨中国履约进展交流会上的讲话[EB/OL]. 2018-08-16.

料管理安全与放射性废物管理安全联合公约》《制止核恐怖主义行为国际公约》等国际条约。为此,中国从 20 世纪 80 年代开始建设民用核设施时,就开始对民用核设施安全进行法律规制。国务院相继制定《民用核设施安全监督管理条例》(1986 年)、《核材料管理条例》(1987 年)、《放射性同位素与射线装置放射防护条例》(1989 年,2005 年修改为《放射性同位素与射线装置安全和防护条例》)、《核电厂核事故应急管理条例》(1993 年)、《放射性废物安全管理条例》(2011 年)等行政法规。2003 年中国颁布了《放射性污染防治法》,2017年又颁布了《核安全法》。目前现有关于核安全的法律 2 项、行政法规 7 项、部门规章 27 项、导则 95 项,已经建立了相对完善的核安全法律体制。

2018 年生态环境部会同国家发展和改革委员会、财政部、能源局、国防科工局对《核安全与放射性污染防治“十三五”规划及 2025 年远景目标》(以下简称《规划》)执行情况进行了中期评估,认为《规划》实施总体进展良好,目标指标基本满足预期进度要求。目前,《规划》终期评估已经启动,将对《规划》实施情况进行全面系统的评估。《规划》实施以来,各地区、各部门严格落实分工任务,有力提升了核安全与放射性污染防治水平,保持了良好核与辐射安全业绩。截至 2021 年 10 月 31 日,我国大陆地区共有在建和运行核电机组 71 台,其中运行机组 52 台。到“十三五”末,中国核电装机 5 800 万千瓦,在建机组达 3 000 万千瓦,位居世界第二。

(四) 生物多样性

中国是最早批准《生物多样性公约》的国家之一。自 1993 年底该公约对中国生效以来,中国在生物多样性保护方面取得了重大的进展,国内相关法律、法规和各种政策措施与机制得以建立和加强。中国发表了《中国生物多样性国情研究报告》(1998 年),并陆续颁布了 20 多项法律法规,基本形成了生物多样性保护的法律体制。中国成立了《生物多样性公约》履约协调组,参加的政府部门有 24 个,初步形成了生物多样性保护国家工作机制。

2010 年,中国制定实施了《中国生物多样性保护战略与行动计划》(2011—2030 年),划定生态保护红线,建立以国家公园为主体的自然保护地体系,实施生物多样性保护重大工程,有效保护野生动植物种群及其栖息地安全。2020 年,生态环境部已经启动“十四五”生态环保规划研究编制工作。未来五年,中国将深入打好污染防治攻坚战,稳步提升空气质量,持续改善水生态环境和海洋生态环境,降低碳排放,积极推进生产生活方式绿色低碳转型。

2021 年 10 月 8 日,中国发表了《中国的生物多样性保护》白皮书。中国秉持人与自然和谐共生理念,提高生物多样性保护成效——优化就地保护体系、完善迁地保护体系、加强生物安全管理、改善生态环境质量、协同推进绿色发展。与此同时,中国还注重提升生物多样性治理能力——完善政策法规、强化能力保障、加强执法监督、倡导全民行动。此外,中国还深化全球生物多样性保护合作——积极履行国际公约、增进国际交流合作。

2021 年 10 月 11—15 日中国在昆明成功举办了《生物多样性公约》第十五次缔约方大会。会议通过了数项决定,设立了“昆明生物多样性基金”,并通过了题为“生态文明:共建地球生命共同体”的《昆明宣言》。

三、中国对全球环境治理的目标与立场

2021 年 10 月 12 日,国家主席习近平在《生物多样性公约》第十五次缔约方大会领导人峰会上发表主旨讲话——"共同构建地球生命共同体"。他提出:为了我们共同的未来,我们要携手同行,开启人类高质量发展新征程。

第一,以生态文明建设为引领,协调人与自然关系。我们要解决好工业文明带来的矛盾,把人类活动限制在生态环境能够承受的限度内,对山水林田湖草沙进行一体化保护和系统治理。

第二,以绿色转型为驱动,助力全球可持续发展。我们要建立绿色低碳循环经济体系,把生态优势转化为发展优势,使绿水青山产生巨大效益。我们要加强绿色国际合作,共享绿色发展成果。

第三,以人民福祉为中心,促进社会公平正义。我们要心系民众对美好生活的向往,实现保护环境、发展经济、创造就业、消除贫困等多面共赢,增强各国人民的获得感、幸福感、安全感。

第四,以国际法为基础,维护公平合理的国际治理体系。我们要践行真正的多边主义,有效遵守和实施国际规则,不能合则用、不合则弃。设立新的环境保护目标应该兼顾雄心和务实平衡,使全球环境治理体系更加公平合理。

2021 年 10 月 25 日,习近平主席在中华人民共和国恢复联合国合法席位 50 周年纪念会议上的讲话中还明确指出:我们应该携手推动构建人类命运共同体,共同建设持久和平、普遍安全、共同繁荣、开放包容、清洁美丽的世界。

这就是中国对全球环境治理的目标与立场。

参 考 书 目

1. 王铁崖. 国际法引论[M]. 北京:北京大学出版社,1998.

2. 白桂梅. 国际法[M]. 3 版. 北京:北京大学出版社,2015.

3. Klabbers J. International Law[M]. 2nd ed. Cambridge:Cambridge University Press,2017.

4. Sands P,Peel J. Principles of International Environmental Law[M]. 4th ed. Cambridge:Cambridge University Press,2018.

推 荐 阅 读

1. Koivurova T. Introduction to International Environmental Law[M]. London:Routledge,2014.

2. Bodansky D,Brnnée J,Hey E. The Oxford Handbook of International Environmental Law [M]. Oxford:Oxford University Press,2007.

思 考 题

1. 什么是国际法？国际法是法吗？你是如何理解法律的？

2. 国际环境法是如何制定出来的？如何实施的？与一般国际法相比有哪些特点？

3. 国际环境损害责任与国际法上的国家责任的联系与区别是什么？

4. 应对气候变化的国际法律框架主要由什么组成？如何建立并发展的？

5. 海洋环境的国际法律保护的框架主要由什么组成？其特点是什么？

6. 国际上关于危险废物和有毒有害物质的法律规制框架主要包括哪些方面？

7. 生物多样性的概念是什么？生物多样性的国际法律保护主要包括哪些方面？

8. 中国对全球环境治理有哪些目标和立场？

参 考 文 献

1. 《行政法与行政诉讼法学》编写组. 行政法与行政诉讼法学[M]. 2 版. 北京:高等教育出版社,2018.

2. 白桂梅. 国际法[M]. 3 版. 北京:北京大学出版社,2015.

3. 别涛. 中华人民共和国固体废物污染环境防治法条文释解[M]. 北京:中国法制出版社,2020.

4. 蔡守秋. 环境资源法教程[M]. 3 版. 北京:高等教育出版社,2017.

5. 陈泉生. 环境法原理[M]. 北京:法律出版社,1997.

6. 高铭暄,马克昌. 刑法学[M]. 10 版. 北京:北京大学出版社,高等教育出版社,2022.

7. 国家海洋局生态环境保护司,国务院法制办农林城建资源环保法制司. 中华人民共和国海洋环境保护法修改解读[M]. 北京:海洋出版社,2017.

8. 韩德培. 环境保护法教程[M]. 8 版. 北京:法律出版社,2018.

9. 金瑞林. 环境法学[M]. 4 版. 北京:北京大学出版社,2016.

10. 陆浩. 中华人民共和国水污染防治法解读[M]. 北京:中国法制出版社,2017.

11. 吕忠梅. 环境法学概要[M]. 北京:法律出版社,2016.

12. 吕忠梅. 环境法学[M]. 2 版. 北京:法律出版社,2009.

13. 沈宗灵. 法理学[M]. 4 版. 北京:北京大学出版社,2014.

14. 生态环境部法规与标准司. 中华人民共和国土壤污染防治法解读与适用手册[M]. 北京:法律出版社,2018.

15. 汪劲. 环境法学[M]. 4 版. 北京:北京大学出版社,2018.

16. 王铁崖. 国际法引论[M]. 北京:北京大学出版社,1998.

17. 肖国兴,肖乾刚. 自然资源法[M]. 北京:法律出版社,1999.

18. 杨立新. 侵权责任法[M]. 4 版. 北京:法律出版社,2021.

19. 袁杰. 中华人民共和国大气污染防治法解读[M]. 北京:中国法制出版社,2015.

20. 张文显. 法理学[M]. 5 版. 北京:高等教育出版社,2018.

21. 赵秉志,王秀梅,杜澎. 环境犯罪比较研究[M]. 北京:法律出版社,2004.

22. 周珂. 环境与资源保护法[M]. 4 版. 北京:中国人民大学出版社,2019.

23. Klabbers J. International Law[M]. 2nd ed. Cambridge:Cambridge University Press,2017.

24. Kubasek N K,Silverman G S. Environmental Law[M]. 4th ed. New Jersey:Prentice Hall,2001. (清华大学出版社 2003 年影印版)

25. Sands P,Peel J. Principles of International Environmental Law[M]. 4th ed. Cambridge:Cambridge University Press,2018.

郑重声明

高等教育出版社依法对本书享有专有出版权。任何未经许可的复制、销售行为均违反《中华人民共和国著作权法》,其行为人将承担相应的民事责任和行政责任;构成犯罪的,将被依法追究刑事责任。为了维护市场秩序,保护读者的合法权益,避免读者误用盗版书造成不良后果,我社将配合行政执法部门和司法机关对违法犯罪的单位和个人进行严厉打击。社会各界人士如发现上述侵权行为,希望及时举报,我社将奖励举报有功人员。

反盗版举报电话　(010)58581999　58582371

反盗版举报邮箱　dd@hep.com.cn

通信地址　北京市西城区德外大街4号　高等教育出版社法律事务部

邮政编码　100120

读者意见反馈

为收集对教材的意见建议,进一步完善教材编写并做好服务工作,读者可将对本教材的意见建议通过如下渠道反馈至我社。

咨询电话　400-810-0598

反馈邮箱　hepsci@pub.hep.cn

通信地址　北京市朝阳区惠新东街4号富盛大厦1座

　　　　　高等教育出版社理科事业部

邮政编码　100029

防伪查询说明

用户购书后刮开封底防伪涂层,使用手机微信等软件扫描二维码,会跳转至防伪查询网页,获得所购图书详细信息。

防伪客服电话　(010)58582300

01